国民服・衣服研究

★監修・解説★ 井上雅人

第4巻

『国民服』

1942年（昭和17年）7月号〜9月号

ゆまに書房

凡例

一、本企画は、一九四一年（昭和十六年）十月に財団法人大日本国民服協会より創刊した『国民服』と改題後継誌『衣服研究』を影印復刻するものである。

国民服・衣服研究　全八巻

監修・解説　井上雅人（武庫川女子大学准教授）

第一巻　『国民服』一九四一年（昭和十六年）十月号〜十二月号
第二巻　『国民服』一九四二年（昭和十七年）一月号〜三月号
第三巻　『国民服』一九四二年（昭和十七年）四月号〜六月号
第四巻　『国民服』一九四二年（昭和十七年）七月号〜九月号
第五巻　『衣服研究』一九四二年（昭和十七年）十月号〜十二月号
第六巻　『衣服研究』一九四三年（昭和十八年）一月号〜三月号
第七巻　『衣服研究』一九四三年（昭和十八年）春季版・夏季版・秋季版
第八巻　『衣服研究』一九四四年（昭和十九年）春季版・夏季版・秋季号／解説

一、本書「国民服・衣服研究　第四巻」に収録するのは左記のとおりである。

『国民服』第二巻第七号　七月号　昭和十七年七月十五日発行　財団法人大日本国民服協会
『国民服』第二巻第八号　八月号　昭和十七年八月十五日発行　財団法人大日本国民服協会
『国民服』第二巻第九号　九月号　昭和十七年九月十五日発行　財団法人大日本国民服協会

一、復刻に際しては、表紙から裏表紙までをすべて無修正で掲載した。ただし寸法については適宜縮小した。また印刷については、単色カラーページを原則としてモノクロームとした。

一、底本の印刷状態や保存状態等の理由により、蔵書印、書き込み、欠字、判読不可の箇所、ページの欠損などがある。

謝辞

このたびの復刻版刊行につきまして、文化学園大学図書館より、復刻底本として所蔵資料の御提供を賜りました。謹んで御礼を申し上げます。

株式会社ゆまに書房

目次

国民服・衣服研究　第４巻　『国民服』１９４２年（昭和17年）７月号～９月号

『国民服』第二巻第七号　七月号

昭和十七年七月十五日発行　財団法人大日本国民服協会

新生活雜誌
國民服
昭和十七年六月二十五日印刷納本（毎月一回十五日發行）
昭和十七年七月十五日發行
七月號
南方衣服をどうするか
研究座談會
成田文庫

婦人標準服協賛

生徒募集 日本女性文化協會經營

生活を樂しく美しく合理化し、衣料點數を活用して八十點迄で充分です。又再生品を奬勵し、材料貸與も致します。

武藏野洋裁學院

教師多數、個人教授風、細目隨意、應用自在
本科、師範科、職業科、研究科（夜間部あり）
（寄宿完備）

東京市杉並區役所前　電話荻窪四三一三

八月一日より十日間講習會　規則書進呈

最新洋裁大講座

女子大、女高師、文檢委員等一流大家十數名の責任講述にて僅か六ヶ月の低費にて洋裁の奧義まで容易に覺えらる。

一ヶ月分送料共一圓七十五錢　三ヶ月分四圓九十五錢　六ヶ月分九圓四十錢

內容見本と冊子『新服裝』進呈

◎通學服全集　定價三圓四十錢　送料二十錢

東京市杉並區東田町　獻文社
電話荻窪四三一三番　振替東京六二六一六番

女子經濟專門學校教授　沼畑金四郎先生著

最新刊

臺所の器具と食物の科學

本文二一二頁挿圖多數上製函入
定價壹圓八拾錢　送料拾九錢

臺所生活に必要な計量器具と非常時生活下の最重要物資たる食物についての科學と常識を與へ以て物資の消費規正、能率化並に體位の向上に資せんとする名著。

最新刊

被服の科學

價一、八〇　〒一九

衣料切符制實施の今日、原料・取扱・手入洗濯・染色を一層科學的に檢討して被服を有效に活用せねばならぬ。そのための科學と常識とを與へる名著。

東京市神田區神保町三の一九　**光生館**　振替東京七九六七六

勅令　（昭和十五年十一月二日）

朕國民服令ヲ裁可シ茲ニ之ヲ公布セシム

御名　御璽

昭和十五年十一月一日

内閣總理大臣　公爵　近衛　文麿
厚生大臣　金光　庸夫
拓務大臣　秋田　清

勅令第七百二十五號

國民服令

第一條　大日本帝國男子ノ國民服（以下國民服ト稱ス）ノ制式ハ別表第一ニ依ル

第二條　國民服ハ從來背廣服其ノ他ノ平常服ヲ著用シタル場合ニ著用スルヲ例トス

第三條　國民服禮裝ハ國民服ヲ著用シ國民服儀禮章ヲ佩ブルモノトス

國民服儀禮章ノ制式ハ別表第二ニ依ル

第四條　國民服禮裝ハ從來燕尾服フロックコート、モーニングコート其ノ他之ニ相當スル禮服ヲ著用シタル場合ニ著用スルヲ例トス

第五條　國民服禮裝ニハ佩用ニ關スル規程ニ從ヒ勳章、記章及褒章ヲ佩用スルコトヲ得

第六條　本令ノ制式ニ依ラザル服又ハ徽章若ハ飾章ハ其ノ名稱中ニ國民服又ハ國民服儀禮章ノ文字ヲ用フルコトヲ得ズ

附　則

本令ハ公布ノ日ヨリ之ヲ施行ス

（別表第一）

國民服制式表

甲號

	地質	製式 襟	製式 前面	製式 袖	製式 帶	製式 裾	製式 物入
上衣	茶褐絨又ハ茶褐布	立折襟式開襟（小開キ）トス	衽形ヲ附シ釦五箇ヲ一行ニ附ス	筒袖型トシ脇開及端袖ヲ附シ釦各一箇ニテ開閉シ得ル如クス	帶形ヲ附ス	左右兩裾ヲ開ク	胸部物入ハ左右各一箇トシ衽線ニ沿ヒ縦型ト爲シ釦各一箇ヲ附ス 腰部物入ハ左右各一箇トシ横型嚢附ト爲シ蓋及釦各一箇ヲ附ス但シ釦ハ附セザルコトヲ得
中衣	適宜	日本襟トス上襟及附襟ヲ用フルコトヲ得但シ禮裝ノ場合ニ於テハ附襟ヲ用フルモノトス	上衣ニ同ジ	上衣ニ同ジ附袖ヲ用フルコトヲ得	分離式トシ前面二箇ノ釦ヲ以テ留ム	上衣ニ同ジ	上衣ニ同ジ但シ腰部物入ハ附セザルコトヲ得

袴	地質	茶褐絨又ハ茶褐布
袴	製式　裾	釦ヲ以テ緊收開閉スル如ク爲スコトヲ得
袴	製式　物入	左右ニ各一箇ヲ附ス
帽	地質	適宜但シ禮裝ノ場合ニ於テハ茶褐絨又ハ茶褐布
帽	製式	適宜但シ禮裝ノ場合ニ於テハ鳥帽子型トシ折返及前庇ヲ附スルモノトス
外套	地質	適宜但シ禮裝ノ場合ニ於テハ茶褐絨又ハ茶褐布
外套	製式	適宜但シ禮裝ノ場合ニ於テハ左ニ依ルモノトス 襟　開襟式立折襟（小開キ）トス 前面　釦三箇ヲ一行ニ附シ比翼仕立トス 袖　筒袖型トシ端袖ヲ附シ釦一箇ヲ附ス 裾　後開ヲ附シ釦二箇ヲ附シ比翼仕立トス 物入　腰部左右ニ各一箇ヲ附シ釦一箇ヲ附ス
手套		適宜但シ禮裝ノ場合ニ於テハ白色トス
靴		適宜但シ禮裝ノ場合ニ於テハ黒革短靴トシ雨雪又ハ乘馬ノトキハ黒革長靴ヲ用フルコトヲ得

乙號

上衣	地質	茶褐絨又ハ茶褐布
上衣	製式　襟	立折襟トス但シ開襟式立折襟（小開キ）ト爲スコトヲ得
上衣	製式　前面	釦五箇ヲ一行ニ附ス
上衣	製式　袖	筒袖型トシ脇開ヲ附シ釦一箇ニテ開閉シ得ル如クス端袖ヲ附スルコトヲ得
上衣	製式　裾	左右兩裾ヲ開ク
上衣	製式　物入	胸部物入ハ左右各一箇トシ横型ト爲シ蓋及釦各一箇ヲ附ス腰部物入ハ左右各一箇トシ横型ト爲シ蓋ヲ附ス
中衣	地質	適宜
中衣	製式　襟	日本襟トス附襟ヲ用フルコトヲ得但シ禮裝ノ場合ニ於テハ附襟ヲ用フルモノトス
中衣	製式　前面	釦四箇ヲ一行ニ附ス
中衣	製式　袖	筒袖型トス附袖ヲ用フルコトヲ得
中衣	製式　物入	胸部物入ハ左一箇トシ腰部物入ハ左右各一箇トス但シ腰部物入ハ附セザルコトヲ得
中衣	製式　其ノ他	背帶、背縫筥襞又ハ下脇襞ヲ附スルコトヲ得
袴		甲號ニ同ジ
帽		甲號ニ同ジ但シ禮裝ノ場合ニ於テハ製式ハ陸軍略帽型ニ依ルコトヲ得
外套		甲號ニ同ジ
手套		甲號ニ同ジ
靴		甲號ニ同ジ

備考

一　上衣、中衣、袴、帽（陸軍略帽型ヲ除ク）及外套ノ製式ノ形狀ハ圖ノ如シ

二　甲號禮裝ノ場合及開襟式立折襟（小開キ）ノ上衣ヲ用フル乙號禮裝ノ場合ニ於テハ立折襟ト爲スモノトス

三　甲號禮裝ノ場合及開襟式立折襟（小開キ）ノ上衣ヲ用フル乙號禮裝ノ場合竝ニ開襟（小開キ）ノ場合ニ於テハ中衣ヲ著用スルモノトス但シ暑熱ノ時期又ハ地方ニ在リテ上衣ニ副襟（副襟ニハ附襟ヲ附スルコトヲ得但シ禮裝ノ場合ニ於テハ附襟ヲ附スルモノトス）及附袖ヲ附シタルトキハ中衣ヲ著用セザルコトヲ得

四　禮裝ノ場合ニ於テハ附襟及附袖ハ白色トス

五　禮裝ノ場合ヲ除クノ外暑熱ノ時期又ハ地方ニ在リテハ中衣ヲ以テ上衣ニ代ヘ（此ノ場合ニ於テ中衣ハ半袖ト爲シ、襟開ヲ大ト爲シ及帶ヲ附セザルコトヲ得）又ハ袴ハ半袴ト爲スコトヲ得

六　禮裝ノ場合ニ於テハ茶褐絨又ハ茶褐布ノ長マントヲ以テ制式ニ依ル外套ニ代フルコトヲ得

七　外套ハ用ヒザルコトヲ得禮裝ノ場合ヲ除クノ外帽、手套及靴ハ用ヒザルコトヲ得

八　乙號立折襟上依ノ物入ハ當分ノ内外物入ト爲スコトヲ得

國民服・七月號目次

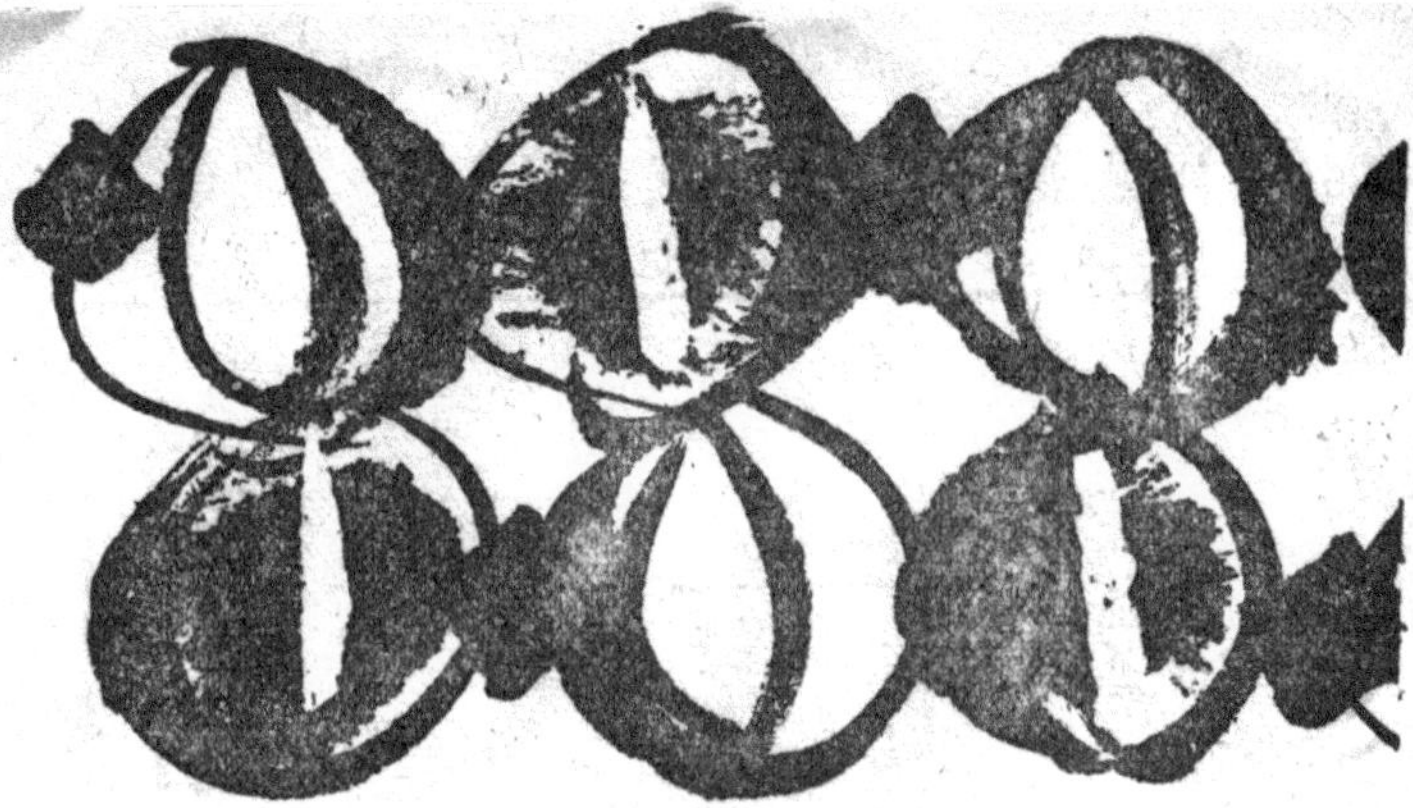

沖繩の風俗

解說　田中俊雄
寫眞　土門拳

①

②

③

沖縄獨自の服裝は、現在沖縄で行はれてゐる芝居とか、あるひは比較的下層の女の生活に保たれてゐる。いまそれらをみると、いたく日本中世の衣服形態が繼承されてゐるので、不思議な氣すら起る。たとへば⑤の「組踊り」とよばれてゐる沖縄の古典劇の衣裳には、舊藩時代の服裝に多少の演劇的扮飾をほどこしてゐるが、「組踊り」の演劇そのものが本土の「能」などとの深い關係にあるごとく、その衣裳もきわめて強く日本の系統がひきつがれてゐる。有名な沖縄の「紅型」といはれる模樣染の布地は、いまは④にみるごとく衣服としては演劇などに使用されるのみであるが、その模樣のことごとくが純日本のものであり、また⑥の細帯の前結びの姿や③の劇場內で寫した觀客の多くのまとつてゐるウアボーイーといふ上掛などは、本文にも精述せるごとく、江戸時代以前の本土の風俗である。さらに⑦のウシンチーとよんでゐる沖縄で現在旺んに夏など行はれてゐる帯なしの着付は、また本土の古畫にみられる所である。勿論沖縄には地理的歷史的な特殊な關係上、支那系の衣服も行はれた。①などの劇場の踊りの一場面中、太鼓を

④

⑤

⑥

⑦

もつた男の服裝は、往時の沖繩の行事に使はれたものを轉用してゐるらしいが、しかしかうした支那の影響は形式的な外皮的位置にとどまるものがおほかつた。ある漁夫の町で偶然出あつた素朴な葬式の行列には、東北地方などではよくみかけるかつての習俗が、この南海の島にも及び、それが深く傳承されてゐるのには全く驚いたことであつた。かくのごとく、この沖繩の衣服は日本文化の圏内における、最南端の位置にあつて、根本的に日本衣服の傳統をその底にいだいてゐるものなのであつた。いまや、われわれの眼前には南の廣大なる新天地が展開された。今後われわれが南へ渡る日本の生活文化の行末を想ふとき、この沖繩の衣服の存在は、とくに⑧、⑨、⑩、⑪にみるごとき膝までしかない、丈の細くしかも短かい袖に、細帯を輕く結んだ沖繩の勞働着の潑剌たる生活の諸相は、なにか深い暗示をわれわれにあたへるものではないだらうか。

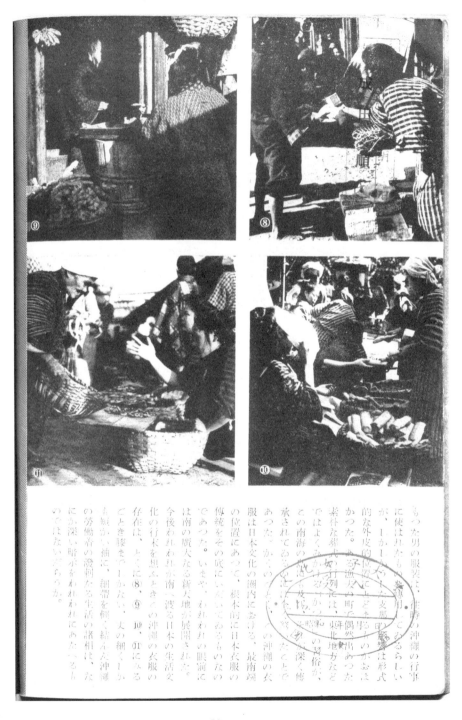

國民服

第二卷第七號

モロ族の娘　荒井一郎畫

大東亞建設と我が國民衣服

石原通

今や皇國は古今未曾有の大戰爭を行つて居ると云ふことは衆知のことで、今茲に更めて述ぶるまでのこともないが、此の超非常時局を乘り切り最後の勝利を得大東亞建設の目的を完遂するには、吾人の心構に於ても尙一段と緊張を要するものがある。吾人の生活様式なども大に改善して臨戰態勢に卽應せしめなければならない。我が國は明治以來今日まで歐米より頻りに文化を輸入した爲、今日の様な近代的國家建設上利するところ尠くなかつたけれども、之に伴ふ餘弊も尠くなく、我が國傳統の精神を蠶食せられ、自我切利の思想が根强く植付られたことを拒むことが出來ない。今回の歐洲大戰に於てフランスの敗れたるは魂が腐つて居るからで、之れは服裝の上にもよく現はれ華美な服裝に浮身をやつして居たからだつた。之に反し獨逸の今日あるは前歐洲大戰に於ける苦き經驗に鑑み國民生活の刷新にも大に意を用ひた結果である。卽ち前歐洲大戰に於て、輝かしい戰果を收めながら銃後に於ける生活力の崩壞は如何ともすることが出來ず遂に涙を呑んで屈辱的なベルサイユ條約を結んだのであるが、國民が之に發奮し一致結束二十年來生活の刷新を圖り少しの無駄もなく意義ある生活をし、服裝も誠に凛々しく之が爲今日の様な結果を見たものと思ふ。

翻て皇國の現狀と世界情勢とを直視したならば、國內の機構運營が到底現狀維持では許されないので、國內新體制確立の必要が起きたのである。新體制にもいろ〳〵あるが要はその實行の具體的手段方法の如何であつて、その根本となるものは各自の心構へがこの時局に即應したものでなければならない。從來の自由個人主義の思想から脫却して日本本來の忠君愛國者にならなければいけない。國民一人〳〵の愛國の熱情が火と燃えて一となり、國民一人〳〵の生活力がすべて國家に歸一するときに、如何なる時難も克服することが出來るのである。從つて從來の浪費や贅澤は生活主義の上から見て許されないことで、衣服等も極力之を切りつめ、輕兆浮薄の社會風潮を避けなければならないと思ふ。

現在日本國民の衣服は、頗る多種多樣で、和服あり、洋服あり、禮服には、和式の紋付、羽織 袴と洋式のモーニングコート・フロツクコート等あり、いづれも冬着夏着まであつて、國民に無用の混亂と負擔とを課して居るばかりでなく、いざ鎌倉と云ふ場合には何れも戰爭の間に合はないのである。また現在の服裝はあまりにも歐米風を模倣し自主性に乏しいのである。

以上の樣な理由で國民服裝の刷新と云ふことが必然的に喫緊事となつて來たのである。即ち現在の國民衣服を我が國情を基調とし、整理合理化し、同時に國防上の目的をみたす樣にしなければならないと云ふことは不可避の問題となつた。それで政府では官民の知囊を蒐め種々工夫考案して、遂に昭和十五年十一月一日勅令を以て國民服を制定されたのである。此の國民服は活動、保健、經濟、體裁など衣服としての要件を具備するは勿論、勤勞と儀禮用兩者を一元化し又日本人としての潑剌たる自主的精神を更正すると共に軍服への轉換を容易ならしむるのみならず、カラーネクタイ、ワイシヤツ、チヨツキを着用しないし、又國內資源で用を足すことが出來るのであるから、實に現今の時局に適應した衣服で、苟も現今の時局を理解せる國民としては、是非とも着用せねばならぬ衣服である。即ち國民服は戰時軍用への轉換が容易であるし、儀禮章を附すれば、普通和服の羽織袴や洋服のモーニング又はフロツクコートを着なければならない場所へでも出ることが出來るのである。其の上今迄衣服の爲數百圓掛つた經費が百圓足らずで濟み尙衣料切符も洋服等より少くて濟む。又咽喉を締めるカラー、ネクタイを使用しないから衞生上から云つてもよい。且地質に制限がないので現今の樣に衣服資源に拘束を受けて居る際之が活用上から云ふも洵によいのである。

　國民服は實に現今の時局に適應した衣服で、若しも日本國の男子が皆之を着用することとなれば日本固有の傳統的精神を發揮することが出來、非常に强みを覺え之から先何年戰が續いても決して負けないと云ふ感じが出るばかりでなく大いに國民精神を緊張することに依て有形無形の效果を擧げ國家に貢獻するところ甚大であると思ふ。

　然るに現今に於ける着用者の狀態を見ると、國民服を着て居る者は近來漸增の傾向にあるが、全般から見ると未だ其の數尠く、又之を着用して居ても依然カラー、ネクタイワイシヤツを使用する者多く正式に着用して居る者は誠に寥々たる有樣で實に衣服生活から見るとこんな狀態で果して非常時局を乘り切ることが出來るかどうか誠に疑懼の念に堪へぬ次第である。

　勿論今迄使用して居た洋服を捨てゝ國民服に乘り移ることは資源の愛用上適當でなく、今迄の衣服を着つぶして新らしく作ると云ふときは好むと好まざるとに拘らず國民服を作るのが至當である。然るに實情を調べて見ると專門學校以上の學校を卒業したもので新らしく國民服を作る者は少く依然背廣を作る者が多い。之れは學校を卒業して新に社會へ出る者は一度は背廣を着て見たいと云ふ憧憬で、子供のときから植付られた歐米主義が脫脚しないのと、洋服業者が國民服に較べて儲の多い背廣を勸誘するからである而して背廣を作る者は上級學校卒業者程多い樣である。それで學校卒業者が一着位の背廣を作るのはまだしも、既に多くの背廣を持つて居ながら、澤山の金を出して背廣を作り、又服屋も頻りに背廣を勸めて居る樣だが、斯う云ふ人達は洒落や儲けることとしか考へて居ないと云はれても辯解の餘地はないと思ふ。眞に今日本の現狀を考へ精神を緊張して居たならば如斯狀態は現はれて來ないと思ふ、洵に憂慮に堪へない次第である。

　而して日本人の中には、國民服着用を以て生活基準の引下である樣に考へて居る者がある樣だが、此の時局に對する國民の心構へとしては、國民生活の引下に對し、之れ堪へ得るばかりでなく、之を積極的に克服して生活切詰の中に生活安定を見出さなければならない。まして國民服は生活基準を引下ぐるものでなく、之に依て生活を強く明く正しくして行けるに於ておやである。

又本年二月厚生省で決定せられた、婦人標準服は活動に便利であるばかりでなく、保健上にも具合よく其の上經濟的で資材の節約を圖り得るは勿論地質に制限がないので各家庭に退藏してゐる衣類を更生利用することが出來るからして、現時局下に於ける我が國婦人の通常着として最も適當なものと思ふ。從つて今後通常着を新調せらるゝか又は從來の通常着を仕立替へらるゝ場合は、是非婦人標準服を新調せらるゝか又は之に更正せらるゝことが望ましいのである。然し地質に制限がないからとて贅澤なものを使用したり、けば〳〵しい模樣にすることは婦人標準服制定の趣旨に反するばかりでなく現時局下に於ては大に愼まなければならないことと思ふ。

日本が目下古今未曾有の大戰をやつて居るのに拘らず日本國民は未だ砲彈の洗禮を受けたことなく、全國民が平和な生活を送つて居るのは洵に幸福なことであつて、服の恰好がどうのこうのと云ふ贅澤は云ふて居られないのである。大東亞戰爭に於て日本が到る處壓倒的な勝利を占めて居るのは、皇軍將兵が嚴肅なる軍紀の下にあつて一律に上司の命令に從ひ身命を抛ち誠心誠意御奉公の誠を盡したからで、若しも服裝上に於ても各自が勝手な眞似をして居たならば如斯結果を得られなかつたと思ふ。自分が支那事變間眼の當り見たところに於ても、いつも多大の戰果を收める軍隊は服裝も亦正しかつたのである。

重慶政權の今日尙抗日を續ける所以のものは、日本の國內情勢の廢頽を待つて居るからで若し日本國民の人心弛緩が深刻となり多少でも崩壞的現象が起るとせば、彼等に凱歌を奏せしむることゝなるのである。だから我等日本國民は一層一致團結し、超非常時局に對應し得る樣生活體制を確立し、大東亞戰爭を完遂する覺悟と實力とを備へなければならない。何卒服裝部門を通しても一億一心一體となつて興亞の大業に協力し、大東亞共榮圈の確立に寄與しなければなるまいと思ふ。之が萬世一系の
天皇を戴く神國日本に生れた者の義務であり亦榮譽である。

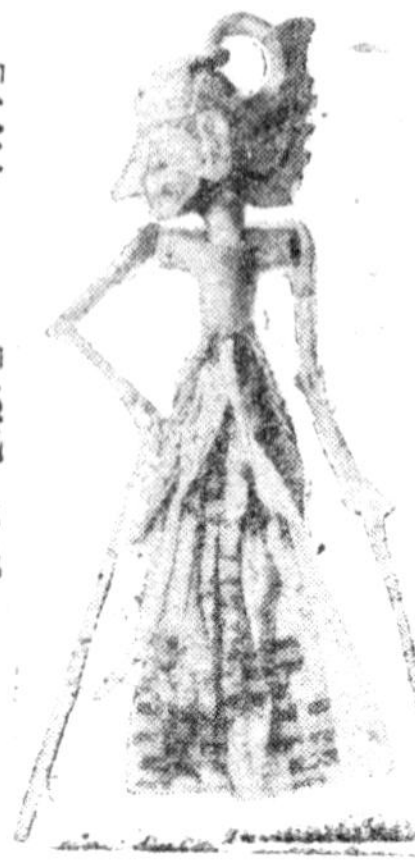

ジャバ島操人形（南方文化展より）

「美」と「機能」

野上彌生子

黑い色のよさ

國民服といふと先づ憶《おも》ひ出すのは、私が三四年前西歐《せいおう》を廻《まは》つて來たときに、イタリーのフイレエンツエで見た女子フアシストの制服《せいふく》、單純な眞黑《まつくろ》のスーツなのですが胸につけた金のマークが輝《かゞや》いて、輕快《けいくわい》でゐて氣品《きひん》がありました。ヨーロツパでも日本と同じく、昔から黑といふ色が皮膚《ひふ》によく調和《てうわ》して一番美しい上品なものとされてをり、ラテン系の婦人たちの洋服《やうふく》はドレスをはじめとして殆ど黑であり、制服《せいふく》もその色ときめて傳統《でんとう》の美を生かしたところなぞは中々指導者も賢《かしこ》いと思ひました。

制服の性質《せいしつ》は集團《しふだん》のシンボルとしての意味と、活動するのは便利だといふ機能的《きのうてき》な役割をもつてゐればよいのでせうが、それに加へて美しさといふことが必要だと思ひます。實用に適《てき》してゐて美しければ、それを着《き》るのにも喜ばしく、みてゐても愉《たの》しく、集團《しふだん》のもつ文化も感じられるのではないでせうか。

西歐《せいおう》では一體にきものの色が地味で、單純《たんじゆん》な色彩を使ひます。色の美しさと云つても洗練《せんれん》された傳統があつて最近の日本の若《わか》い人たちの用ひる派手な色彩《しきさい》は見受られませんでした。さつき云つたやうにフランスやイタリーでは殆《ほとん》ど黑しか着《き》られません。派手《はで》な色彩が必ずしも美しいものではないといふこと、身につけて美しい色はどんな色かといふことを心得《こゝろえ》るのは女性の敎養《けうやう》の一つであるとも云へませう。それに就いて大變印象的だつたのはエヂプトの女性の服装《ふくさう》でした。日本では黒い色は、太陽の明《あか》るい光の下でみるととても暑《あつ》くるしいと云はれてゐますが、全身黒づくめの女性が僅かに淡紅や淡靑の色を裾《すそ》からちらちらさせて强い太陽《たいやう》の光を浴びて歩く姿は古い歴史《れきし》をもつた國の女性らしい高雅《かうが》さでした。黒い色のよさについては澤山思ひ出もありますけれど、十九になる可愛いゝスペインのお嬢《ぢやう》さんと御一緒にオペラを觀《み》に行つたとき、私のきてゐた黒無地《くろむぢ》で絽縮緬《ろちりめん》の揃ひの着物と羽織《はおり》を大層美《うつく》しいと云つて讃嘆《さんたん》されたことでした。日本人の着物は今迄いろ〳〵とみたけれども、色が多くて調和《てうわ》されてゐないが、貴女《あなた》の着物をみて始めてその美しさが解《わか》つたといふこの若いお嬢《ぢやう》さんの目は、これも黒づくめのスペインの傳統的《でんとうてき》な色彩《しきさい》に養はれて、なかなか鋭《するど》いものだと感心《かんしん》しました。

若い層の「色」の混亂

私は學者《がくしや》の家庭《かてい》で暮して居りますので、若いときから着物にかまつたこともなく、いつも紺《こん》や黒などの無地《むぢ》の着物をきて過しました。これは私一人の氣持ですけれど最近《さいきん》に日本の若い人達の色の混亂《こんらん》をみてゐますと、スペインのお嬢さんの言葉《ことば》が思ひ出されます。色は調和《てうわ》がとれた時始めて美《うつく》しくなるのですから、其の點を今の娘さんはもう少し考へる必要《えう》がありませう。私は北輕井澤《かるゐざは》によく行きますが、村のおかみさんでとても氣持のよい着物をきてゐるひとがゐるのです。いつでもモンペ姿なのだけれど、紺のモンペを着《き》てゐるときは、同じ紺《こん》の上着に淡紅色《たんこうしよく》の襟《えり》をつけ、オリーブ色のモンペのときは同色の上着に白い襟といふ調子《てうし》で、自轉車《じてんしや》に乘つて走り廻《まは》つてゐる樣子をみると、しやれた別莊《べつさう》の夫人連が色あせてしまふ程、すがすがしいものでした。このおかみさんのやうな服装《ふくさう》は、生活の必要から生れたモンペ姿を配合《はいがう》のよい單純な色でつくつたもので、機能《のう》と美とを調和《てうわ》させた優《すぐ》れた服装と云へるでせう。美しさといふのはそこにあり、國民の服装を統一《とういつ》する根本《こんぽん》がその二つを合せたものでなければ、本當の國民服にはならないと思ひます。

共榮圏の「衣」の對策

日本が今迄の範圍《はんゐ》から拓《ひら》け出て、大東亞共榮圏に發展して行くとき、服裝の問題も又發展《またはつてん》しなければならないでせう。日本の服裝を共榮圏全體《きやうえいけんぜんたい》に行き亙《わた》らせるか、それとも共榮圏《きやうえいけん》のそれぞれの國の特質を生かして用ふるか、この二つの問題が生《うま》れてきます。日本が指導者《しだうしや》としての立場から、日本の服裝を行き亙《わた》らせるのも政治の一つの方針《はうしん》でせうが、先程述べたやうに、機能的《きのうてき》で美しくて、誰でも喜んで着たいといふ氣持《きもち》をもたせる服裝《ふくさう》が日本に制定《せいてい》されたならば、日本の國力に憧《あこが》れる氣持ちと一緒になつて、水の流《なが》れのやうに浸潤《しんじゆん》して行くことでせう。けれども、共榮圏《きやうえいけん》のやうに、範圍の極めて廣い、北滿《ほくまん》の寒地から南洋の熱帶にまで擴《ひろ》がつてゐる、この膨大《はうだい》な地域に住《す》んでゐる人間が、同系統の服裝《ふくさう》をするといふことはいろいろ不便なものがあるでせう。アングロ・サクソンが支配《しはい》したときには、自分の着物をきて何處《どこ》へでも歩きましたが、日本人《につぽんじん》は、それとは別な方法《はうはふ》をとるのもよいではないかと思ひます。エヂプトは世界最古《せかいさいこ》の文化《ぶんくわ》をもつた國で、その古《ふる》い文化の傳統《でんとう》はギリシア・ローマを經《へ》て今日まで連綿《れんめん》と西歐の文化の基《もと》となつてゐますが、そのエヂプトがギリシアの支配を受けたとき、ギリシアのとつた態度は、エヂプトの文化を尊重《そんちやう》し、その信仰《しんかう》を重んじ、習俗《しうぞく》を保全《ほぜん》してそれに政治的な壓迫《あつぱく》を少しも加へませんでした。ギリシア人の征服者《せいふくしや》も、エヂプトに行けばエヂプト人の服裝《ふくさう》をしたものでした。

これは文化政策《ぶんくわせいさく》の一つの優《すぐ》れた方法だと思ひますが、被指導民族《ひしだうみんぞく》の生活習慣を尊重《そんちやう》することに依つて感情を柔《やは》らげる上に、殊《こと》に服裝はそれぞれの地方の氣候《きこう》や風土にふさわしいやうなものが長い傳統《でんとう》から創《つく》られてゐるのですから、その地方《はう》のものを用ひるのが機能的《きのうてき》な意味から言つてもよいのではないでせうか、勿論そうする前に一應の檢討《けんたう》はされなければならないでせう。殊に熱帶《ねつたい》とは云へサロン一つで過すのは考へなければなりません。支那《しな》の服裝なぞは、誰も云ふ通《とほ》りで美しくて便利で、生活に調和《てうわ》してゐる點、優《すぐ》れたものでせう。

時代が變へる形

すべてどの國の服裝でも、合理的《がふりてき》に制定《せいてい》されたものではなく、文化《ぶんくわ》が交流《こうりう》し、政治的に浸蝕《しんしよく》されたりして、時代によつて變遷《へんせん》するもので、日本の着物も、唐時代のものが朝鮮を渡つて輸入《ゆにゆう》され、次第に生活や、風土《ふうど》にふさはしいやうに形を變へて今のやうになつたのです。ですから私たちの着物は、德川の鎖國《さこく》時代に大體の形をつくられたもので、外國《ぐわいこく》と文化の交流のない內輪《うちわ》ぐらしのときの着物で、非活動的《ひくわつどうてき》な性質《せいしつ》をもつたものとなつたのですが、明治維新《ゐしん》以來、日本の活動が活潑《くわつぱつ》になるにつれ、必然的《ひつぜんてき》に洋服が採《と》り入れられたのも、時代と共に服裝が變化して來たことを示すものと言へませう。これから日本が世界の檜舞臺《ひのきぶたい》に立つて注視《ちゆうし》のまととなるのですから國民の標準服《へうじゆんふく》に就いても、日本の躍進的《やくしんてき》な文化を表現《へうげん》するに適したものを選《えら》ばなければならないと思ひます。

日本の兵隊さんの服裝は外國とちがつて奇麗《きれい》な着物が着られるから兵隊《へいたい》になるといふ人達の爲めにつくられたものではなく、戰ふのを目的としてつくられた服裝《ふくさう》なので、殊《こと》に陸軍のカーキ色曾《かつ》ての日本の主要作戰地區《しゆえうさくせんちく》であつた滿洲や支那の曠野《くわうや》で保護色となるのを目的に制定《せいてい》されたものですから、色彩として見て美しくなくても、機能《きのう》としての役目《やくめ》は果されてゐるわけです。けれども日本の作戰範圍《さくせんはんゐ》が最近のやうに北から南《みなみ》に伸《の》びるに從ひ、カーキ色も南洋の森林では保護色とはならないでせうから、將來《しやうらい》の軍服の色も、又型《かた》もその機能の變化に應《おう》じて變ることでせう。明治初年始めて制定《せいてい》された軍服は黑地にモールの肋骨《ろくこつ》のついた派手《はで》なものでしたが、實用を重《おも》んじる主旨《しゆし》から今日のカーキ色に變り、將來も必要《ひつえう》の命ずるまゝその外觀《ぐわいくわん》を變へて行くと思はれます。軍服《ぐんぷく》のもつ意義は國民としての威儀《ゐぎ》を正《ただ》すことと機能的《きのうてき》であるといふことですが、機能的であるためには、自在に變化するといふ特質《とくしつ》を、國民服の場合にも採《と》り入れてほしいと思ひます。

要するに、國民服は國家的《こくかてき》な性格《せいかく》をもち、機能《きのう》と美を兼《か》ねたものになつてほしいと望んでおります。（文責在記者）

南方衣服をどうするか

第二回 研究會

石原　本日は南方衣服に關する研究を致したいと思ひまして、南方方面に御造詣の深い、又衣服について深く研究をなさつて居られます方々にお集まりを願ひました。此の際南方衣服についての研究の必要といふことにつきましては私が申すまでもないことで、當協會に於きましても十七年度の事業計畫にも載つて居る次第でありまして、今後研究に沒頭する積りでございますが、本日いろ／＼承りましたことを、雜誌『國民服』に掲載致しまして、服裝についていろ／＼研究をなされて居る方又南方の衣服等について關心を持つておいでになる方々の御參考に資したいと思ふのであります。

井澤　それでは私が進行係をつとめます。一口に南方衣服と申しましてもいろ／＼な方面から問題になると思ひますが、先づ

研究座談會出席者　（順不同）

東京慈惠會醫學士　幕田一郎
民藝協會 服飾研究家　田中俊雄
洋畫家　三雲祥之助
インドネシヤ協會 常務理事　桝源次郎
日本衣服研究所長　田中千代
商工省纎維局　岸武八
陸軍省衣糧課　森口中佐
東亞文化圏の會　宇野正三
本協會側・石原常務、井澤・倉田兩幹事

寫眞右より森口中佐、石原常務、宇野、三雲、林、幕田　田中（千）の諸氏

地理的條件、殊に氣候の關係がありますので、衞生的な見地から一つ幕田先生にお願ひ致します。

幕田　私はビルマのラングーンに約十五年ぐらゐ居つたのですけれども、今日考へて見ますと、あの邊に居る人間の一番下層階級の着物といふものを考へて之を檢討するのが宜いではないかと思ひます。ビルマは御承知の通りマレー半島よりは非常に暑さも酷しい所でありますが、國々に依つて風俗習慣もありますから、暑いからと言つてそれでは暑い所に適したものを皆着て居るかと言ふと必ずしもさうとは限らないと思ひます。知識階級とか、金持の方はやはり少々暑くても我慢して厚いものを着たり、色の綺麗なものとか、兎に角見ばのよいものを着て居りますから、さういふものは標準にならないと考へます。一番厚さの猛烈なのは何と言つてもインドですから、主にインド人がどんなものを着て居るかといふことを考へますに、インド人の中でも知識階級の人はサージの着物を着て居りましたりいろ／＼ですから、銀行會社或は官廳の小使なんかして居るもの、インド語でダランといふのですが、さういふ人達、それから掃除人なんかやつて居るメタといふやうな種類のものを考へて見ますと、上衣としてはやはり白いものを一番用ひて居ります。其の次には、私共行つて見て隨分變なものを着て居るナと思ひますが、黄色のものを用ひて居ります。色は淡うございます。先程申上げたやうにえらい人なんかは勿論そんなものは着て居りませんが、普通は白か黄のものを上衣に着て居ります。下はやはり白い布を卷いて居ります。ビルマのことをお話するのにインド人を玆に持ち出すのはをかしいと思ひますけれども、ラングーンはビルマの町ではありますがインド人が大部分を占めて居ります。ビルマ人も主として上衣は白いものを着て居ります。しかし人の家に訪問するやうな場合は、男は主に黒いものを着ます。是は絶對に熱帶には相應しくない着物だと思ひますけれども、是は一つの儀禮だと思ひます。さういふやうにインド人の極く下層階級の人達は白或は黄いものを着て、其の下に比較的厚い、例へば毛の入つたフランネルといふやうなものを着て居ります。學生とか、インド人の兵隊などはカーキのシャツのやうなもので上衣を兼ねたものを着て居りますが、其の下にはやはり比較的厚い、毛の入つたフランネルぢやないかと私は思ふのですが、さういふもので半シャツ、或はサスペンダーのついた、ちよつとボデイ・シューズのやうなものを着て居ります。一般の勞働者階級のものでもさういふものを下に着て居ります。それを見ただけで、私は向ふに居りました時には別に餘り深く考へなかつたのですが、實は今日此處に來て何か根據がなくてはいけないと思ひまして、衞生學の方面で横田先生のものなんか引張り出して見まして、成程是は理窟に合つて居るナと考へましたので、ちよつとそれを申上げたいと思ひますが、御承知の通り着物といふものは保溫といふことの爲に着るのが目的であります。所が熱帶の方に行きますと是は全然反對なことに用ひられるのではないかと思ひます。結局衣類は體溫の調節を圖るといふことにあるのですが、詰り着物の物理的、化學的の研究も必要になつて來るのだらうと思ひますけれども、毛の入つたものを下に着るのはどういふ譯かと思つて大體の見當はついて居りましたけれども、衞生學の方から之をちよつと考へて見たのです。着物は御承知の通り熱の傳導、發散といふことに非常に關係があるので、寒い所では勿論熱の傳導を防ぎ、それから皮膚からの體溫の發散を成るべく少くする爲に着物を用ひるのでせうけれども、暑い所で毛の入つたものを下に着て居るのは甚だ不思議なことだナと私も考へましたが、熱の傳導といふことを調べますと毛織物が一番熱の傳導が少い、空氣に對して考へますと毛織物は六・一倍、絹物は一九・二倍、木綿竝に麻は三〇倍ですから毛のものは熱の傳導力が一番少い。熱帶では人間の體溫が華氏で九八・四度、之に對して外は百三十度も百四十度もあるのですから、寧ろ熱が體の方へチャージされて來るといふやうな譯でせうが、其の點に於ても下に毛のものを着て居るといふことが學理的に考へて得策のやうに思はれます。それから熱の發散力はどうかと言ひますと、木綿を一〇〇として、絹が九六・〇、毛のフランネルが一一四・〇、綿のメリヤスが一一四・二、毛のメリヤスが一二五・三といふのでありますから、やはり毛の入つたものが熱の放散力も強いといふことになりますから下着に毛の幾らか混つたものを着て居るといふことが熱帶でも必要ではないかと思ひます。それから毛の織目といふものは非常に粗雜に出來て居りまして、絹とか麻よりも堅緻、横絲の間の間隙が大きいから、隨つて通氣もよいのだらうと思ひます。之に對して、一見ちよつと涼しいやうですけれども麻とか絹のやうな下着をつけますと體にピツタリついて通氣が惡い、隨つて汗を吸ふことも旨く行かないといふやうな譯だと思ひます。それならば濕氣を吸ふ力はどうかといふ點を考へて見ますと、毛は二五%、絹は一六%木綿、麻が一一・六%の水分を吸收する。詰り麻とか木綿は汗を吸ふ力が少く、毛のものの方が一番吸ふ。さうして汗を吸つた場合、其の纖維の間の間隙が大きいから其の汗を發散させる力も毛の方が大きい、而も發散する程度が徐々であるのですから毛の入つたフランネルといふやうなものをピツタリ肌につけて置く方が熱帶でも有利でないか、さういふわけであの邊の原住民族がさういふものを着て居るのではないかと考へられました。それから白い着物とか黄い着物を上に着て居るといふことに付きまして、太陽の熱を着物が吸ふといふことは、毛とか、木綿とか、麻とか、絹とか云つたやうな生地の如何には餘り關係しないさうであります。溫熱の吸收力は、木綿を一〇〇としますと、麻は九八、フランネルは一〇二毛の混つたフランネルも一〇二、絹が一〇八となつて居りますから、木綿だらうが、絹だらうが、麻だらうが、太陽の熱を吸ふ力に於ては餘り差がありませんから、是は餘り考慮する必要がない、併し其の染色の如何によつては非常な關係があつて、白を一〇〇とすると 黄は一〇二、それが幾らかドス黑い黄になると一四〇、是がカーキ色とでも言ふんぢやないかと思ひます。それから綠色になると一五二、赤色が一六八、鼠色が一九八、黑色が二〇八斯らいふことになりまして、結局白色か黄色が熱の吸收力は低いのですが、併し白とか黄ですと見ばいも惡いし、汚れが直ぐ出來ますから、やはりカーキ色のやうなものが上衣としては良いのではないかと考へられます。さういふ所から考へて、やはり向ふの原住民族が着て居るやうな、上衣は白とか黄に近いもの、下着には熱の傳導力の少い、而して氣孔に富んで通氣性を持つて居るもの、それから濕氣を吸收する力の強い、而も其の吸收した濕氣を發散するのに徐々であつて、熱を直接體から奪はないといふ點から見て、幾らか毛の入つたものを着るといふことが宜しいんじやないかと私は考へます。

井澤　今のお話で黑を着て居るのは何パーセント位ですか。

幕田　インドで黑い色を着て居るといふのは、回々敎の人がよく着て居ります。例のフロツクコートのやうなものです。是は體溫調節といふ意味は何等持たず、宗教上の關係で着て居るのだらうと思ひます。それからビルマ人の男で、殊に官廳に勤めて居るとか、學校の先生といふのはやはり黑のサージを着て居ります。さうでない人は多くは白の絹ですネ、二羽重のやうなものを着て居ります。インド人はさうぢやありません。ビルマ人はインド人よりもズッとお洒落ですから餘り木綿物を用ひません。女の人もやはり白絹を上衣に着て居ります。

田中　今のお話の中の白と黄といふのは何か階級的の別があるのですか。

幕田　それはありません。インドには御承知の通り波羅門、刹帝利　吠奢、首陀羅といふ四つの階級がありますがそれは職業柄の階級で、それに依つて着物がどう斯うといふことはないのです。首陀羅といふ階級、例へば便所掃除をするとか、部屋掃除をするとか、洗濯をするとかいふやうな、主に勞働を多くするやうな人は黄い上衣を着て居ります。薄いものです。それで私もさういふのを標準として考へて見た方が宜しいと思ひます。

三雲　水色は餘り着て居りませんか。

幕田　スカイ・ブルーといつたやうなものは餘りありません。

三雲　藍色といふのはどの位の吸收力がございますか。ジヤワなんかではよく藍の着物を着て居りましたが……。

幕田　藍はよく存じませんが、相當吸收力があるんぢやないでせうか。今度向ふへ行かうと思ふが、それについて熱を吸收しないから赤い色の着物を着て行つてはどうかといふ質問がありまして……。

宇野　それは北ボルネオのタワオに永く居られた山本博士から伺つたお話でして、今日の會に御出席下さる豫定でしたが、丁度お差支があつて今日は御出席になりませんでした。赤いものは紫外線除にけなるから考慮して貰ひたいといふ御意見が出て居りました。

幕田　それは紫外線除けになるかも知れませんが、衛生學の方から見ますと一五八ぐらゐになつて居りますから、太陽の光線を吸收する力が强い。インド、ビルマあたりでは赤いものを着て居るものはありません。死刑囚、或はアンダマン・アイランドに流される連中は赤い着物を着て居りますが、殊にさういふ所から嫌がるのではないでせうか。

宇野　それも肌着の裏につけたら宜いだらうといふのです。

幕田　それは私はよく存じません。或は上が白で、中が赤といふやうな場合は宜いかも知れません。上が白ければ熱を反撥しませうから、其の中の特殊な光線だけを吸收するといふ意味に於ては宜いかも知れません。

井澤　桝先生、インドネシアの方はどうですか

桝　今お話がありましたやうに大體白

の着物が多うございますネ。私は向ふに行つて居りまして轉々と歩いて見たのですが、向ふの土地の砂が黄くて足許が黄くなつてしまふのです。向ふではドーチーといふ白い布を腰に巻き、チヤドルといふ三尺ぐらゐの布を肩に掛けて居るのですが、一日歩くと腰から下は眞黄になつてしまふ。殊にベンガルの平原なんか二時間も歩くと其の通りになつてしまふ。それから中部インドに佛教のお寺が一つ出來まして、其のお寺の坊さんが黄い袈裟を着けて居ります。コロンボへ行きますと全部黄色ですが、一日歩くと白いものは丁度其の袈裟の色と同じ色になつてしまふ。それからインドでも御承知の通り暑い時と寒い時とあります。チヤドルといふのは、赤もあれば茶もあるし、水色もある、いろ〳〵なものがあつて普通はそれを肩に掛けて歩くのですが寒い時期になると、丁度十三年程前に流行つたショールのやうにチヤドルを卷いて寒さを防ぐわけです。それ以外に女の人はヴエールをつける、是は色物をつける。暑い時でもつけます。ジヤワに行くと水色とか赤とかいつたヴエールを女の人が殆ど全部と言つてよいくらゐつけて居る。無論それは薄物です。それからもう一つ問題になることは、洗濯が簡單に出來るといふことです。向ふで雨が降ると、御承知の通りスコールですから除けて居る暇もないのです。直ぐに雨にぶツかゝつてしまふ、ぶツかゝつた儘で歩いて居りますが、雨が上ると直ぐに川に行つてそれをピシヤ〳〵叩いて、木の枝にサツと振り掛けて其の下につく這つて居ると、僅かの間に乾いてしまふ。一枚の布ですから簡單に洗濯が出來るのです。丈が長過ぎて日本人に取つては洗濯がちよつと不得手でせうけれども……。私が見て參つたのでは、今申上げたやうに非常に簡單な衣裳で、而もそれが非常に美的に出來て居ります。インドの女の人が着て居りますのはサリーと言つて居りますが、是なんかは一枚の布で、針も使つて居りませんが、それを前と横に襞を取つて、半分でスカートを取り、殘りの半分を肩に掛けるのです。本來は下に何も着ずにぢかの儘です。それをモハメダン時代に、下に半袖のシヤツを着て、それに飾りをつけて居るやうです。大體中流以下ではさういふものは着て居ません。一枚の布を非常に美しくつけて居ります。

井澤　ガンヂーがよく着て居るのは？

桝　私申上げたチヤドルといふものです。あれも一枚布です。

井澤　ガンヂーなんか英國へあれを着て行つて寒くないですか。

桝　ジヤワでも大體さうですが、サロンとか言つてズンドーになつた袋を寒い時にはズツと肩まで伸ばして、丁度達磨大師が布を被つて居りますやうな姿です。

幕田 やはり仕事を餘計する人と、仕事をしない人と考へなければなりませんネ。ですから勞働者とか、或は兵隊さん――兵隊さんを勞働者と一緒にしては甚だ失禮ですけれども、運動を激しくやる方は下着のやうなものなんかも仕事の少い人とは一緒にならないかと思ひますネ。

井澤 田中先生、東インドの方は原色の方が多いやうですが……。

田中(千) 私は主にジヤワしかよく存じませんが、ジヤワあたりの土人の着て居りますものの色は、もとの天然の染料から來て居るんぢやないかと思ひますが、ジヤワ更紗といふのは非常に茶色が多い。それは泥や何かを使つて染めて居りまして、茶色やうな赤味がかつたもの、それから果物の汁から造つたもの、今では化學染料が澤山入つて居りますからそれ以外にいろ〳〵な色があるだらうと思ひますが、やはり昔の天然の染料に似たものを好んで居りまして、やはり茶色系の濃淡のジヤワ更紗、それから藍色の濃淡の更紗、それから赤煉瓦のやうな赤がかつたやうなものを使つて居ります。其の三色が主なものだらうと思ひます。昔からの傳統で、サロンにはさういふジヤワ更紗の昔の好みを使つて居りますけれども、もとは裾の方だけ卷いて上半身は何にも着て居なかつたものだと思ひますが、現在ではヨーロッパ人を眞似て小さい上衣のやうなものを着て、カバヤとか言つて居りますが、それには厚いものは着ないで、薄いボイルなんかの透けるやうなものを着て居りますが其の色はオレンヂのやうなもの、それから淡い黄とか、淡水色のやうなものそれから私の行つて居ります時に非常に好まれて居たものは淡い紫、さういふものはやはりヨーロッパの色を其の儘取つて使つて居るんぢやないかと思ひます。あそこに居るオランダ人の色の好みといふのはやはりオレンヂ系統黄色系統のもの、やはり太陽の光線の強い所にはオレンヂとか黄とかいふものが釣合がよい、水色などは光線に合はないから、茶を中心にして黄色とかオレンヂとか、赤とかいふものを好む。現に私が見て居りましても、茶色黄、オレンヂ、さういふ色の配合は美しいやうに思ひます。しかし、それらの配色といふものはやはり色が流行を持つて參りますとそれに惑はされてしまつて、其の天然の好みの色と、太陽の光線に合ふ色と、ヨーロッパの色とがゴチヤ〳〵になつて、時には出鱈目に取入れて行くものですから調和が亂れるやうです。日本から輸出していらつしやるものなんか拜見したのですが其の中のどの好みに合はすかといふことが非常に難かしいのではないかと思ひます。本當に土人の好みの天然の染料を狙つてやつた方が宜いか。或はヨーロッパのものを模倣する其の心理を捉まへて好きになりさうなものを前々遣つて行くのが宜いか、或は本當に其の土地に向くやうなものを勸めるか、是からの色彩を指導する立場にあるものとして是は非常に難かしいと思ひます。オランダ人なんか好んで着ますと土人もそれを眞似して着る、成るべくオランダ人の好きな色を自分達も好みたいといふ氣持があるらしい、さういふ傾向があるので、此の頃は土人の本當に好きな色はだん〳〵なくなつてしまつて、いろ〳〵なものに影響されて居ると思ひます。

井澤 話は違ひますが、フイリツピンの蟬の羽のやうなものがありますネ。あれはどなたか御存じの方はございませんか。

田中(千) ちよつと見ましたけれどもホンの二三日で名前なんかも只今殆んど記憶致して居りません。蟬の羽のやうなもので、スカートは非常に長く、後ろに引摺つて行く、日本の裾模樣のやうなもので、一面に模樣がついて居るのでなくて、裾からだん〳〵上に模樣がついて居りまして、あれはなかなか綺麗なものだと思ひました。

田中 洋服はどういふ程度に入つて居るのですか。

田中(千) フイリツピンあたりでもマニラの方では土人でも着て居ります。洋服も着るけれども、蟬の羽のやうなものも着る。丁度私共が洋服も着るけれども和服も着るといふやうな恰好になるんぢやないかと思ひます。

井澤 向ふの王樣なんかで上はフロツクのやうなもので、下はサロンのやうな恰好になつて居るのがありますネ。

田中(千) サロンは昔からあつたもので、それを傳統を重んじて使つて居るのですが、上衣はもとなかつたものでヨーロツパの人が上衣を着るのに自分達が着て居ないのは耻だといふので上衣だけ簡單に取入れてしまつたものだと思ひます。

石原 向ふに行つて居ります婦人で日本服を着て居る人がありますか。

田中(千) 街を歩いていらつしやる方には餘り見受けません。お家の內で召すといふ方はあるでせうが、あちらに行くと日本服といつてもやはり浴衣を着るやうになります。日本服のよいものを着て居れば非常によいと思ふんですが、暑い所だから浴衣を着るんです。浴衣の感じといふものはお寢間着の感じになるので、餘り浴衣を着ないやうに聞いて居りました。

石原 幅の廣い帶を締めるんでせうか。

田中(千) やはり召す方はチヤンと召すやうです。

井澤 次は男子の國民服ですが、之を南方に持つて行く場合にどういふ風にしたらよいか、お氣付の點がありましたら……。

岸 國民服を向ふに持つて行つても是では迚も暑くて仕樣がないと思ふネ。結局開襟シヤツが一番よいので、開襟シヤツに半ズボンの式なら、マレーにしても、インドにしても、ビルマでも何處でもいゝと思ふネ。

井澤　日本の軍隊は半ズボンはやつて居りませんネ。

森口　日本の軍隊は特別の作戰上の要求がありますので、普通の行動をする時は今の儘、特に營内で普通の勤務をやるとか、行動しない場合は半袖、半袴、襟は國民服みたいなもの、是が新しく正式に決められました。

井澤　ゲートルは？

森口　營内に居る時はゲートルは止めます。外部に出て行動する時は普通の長いズボンです。行動する時はマラリアとか、蛭とか、いろ／＼なあるものがあるものですから全部保護して居るわけです。

井澤　外國の恰好みたいなものではジヤングルの中なんかでは駄目ですネ。

森口　それは迚も駄目です。普通事務を執つたり何かする時には上衣を脱つて下着だけでやつて居ります。

井澤　地質は標準としてどんなものを使つて居りますか。

森口　大體厚い木綿です。

幕田　下着でございますか。

森口　上衣です。下は普通のさういふものです。軍隊のものは特別の用途がありますから屢々洗濯をしなければならぬですし……。外國の軍隊のものを見ましてもやはり相當厚い、シツカリしたものですネ。

井澤　羅紗ですか。

森口　木綿です。色は茶褐色の斯ういふものです。もと陸軍の夏服がありましたネ、滿洲褐色、あゝいふ色のものが多いやうです。もつと濃いのもあるやうです。

井澤　今向ふに行つていらつしやる兵團長はネクタイをしておいでになりますが、暫定的ですか。

森口　もとの防暑被服といふのはネクタイを使つても宜しいといふ制式があるのです。

井澤　帽子は？

森口　帽子は普通の略帽、戰鬪帽です。其の外、外に出たり、暑い所ではヘルメツト、是は防暑帽といふのです。

井澤　例の竹の？

森口　一番宜いのはコルクのものですが、是は資材の關係でいろ／＼代用品を使つて居ります。竹のもあるし、いろ／＼あります。

井澤　單に民族の習慣とか何とかいふものだけでなく、やはり日本が指導的なものを持つて行かなければどうしても解決せぬと思ひますから、衣服の形態といふものをどこに置くかといふこと、是が本研究會の重要な題目になつて居るのですが、斯ういふことに對して田中さん一つ……

田中　私は臺灣までは行つて見たのですが、其の南の方は行つて居りませんので、御參考になるやうなことはありませんが、今後日本人が着て行く衣服を研究する方法としては、大體二つの基礎的な調査が必要であると思ひます。一つは南の方の今着て居る、成べく他から影響されない、本當の風土が生んだやうな衣服の調査、是が非常に重要性を持つて居ると思ひますが、其の、方の話は私は全然出來ません。次に、私が偶然行つて居る關係で沖繩の例を申上げると、日本の文化の最南端地は沖繩でございまして、さういふ意味で沖繩の衣服といふものは、今後南方に行く衣服の形態を研究する上にいろ〳〵な暗示を持つて居るんぢやないかと考へて居るのです。沖繩といふ所は、人種學の方ではまだ多少議論の餘地があるやうですけれども、人種的に見ましても南九州の方の圏內と大體同じに扱はれて居るやうに思ひます。言語的に見ても、日本の中世の言語が殘つて居るやうに思ひます。例へば候文、といふのは日本の中世の言葉ですけれども、あれが現在口語として沖繩に殘つて居る。地理的な關係から支那の影響が非常に多いのではないかといふ風に思はれる方がおありになると思ひますけれども、支那の方の影響もないわけではなく、今は用ひて居りませんけれども明治の頃までは支那風な防寒具といふやうなものがあつたやうです。それから大體あそこは政治的に非常に不思議な事情にあつた所で、支那の方に半分隷屬して居るやうな恰好を示しながら、いろ〳〵な物資を鎖國時代の日本に持つて來て、それが非常な政府の財源をなして居るといふやうな事情にあつたものですから、政治的な行事とかいふものにはいろ〳〵な支那のものが入つて居ると私は見て居ります。併し根本的には、御參考に寫眞を少し持つて參りましたが、日本の能衣裳と沖繩の儀式用の衣服といふものが似て居るのです。それは廣襟になつて居ること、それから廣袖になつてゐることいろ〳〵似て居る點がありますし、非常に顯著な例は、細い帶を前結びにして居るといふ點が日本の江戸時代前の風俗によく似て居ります。さういふ工合に琉球の衣服といふのは日本の衣服なんです。さういふ一種の儀式用の衣服といふやうなものが今後どの程度參考になるか分らないと思ひますけれども、勞働者の着て居る衣服はいろ〳〵な意味で參考にすべきでないかと思ひます。寫眞を御覽になるとよく分ると思ひますが、婦人の標準服といふものを作られた其の形態なんかと非常に近いのぢやないかと思ひます。詰り根本のイデオロギーといふものは大體沖繩あたりで實際日本の衣服を簡素にして南の方に向くやうにするとか、さういふことになると袖を短くするとか、帶を細くするとか、さういふことが非常に參考になるんぢやないかと思ひます。具體的にそれがどういふ風に南方の衣服に結びつくかといふことは私には分りませんし、今後の研究に俟たなければならぬと思ひます。今まで南方の方に行つて居た日本人といふものは沖繩の人が多いのです。ハワイなんかは半分ぐらゐは沖繩の人が行つて居たやうです。殊に沖繩で、惡く言へば困つた人が日本の移民政策で出掛けたといふやうな狀態でありますが、さういふ人が歸つて來る姿を見ますと、非常に形の惡い洋服を着、何とも言へないイヤな色の洋服を着て歸つて來る。それで顏なんか見ると淋しい顏をして居る、斯ういふやうな時期になると又事情が非常に違つて來ると思ひますけれども、沖繩文化どいふものは南方に於ても決して正當に見られなかつたし、惡く言へばジャパン・カナカといふ言葉さへ出て向ふに行つたものが非常に侮辱されて居た例もあるのですけれどもさういふ意味でもう一度あそこのものを正當に見るといふことも肝要ぢやないかと思ふのです。今後の衣服といふものにどういふ風に働きかけるかといふ所までは申上げられませんが、兎に角日本の文化圏内の一番南にあるといふやうな意味で非常に注目すべき土地でないかと思ひます。御質問でもありましたらお答へ致します。

宇野　男の方はどういふのですか。

田中　大體社會の構造といふものは男中心に出來て居るものですから、政治が變つて來るとそれがスッカリなくなつてしまふ。日本でもさうですが、裃がなくなつてしまつても、女の髪は江戸時代の風を殘さうといふやうなわけで、沖繩でもそれと同じやうなわけです。

桝　今のお話、私は非常に嬉しいことだと思ひました。私が向ふに居りまして日本の着物を着て居つたのですが、ジャワに行きました時にバタビアのホテルで最初の晩に、此處では日本の着物を着せないといふ話があつたので、何故日本の着物を着てはいけないかと聽くと、浴衣を着て腕を捲つたり、腰を端折つたり何かするのは失禮だから此處では日本の着物は着せないと言ふ。そこで私は、さういふ恰好はいけないけれども、さういふ恰好をして居るからと言つて日本の着物を排斥する理由は何處にあるか、俺は着て見せてやると言つて到頭私は初めから終ひまで日本の着物を着て通した。インドでも私は日本の着物を着て居つたのですが、一番輕くて一番動作に樂です。旅行する場合には半ズボンで歩くのが便利で宜いけれども、机の前で仕事をしたり、部屋の仕事をしたりする場合には板につきません。半ズボンを穿くといふのは誰が見ても美的觀念で見られたものでありません。普通のズボンを穿いて居つたのでは暑くて仕方がないさうして汚れる。所が日本の着物を着て居ると非常に輕くて、さうして寛げる。仕事が思ふやうに進みます。唯邪魔になるのは袂です。それから脛の露はれるのはいかぬといふことなのですが、是は非常に情緒を醸すものであつて決して見苦しいものでありません。（笑聲）さうすれば婦人の洋裝なんかスカートが短くて、非常に無禮な話です。短いスカートにストツキングを穿いてゐるのは宜いが、練馬大根よりも大きいのをスツカリ見せて居るわけです。そこに何の美的觀念がありますか。今沖繩のお話がありましたが、私もジヤワに行く前に二ケ月ばかり沖繩に居りましたが、女の人が前で帶を結んで居る形なんか美しいものです。兎に角さういつたもので、日本服は輕くて非常に輕便で、洗濯も樂です。

宇野　外出着にはどうでせうか。

桝　差支へありません。

宇野　元來日本服は室内で着るやうに發達して來たやうですし、其の點どうかと思ひますが……。

桝　所が戰ひの時なんか襷をかけてやつたものです。決してあの儘で仕事をしたのではなくて、仕事をする時にはチヤンと道具があるのです。インド人のドーチーといふのも、半分褌を擔ぐのです。裾を卷いて、一方は後ろに垂れて、片方の端は前襞を取つて垂らして、歩く時は其の先を少し下げて歩くのです。非常に粹な歩き方です。今度荷物などを持つて運ぶ場合には、下げるわけに行かないからもう一遍褌擔ぐのです。兩方褌擔いでしまふのです。それで丁度ズボン下を穿いて居るのと同じです

倉田　其の風習は沖繩にもあります。

田中　久米島なんかに殘つて居ります。

桝　それで洋裝を研究する前に日本を研究する。其の日本服も先づ沖繩あたりの服裝を研究することと、各現地の民族の持つて居る服裝を一應調べることが必要だと思ひます。洋裝必ずしも世界の服裝でないのですから、其の觀念を捨てることが今日の新秩序の筈です。先づ日本の着物を如何にするかそれは先程田中さんが仰しやつたやうに先づ南の沖繩あたりの服裝を研究するといふことになるのではないかと思はれるのであります。

三雲　沖繩の風俗が非常に綺麗だといふのは、沖繩といふ雰圍氣があるからぢやないですか。

桝　さうぢやありません。

三雲　例へばあの雰圍氣を外して、東京なら東京に持つて來たらやはり變なものぢやないですかネ。

桝　それは見慣れないからでせう。

宇野　新京あたりでは和服は映らない。やはり協和服でないと調和しません。

三雲　洋裝の觀念を打破しなければならないといふのは御尤もです。併し洋裝だつて昔からあんな洋裝ではありません。ローマ時代はやはりローマ時代の服があるし、今でもハンガリアはハンガリアの服があるし、スヱーデンはスヱーデンの服がある。所がだん／＼

斯ういふ服になつたのはやはり近代性といふものがあるんぢやないですか。近代の社會狀態といふものがだん〱變つて來た。近代性といふものを考慮に入れゝば初めはやはり洋裝でも宜いと思ふ。それから徐々に日本的なものを考慮して行けば宜いかと思ふのです。何も洋裝萬能主義者ぢやない。背廣では體溫の調節がどうも思ふやうぢやない。今時分の氣溫になると、ちよつと歩いても汗が出るし、部屋に居つても汗が出るし、どうも風邪ひき易い。之を何とか調節するやうなものが欲しいと思ふ。だから洋裝が理想的なものとは思はれない。日本人の立場として洋裝といふものを中心にして考へる必要はないのです。併し近代性といふものを考慮に入れゝばそこにやはり相當問題があるんぢやないですか。

桝　所がインド人がワイシヤツを必ずズボンの外に出すのです。ズボンの中に入れないのです。ワイシヤツは外に出してしまへば近代性はない筈です。動作を機敏にする上に於ても、或は美的から見ても必ずしも近代的なものとはならない筈です。所が彼等は洋服を着、ワイシヤツを着ながら、それを必ず外に出す。

三雲　そこに改良の方法があるんぢやないでせうか。ワイシヤツだから變なんで、ワイシヤツの代りになるものをやれば宜いわけです。

桝　そこで洋服から入つた研究よりも其の風俗の研究から始めるべきではないかといふことになるのです。インドでは今バンジヤブといふものが非常に流行つて居る。是はロシアのルパシカと同じで、ボタンを頸にかけてやるのです。頭から引被つて裾は開け放しです。ルパシカは腰を紐で締めてしまふ。それを紐を締めない。丁度ワイシヤツをズンドーに着た儘の形です。其の背中を抉つてある爲に非常に恰好の良いものが出來て居る。私もそれを向ふで着て居りました。

インドでは女の人が素足の裏に赤繪具を塗るのです。其の歩いて居るのを見ますと、非常に美しく、情緒纏綿たるものです。それを紫外線除けとはどういふ關係になるか分りませんが。

田中　それは落ちないものですか。

桝　それは一日の中に落ちるかも知れませんが、兎に角ズツとつけて居ます。

三雲　塗料は何ですか。

桝　泥繪具でないかと思ひます。それからオイル・バスといふのをやりますネ。

幕田　あれは月に一遍づゝやるんぢやないですか。

桝　十二月の乾燥期に靴下をズツと見ますと後ろの方に粉が吹いて居るのをかしいと思つて見ると粉が落ちる、ビツクリして病院に行つたら、心配せぬでも宜しい、タゴールの足を見て御覽なさいと言はれて、タゴールの足を見ると、靴の踵を踏みにじつて居る。踵が掛らない筈です。何にもしない詩人の踵が、丁度アカギレのやうに干割れて居ります。だから踵に靴が掛らない。スリツパのやうに踏みにじつて居ります。乾燥期になるとさうなるから油を塗つて居るのです。私も油を塗つて居りました。

幕田　私はマドラス人をよく見て居りましたが、月に一回ぐらゐオイル・バスといふのをやる。體中ココナツツの油を塗つて外に立つて居つて、暫くして入つて來てそれを石鹸で洗ひ落す。體が涼しくなるのだと思ひますが、兎に角體の熱でも取るといふのではないでせうか、毎月一回やるのです。他のインド人は知りませんが、マドラス人はやつて居ります。

田中（千）　皮膚に榮養を與へるといふのではないでせうか。

幕田　さうかも知れません。

三雲　一種の美容術ですネ。

桝　釋迦の言葉の中にそれがあります。佛教の初期の時代には一切さういふものを廢止するやうになつて居りました。其の時分に干割れが出來たり、頭の毛がパラ〱になつたりするのでそれを見て釋迦が、油をつけろといふことを教へて居ります。所がその油をつけ出しますと、坊主階級の連中が今度は香料を使ふやうになつた。そこで阿難とかいふやうな弟子達が釋迦の所に抗議を申込みに行つて居る文があります。あなたの言はれることはよく分る。併しあなたの仰しやつたことは庶民には通じない。だから庶民は油をつけて宜いとなれば香を求めて香料をつけるやうになる、是は墮落して行く第一歩である。だから是は禁止した方が宜いといふので所謂律を作つたといふことが現はれて居ります。

田中（千）　ジヤワの人も髪にココナツツの油をつけ、顔には米の粉をお白粉の代りに塗つて居ります。

幕田　ビルマの婦人もさうです。タナカといふ木がありまして、それを一種の砥石のやうなもので擦ると、白いミルクのやうなものが出て來るのです。それを顔一ぱいつける。すると乾燥してお白粉みたいになる。餘り體裁のいゝものではありません。是も聽いて見ると、非常に涼しいと言ふ。美的方面からもあるでせうが、紫外線除けか何か知りませんけれどもやつて居ります。

三雲　涼しいと言ふのにはいろ〱意味があるんでせう。吾々が床屋に行つて髭でも剃れば涼しくなりますから、そんな意味ぢやありませんか。

田中（千）　ちよつと固苦しいことになるかも知れませんが、蘭領インドを中心にして東亞共榮圏で木綿がどの位使はれて居るかといふことを調べた數字がございまして、大變面白い數字だと思ひましたのでちよつと申上げます。蘭領インドでは其の土地で以つて餘り織物が出來て居りませんので、輸入されたものを全部計算して見ました。綿布として入つたものを棉花として計算したものでありますが、一九三八年が七萬九千五百トン、一九三九年が九萬八千八百トンといふ數字になつて居ります。蘭領インドの人口六千七百萬人と見積りそれを割つて見ますと、一人當りが二・五ポンドといふことになつて居ります。是が蘭領インドで今まで平時に使はれて居つた棉の使用量だと思ひます。日本の棉花の使用量を調べて見ますと、平時平均八ポンドになります。今度の衣料切符がどの位になるかといふ其の割合を取つて見ますと、〇・〇ポンドといふ數字になつて居ります。大東亞戰爭前の東亞共榮圏内の平均がどの位かといふと、平時で以つて約四ポンド位になります。それでは最も蘭領インドを中心にしたものでありますが、今度は最小限度どれだけ必要かといふことを調べて見ますと、男の人がカバヤといふ上衣が一枚、パジャマが一枚、サロンが一枚、それで全體で八平方ヤール、女の人がカバヤといふ上衣が二枚、サロンが二枚、全部で十一平方ヤールぐらゐになる。人口七千萬として男女半分居ると考へますと、全部で六億七千萬平方ヤールといふ字數になります。今度は東亞共榮圏内の一人當り四・三八ポンドといふのを計算して見ますと全部で二十五億ポンドといふことになる。東亞共榮圏の中で木綿がどうしても要るだらうと考へられますのはマレー半島、蘭印、タイ、此の三つです。それは御承知の通りマンデーと申しまして毎日着物の儘で水の中に入る。それを陽で乾かす、一日に三遍ぐらゐ水に入つたり乾かしたりするといふ關係で、どうしても木綿でないといけません。それから先程毛の入つたものが宜い、或は絹を使ふと仰しやいましたが、其の方は大體スフや絹、少し毛の混つたものでも間に合ふんぢやないだらうかと思ひます。それからどの位のストックがあるだらうか、是もある方面でお調べになつたもので私はよく存じませんが、昭南島ジャワなんかのストックで大體〇年分は現在の儘でチツとも不足はないだらう、儉約して行けば〇年ぐらゐ持つだらうといふ想像をつけていらつしやるやうです。それで今度日本から供給して行く材料をどういふ風にして供給して行つたら宜いだらうかといふことを考へますと、布の儘で持つて行くと華僑が中に入つて、非常に値のよい時にそれを賣るといふやうなことが非常にあるので、成るべく既製品として戴く方が宜いではないかといふことを向ふから歸つた人が申して居られました。

宇野　既製品として出すといふのは難かしいですネ。糸までも考へなければならぬのですから……。

井澤　資源の將來性について岸さん如何ですか。

岸　今〇億ポンド位ありますが、將來増産の必要があります。

宇野　インドのやうに長いものを卷きつけて歩くのでは駄目ではないかと思ふですネ。もつと生地を節約しないと……。

桝　所が外に要らないですからネ。下着は要りませんし、糸も要りませんしネ。――其の問題でインドでタゴールとガンヂーと論爭したことがある。御承知の通りガンヂーが木綿の自給自足といふことをやり出して、チヤルカといふ糸繰車を動かして、自分達の着物は自分達で造れといふのでやり出した。それに對してタゴールが吾々が美しいものを好むといふのは人間の情である、同時に經濟的であれといふことも人間の本能性である。然るに自分達の手で造つたものでどんな美しいものが出來るか、どれだけ經濟的に上るかさう考へた時に、日本から入つて來るものが殘念ながらより美しくて、より安い。だから是が普及されるのは當然だ。吾々が若し自給自足を念願するならば機械工業を發達さすべしといふやうなことを言つて論爭して居つた時代がありました。だから向ふでも自給自足は考へて居る筈です。

田中(千)　しかし、ジヤワあたりに參りますと殆ど日本のものが使はれて居ります。一時三分の二まで日本の材料が使はれて居りました。

桝　模樣と色が問題になるでせう。日〇協會が向ふに出張所を持つて居りましたが、實は私もメンバーの一人で、日〇協會は何をして居るかと思つて偶々學校の休暇でカルカツタに行つて其の仕事を見て居りますと、殆ど商人のトラブルの斡旋です。聽いて見ると、見本と現品とが違ふといふのです。それから柄とか色合が民族性に合はないといふのです。例へば時計のバンドが赤とか白とか、いろ／＼なものが來て居りますけれども、インド人は白か何かは絶對に使はぬさうです。それから牛の模樣などのものはインド人は絶對に用ひない。牛を大事にするから牛もいゝだらうといふやうなことで牛の柄のものを持つて行くと、それが當らない。さういふものをストツクして扱はないから送り返さうとする、日本の商人は送り返されては困るといふので、イロ／＼なトラブルを扱つて居つたやうでした。さういふやうに各民族の宗敎的、趣味的な模樣とか色合を吟味するといふことも必要です。

田中(千)　日本だと直ぐ櫻とか梅とか松とか竹を使ひますけれども、向ふに行くと蛇だの、蛇の頭だの、マンゴスチンを輪切りにしたやうな、私共が見ると花のやうなものとか、蓮の葉のいろ／＼變化したものとかやはり其の土地にあるものを使つてやらなければいけないのではないかと思ひます。其の點日本で良いと思つても向ふの人には櫻の美しさといふものは分らないのですから、よく考へてやる必要がありますネ。

田中　鰐の模様なんか隨分多いですネ。

田中(千)　鰐とか、蛇とか、人間の模樣が多うございますネ。

岸　皆さんのお話を伺つて居ると、結局こちらから向ふに旅行する人は白い生地で、ジンスとか、ポプリンとかいふもので、さうして今ある國民服を其の儘白いもので行つたら一番よいぢやないかと思ふネ。唯向ふは洗濯を非常にしますから、今の國民服ではちよつと洗濯するのに工合が悪いぢやないかと思ひます。

幕田　白の國民服は理想的ですけれども、蘭印の方は知りませんが、マレーでもビルマでも何しろ川に持つて行つて石にぶツけたりして洗濯するのですから、ボタンは直ぐ割れてしまひます。

岸　ですからポケットなんかもつと簡單にして行けばそれで宜いんぢやないかと思ふんだがネ。さうして地はみな木綿でネ。私もインドを旅行したり、ジャワを旅行したが、詰襟の服で、而もジンスで一着六圓ぐらゐでしたが、其のくらゐ洗濯して、歸つて來るまで六着で以つて全部間に合つたのですがそんな風な簡單なものでよかつたと思ひます。今度佛印へ行つた時は開襟シャツであつちこつち歩いた。

幕田　開襟シャツで半パンツが一番樂ですネ。けれども凡ゆる場合適用しませんから困りますネ。

岸　外へ出て日中旅行して來るといふのには宜いが、家に居る時には蚊に食はれる。

幕田　白ですと汚れが見えるし、熱帶に適した、比較的熱を吸收しないやうなものを考へてやるのが一番理想的ぢやないでせうかネ。

岸　向ふへ行つてやはり威嚴を保つ上にはチョイ〳〵洗濯をしなければ駄目ですからネ。食堂に汚れた服を着て行つたら工合が悪いです。

三雲　日本人として威嚴を保つ必要がありますから。

宇野　今まで英米蘭の支配下にあつた南方を吾々が指導して行く時代になつて、兎に角原住民も心機一轉して東亞の新秩序建設に掛つて行く、さういふ時代になつて、指導者が英米人の着て居つた背廣を着て行つたのではどうかと思ふ。其の點、衣料物資が缺乏して居る時代だけれども大いに研究して行かなければならぬと思ひますネ。

森口　服装の形と生地と色、今中心になるのは、色とか生地は資源の關係とか、いろ〳〵な關係で支配されて居るけれども、形といふものの研究がなされるべきですネ。

田中　是は共榮圏の話ではないのですが、此の間海外文化宣傳の方に關係して居る友達が、ブラジルの方へは國民服を着た寫眞は絶對に出さないで呉れといふやうなことを言つて居りました。それは何故かと言ふと、ブラジルの方で斯ういふ恰好をして居るのは道路の人夫なんださうです。それでさういふ寫眞は送らぬで呉れといふやうなことをブラジルの方から行つて來たといふことでした。國民服は海外に持つて行くといふやうな時はいろ〳〵な點で考へなければいけません。餘程形といふものを研究して行かないと、將來に於て非常に困る問題が發生するんぢやないかと思ふのです。

幕　南方の方ばかりでなく、是からヨーロッパの方にも行くことになるから、餘り所々で着換へないやうにしたいものですナ。

石原　現在の物資の關係で、南方向けの纖維としてどういふものが一番宜いですか。

岸　南方では洗濯をよくするからやはり綿が一番よいけれども足りない。今向ふにあるストックを使つて居る程度で、次にラミーのやうなもの、あゝいふものを大いに栽培して行かうと思つて居ります。あれは割に簡單で殖えますから。棉花の方も増産しますけれども……。

森口　最近研究された中で、マニラ麻で織物を拵へたものが出來ましたら非常にいいだらうと思ひます。あれは針金のやうなものですけれども、研究によつては不可能ではないと思ひます。

岸　マニラにスフを四割ぐらゐ混ぜると夏服地としては良いものが出來ます。南方に行くにはさういふものでいいですネ。

石原　それは洗濯に堪へるのですか。

岸　それは大丈夫と思ひます。

三雲　野生の麻はあるんですか。

森口　それをいろ〳〵集めてやつて居るわけです。

桝　バナナの纖維はどうですか。

森口　あれも研究して居ります。南方の方は雜纖維で間に合はせて貰ふ。日本の技術を持つて行つて、さういふ野生のものをいろ〳〵集めて兎に角暫くの間間に合はす。

田中(千)　今まで氣がつかないものがあるでせうネ。

森口　パイナツプルとか、マオランとか、あゝいふものが多いですネ。併し之を大量に需要に應ずるのには大變です。

石原　それでは是で……。どうも有難う御座いました。

× × × ×

比島服裝漫語

中屋健弌

見榮坊な比島人

七千八十三も島の數があるフイリツピンのことだから、ところによつては多少の氣候の相異があり、雨期の違ひがあるが、ともかく北緯四度四十分から二十一度十分までといふ熱帶圈にあるので、フイリツピンは常夏の國だといへる。マニラあたりでは、四月と五月が最も暑くて、平均攝氏三十六度四分、最高三十八度に上る。もつとも暑いのは單に溫度ばかりでなく　濕氣の多いことにもよるのだが耐えられない暑さである。七月から十一月にかけては雨期で不愉快な日が續く。まあ良い氣候――といつても結局夏なのだが――なのは、十二月から二月までの三ケ月だけといふことになる。

從つて、服裝は一年中眞夏の服裝だ。われわれならば、先づ白服の半打も持つて居れば一年中事欠かない。それでもフイリツピン人や長年フイリツピンに住む人達は、十二月になるとやはり寒いと見えて、ジヤンバーを着込んだり　スウエーターを着てゐる。熱帶生活の淺いわれわれは、どんな「眞寒」でも毛布一枚あれば快く眠れるし　チヨツキなどは着たことがない。

上流階級やインテリのフイリツピン人は男も女もいはゆる洋服を着るこの點歐米人とあまり變りはない。元來が見榮坊でお洒落な彼等のことだ。それに、住む家にも食べものにも金をかけないで、着るものや裝飾品にあるつたけの金を費やして平氣な性格を持つてゐるだけに、洋服の着こなし方も却つて日本人よりは遙かに上手だ。ポマードで頭髮をひからし、靴をきれいに磨いて、颯爽と街を濶步してゐる若い男も、鷄小舍同然の汚いニツパ家から出て來、サリサリといふ屋臺店みたいなところで安飯を食べる、といふ風景はマニラでは普通のことである。

女も同樣、金色の――必ずしも金ではない――頸飾や腕輪や時計をこれ見よがしに身につけ、きちんとワンピースを着こなしてゐる。歐米人と異る點をあげれば、洋服がはつきりした原色、或はそれに近い色のであるといふことだ。何といつても南方民族のこと、膚の色の悪いことは否めない。從つて、洋服の色はほとんど原色の方が似合ふのだらう。夜の海岸通りを散歩するフイリツピンの乙女達の服裝、それはやはり南國の色なのだ。

見榮坊が彼等に幸してゐる點が一つある。それは常に洗濯して清潔なものを着てゐるといふ點だ。フイリツツンの女は洗濯が上手なことが取り柄なのだ。白い洋服なら一日置き位には洗濯するし、ワイシャツは毎日でも取換へる。ともあれ、彼等が汗くさくないだけ結構なことである。

大東亞戰爭前、米國人達はフイリツピン人の服裝を見てこう言つてゐた。「彼等は文明人の眞似ばかりしてゐる。だが、それは服裝や表面的なことばかりだ。頭腦はまるで野蠻人なみだ。」と。これは或る意味ではフイリツピン人の性格をよく言ひ現してゐるものだといふことが出來るのだ。『洋服をちやんと着た猿《ウエル・ドレッスド・モンキー》』——これは米國人がフイリツピン人を嘲笑する時によく用ひた言葉なのだ。しかし、皇軍の占領下にあつて、東亞に立還らうとするフイリツピンには、最早こんな言葉は通用させたくない。勤勞にいそしみ、身なりをかまはず、質實な東洋的な生活を營むこと、これが、彼等をして眞の東洋民族たらしめ、新生フイリツピンをして再建せしめる原動力でなければならぬからだ。

バロン・タガログとバリン・タワツク

フイリツピンにも個有の服裝といふものはある。總人口一千六百萬の中、約百萬の本當の意味の未開人を除いたフイリツピン人に共通な服裝は、男のバロン・ダガログと女のバリン・タワツクである。

われわれが普通「蟬の羽根」といつてゐるフイリツピン婦人の服、バリン・タワツクは彼女等の盛裝だ。この服裝は一寸言葉で說明しにくいが大體三角に折つた「蟬の羽根」を上衣の上にピンで止めるのが特徴である。上衣はすき透つた羅のような織物、スカートはぐるりと腰を卷き、裾を折つて端を手に抱へるほど長い。上衣をバロ、スカートをサヤと呼んでゐるが、これにもいろ／＼種類があるようだ。靴をはく者もあれば、又パキヤといふ木履をはいてゐるものもある。これは元來南洋のものらしく、內南洋のチヤモロ族の服裝にもこれに似たものがある。

遠くから見ると成る程優雅には違ひないが、そばに寄つて見ると、洋服や支那服のようなすつきりした美しさも無く、日本の着物のように典雅さもない。まるで布を身體に卷きつけ、ピンでたるんだところをとめて、洋服の假縫ひよろしく恰好をつけたといふようなごく簡單なものだ。ましてこれを着るのに一々他人の手をかりなければならぬのだからあまり活動的な服装とはいへない。

男のバロン・タガログは一口に言ふとワイシヤツのような上衣だ。ヅボンは禮式には黑、その他は普通だが、このバロン・ダガロクは色や一寸した形式で禮式用のものが決まつてゐるようだ。襟が必ずあり、袖口も折りかへしカフスのようなボタンをつける。このボタンに寶石を使つたりする贅澤なのもあるさうだ。透き通つて見るからに涼しさうだが、下シヤツは必ず腕まであるものを着なければならない。何しろズボンの上にだらりとはみ出して着てゐるので、決して恰好の良いものではないが、上衣もネクタイも不要だから、暑いところでは氣持の良い服装だらう。

バロン・タガロクの襟の無いのもある。これはカミーサ・チノ（スペイン語で「支那のシヤツ」といふ意味）と呼ばれるもので、庶民階級の服装とされてゐる。バロン・タガログは麻やパインアップル等の纎維を織つてつくり、胸にあたるところには刺繡がしてあるが、カミーサ・チノは普通の木綿で、例によつて原色の派手な模様で、日本では幼兒の着物のようながらの大きなものが多い。

この外、最近はズボンにポロシヤツといふ服装がフイリツピン大衆に一般化されて來たが、ポロシヤツも勿論ネクタイなどはつけずに、カミーサ・チノと同様ヅボンの上にだらりとはみ出して着てゐる。

比島人に必要な生活刷新

マニラの街では半ヅボンで歩いてゐるのは、米國人だけでフイリツピン人は極めて尠かつた。特に日曜日など、輕快な服装で散歩してゐるのは米國人で、フイリツピン人は一張羅を着て教會に行く。

元來、人間の體温よりも温度の上るような熱帶でいくら白服だからといつて、ちやんとネクタイをつけ上衣を着て生活しなければならぬといふのは既に無理な話である。この點割合に服装にやかましいフイリツピン人はけちなダンスホールに出入するのでも上衣をつけてゐないと斷はられる。尤もこれには婦人尊敬のはき違へといふ觀念も多分に入つてゐることだが、形式主義をカソリツク教から敎へられてゐる彼等には、これが無理とは思へないのであらう。

その癖、帽子を被つてゐる者は非常に尠い。勿論巡査とか兵隊とかはヘルメツトを被つてゐるが、日中ばんやりと歩いてゐる馬鹿もあるまいから、不必要といへば不必要だ。却つて綺麗に頭髪を梳つて頭を見せびらかすつもりか、無帽のものが非常に多い。

中華民國の新生活運動や我が國の國民服運動のやうな、全國的な服裝の簡易化がフイリッピンでも必要となつて來る時期がもう來てゐる。殊に綿布や綿製品を悉く輸入に仰いでゐるフイリッピンに於ては、その必要が痛感される。それには彼等の服裝第一主義の生活を根本的に改善し衣食住の均衡のとれた生活に親ませることが先決問題のやうだ。バロン・ダガロクにしろバリン・タワツクにしろ青年層――殊に男子――には何の魅力をも持たれてゐない服裝は、やはり次第に廢れて行くのではなからうか。

言語の問題にしろ、服裝の問題にしろ、現在のフイリッピンは極めて復雜である。日常生活に最も近いこの方面の文化的な工作が必要とされてゐる所以もこの點にあるやうだ。獨創性に缺け模倣性の強いフイリッピン人が彼等に最も適合するやうな新しい生活樣式を持つことは、極めて困難なことかも知れない。しかし四百餘年に亘つて西洋文明の下に生活を餘儀なくされて來た彼等にとつて、大東亞戰爭は始めて、彼等をして「フイリッピン人のフイリッピン」たらしめる好機を與へたものだ。單に政治的な問題にのみ興味の中心を置かずに、かういつた生活樣式の再建設こそは、フイリッピン人がよく考へるべき價値のある問題のやうだ。又彼等を指導すべき重大責任を持つわれわれが先づ採り上げて見なければならない問題ではなからうか。

ジャワ人の衣服

水木伸一

日本と似た衣食住

衣食住が人間にとつて、重要なことは今更私が、喋々するまでもないでせう、がこれから、ジャワ人の衣服、それも一バン多く着られて居る簡單な衣服について書く前に、我國と南洋熱帶地方の、衣食住の比較を述べてみたい。

日本人の食物は米が主食となつてゐるが蘭印人の主食も亦米である。補食としては、日本では、うどんそばもあるが、薩摩芋が多く用ひられて居るやうに、蘭印ではタピオカといふ芋が、補食の重用なものとなつて居る、この點兩國人の食物の主となるべきものはよく似て居ると云へる。

それでは住の方はと云ふに、これは食物程の相似はないが、多くの共通點が又見出される。日本の農家の藁屋の感じはジヤワ人の、住宅とよく似て居る。殊に屋根のてつぺんに角の如く、左右に木を交叉させて居るところは、日本の神社の屋根によく似て居る。日本では下級住宅の事を竹の柱に、茅の屋根と云ふが、ジヤワでは實際、竹の柱に椰子の葉の屋根が非常に多い、だから住の方でも亦兩國は、何か緣があるやうに思へる。

次に衣服の方では、どうかと云ふに是又、相似たものがある、それは婦人の腰卷は日本では着物の下にされて居るが、蘭印婦人はこれは、着物の下も外もない、一枚きりの立派な、晴着なのである。

緊褌一番など丶云ふ日本男子の、だいじな褌は是又、蘭印一部土人の不可缺の晴着と云ふよりも殘された最後の一糸なのである。

こんな風に比べてみると、東亞共榮圏の他の諸國よりも日本人と蘭印諸島人との生活は相似の點が、より多いと云ひ得られるのである。

衣食住の中で、食べると云ふ量は一人一日米にして、約三合位の量と思はれる。

此の量は何處に住まはふが人間には必要なのである。

住の方では、東京の極く下層階級で、疊三枚敷に十一人住んで居る、と云ふ最低レコードや、金殿玉樓に一人住んで居ると云ふ最高特別のレコードを除いて、大體一人に約六疊の廣さが、先づ普通必要とするとこの住居は何處の國に行つて住んでも、必要な住の廣さと云はねばならない。

この人間生活中最も、重要な衣食住のうちで、食と住とは世界の何所のはてに暮すとしても、一人の必要量は大體に變化は無いと云へる。

だが衣はそうではない、住む所によつて非常に必要と不必要が生じてくる。だから南方熱帶圏に住むか北方寒帶圏に住むかと云ふことは、其の住む人や、移民させる國家にとつては、單に衣だけの物質的一部面から見たゞけでも、非常な差を生じてくるのである。

衣！　たつた一つの體を、包む衣服！　それに要する費用、ア丶何と云ふ高下の差のあるものか、上を見ても際限がない。下を見ても際限が無い。

東京では俗に、着た切り雀と云ふ舌切り雀の洒落で、一枚の着たきりだ、と云ふ意味らしいが、この低い生活者の着物から、上は一枚の衣服に、數百千圓のものを數百千枚持つて居る人もあるであらう。いやあるであらうどころではない、私の友人のお孃さんは、滿洲へお嫁入の時に衣服を三萬圓買つて持つて行つた。いくら寒い處は着物がいると云つても、三萬圓は一つの體では着切れないであらう。と思つたが、それでも友人の夫人は、積み上げられた三萬圓の衣服の寫眞を私に示しながら、曰く私の知人は七萬圓の衣服を娘の嫁入に持たしてやつた。私の家としては少ないので、と如何にも少ない事を恥ぢる如く云つたのである。

ジャワ華僑の富豪

いや三萬圓や七萬圓位じやない、未だ未だ上がある。それはジャワの華僑ウイチョンハム夫人の結婚着の衣服である。私はこの話を何度も云つたり、書いたりしたが實に驚くべき高價な服裝だつた。

中部ジャワの高原地帶に、サラテガと云ふ富豪の、別莊地がある。私は此の別莊町に住む、華僑富豪の馬厥坤と云ふ人に、招かれて其一家の肖像を描いた。それは美しいマリイルイズと云ふ、家の名であつた。全く家の名にふさはしい、美人の姉妹達が老父であるところの馬厥坤翁を中心によく集つて來た。私は數枚の肖像を描いた最後に、翁の三女の御嫁入先きで、亞細亞第一とも云はれる富豪で、スマラン市に住む、ウイチヨンハム家の此の若い夫人を描くことになつた。この夫人は今迄に何度も自分のお里である、翁の家に來て私の描くところを見、私とも數回會つて居る美しい夫人である。

扨ていよ〱描く日、この夫人の着用した衣服と云ふものは！　何と云ふ驚くべき、美しい、まぶしい光りを放つ、衣服だつたか、私はたゞ呆然として、暫らくは畫筆を持たないで眺めて居たのであつた。

一言にして此服裝を云ふならば、お伽噺の乙姫さんの畫が拔け出て來て、現實の人になつたと云ふのが一番判り易い。着物は金と白金の總刺繡が地となつて、ダイヤがちりばめてあつた。黃金の冠には是又ダイヤ、數百をちりばめ、首飾には白金の臺に又ダイヤ數十をつけて首にさげて居る。持つて居る扇子の親骨にさへ私の家内が指輪にはめて、大じにして居るやうなダイヤを三百も、ちりばめて居ると云ふ豪華な服裝であつた。

聞くところによると、此んな服裝は此夫人のみならず、華僑富豪夫人の結婚着として一組五十萬圓百萬圓と云ふのは、珍らしい事ではないとの話である。

これは、熱い處に住んで居て衣服をあまり要しない人でも、お金を使ひ得る人だからいゝが、日本の國は氣候の變化が多くて四季の着物の外に其中間にも合着があつて、そして和服の上にまだ洋服まで揃へて、おまけに敵國の禮服まで一着に及ばないと、紳士や令夫人になれない、と云ふ國である。何と云ふ着物不幸な國民であらうか日本人の生活難の大きな原因は衣服問題にある、と云つても過言ではない。そこで「國民服」と云ふ事が叫ばれるやうになつたのであらう。

東印度は
サロン(腰卷)一つ

扨て東印度ジャワ人の服裝であるが、前にも云つたやうに、熱い國である爲か、一般民は別に取り立てゝ云ふ程の服裝をして居ない。ジャワ人の半數は腰卷(サロン)一つで居ると云つていゝ位だ。サロンは大體ジヤワ更紗で作られたもので、布を丸るく筒のやうに重ねてこれに兩足を突込んで腹のところで、餘つた部分を合はして折り曲げ、胸のところへ差し込んで、其の端しを前方へ垂らして居るのである。このサロンは一つ五十錢位から數十圓位まであつて、いゝものにあると實に藝術的に感じられるものがある。

上着は中流以上の男子は、綿地の白い洋服である。ズボンはあまり用ひないで、サロンの上に白い洋服と云つた恰好である。帽子はトルコ帽も多く冠むつて居る。又普通は更紗を面白い恰好に冠る。これはカインカパラと云ふのだが、私にはこの方が好ましく思はれた。

女の方も同じサロンに上着は色とりどりで木綿地や日本から輸入した人絹、ジョーゼツト、紗等の薄もので造つたのを多く着て居る。大ていは筒袖の襟なしが多いが、少しハイカラな婦人は袖口にレースをつけて居る者もあり、襟も一寸位の布を折り返して着て居る。

婦人服のうちで、サロンに續いて彼女等に、尤も重用されて居るものは、スレンダンと云ふ肩掛である。このスレンダンは日本婦人の肩掛の約倍位の長さで、矢張り更紗を多く用ひて居る。

このスレンダンは彼女等の服裝の中で、私の一ばん興味を持ち、そして一ばん感心したものなのである。此は裝飾として美しいのみならず、實用に大變便利である。彼女等は炎天ではこの肩掛をたゝんで、帽子のやうにして冠むるが、子供を横つちよにオンブする帶にもなる。又荷物を肩から釣つて、運搬するモツコがわりにもなる。そして小寒むい時には、頰冠りして首卷をしてまだ肩から垂らして裝飾として居る。彼女等はこの肩掛を持たないで歩いて居る婦人を見ると、スレンダンもしないで外に出て居る！ と云つて輕蔑するのである。だから彼女等にとつては、サロンの次ぎに此肩掛は重用とされて居るのである。

ソロの王様の服

私は或日、前に書いた華僑の、馬厥坤翁の紹介で、ソロの王様に會つたことがある。此王様はオランダがス、ナン王に對立さして新らしく立てた親蘭反日の王であつたが、親友馬翁の紹介であり、肖像を私に描かしたい希望もあつたので、日本人の私を一週間餘も王城に入れて、自らは其肖像畫のモデルとなつたのである。此時は王様はどんな服裝をして居るものか、とよく注意して見たのであつたが、普通のジヤワ人達と大して變りはなかつた。サロンは約倍大形のカインパンジヤンと、云はれる通常着であつた。（サロンは粗末着とでも云ふか、簡單服の意である上着は白無地の、多分日本製であらう上ものの羽二重であつた。帽子は例のカインカパラであつた。

いよ〳〵肖像のモデルとなる時には、オランダから與へられた空位の海軍大臣相當官と云ふ服裝で立たれたが、この服は日本海軍將官の夏着とよく似て居て、別に異國的な珍らしさは無かつた。

私は西部ジヤワ、ガロの町で或時ジヤワ人の結婚式を見たが、此時の花婿花嫁の衣服でも、別に特別なものではなかつた。花嫁は薄ものの上着に、サロンで普通人の支度と同じであつた。花婿も白洋服上着に下はサロンであつた。

右で大體一旅客の見たジヤワ人の衣服觀は盡きるのだが、彼等の衣服について、私の最も注意し且つ感歎したのは、其形態よりも布地の更紗そのものであつた。日本でも相當に知られて居る此等のジヤワ更紗！彼等はこの更紗模様に工夫と努力をして各々の矜を示し合ふのである。それは版更紗と云ふ。安物は問題ではないが書き更紗の極上物になると約一反程の量を仕上げるに、四ケ月から八ケ月の日數を費してまでよりよくより美しくと競い合ふのである。

普通ものの更紗でも、其下圖を鉛筆でつけるだけの日數でも三日は費して居るが、其下圖の上に書く蠟畫はチヤンテンと稱する筆の小穴から、熱い蠟を流出させながら複雑多様に描くのである。それも裏表に書くのである。これに要する日數は際限が無いのである。

この更紗の布は安ものは戰前迄は日本から木綿が隨分送られたが、極上物の木綿は英國マンチエスター製とされて居た。中には日本絹に書かれたのもあるが、何と云つても更紗の味はひは、上等の水の漏れないやうな細かい木綿地に限ると思つた。

北支素描

山北大六

一

燈籠を釣り、佛前に糯米の團子を供へる元宵節の終つた或る日、城外の空地では假造りの小屋が組まれ、田舍芝居がかつてゐた。銅鑼、鐘、太鼓、胡琴などのすさまじく賑やかな音が、春の間近かな大地に響く。近所の部落の百姓達が押しかけて眺めてゐた。若い娘の色濃い着物が、ひどく眼をひく。それらの着物は桃色とか綠色とかの一色で、何の飾りもなく模樣もないものであるが、色に乏しい大地では、ひどく派手な色である。

普通、百姓達は女も子供も、黒か紺かの着物を着てゐる。冬が來て、槐も揚柳も散つて仕舞うと、何處までも擴がつた大地の黃色と　百姓達の黒つぽい着物の色の外には、これと云つて目をひく色のない大地では、此の娘達の原色に近い着物の色が、花でも咲いた樣に鮮かに目に映るのである。

舞臺の正面、押し寄せた百姓達の背後に、アンペラ張りの坐が出來て「皇軍席」「官僚席」などと貼り紙がしてある。八釜しい樂の音が止切れたかと思ふと、舞臺の眞ん中へ、恐ろしく背の高い珍奇な扮裝の男が、手に五圓札を翳し、體をゆすつて現れた。大音聲で「トザイ、トーザイ、只今縣知事さ

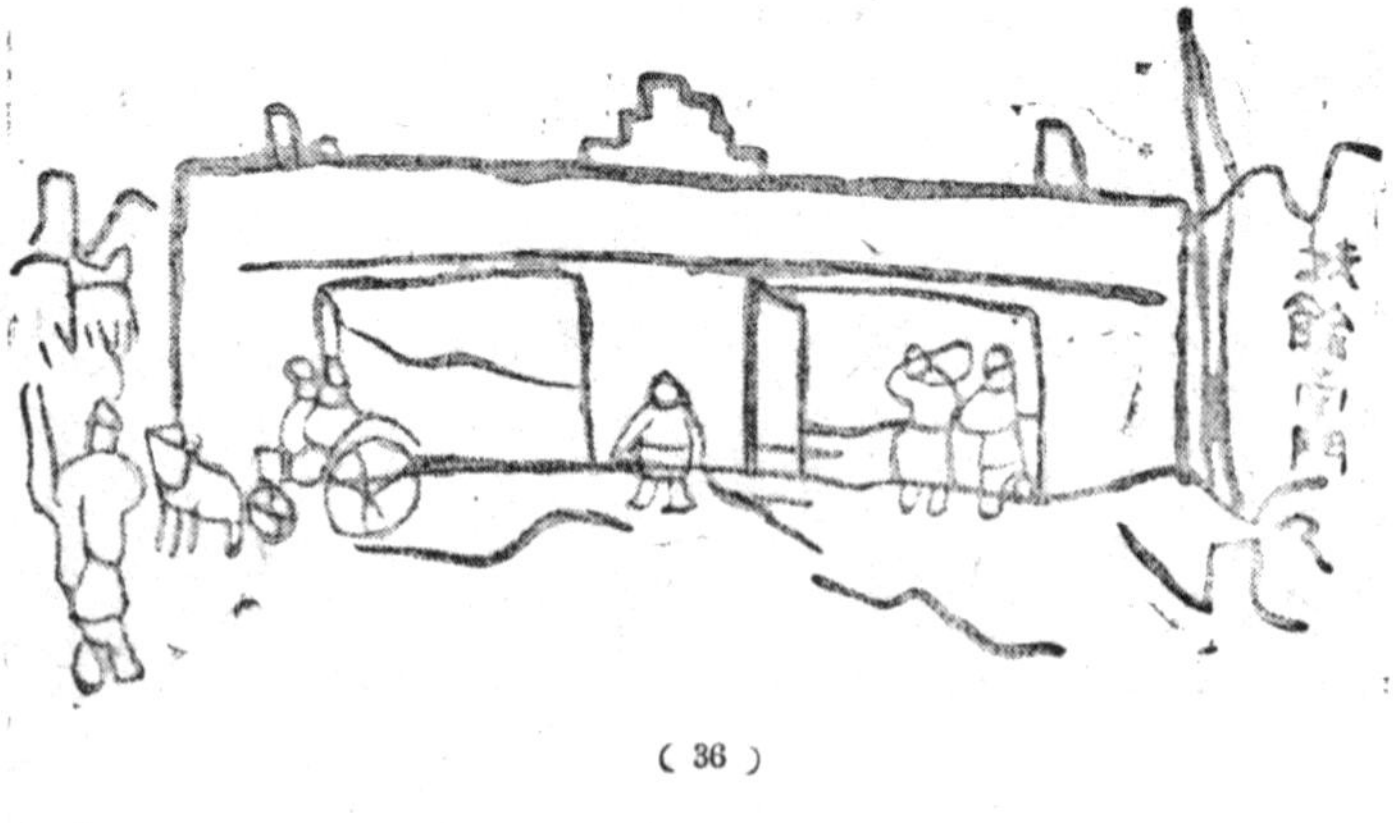

んより金五圓下さーる」と叫ぶ。百姓達は一齊に振り返つて、アンペラ張りの中の縣知事を見た。縣知事はすましてゐる。すさまじい樂の音と共に、芝居は又始まつた。暫く經つと、群衆の後の方にどよめきが起り、その一角が崩れた。縣顧問の奥さんが、赤んぼを抱いて現れたのだ。縣顧問は日本人である。男達はさ程でもないが、女、子供は不思議さうに此の日本の女、日本の着物を眺め始めた。舞臺を背にして官僚席の廻りを取り卷き、ぽかんとなつて眺めてゐる。一擧一動が不思議でならないと云つた顏付きである。赤んぼが動けば、にや〳〵笑ふ。巡警が、「こらツ、芝居は向ふだぞ」と叫んだ。其所らで賑やかな笑ひ聲が起る。芝居は斯うして仲々盛況だつた。

　この冬は、雪が非常に多かつたので今年は穀物がよく稔るだらうと、百姓達もお役人もよろこんで居た。その前景氣をつける爲に、縣公署の方でこの芝居を遠くの町から呼んだのである。外に何のたのしみもない百姓達に慰安を與へる意味もあつた。そして無料で公開された。百姓達も愉しかつたに違ひない。三年の昔、事變の起る前のこと、その城壁の處では、毎日の樣に阿片喫飮者が二人、三人と銃殺されてゐた。百姓達はダーンと云ふ銃音が耳に痛かつた。その時の縣知事は、南方人らしく背の低い慓悍な顏の男であつたが、隨分徹底した抗日宣傳、抗日敎育をやつてゐたのである。百姓達もよく引張り出されて、防空壕や交通壕を掘らされた。無賃で使はれるのは未だしもである。自分の畑の眞ん中に交通壕が掘られることになり、それを自分が掘らねばならないと云ふ段になると、最早や泣かうにも泣きやうがない。沒有法《めいふあつ》子とはこのことである。愈々皇軍が此の縣城にも近付いて來ると、その縣知事は「一年後には、きつと又皆のところへ歸つて來る」と宣言して、澤山の保安隊と一緒に逃げて行つた。それ切りその縣知事は歸つて來ない。城壁には今「日華親善」「王道樂土」と丈餘の白字が書いてある。畑の眞ん中に、ぱつくり口を開けてゐた交通壕も、又自分で埋めて元の畑にした。その畑では、雪の下で冬を越した麥が、今漸く勢ひづいて來たところである。麥の畝は、點在する土饅頭、土に歸つた祖先の墓の間を縫つて、遙かの彼方まで行儀よく伸びてゐる。未だ然し、やつと春のけはいが動いたばかり、この麥がよく稔つて呉れと祈る氣持は、新しく來た縣知事も百姓達も同じであつた。

二

　清明節の墓參も終つた或る吉日、城内の百姓の息子が嫁を貰つた。その日は朝から鐘や太鼓の音がして、何となく景氣がよかつた。若い息子は御輿に乘つて、今一つの空の御輿を供に擔がせ、隣りの部落まで嫁を迎へに行つた。

部落は杏の花盛りであつた。遠い麥畑を渡り、鐘や太鼓を先頭に嫁を迎へて歸つて來ると、城内の女や子供が花嫁見たさに押し寄せて來た。帷ををはね上げる惡童もゐる。嫁はすつぽり赤い頭布をかむつてゐるので、顔は見えない。門の前で御輿を降りた息子と嫁は手を取り合つて庭に入つた。庭に粗末な神棚が造られ、燭を灯し、饅頭などが供へてある。その前で見物人に取りまかれた若い息子は、嫁の手を握つたまゝ眞赤にてれて立つてゐた。見兼ねた年寄りが「それ早く坐つて拜まんか」と息子を其所にひき据える。見物人がどつと笑つた。息子はぺつたり坐つて、這ふやうに拜み、立ち上つたかと思ふと又ぺつたり坐つて拜む。三回これを繰り返へした。嫁を貰ひましたと祖先に告げ、土に誓ふ意味であらうこれがすむと年寄りが嫁の頭布をパツと取つて、屋根の上に投げ上げる。この時まで嫁は土を踏まず顔を見せない。頭布がとられた瞬間、嫁は臺所に驅け込んでゐた。新しい家内の者が、椀に盛つた餛飩を出す。嫁は竈の前に立つたまゝ、それを食べた。

こゝで初めてこの嫁は、この家の一員になつた譯である。百姓達が日常に交す挨拶は「お早う」も「今日は」もすべて「吃了飯了麼」即ち「飯を食つたか」である。この嫁が先づ最初に臺所に入つたのは、これと共通の深い意味があるに違ひない。斯う云ふ習慣を形造つた長い生活の歴史があるに違ひない。事實、これらの百姓達に取つて嫁を貰うと云ふことは、大きな勞働力を得ると云ふことである。それと反對に、嫁をやる方は大きな勞働力を失ふことになる。從つて貰う方はその代價を相手の家に拂はねばならない。定めしこの若い息子も、相當の金を嫁の家に納めて來た事であらう。こゝに、道具や金までつけて嫁にやる日本と　その生活や思想に大きな相違がある。

然し、この若い息子もまんざら損をした譯ではない。早速明日から、この若い嫁は畑に出て働くであらうから。

この頃畑では、勢よく伸び出した麥が、そろ〳〵水を欲しがつてゐた。河水のないこの邊りで、唯一の灌漑は井水である。百姓達はこの廣漠たる黄色の畑の到る處に深い井戸を掘つてゐた。ところでこの井戸の水は、只で幾らでも湧いて出ると云ふ譯のものではない。雨が降らねばならないのだ。然しその雨は六月頃の雨期を除いて、殆んど降らない。雨期にすら全く降らない年もある。從つて冬、雪が多いと云ふことは、百姓達にはどれ丈けうれしいことか知れない。また黄土の農耕には、どんな肥料よりも充分な水を必要とする。學者の研究を待つまでもなく、百姓達は長い經驗でそれを知つてゐた。

そこでこゝの井戸の廻りを、目かくしされた驢馬や牛が、くる〳〵廻つて水を汲んでゐる。ねぢをかけた玩具のやうに、飽きもせずこつり〳〵歩いてゐる。その廻轉で汲み上げられた釣瓶の水が、ひとりでに畑に流れる。驢馬も牛も持たない大部分の百姓達は、嫁も子供も交代で、きり〳〵釣瓶を捲き上げる。彼等は斯うして、飽きもせず水を欲しがる黄色の大地に、と切れ勝ちな井戸の水を必死で汲んで注ぐのである。

淡い遊子に烟むる大地の春は、これらの驢馬や百姓達に點綴される。そろ〳〵乾いて來た黄土が、風に乘つて彼等の廻りを走つて行つた。

三

六月に入ると間もなく城内の小學校も、部落の私塾も休みになつた。小學校や私塾には日本のやうな夏休み、冬休み或は試驗休みと云ふやうなものはなく、農繁期が來ると休みになる。

農家の庭には刈り取つた麥が、うづ高く積み上げてあつた。雪のお蔭で麥はよく稔つた。然し今は又、高粱や粟がしきりに水を欲しがつてゐる。

降雨期に入つても雨は降らなかつた毎日、激しい日照りが續き、大地は焦げてゐる。百姓達は夜も晝もぶつ通しに水を汲んだ。顔も背中も眞黒になりその背中で汗が眞白に乾いてゐる。

そのうち次第に井戸の水が枯れて來た。必死で汲み上げた釣瓶が、深い井戸の底から僅かの水と黄色の泥を掬つて上つて來る。遂に最も恐ろしい水枯れの季節が來た。

或る日のこと、城内や部落の家々の軒端に、楊柳の枝がぶら下げられた。痩せて眞黒に汚れた子供達が、楊柳で造つた冠をかづき、ほこりつぽい部落の露路を右往左往走つてゐる。干上つて龜裂の出來た溜池の側に、楊柳の御輿が据えてあつた。やはり楊柳の冠をかづいた大人や子供が　これを取りまいて騒いでゐる。銅鑼や太鼓をさげた一團も來た。彼等はこれから雨乞ひを始めるのだ。

大地は今、水が枯れかけてゐる。これを補ふ力は、今地上の何處にもない。百姓達は唯、天に祈るより他に仕方がなかつた。

雨乞ひの行列は焦げつく大地を渡り部落から部落へと續いて行つた。銅鑼や太鼓は賑やかであるが、あの芝居の時の華々しさや、嫁取りの時の愉しさはない。深刻な祈りの音である。百姓達は聲を揃へて「雨を降らして下さい」と烈日の輝く天に向つて叫んだ。

雨乞ひは、晝も夜も、幾日も續いた。夜は遠くの部落まで、銅鑼の音や悲壯な叫び聲が聞える。時にはこの聲が、賊を撃ちに出た皇軍の銃聲に混ることもあつた。

夜毎、不氣味な稻光りが夜を裂いて光る。然しちつとも降つて來ない。百姓達の水と土を相手の死鬪は、斯うして秋の收穫まで續く。

四

　仲秋節が近付いた。城內や部落の駄菓子屋の店頭には月餅が山程積まれ、その奇麗な包みが人の目をひく。

　百姓達は、この夏の激勞で、げつそり瘦せてゐた。

　其所らの辻で、遲くまで騷いでゐた子供達が寢靜まると、あちこちの部落から、どかん／＼と、大きな銃音が聞えて來る。部落の自衞團が洋砲を擊ちだしたのだ。これは彈の出ない音だけの砲である。威嚇以外には何の役にも立たないが、彼等がこの夏、身をけづつて收穫した穀物を、土匪の强奪から守らねばならない。この音に依つて、土匪の侵入がどれ丈け防げるかは疑問であるけれども、この音を聞くと、部落民達の心は幾分か休まる。彼等は庭まで運んで來た收穫を、全部家の中に納めるまで、收穫を見張り、收穫と一緒に庭の隅で月を見ながらねるのである。

　彼等は時々、夜間淸鄕に來た皇軍に驚かされた。皇軍も亦、晝となく夜となく肅正工作の爲に動いてゐる。

　林悟堂は、自國の民衆を指して、曾つて國家から、その生命も財產も保證されたことのない民衆と云つた。廣漠たる大地に點在する大小の部落が、一つとして城壁に圍まれてゐないものはないと云ふ事を見ただけで、彼等の不幸な歷史はほぼわかる樣な氣がする國家から生命も財產も保證されなかつた百姓達は、只大地だけを信じ、土を愛するだけで執拗に生き拔いて來た。土を愛することも亦きびしい。然し大地は、彼等から何も奪ひ取りはしなかつたのだ。

　ところで今や、日本の暖い手が伸ばされ、彼等の生命財產を保證することの出來る新しい政府も生れた。百姓達は最早や、土を愛する丈けではすまされない。逸早くこの新政府に向つて手を差し伸ばし、長いこと彼等を無知と無關心の中に閉ぢ籠めた城壁を踏み破るべき時が來たのである。

　現在百姓達がどれ丈け、このことを自覺してゐるか、それはわからない。然し徐々ではあるが、彼等の生活も思想も變つて行くことであらう。

カット　甲斐巳八郎

防空と服装

黑田米子

防空《ばうくう》と服装といふ問題《もんだい》について書くやうに、と仰せられて、専門家でもない私が筆とる氣になつたのは、他でもない、それが私たち戰時下《せんじか》國民のすべての上にかゝる、自分自身の問題であるからだ。

他からの指示《しじ》を待つまでもない、一刻もゆるがせにならぬ、自分自身の重大問題《だいもんだい》であるからだ。

すなはち、流行とか型とかいふやうな、服装の第二義的《だいにぎてき》な問題と違つて、戰時下である今の私たちには、暑さ寒さに適應《てきおう》する上の心遣ひと同じやうに第一義的な問題として、防空と服装への心構へが緊要《きんえう》になつてゐる。備へあれば憂へなし、の古語は、決して單なる武備《ぶび》のみを謂ふのでなくて、かゝる日常生活の細かい一つ一つにまで、ことごとくに浸透《しんとう》せねばならぬ、不斷の私たちの心構へであるべき秋だ。

といふ理論上《りろんじやう》の、戰時下國民であつた私たちの、やゝ開きのあつた意識《いしき》は去る四月十八日の空襲によつて、俄然現實的《げんじつてき》に喚び覺まされた。さながら、ハツト眼が覺めたやうに、體驗の強い把握力《はあくりよく》をもつて、實質的の戰時下國民たるの逞ましさに蘇つた。

空襲といふ、一應悲しむべき事に遭ひはしたが、實に禍を轉じて福となす謂とはうか何と言はうか、被害《ひがい》よりもよほど大きい賜をはしけやし、わが大日本帝國の國民はこの試練《しれん》より學びとつたのである。

防空と服装、の問題《もんだい》も、かくて防空訓練時の、いさゝか外見的《ぐわいけんてき》、對人的に邪道《じやどう》に走らうとしてゐた迷路から、忽然として浮び上がつた。即ち、何物にもかへがたき體驗《たいけん》上の、實際的の要素が、今更に強く注目《ちうもく》されるやうになつたのである。

それまでの新聞雑誌《しんぶんざつし》を賑はしてゐたやれどの隣組で揃へた服とか、着物の更生で出來た防空服《ばうくうふく》とか、どうも有閑的な感じのぬぐひ切れなかつた邊りから、がぜん、ぐつと實際的《じつさいてき》の、切實に着實になり、地に足がついてきた。何といふ進歩《しんぽ》であらうか、と感ぜざるを得ない。

しかも、もう考へまわして、暇《ひま》とつてゐる秋ではなくて、一刻一瞬もゆるがせにせず、眞に備《そな》へあれば憂へなしの實を擧げたる戰時生活を、着々と、日々不斷《ふだん》に實行してゐるべき時なのである。

となると、何うしたら防空と服裝《ふくさう》の重大問題が解決できるか……その根本要素とは何か、といふことになつてくる。

が、こゝにまづ、私は防空《ばうくう》と服裝といふ特殊《とくしゆ》のものがあるのか、それとも、日常の服裝を、いかに防空といふ問題《もんだい》にもかなふべく用意するのか、この二つの方向から考へたいと思ふ。

兎角、從來《じゆうらい》の防空演習的防空服は、即ち防空服といふ、特別《とくべつ》のものを拵らへて、それを人目《ひとめ》にハツキリ分るやうに着用して、町會役員とか、監督者《かんとくしや》とかの御意を迎へてゐきた傾き、かなり多いのではなかつたかと思へる。

ところが、いよいよ實際《じつさい》の空襲となつてみると、着物を着換へる餘裕《よゆう》どころか、空襲と氣のついたときには、もう家の内外に燒夷彈《せういだん》が幾つも落ちてゐた。と、被害者《ひがいしや》達は語つてゐた。事實着物を改《あらた》める、などといふことよりも消火に、老人《らうじん》や子供の保護に、等々、家庭の婦人は少しの餘裕《よゆう》もないのである。

となると、まづ日常の衣服《いふく》を、いかに防空的《ばうくうてき》に考へて置くべきか、が、一般の問題として、第一歩であらうと思ふ。

とはいへ、全然《ぜんぜん》防空服があり得ないといふ譯ではない。防備《ばうび》にあたる男子は勿論《もちろん》、工場や事務所等の婦人達は、それぞれ持ち場持ち場を守るであらうし、一般家庭婦人《かていふじん》としても、空襲の中心地以外とか、早くから豫知したとかで防空服《ばうくうふく》を整へ得る餘裕のある場合は、勿論改めるべきである。

となると、實際的《じつさいてき》には問題を二つの同時に二つとも考へ合はせてゆかねばならぬ、といふことになつてくる。日常の服裝改善《ふくさうかいぜん》と不則不離に、特に防空の目的に強く合致した特殊服《とくしゆふく》をも考へておく、といふことになつてくる。

　一見、煩はしいやうではあるけれど即ちそれが實情に即した、實際的《じつさいてき》の問題であらうと思ふ。

　まづ、日常の衣《い》服《ふく》を、いかにすべきか、から採り上げたい。

　謂ふまでもなく、裾がヒラヒラし、長い袂がブラブラし、しかも動けないやうに胸もとを帶でかたく締めつけてゐる日本の婦人服は、およそ不適當《ふてきたう》なことがあまりに瞭然《れうぜん》としてゐる。

　よく觀光の米英人の發した日本婦人服禮讃《らいさん》の聲は　あるひは、かゝる服装方面から日本婦人の發達《はつたつ》や活動を阻害した遠大《ゑんだい》な謀略であつた、と言へなくもないであらうし、その聲に躍らされて、眞に生きてゐる女性の身を考へずに、單純《たんじゆん》に太鼓を叩いてゐた人々は、その無思慮《むしりよ》であつた故だけでも、あるひは、その第五列に乗ぜられた點だけでも、相當《さうたう》に引責していゝと思ふ。

　事實《じじつ》、その婦人服をまとふべき立場の私たち日本婦人は、いつも、その聲々によつて、不便不衞生《ふべんふゑいせい》をしのばねばならぬ、かなりの迷惑《めいわく》を受けたのである。

　もとより、日本服の優美さをわきまへぬ私たちではない。日本の婦人服の何とも云へぬ藝術美《げいじゆつび》によつて、日本婦人の美しさが引き立ち、しとやかさが深《ふか》められたことを感ぜぬ私たちではない。

　それらの思惑《おもわく》は十二分に感謝し、長い袂や裾さばきのしとやかさ優しさに限りない愛着をもつ私たちではあるけれど、すでに、時代の要求《えうきう》は、女性を家の中にばかり置いては居られなかつた。

　お人形《にんぎやう》のやうに座りこんで、眺められてゐる女性《ぢよせい》では、濟まなくなつてゐたのである。

　働く日本女性《につぽんぢよせい》の姿は、太古の昔から甲斐甲斐しくて　決して、袂や裾をヒラヒラさせてはしなかつた。しかも今の日本服姿は、ほんの徳川時代からのものだ。

　つねに、いつの世にも、甲斐甲斐しい働き着をもち、その働き着姿にも、また美を感じ得る國民であつたのだ。

　といふことは、筒袖《そで》に細帶、股引きの早乙女姿にも、雪深い地のモンペ姿にも、それぞれの里人《さとびと》が歌に俚謡《りよう》に、潑剌《はつらつ》としてけなげな乙女達の美をしたつてきてゐるではないか。

　この働らき着と　室内着との混同《こんどう》が、いつの間にか、私たちを苦しめることになつたのだ。室內着であるべきものが、働らき着の領分をまで冒してきてゐたからこそ、不衛生的にも不活動的にもなつてきたのだ。

ここに於て、現在戰爭中《せんそう》にある國民の私たちは、たとへ國內《こくない》の女性であつても、戰時生活に變りはない。すなはち日常の服裝は、非常時着として武裝《ぶさう》せるものであらねばならぬ。そこで自ら働らき着の面目を主とすべき日常着を常用すべきである、といふことになつてゐる

平時の日本服そのまゝで、戰線《せんせん》に出る者は誰もあるまいが、現在《げんざい》大方の日本婦人は、それを敢てしてゐると言つたら奇嬌だらうか。すなはち、近代戰の特徴は飛行機によつて大變貌されて戰線、銃後の分ちを失つてゐる。いつ飛行機が飛んでいつて、空襲《くうしふ》することも出來る、といふのは、つまり國內《こくない》の私たちも、戰線と同じ氣持、戰線に準ずべき裝備《さうび》をとゝのへて、何時でも來いの氣魄《きはく》に入つてゐるべきなのだ。

といふ現實《げんじつ》をよく見きわめたら、平常着即ち防空服、活動服であらねばならぬことは、論が無いであらう。

まづ、燃える材料《ざいれう》をつけてゐるやうな長い袂を切り、非活動の源泉《げんせん》であるヒラヒラした裾を縫ひ合せ、重《おも》く締めつけてゐる帶を輕くする、この三點の改良とその實行《じつかう》が、焦眉《せうび》の急だ。形の上から、その三點を改めると共に、地質もまた考へられねばならぬ。

丈夫《じやうぶ》で、長く持つて、火に燃えにくい、雨にもいたまず皮膚をよく保護する、といふ地質《ちしつ》のもの、やはり緻密に織つた毛織物《おりもの》が第一だらうが、緻密な織り方で厚地なり、木綿や絹、麻、それぞれに適當《てきたう》な製品が見出されよう、手持ちの中からも選び出したい。とかく、地質《ちしつ》と形から考へ合せて、そのまゝで役に立つ日常着を用ふるのこそまづ第一段であらねばならない。

第二段には、とつさに日常着の上に用ひて防空服の効果《かうくわ》を高めるもの、即ちモンペやズボンの類が一般化したのは、大いに欣ばしい。洋服に近き婦人標準服を用ひるのでない限り、即ち從來の日本服に近きものの上に用ふるのは、まづモンペ式が第一であらう。そのモンペも實用的《じつようてき》なものを、しかもごく手近に用意して、いざ、といへば、すぐモンペを穿き帽子をかぶるといふ點に、よほど留意《りうい》と、訓練《くんれん》が必要である。

水兵さん達は、朝起きてハンモックをたゝみ、服をつけて整頓《せいとん》するまで、

わづか一分四十秒とか聞いてゐるが、かうした訓練《くんれん》も、この際各家庭で是非とも必要であらう。殊に子供達に暗闇《くらやみ》でも着られるやうになるまで よくこの訓練《くんれん》をしておくべきである。

さて、特に防空の爲に考へられる服は、如上の要素《えうそ》の他に、火に燃えにくい防火《ばうくわ》の要素や、上から落ちてくる危險物の防ぎになるやうな鐵かぶと類など、戸外の活動に堪えるべき服裝《ふくさう》であるべきである。

それは、思ひ切り目的に應じて、型も地質《ちしつ》も考ふるべきで、男女の別は不要と思ふ。活動に適すべき服の方は、すでに相當《さうたう》考へられてゐるから、今更論じないが、たゞ地質に就て、もつと考慮せねばならぬ様に思ふ。過日の經驗者にきくも、地質がベロ／＼で水にぬらしてもすぐ乾き、火をひき易くて危ぶないので、普通の背廣《せびろ》に着換へたといふこともある。

相當の厚地《あつぢ》で、水にぬらしたら相當に水分を保ち、頭にも身體にも何か物があたつても直ぐに怪我をしない……即ち、從來の火けし裝束《しやうぞく》。ことに「あつし」の類のよさが、新らしく私の腦裡に浮んでくる。

江戸の華として、火中《かちう》にあれほど活躍した火けし裝束の再檢討なども、この際 訓へられるものがあるのではないか、と私は思つてゐる。

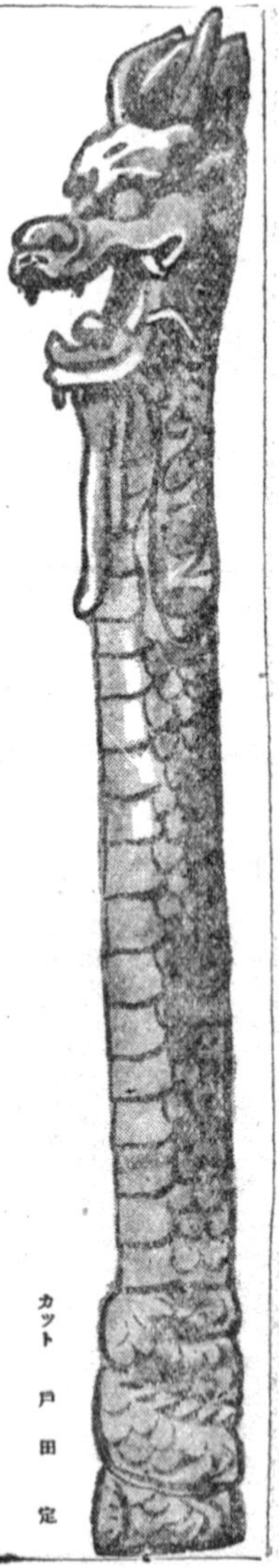

沖繩の織物文化

―南方衣服研究の一環として―

田中俊雄

カット　戸田定

一、日本文化と沖繩織物

沖繩文化の意義

廣漠たる亞細亞大陸と太平洋をいだく大東亞領域内の氣候は、冬季になると、蒙古地方を中核とする大高氣壓を生じ、比較的氣壓の低い南方海洋に、冷い北風となつて吹き送られる。本土附近では西寄りの北風となり、沖繩・臺灣・南支那・佛印・ビルマ・マレー方面は東寄りの北風となつてあらはれ、スマトラ・ヂヤバ島邊りでは、さらに曲折して西寄りの北風となつて吹走する。

しかし夏季に於ては、大陸は、いはゆる大陸性氣候で異常に暑く氣壓が低くなるので、氣流は太平洋や印度洋方面から大陸をめがけて南風となつて流入する。このため　マレー・ビルマ・佛印・フイリツピン方面は西寄りの南風が卓越し、沖繩及びわが本土あたりでは、やゝ東寄りの南風となるのである。

この大東亞領域の、夏冬逆轉して

つくり出される季節風の交流は、われわれの大東亞の文化を、長期間に亙りあるひは北上させあるひは南下させて、その文化交流の有力なる導因となつて働いてゐたのである。

　この廣大なる大東亞の領海に、點點として大小五十餘の嶋嶼よりなるこの沖繩列島の存在のごときは、誠にかすかな短孤をそれに描くにすぎないのであるけれども、この沖繩はほぼその大東亞の中心點に位置し、この季節風を巧に利用して、大東亞の領海の自由に航行し、活躍してゐたのである。

　當時の船舶はいふまでもなく帆船であつた。沖繩のそれは、琉球國自製の船舶もあつたが、多くは明國から賜給された　二百人あるひは三百人以上も乗り組みできる大船であつた。この季節風がいかにその航行に重大なる要素をなしてゐたかは推察するに餘りある。

　沖繩の船は、本土に於いては、九州南端の坊ノ津や博多・堺などにさかんに航行し、さらに沖繩の人々を京都・江戸・鎌倉などに運んで　その根本に於いて日本文化の一構成單位として働いてゐたのである。

　わが本土を訪れる船は　また朝鮮の釜山にもまわり、兩國間の交渉を深くし、支那には福建地方を通じてさかんに交易を行つてゐた。

　さらに、南方に出かける沖繩の船は、秋あたりより冬十二月にかけて季節風にのつて南航し、遠く安南・タイ・マレー・スマトラ・ジャバ方面にでかけ、あるひはフイリツピンのルソン島までも訪れて　初夏四五月にはまた逆方向の季節風にのつて彼地をたち、再び沖繩にもどつてくるのを常としたのである。

　かくの如く、古くより大東亞の、とくに南方の文化と親しい交渉をもち、しかもその眞髓より日本文化の一翼として存在しつゞけた沖繩の文化は、今後われ〳〵の日本文化の方向を示唆する點に於いて、極めて注意すべき貴重なる暗示に富むものではなからうか。

　わたくしは、この沖繩の生活文化の一分野たる織物をここにとり、これら大東亞諸地域との織物に於ける文化の關係について、叙述していかうと思ふのである。

文化史上の位置

　われわれが沖繩に旅行しておどろくのは、その風俗なり文化なりが、あまりにも日本的であることである　むしろわれわれには、すでに失つてしまつてゐる室町時代の生活文化がまのあたり具現されてゐるので不思議な氣すら起る。例へば、その服裝などにしても、本土の室町時代あたりの様式をとゞめてゐる。

　沖繩では一般に、この衣類を總稱

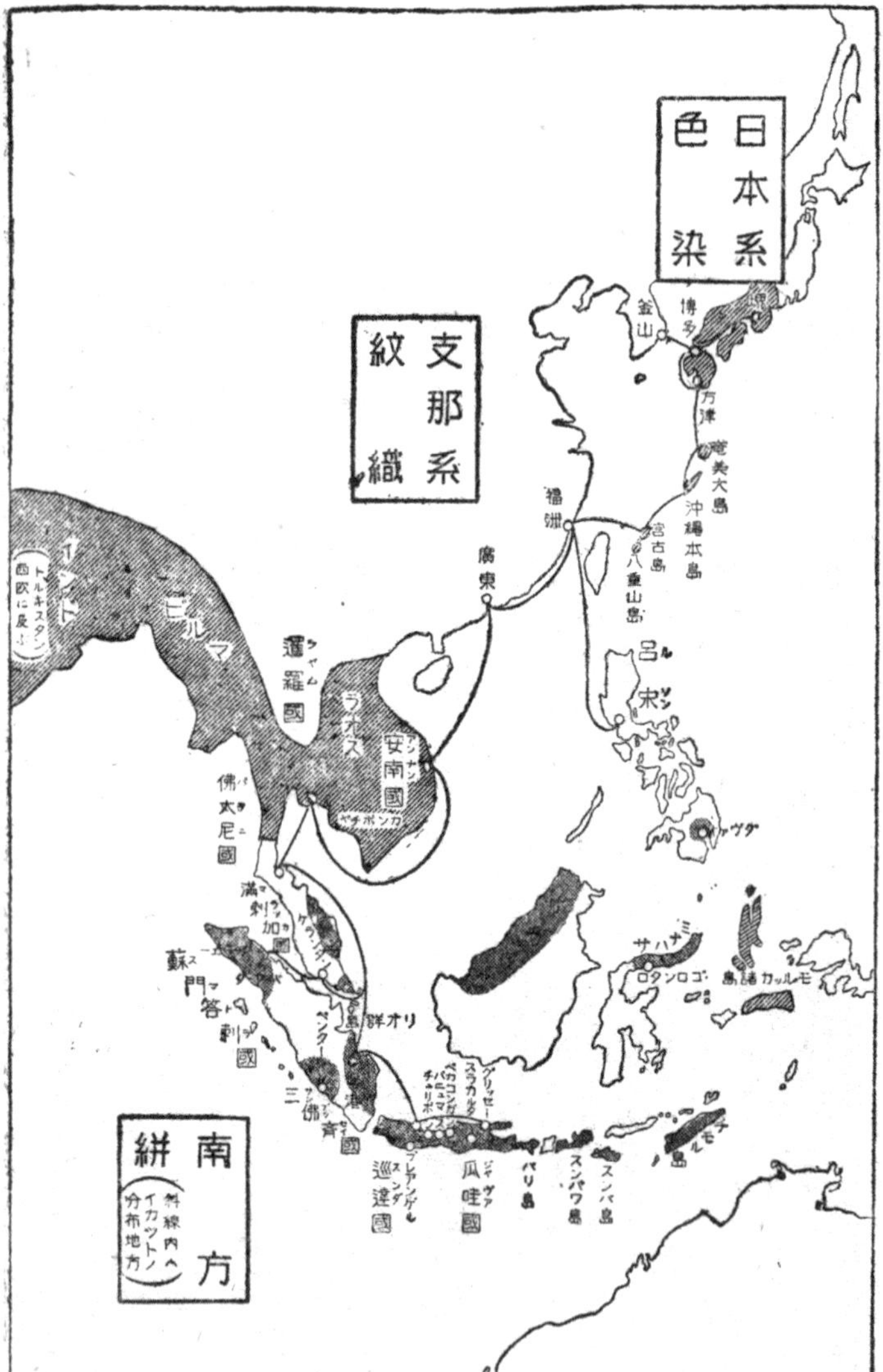
日本系色染
支那系紋織
南方絣
（斜線内ヘイカツトノ分布地方）
釜山
博多
奄美大島
沖縄本島
宮古島
八重山島
福州
廣東
呂宋
暹羅國
安南國
佛太尼國
インド
ビルマ
ラオス
トルキスタン西欧に及ぶ
バリ島
スンバワ島
スンバ島
爪哇國
巡達國
三佛齊國
蘇門答剌國
満剌加國

して「衣《チン》」とよんでゐるのであるがその仕立は本土の能衣裳に近く、袖が廣袖であること、襟が廣襟であることなどや、それに締める「帶《ウビ》」が沖縄の女においては、これも江戸以前の本土の風俗に見るごとく袖帶であり、しかもそれを前結びにしてゐのるのである。又「ウシンチー」といつてゐる夏の帶なしの着附があるが、これは「衣《チン》」のあはせめを下ばきにさしはさむので、この着裝法は能の着流し姿に近似し、又本土の古畫にも描かれてゐる所であつて、昨夏京都の神護寺を訪れた折、同寺所藏の「山水屛風」(鎌倉期)には、この今の沖縄の「ウシンチー」姿の女と同樣なものが描かれてをり、ことに頭に笊(沖縄方言「バケ」)をのせてゐる圖柄には驚いたのであつた。更にまた「ウアーボーイー」といつてゐる打掛で、多季にも用ひられ、儀式用にも使用されるものがあるが、これも本土の室町時代の風俗畫にある裲襠姿と同樣といつてい〻。

さらに、沖縄の言語なども、その語源の深く日本語脈をひくものであることは勿論として、僅かにわれわれの手紙體の文章として、その面影をとゞめてゐる中世口語であつた候文が、轉化されてはゐるが、依然として日常生活の會話として使用されてをり、亦その歌謠などもわが本土の萬葉の雄渾なる古格をしみじみ感じさせるものが多いのである。

大體この沖縄は、文献にあらはれてゐるところでは、早くも推古朝の御代にわが本土に來朝してをり、奈良朝の末まで度々この本土を訪れてその後も引續き交渉をつゞけてゐるが、わが國の安貞元年（西暦一二二七年）に將軍藤原賴經より島津忠時に南海十七島の地頭職を賜り、この沖縄が薩摩の幕下であることを明確にされたのであつた。

その後、本土にあつては南北朝の爭亂があり、沖縄に於いては三山分裂の群雄割據の時代となつて、一時公の通交は衰微をみたのであるが、やがてそれらも統一され、兩者の通交はいよ〳〵盛んになり、沖縄の幕府への遣船には、支那・南方の珍貨及び沖縄產の織物類等を多數積込み又博多商人や堺商人などの直接の沖繩渡島もなか〳〵多端であつた。

慶長の役後、沖縄は全く島津氏の手を通じて日本との交渉が續けられたが、この間に織物類なども旺んに沖縄より本土に船載された。江戸奥などよりは　直接薩摩の島津氏を通じて織物の注文を沖縄に出され、その繪圖さへも送りこまれてゐたのであつた。江戸末期の沖縄に於いて行はれた『衣服定』の中、越後島之衣裳令禁止候事などといふ文書もみえてゐるから、この頃の沖縄には絣の柄などにまで本土の感じがとり入れられたのであらう。

本土染色の影響

沖縄では本土のことを「やまと」といふ。この「やまと」といふ言葉には、何か潤ひにつゝまれてゐて豊かな感じがする。さうした感じを一番よく思はせてくれるものは沖縄の紬織であり、殊にあの綿衣《ワタヂン》によく使はれる紬地を染めた色である。

カツト　竹谷富士雄

かつての沖縄は、現在染色に見るごとく、宮古上布の藍染とか、久米島紬の泥染、八重山上布・芭蕉布などの赤染とかに限られたやうな貧相なものではなく、それはおどろくほどの豊富な種類をもつてゐた。例へば宮古嶋などでは、藍地の外に極めて美しい黄色地を染めてゐたし、なかでも久米島の紬は、もつともこの染色が發達してゐた。

舊藩時代に於いて、各王族の染色等の事務を取扱つた納腰《ナドノ》の染例を見ると、五十餘種の染例があげてあり、その用語はほとんどわれわれの江戸時代に於いて用ひた色名なのである。例へば、みる茶・あいみる茶・から茶・こい茶・すゝ竹色・とび色・ねづみ・よしをか・ぬからぶ・くろしぶ・かき色・くり梅・香色・深玉色・玉色・あさぎ・ひはだ・藤色・桔梗といふ工合であつた。

さて、このやうな「やまと」の染色の名を教へ、その色の感覺を與へたのは、文献的には、崇禎五年（一六三二）に久米島にわたつて、紬の織り樣や下地染の仕樣などをつたへ、さらにその時、八丈島織の法も教へたといふ『美濟姓世系圖』にしたゝめてある、薩摩の人酒匂友寄であつたが、その他にも恐らく、相當「やまと」の染色の影響をうける機會が多かつたにちがひない。

さらに、この染色に於いて著しく日本的要素の現はれてゐるものとして、われ〳〵は、普通「紅型《ビンガタ》」などゝよんでゐる模樣染の柄にそれを見ることが出來る。この模樣染はその技法の傳播系統として、南方・日本及び支那などの三方向を考へることが出來るけれども、その染めだされてゐる模樣は、全部といつてよい位日本のものなのである。例へば、型紙を使用して染める型附《カタチキ》の中柄には松・竹・梅・紅葉・蘭・菊などや、石垣・家形・城などをあしらつたり鶴・千鳥・燕などの舞つてゐるやうなものが多く、大柄には肩から櫻を垂らして裾にあやめと流れなどを配し、中頃に燕の飛んでゐる圖柄などや、牡丹と蝶の組合せなどがあり、中には秋草に七寶散《シッポチラ》らしや青海波《セイカイヘ》その他雪輪《ユキワ》模樣すら見られるのである。また筒を用ひて糊を置いてゆく糊引《ヌイビチ》の風呂敷の柄には、松竹梅・水仙・あやめ・ぼたん・菊などや、熨《ノ》斗《シ》模樣・鶴丸《ツルマル》などをゑがいてなかに定紋を入れたものなどが多い。

第一圖のものは、白地紅型《ビンガタ》の中柄の一種であるが、地は紬で型はかなり古びてゐる。模樣は牡丹・梅を配し、雀の圖柄をあしらつた、あくまで日本的なものであるけれども、しかも沖縄特有な性格がまざまざと染め出されてゐるではないか。

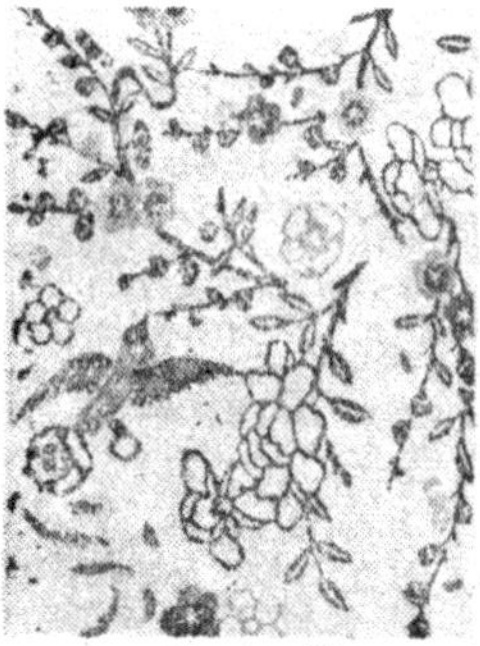

第一圖

沖繩文化と薩摩の政策

しからば、これほどまでに日本的要素を根本において深くいだく沖縄の文化は、何がゆえにやゝもすると本土の人々によつて誤解され、恰も支那文化の一亞流のごとくに考へられがちだつたのであらうか。

後述するごとく、支那とは勿論關係も決して淺かつたといふわけではない。それは地理的にいつても、歴史的にいつても中々否定しがたいものがあつたことは認めねばならないのであるが、何もわれ〳〵がここに於いて強く想ふのは、江戸時代に於ける薩摩のとつた對琉球の政策である。

一體鎖國下に於ける日本においてこの沖繩のごとく支那などの他國と交易し、自在にその貨物を舶載する屬領をその犂下に治めておくことは經濟的にいつても薩摩の利する所きわめて大きなるものがあつたのである。

かくのごとく薩摩は一方に於いて沖繩より暴利を搾取してゐながら沖繩人が來朝する場合には、出來得るかぎりその風俗萬端を異國即ち支那風に裝はせ、おのが幕下に大國支那の一部が隸屬してゐるかのごとき印象を本土の人々に與へ、自藩の威力を誇稱するの具に利用してゐたのである。

例へば、將軍德川家宣の承統を賀するする琉球使臣の江戸ゆきについて、薩摩より一年前に公文を以て、『海陸旅立の諸道具、異朝の風物に似て、日本向にならざるやうにせよ』と達しを發してゐるが、その服裝、儀仗など悉く支那風を挾し、その道中には支那樂を奏し、全く沖縄本然の日本的なものの姿をうちけすことに努力してゐたのであつた。なほ琉球最後の國王尚泰王繼統を謝するため、薩侯に伴はれて江戸に赴くとき、その使者に發した訓示などには『すべて立居歩行の擧動、且又食事の喰様等迄、日本の格好なく、唐風めくやうにせよ』といひ、さらに『形付の衣裳は大和めき宜しからざるにつき、著用禁止の事』としてゐるのだ。

このやうに沖縄の人々の立居歩行食事の喰様などの風俗習慣に至るまで全然否定され、沖縄染織に於ける最も純粋に日本的なる文様をもつ紅《ビン》型《ガタ》は、この輝かしかるべき本土への旅立ちの晴の衣裳に禁止されてゐるのである。

かゝる老獪なる薩摩の政策は、遠く現在にまでその累を及ぼすにいたつてゐるのであるが、われわれは沖縄の文化に對する根本的心構へとして、それが日本文化の一要素であるといふことを忘却してはならないのである。

二、沖縄織物と支那との關係

支那よりの輸入織物

支那との交易については、明の太祖建國し、年號を洪武と改め、四隣に號してその歸順朝貢を促した。沖繩はそれに應じて洪武五年（西暦一三七二）に、はじめて支那に朝貢し毎年三隻ほどの貢船を出してゐた。その後次第にその數も減少して來てやがて二年一貢となり、一時は十年一貢とまでなり下つたが、寛永十年（西暦一六三三）には再び二年一貢となつて舊に復し、清朝の代には、前の明朝の例にならひ、そのまゝ明治の初年まで及んでゐるのである。

大體沖縄の貿易は、私易も中々侮りがたいものであつたが、しかし官易の色彩が甚だ強いのであつて、南方その他より、その珍貨を舶載してきた沖縄の船は、それを支那に轉送し、歸途には又支那の貨物を大量に持參し、それをまた、日本・朝鮮などの他國に捌いてゆくといふやり方をとり、その間の利潤を琉球政府においてあげてゐたのであるが、その支那よりの輸入貨物の中には織物類とくに紋織が大半であつた。例へば明國より琉球國の國王・王妃その他使臣に頒賜されるものの中には〝織金《キン》・錦・紗・羅・紵絲などの紋織の類が多く、さらに冠服などもあつたし、又支那よりは白糸《シライト》の類も私易によつて大量に輸入されてゐた。又支那から來る冊封使の船などにも、夥しい織物類が齎らされてゐた。

勿論、これらの支那織物は、前述のごとく、沖繩に於いて、總てが消費されたわけではなく、そのまゞ他國に轉送され、島津氏の精緻きわまる着圖を得てその交易を行ふことが多かつたのであるが、しかし、頻頻として入るこれらの支那織物の類は、直接沖繩人の目にも觸れ、また官服などとして肌にも觸れて、その何んたるかを教へるには充分であつた。

支那技術の傳習

以上のごとく、沖繩はさかんに支那織物の輸入を行つてゐたが、この支那との沖繩織物の關係は、單にそれだけに止まらなかつた。

沖繩の人々は實際に支那に渡つてその紋織の技法を傳習してゐた。

萬暦年間（西暦一五七三—一六一五）に、沖繩の蔡《サイ》夫人といふものが花布（龍袍《リユウパウ》）を織つて支那への貢物としたといふ説話があるが、すでに沖繩では、この時代にはかゝる支那風な紋織の技術が傳習されてゐたものとみてよいであらう。

また、沖繩の尚質王の十二年（西暦一六五九）に、國吉なるものが、閩《ビン》即ち今の福建邊りにわたつて、緞匹の織るのを學び、初めて沖繩で浮《フ》織緞《シヨクタン》をよくすることが出來たといひ、次に乾隆元年（西暦一七三六）命を奉じ、向得禮なるものがやはり閩に赴いて、八《ハツ》糸龍紋緞子《リユウモンドンス》とか、綸子《リンズ》・紗《サ》綾・紗・浮織その他天鵞絨《ビロード》などの織り方や、更に種々なる技法を學んで來て、それを沖繩の人々に傳へてゐる。さらにそのほか二百年程前に酒布の法を支那より傳へたといふ記錄なども見えてゐるが、とにかく沖繩は種々なる點で支那の技法をとり入れてゐるのは見逃せない所であらう。

支那文化の位置

しかし、今われわれが沖繩の織物を考へるにあたり、この支那傳習の紋織類にどの程度の位置を與へていいのであらうか。われわれの意味してゐる沖繩の織物とは、單に沖繩の人々が用ひたといふ意味ではない。それは沖繩で織られたもの丶意味であり、更に單に織りあげられた丈のものでなく、われわれがその織地を見る度に切に沖繩を感じ、それは沖繩でなければあらはれがたいといふ必然さをそこに思はせる織物でなければならない。

かうした織物類こそ、われわれはうたがひもなく沖繩の織物として認めることが出來るのである。

この意味に於いて沖繩の紋織法をいま振返つてみると、われわれは、花織（第二圖）などといつて廣く沖繩の全島にゆきわたつてゐる一種の紋織や、又芭蕉糸あるひは絹糸などで織つた絽紗織、絣を間にはさんだロートン織などの類は、おそらく支那系のものにして、しかもうたがひもなく沖繩的性格のものまでに成りきつてゐるのを認めるのであるが、それにしてもこの二三種につきるといふことは、何と寂しいことではないだらうか。あの盛んな支那との貿易に想ひをいたし、更に明確な支那織

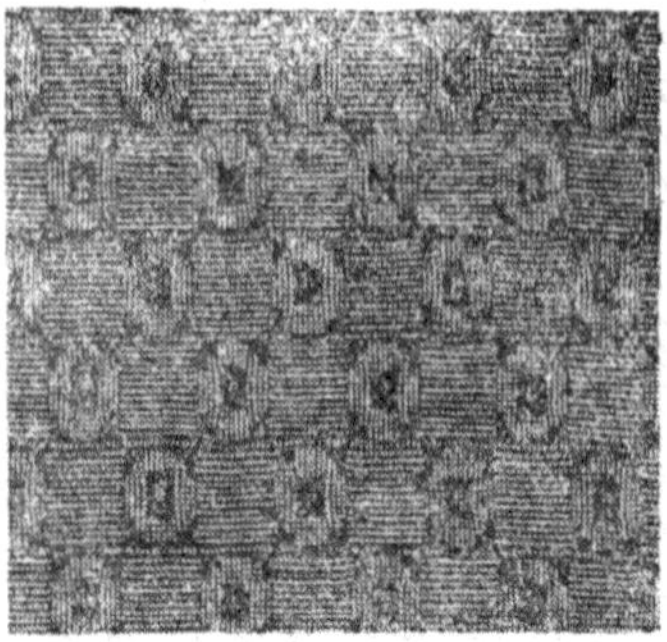

第二圖

法の傳習を知るわれ〳〵にはむしろ不思議な感さへ起るのである。

支那紋織と官服

以上の花織・絽織・ロートン織等の紋織類を除くと、この支那傳習の技術によつて織られた所の紋織の大半のものには、全く沖繩化されずにしまつて、支那そのまゝのものが多かつた。支那の様式と何ら變ることなき龍の姿が、襦子地の上に儼然と

第三圖

わだかまつてゐるのである。われわれはこの支那系の紋織の類が、沖繩の生活の情熱をうけ入れるには、餘りにも遠過ぎる所に置かれてゐたことを想はずにはゐられない。この支那の紋織は主に公儀の衣服として用ひられたのであつた。

例へば、官吏の階級を分つ、沖繩獨特な官帽である帕《ハチマチ》や、また有位の男子のしめる帶がそうであつた。（第三圖）帕《ハチマチ》は大體その布地の色彩で階級を分けてゐたが、更にその地質によつても區別し、最上級のものから第五級のものあたりまでは、この上述のごとき支那風の紋織の地を用ひ、それ以下のものは普通の平織地のものを用ひて

ゐたのである。又帯は王族及び按司《アジ》などの高官は錦緞のものを用ひ、次の位の者は黄色地の八糸龍紋地・赤色地の八糸龍紋地といふやうな、明確なる支那そのまゝの紋織類を使用してゐた。その次の位の雜色の花緞の紬地といふのは、あるひは沖繩製の紋織かと思はれるが、それ以下のものは雜色布《ザッショクフ》で、單なる色物の平織地であつた。

われわれは、この上級から下級にいたるまでの官服の織地の系列に注目する。この上級のものになるほど異國の文化、即ち當時の支那風の布地を多く用ひ、下級のものになるほどそれが少くなるといふこと、いひかへれば　上級のものほど沖繩の民族的な要素がうすく、下級のものほどその生活に民族性がみなぎつてゆくといふ、沖繩の文化のかつての在り方について、今想ひをめぐらすのである。

沖繩が明に進貢してゐた當初において、明國の太祖より明の冠服を支給され、その後は進貢の度毎にそれをもらひうけて、沖繩に於ける大朝の禮などには必ずそれをつけて明國の禮に從つて儀式を行つてゐた　それはやがて清朝の代になつてやうやく沖繩服裝をつけるやうになつたが前述の支那紋織地の帕《ハチマチ》・大帶は勿論つけてゐたのである。

一體、大國が小國をその膝下に靡伏させ、それに威を示さうとする最も簡便なる一方法は、その大國の制服をその小國の王に與へて纒はせることである。これほど手早やな話はない。これで小國の支配者たる王は大國の制度內の一部に明確に階級づけられて了ふのだ。しかし、それにしても何といふ味氣ない形式的なやり方ではないだらうか。

かの大國支那と沖繩との關係には多分にかうした政略的形式に束縛され、終始されてゐた觀がつきまとつてゐたのであつた。文化の本質的地盤は、生活の眞實以外にはあり得ない。わたくしは、次の南方より沖繩に入つた絣の生活的なありかたを思ひ浮べて切にさう思ふものなのだ。

三、南方絣イカットと沖繩絣

南方絣の分布

南方との關係について沖繩の織物が問題となるのは絣についてであるが、一體この絣は古代印度に發生したもののごとくである。例へば、有名なアジャンタの窟殿中、少くとも七・八世紀は下るまいと思はれる第一箇の壁畫に、この南方の凝ひもなき矢絣のやうな絣織を身につけた人物が方々に畫かれてゐるのを見るのであるが、（第四圖）この印度起源をもつ南方の絣は、一方に於いて西行してトルキスタン・ペルシヤ、更に十八世紀邊りにはフランス邊りまでも普及し「シネ」あるひは「シナージユ」などとよばれたが、他方に於て東漸してビルマ・カンボチヤ・安南・マレイより廣くインドネシアの方面にゆき渡り、日本にも品物としてはこの古代の南方絣が太子間道《タイシカンドウ》などと名づけられながら上代に於て輸入され、現在は正倉院・法隆寺に所藏されてゐるのである。特にインドネシアに於ては、マレイ半島のトレガンヌ・ケランタン地方及び昭南島前海のリオ群島、スマトラ島のアチエ州、バタク地方・パレンバン地方ベンクーレンの地方等があり、またヂヤバ島ではチエリボン・プレアンゲル・ペカロンガン・バニユマス・スラカルタ・グリツセイの諸地方、その他バリー島・スンバワ島・スンバ島・チモール島などであり更にボルネオ島のダイア族居住地方、モルツカ諸島・ミンダナオ島のダヴアオ附近なのである。（地圖參照）

これらの南方絣はイカツトといふ「くくる」とか「結ぶ」といふ意味のマレイ語で、土俗學者の間では呼ばれてゐるが、その技法の根本に於て沖繩の最も本格的な絣つくりである手結の方法と原則的には全く一致してゐるものなのである。

第四圖

中世沖繩の南方交易

中世沖繩に於ては、一說によると南方には西暦の一三〇〇年代の初期に、すでに沖繩の宮古島のものが今のシンガポール海峽あたりに行つてゐたらしいやうであるが、繼續的に沖繩の南方交易が公にはじまつたのは、一三〇〇年代後半の暹羅國《シャム》との交易である。

これらを精査するには、當時の琉球國の外交文書の集成たる『歷代寶案』によらねばならないが、いまそれらを基礎とし、なほ現在行はれてゐる諸說を考慮しながらのべてゆくと、琉球―暹羅國間の交易は、大體一三八七年前後より一五七〇年までつゞく約一八〇年ばかりの間であり、平均一年二隻位の沖繩船の航行が一番多く、一時は三隻にも及んでゐたといふ。少くとも全體でその間に百五十隻の琉球船の渡航は下らないものであつたらう。

次に、現在のスマトラ島東南部にあつた三佛齊國《サンフッセイ》とは、舊港卽ち今のパレンバンに、さかんに航行してゐるやうで、それは一四二八年より一五一〇年あたりまでの百年近い期間であつたであらう。同じくスマトラ島西北部の蘇門答剌國《スマトラ》及び現在のマレー半島南部の滿剌加國《マラッカ》とは、大體一四六三年以前より交渉をつゞけ、一五一一年あたりまでの約四五十年間であつたらうと推察されるのであるが、船は每年一隻あるひは二隻はいつてゐたものであらう。

又、マレー半島北部にあつた佛太《ベタ》泥《ニー》國とは一四九〇年より一五四三年までの約四五十年間の通交はあつたらうし、また現在のヂヤバ島の東部にあつた瓜哇《ヂヤバ》國とは、一四三〇年より一四四二年までの約十三年間、ヂヤバ島の西部にあつた巡達《スンダ》國とはそれ以後に交渉があつたかうした南方交易によつて、旺んに南方の織物類が沖繩に輸入されたのであるが、『歷代寶案』の示す所によると、宣德五年(一四三〇年)より成化十七年(一四八一年)に至るまでの期間に 暹羅《シャム》國・三佛齊《サンブッセイ》國・滿剌《マラッ》加《カ》國などより琉球國にあてた文書があり、その中には琉球國におくる種種なる織物名をしるされてある。

しかし、それらの織物名のうち、はたしてこの絣を意味するものが含まれてゐるかどうかは今明かにすることは出來ないが、大體この沖繩の船は、その大船になると三百六十餘名もの數に達する乘込員を要し、冒頭に述べた如く、晚秋に出かけて、晚春に引きあげて、その一航海には少くとも半年は要したものであつて當時の船で沖繩よりマレー半島の昭南島のあたりまでは約四十日、スマトラ島のパレンバンまでは約五十日を要したらしいから、一航海のうちで約三ケ月は彼地に滯在したものであつたらう。かうした滯在期間中、いつの時か、南方の地でやつてゐる南方絣イカツトの技法を見覺えてきたのではあるまいか。

　この琉球船の上級の乘組員は、支那より歸化した閩《びん》人などが多かつたのであるが、全乘組員中、七八十人から二百人以上にも上る下級の水夫たちは、純粹の沖繩人が占めてゐたらうし、この下級水夫の家庭は必ずといつてもいゝ位、故國沖繩で織物を實際に織る技術をもつてゐたものにちがひない。なほ一四〇〇年代の文獻にはおそらく絣を意味するものと思はれる文字がみえてゐる。

　以上のごとき、沖繩の南方通交の年限・回數及び南方絣イカツトの分布狀態などより推定して、先づ一四〇〇年代に於て、滿剌加《マラッカ》國のあつたマレー半島の南部か、あるひは蘇門《スマ》答剌《トラ》國・三佛齊《サンブッセイ》國のあつたスマトラ島、特にパレンバン邊りからのイカツトの技法の輸入が現在の所、もつとも確實性を帶びてくるやうに考へられるのである。

沖繩絣の發生

　この南方絣の正確なる輸入年代はしばらくおくとしても、このイカツトの技術が沖繩に輸入され、つひに沖繩の絣となつて發達したものであることは疑ひ得ない。この日本の絣のなかで沖繩のものほど、絣の本性を殘りなく發揮して豐かに伸び〳〵と生きて行つたものは他に一寸比類がないであらう。本土の絣も、この沖繩の絣の本土輸入が、かの江戸時代における絣の一般的普及に與つて力ある存在であつた。恐らく沖繩のものは日本の絣の原態であるといつても決していひすぎではない。この沖繩の絣は感覺の上からいつても、もつとも日本らしい感じがし、なべて日本らしく涼しい感じがするのである。

　この沖繩の絣が、第五圖にみるやうな南方のイカツトにその起源をもつといつても、このイカツトはわれわれの目から見ればずゐ分重々しく圖柄も複雜であり色も濃厚で、むしろ暑くるしくさへ感じられるのである。

　しかしこれらの南方の絣の技法はひとたび沖繩の地に足をふみ入れた瞬間から、その重厚な感覺を減じて居つても、それは根本において沖繩らしいと感ずるよりも、むしろ純粹に日本らしい涼しい感じにこなしていつた。（第六圖）

　わたくしは、この涼しいといふ感覺こそ、實に日本らしい氣持の一つであり、日本の文化の一樞軸はこの涼しいといふ感覺をめぐりながら、古來より生ひ立ち續けて來たのではないかと考へるのである。

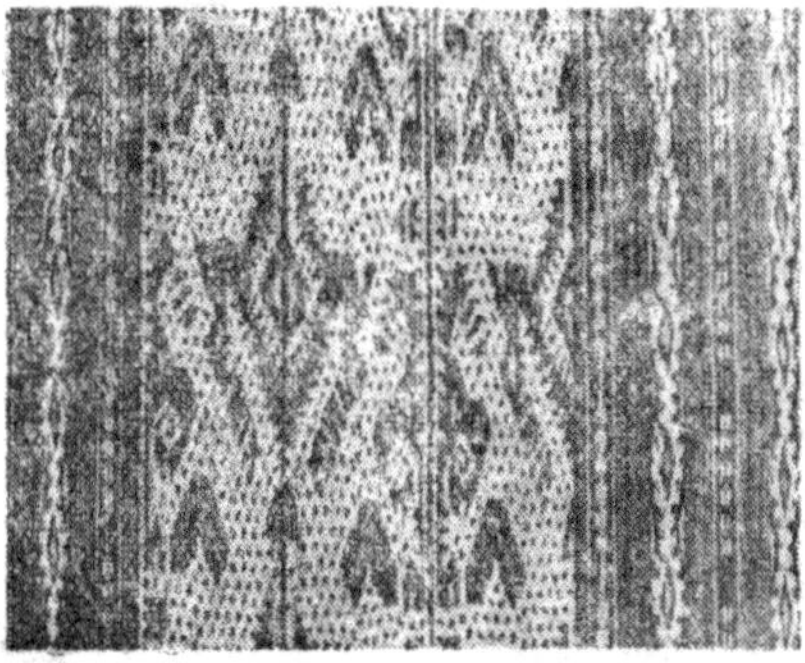

第五圖

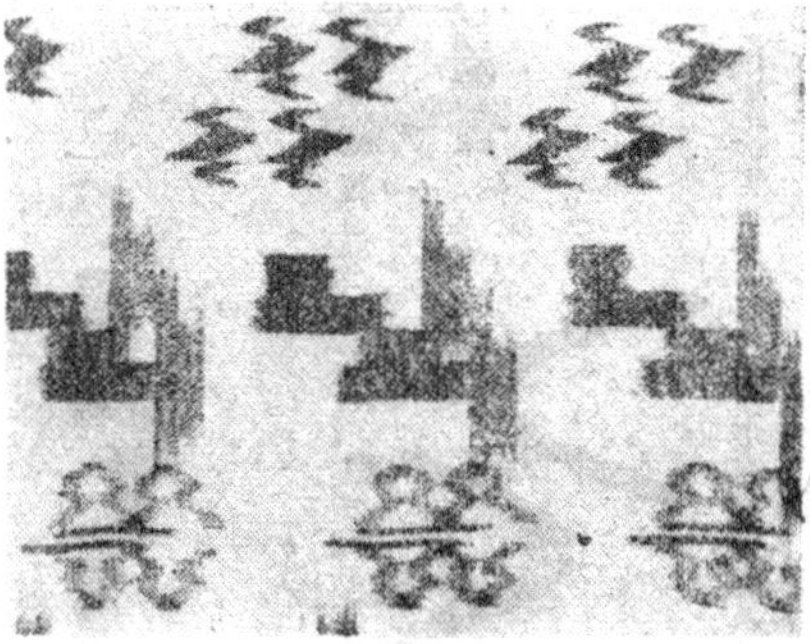

第六圖

沖縄絣の生活的位置

しかし、支那からは紋織をとり入れ、又南方からはこの絣をうけいれた沖縄は、どうしてこの南方系の絣をかの支那系のものとは比較にならないほど見事に我がものにまでこなすことが出來たのであらうか。

それは、かの支那の紋織が單なる公儀の衣服に使用されるに限られたのに反し、この絣には、まさに南國沖縄の生活があつたのだ。

たとへばこの沖縄の絣の柄には、一つ一つ名前がつけられて、その名前は單に圖柄の構成から來る一群のものもあるが、その多くは沖縄の生活のあらゆる部面にあたる名稱を自由にその絣の名稱としてとり入れてゐたのである。

例へば、自然體から來た名稱としては、先づテンカキヂヤー（第七圖）の天があり、その天に横にたなびく貫雲、さらに夜ふけて輝やく群星《ブリブサー》と小星・五星《イチブサー》あるひは地上を流れるミヅブムの水とその水間、これらのものが總て沖縄の絣の柄の名にとり入れられてゐるのである

そればかりではない。さらに絣の名は植物・動物・器物から吾々の身體の名稱さへ、その絣の柄の名にとりいれられてゐる。

先づ器物としては、徳利《トックイ》・錢玉《ジンタマ》・鋏・香爐《コール》・弓の矢《ユンヌヤー》・提灯《チョウチン》・甕《カーム》・田舟《トーニ》（豚の餌入れ）・風車《カザマーヤ》・琴の駒《クトヌウマ》（第八圖）・桝《ツーガ》・釜敷《カマシキー》　おわし金・番匠《バンジョウ》金（大工のつかふ曲金）（第九圖）午の

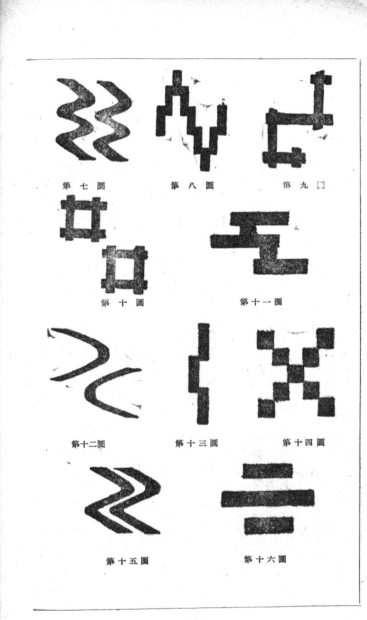

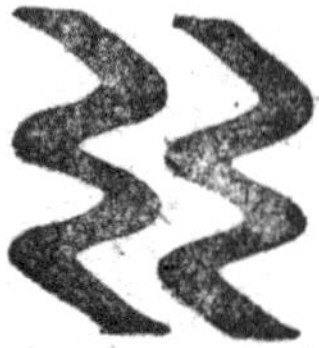

第七圖

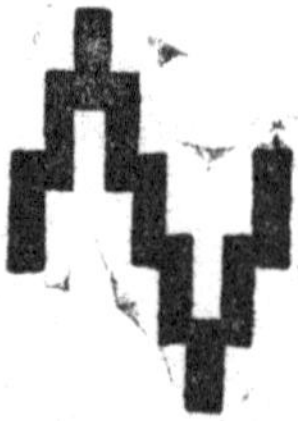

第八圖

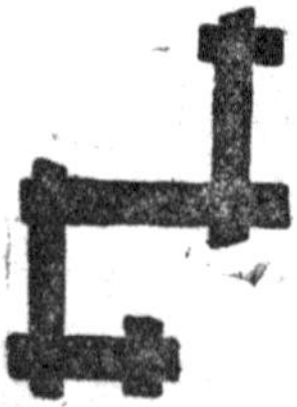

第九圖

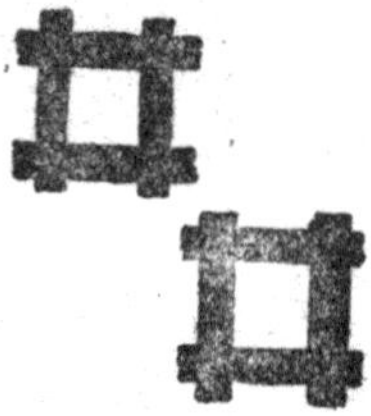

第十圖

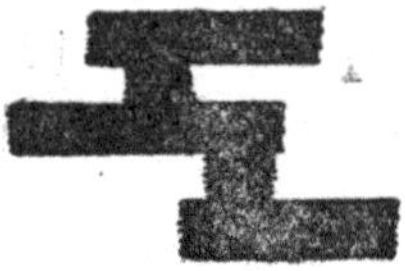

第十一圖

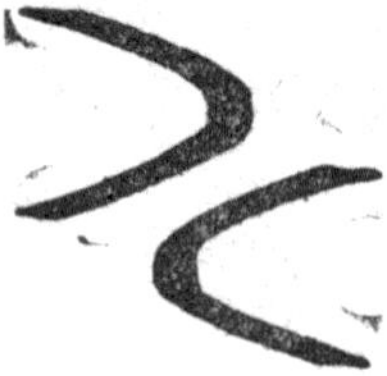

第十二圖

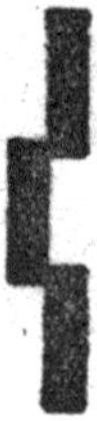

第十三圖

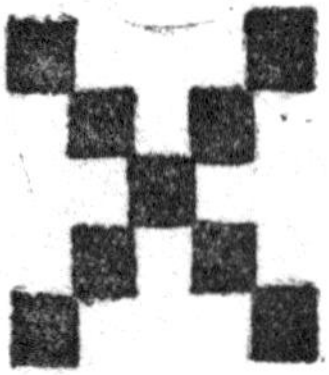

第十四圖

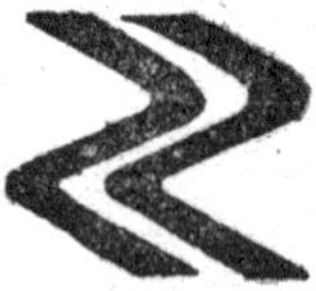

第十五圖

第十六圖

鋤《ヤマ》・網の目《アンヌミイ》・碁盤の目《グバンヌミイ》・井戸の枠《カーヌツカ》・（第十圖）梭《ビッケ》・巻座《アキチャ》（機具）・網代組《ソーチ》・環掛《クロンカキー》（第十一圖）・敷瓦《シチガーラ》等々がありきたわれ〳〵の身體から來た絣の名前には、一つの柄の兩側に人間の耳のやうについてゐるのは耳附《ミミチキ》であり、口をひらいたやうなのがクチフラチヤーといひ、眉を引いたやうなのが眉引《マユビチー》、手首を曲げた形がテーヂクン爪の形がチミヌカター（第十二圖）で互に手を引き合つてゐるやうにつながつてゐる柄は手引《テーシチ》である。また子供を抱いてゐるやうなのは子供抱《ガガーダチャ》といつてゐる。さらに植物からきた名前としては、竹の節《ダキヌフシー》・胡麻のなる經《ゴマヌナルタテ》絣《ガスリ》（第十三圖）といふのがあり　動物から來た名前には、第一に鳥《トリ》グワーがある。鳥にも宮古島などではパドイといつて雀の意味だといつてゐる。點々と五つ點のあるのは犬の足《インヌピサー》に似てゐるから犬の足だといひ、そのほか、マンヌテー（第十四圖）の蜘蛛の手、アタカーといふ青蛙の一種と、同じアタカーといつてゐるとかげの一種から各々ちがつた絣の柄がその名稱にとられてゐる。

　また八重山の前の海に夢のやうに浮んでみえる緑の小島竹富できいた名には、ピイギヤ・ヌ・三曲《ミイマガ》り（第十五圖）といふのがあつた。ピイギヤといふのは針ふぐの浮袋であつて、それが三曲りになつてゐるからだといふ。又横段の並んでゐる柄はスキルといひ、その意味を尋ねると、なまこの一種であり、よく海の荒れた翌日などそのスキル（第十六圖）が動かないまゝに砂の上に横にそのやうな形に並んでゐるといつてゐた　このやうに海の近くへゆくと、その海に因んだ絣の名がきかれ、そしてそれを通じて吾々にはそのすこやかな海邊の生活がしのばれて、何か民謡でもきいてゐるやうな惻々たる感情の素朴さ、强さ、たしかさに胸がひきしめられてくるやうである

・カツト　竹谷富士雄

　今から四十年程前、那覇に眞境名《マジャナ》ございといふ老女が住んでゐた。この人は絣つくりの名人で、いろ〳〵新しい柄を生み出したが、中に一つバンジョウといふ柄があつた。これは眞境名《マジキナ》の老女が自分では十七八歳の若い人にむくといふ意味で「十七八バンジョウ」とよんでゐた。所がこの自分でつけた名前は少しも一般には行はれず、世間ではこれを「マジキナバンジョウ」とよび、そして今はその「マジキナバンジョウ」の方が本當の名のやうになつて通つて

ゐる。
　このやうにその一つの絣柄が、名前をもつといふことは、例へ一人の作者がその柄を作つたにしても、それはその個人からはなれることなのである。はなれて即ち新たにその絣の柄は、その社會共有の一存在と變るのである。この視覺的な圖案から一應ぬけだして、ひとたび自由な言葉の存在となつた絣の柄は、その言葉本來の限りなき融通性を發揮して、自由に那覇なら那覇といふ一つの社會内をとび逅ひ、そして人々の口から口へ、耳から耳へとそれを傳へてその名前が伴つてきた絣の柄を、人々の目に直接みせつけてゆくのである。

　このやうに、絣の柄がその名前に導かれて、一社會內をころがりまわつてゐるうちに、次第にはじめに持つてゐた一作者の個人的な臭みの角をすりへらして行つて、いつの間にかその社會全體の圖柄と變つてゆく。

　ゆゑに、この名前のある沖縄の絣の柄の美しさは、單に一人の作者のもつやうな、かたよつた弱々しい創意ではなく、それは沖縄の民族的な生活の逞しさをむき出しにあらはした、ゆるぎやうなき美くしさの存在となるのであつた。

沖縄絣の傳統

　沖縄の舊王族であつた尙家には、『御繪圖帳《ミヱヅチョウ》』といふ絣の繪圖を描いたものが八册殘されてをり、外にその一部が民間に保存されてある。これらを今繙くと、現在沖縄で織られてゐる絣の柄は、すでにこの百五十餘年程前の『御繪圖帳』にみられ、ほとんど變つてゐないのである。

　しかも、これらの繪圖は、尙家などの御用布の製織に使はれてゐたものではあつたが、勿論民間などの絣織には使用さるべくもないものであつた。民間に絣の柄を流布させたものこそ、前述の絣の名稱の存在なのであるが、この動搖しやすい言葉を伴つただけの絣柄がどうしてかくまでも古い傳統を繼承させてゐるのであらうか。何か他にさうさせた根强い理由が、存在するのではなからうか。

　わたくしは、ある晴れた日の午後那覇の石垣につゝまれた一露路で、屋部《ヤブ》といふ絣つくりの老人《タンメイ》に、經糸のつくり方をみせてもらつたことがあつた。（第十七圖）

　まづ、石垣の隙間に棒をさし込んで、長々と絣にする經糸をはり、その片はじに番號札をつけてをく。次にその圖柄によつて、釘のうつてある定規を二本用ひ、分けておいた經糸をそれに掛け、そしてその定規を斜にしごいて經糸をずらすのであ

第十七圖

る。かうした後、芭蕉の皮で絣目をくゝりつけてゆくのであるが、この一聯の仕事は亂れがちな糸といふものを見事にさばいて全く巧みなものであつた。大體この時の圖柄といふのが、中々むづかしいものであつたが、この屋部の老人《タンメイ》は、何でもなくそれを行つてゐた。われ／＼がその圖柄をみて、多少よけいな所があるので、それをとり除いてもつと簡單なものにしてくれと望んだが、老人にはさうすることがかへつてむづかしいのであつた。

つまりこの愛すべき老人のもつてゐる圖柄は、決して單なる圖案といふ視覺的な存在にはとゞまらなかつた。この一つの圖柄はさらに視覺的存在であると同時に、絣糸の糸さばきをなす老人の身についた技なのであつた。その身體の動作に悉くこの圖案の一點一線が浸みついてゐるのである。

かくのごとく老人の圖案は、いはば見事に肉體化されたものなのである。ゆゑに今のわれわれの圖案の感覺で、よけいと思ふ一點でもおいそれととり除けるものではなく、又視覺的には複雜とみえる圖案でも、一たん肉體化されてしまつたものは、それは至極簡單な當り前のものなのであつた。

このやうに人の肉體にまで喰入つた圖柄の存在といふものは、一時の思付などでは作りうるものではないが、しかし手馴れてしまつたものは容易に變化されずに、末長く肉體とともに存續して行つたのであらう。

かうして南方より齎らされた絣の技術は、まつたく生活化され、肉體化され、こゝに沖繩の人々と血の通ひあつた沖繩絣の存在がなりたつたのである。

われわれは、前述の沖繩織物における支那文化の位置とこの南方の絣の在りかたとを比較して、ひとつの文化といふものが、末長く存續し、成熟する有樣をつくづく眺めるのである。われわれの眼前に潤然と開けてきた大東亞の新天地に、この熱愛してやまない日本文化が流出され、そこにゆきついた日本文化の運命を想ふとき、われわれはどのやうな心構で南の地にのぞむのか、この沖繩織物の存在は、以つて他山の石となすに足るであらう。

四、沖繩絣の運命

沖繩絣の技法

沖繩の絣の作り方には、古くより二つの方法があつた。その一つは、現在八重山地方で行つてゐる「カスル」あるひは「カスルツケ」といはれてゐる摺込絣の方法と、次に手結《ティユヒ》とよんでゐるもつとも本格的な絣の方法であり、これは沖繩全島に行きわたつてゐる。

前の摺込絣の方は紅露といふ植物の根を山からとつてきて染肉をつくり、それを竹のへらで絣糸につけるのである。第十八圖のものがさうである。

大體、日本語の絣といふ言葉の語源は、この「カスル」に深く關係したものであるが、あるひはこの日本語の「かすり」といふ言葉そのものも、この沖繩の八重山あたりで發生して日本に輸入されたのではないだらうか。

第十八圖

次に手結の方法は、あらかじめ數種の絣糸を作つてをいて、つぎにそれらを織地に組合はせながら前述の如き種々なる絣柄を生んでゆくのである。ために、この手結の方法による絣の美しさは全く絣でなければ生じがたいといふ絣獨自の美しさを現はしてくるのであつて、沖繩の絣のもつとも美しいものはすべてこの方法によつてゐたものであつた。（第十九圖）

かうした古來の沖繩の技法のほかに、新たに本土より織締絣の方法と種糸ぐくりの方法が輸入された。織締絣の方法は、宮古・久米島でさかんに行はれてゐるが、これは絣糸を一

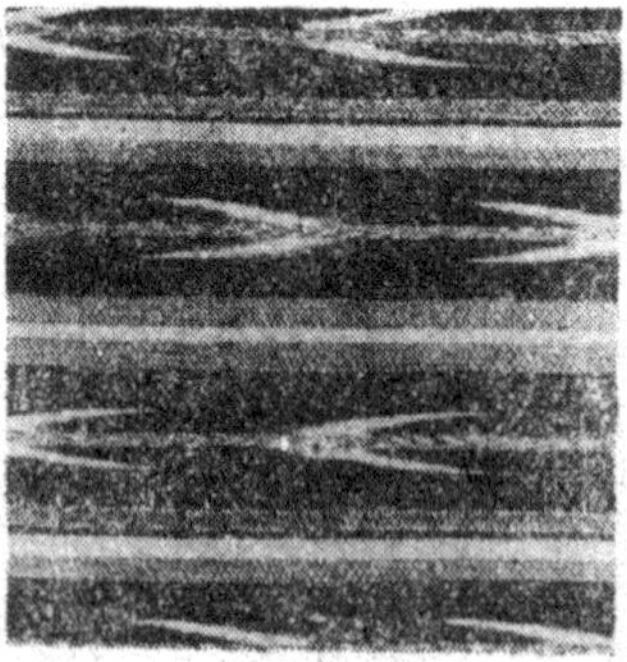

第十九圖

一くくつてゆく手間を省いて、あらかじめ機具で絣糸を織締めてをきそれを染料につけると織目の所だけ染料がしみ込まないで白く殘つて絣糸となるのであるが、とかく圖柄は織締めて作るために、小柄で規則的になりすぎて、絣の美しさといふものは冷く、こはばつてしまふやうな感じのするものが多い。（第二十圖參照）

また種系ぐくりといふのは、初めに絣にする繪を描いてそれを糸にうつしとる方法であつて、これによると、如何なる繪でも自由に絣にする事が出來るのであるが、これは繪に常に追從してゐなければならず、そのため絣そのもの美しさといふものは、手結の如くには生じないのが當然である。現在沖繩でさかんに本土の銘仙風な何等獨自性のない紅葉・蜻蛉・牡丹などの圖柄をやつてゐるのはすべてこの方法によつてゐるのである。

第二十圖

沖繩絣の運命

大體これらの絣織の簡便化をはかるやうな方法は、そも／＼明治の初期に於いて新たにかのヨーロッパから輸入された技法に影響されたものであつて、沖繩にもイージーの方は明治の末期に輸入され、織締絣の方は大正になつて入つたものである。いまの銘仙絣を織つてゐる方法もフランスなどで機械化された絣織の技術が、わが國に招來され影響されたのであつた。

前述せるごとく絣は古く東洋における印度に發生し、それが中世に於いて東と西に流れてゆき、東に來た絣はインドネシアに入つて、イカツトなどとよばれ、さらにそれがこの沖繩及びわが本土にきて、つひに獨自な發展を示しながら、ます／＼美しく成長しつゞけたのであるが、西に流れてフランス等に辿りついた絣の技法は、早くも十九世紀にかくのごとの簡便化され機械化され、いたくその本質をうしなつてしまつたのである。それを近代の日本文化の奔流は、逆にこの無慘な西洋の絣の技術を移入し、いまや沖繩ならびに日本の優れた絣の技法さへそのためほろびやうとしてゐるのである。近代日本において展開された東洋と西洋の文化の闘爭は、この絣においてみられる。いまの沖繩ではこの絣の技法さへもうしなつた。本質的には何ら絣織でない單に絣模様の染物の布すらあらはれだしてゐるのである。

こゝろみに、この手結の本質的な絣の裂と、次に巧利的な西洋の精神の流れをうけた種糸ぐくりの裂と、それからまがひものの染の絣柄の裂の三枚を前にして、文化といふものが崩れてゆく過程をまざ〳〵とこの小片の裂地に見られ、しばし感慨を催すものがある。

いまやこの危機に瀕してゐる沖繩の絣の現状に於て、その母體であつた南方の文化が、昨十二月八日以來洋々たる勢をはらんで吾々の前にくりひろげられてゐるのである。再びこの沖繩に南方の文化が再輸入される機會も恐らく生ずる事であらう。果してこの南方絣の再輸入が現在の織物文化を健全なものとなし、その危機を救ふ事ができるであらうか。

吾々がこゝに強く思ふのは　その生活文化に於ける制度及び組織に對してである。大體沖繩にこのやうな種糸ぐくりや織締絣の簡便化された方法が輸入されたのは、この沖繩に於ける指導機關によるのがきわめて大であつた。わたくしが久米島にわたつた時に、そこで用ひてゐる機具なり技法なりが、新たに本土より輸入されたのは總て同島の織物組合や那覇にある工藝指導所の手を通じて行はれたものであつた　實に久米島に於ける絣の技法を一變させるに與つて力ある存在とは、すべてこれら組織の指導によるのである。

われ〳〵の今後の充分に考へられねばならない問題とは、一個人の技法の改良とか製作良心の問題などよりも、この一つの制度がもつ方向なり、その理解の程度及びその良心の在り場所についてでなければならない。それが如何にその振幅を大にしその生活文化に及ぼす力は計るべからざるものがある。

かつて名古屋のあたりでさかんに作られてゐた、まがひものの實に見るに耐へない無慘なチヤバ更紗の如きが、遠く南の島々にわたり、それが南方の土産などとして日本に逆輸入されたといふやうな悲喜劇は、今後絶體に起してはならない。今こそ權威ある組織の下に、精密なる生活文化の研究所が設置せられ、それが強力に働いて大東亞諸民族の生活文化の向上に當らねばならぬ。現在の寥々たる大東亞生活文化の研究狀態を省りみて、實に寒心に耐へぬものがあるが、今からでもわれわれは徹底的にそれを行はなければならぬのではないか。

以上、長々沖縄に於ける織物文化について述べてきたが、私の執筆の意圖は單なる沖繩絣の行末のみに心かかつてゐるわけではなかつた。それは日本及び大東亞の生活文化の將來を、想ひめぐらすに當り、この沖繩の織物文化の存在がその好一例と思つて、ここに摘出叙述した次第であつた。今や大東亞の生活文化の運命は、一つにかかつて吾々指導民族たるものの責任にあるのである。

防空家屋の實驗

左の寫眞、は防火家屋と防火設備を施さぬ普通家屋との間にどれ位の差があるかといふ火焰實驗の記錄寫眞である。

1 一、二號は無防備の普通家屋。三、四號は外周りをすべて防火材料で改修した防火家屋。（使用材料はモルタル壁と耐火木材で、モルタル壁とは砂とセメントを混ぜて鐵の網に塗つたもので、實驗によると三センチの厚さのモルタル壁は八〇〇度の溫度で八分間繼續しても燃えない）

2 二號普通家屋の中央居間に十キロ燒夷彈を入れ火をつけると僅か三分で一號家屋まで延燒、その燃燒狀況は益々激甚を極め、七分九分で二號、一號家屋の裏側の屋根が落ち、十二分で同時に燒け落ちた。

3 一、二號家屋が燒け落ちる間、三號家屋は終始猛烈な火焰を浴び、相當の衝動を受けたが、充分防火改修の威力を發揮した。次に防火家屋自體から火が出た場合、四號家屋に前と同樣の燒夷彈に火をつける

4 第一實驗の時に比べて進行速度が頗る緩漫で、火焰は上方に噴き出しただけで脇の方へ出ない。發火後二十分で見物は全面的に衰へた。

内原にて

中山省三郎

松の林の中の　日輪兵舍、
爽かな大氣のうちに
若き子たちは生氣づく。

兄たちが　南方に出陣してゐるとき、
北方を護り、
民族協和の理想を實踐せんとする弟たち、
彼等は　その眉宇に
命のかぎり　土に生き
國のためには潔く死なうとする決意を示す。

北に向けていで立つ者に

所長の諭す言葉はやさしい、
「生水をのまず、健康に注意し、
互ひに仲よく、
物を大切にすることを忘るなよ」と、
簡明素朴のうちに
深い愛情をあらはす。

この言葉に
或る者は涙し、或る者は襟を正す、
愛するがゆゑに憂ふる、
このやさしさのうちより生れる
いと強く、崇きものを思ふて
私たちは粛然とする。

土に臥し、狼の聲に眼ざむる時、
彼等はこのやうなやさしさの生む
力強い聲に　すべてを忘れて立ちあがる。

医療

夏疾病と治療法

　夏に多く流行する病氣は赤痢に子供の疫痢や消化不良症コレラ、これに近年は流行性腦炎が一枚加はつてゐます。赤痢は赤痢菌が病源で發病、疫痢も赤痢と同じ病源菌ですが、大人の場合と違つて子供では抵抗力の關係から激烈にしかも急速に來る、これが疫痢の怖れられてゐる所以です。豫防法としては從來日常生活での衞生特に食物に注意する程度の事しかありませんでしたが、近年は豫防ワクチンが用ひられ、東京市あたりでは每年幼兒のある家庭にこの內服用を配布してゐます。この効果は免疫體產生に個人差が相當あつて、よく効く人もあるやうだし、それほどでない場合もあるやうです。しかし用ひぬより無論用ひた方が遙かによいことはいふまでもありません。發病してからの治療法は下劑によつて腸の內容物を淸掃することがまづ第一ですが、最近疫痢患者にズルフォンアミッド劑を用ひて生命を食ひ止めた臨床例がいくつも學會で報告されてをり、また水蛭を用ひて瀉血させ、やうやく死の淵から患兒を引き戻した臨床例が報告されてゐます。それ等の方法によると何れも相當の成績をあげ、在來だけの治療法による死亡率に比べるとぐつとこれを減少してゐます。

　流行性腦炎は酷暑と密接な關係があり、數年前に爆發的の流行を見た際なども非常に暑いときで、降雨がしば〳〵あつて溫度が幾分低下するやうになると發生が減ります。またこれに罹るものも子供や老年で一般に抵抗力の弱いものが多い、結局これは暑氣のため抵抗力が衰へて免疫體の產生が低下するそれが發病の重要因子だといふところからビタミンB1を用ひて抵抗力を增强する實驗が昨年來學界の一部で行はれてゐますが、その結果は非常に良好であるといはれます。これは豫防ばかりでなく治療にも役立つといはれます。

玉蜀黍の榮養價

　とうもろこしは夏の食膳の風物詩です。新鮮な、もぎたてのとうもろこしを適當に燒いた味はまた格別です。蛋白が割合豐富な食物ですが、これを構成してゐるゼインは發育にはあまり役に立たぬ成分といふことになつてゐますが蛋白全體として見るとき、とうもろこしは決して惡いものではなく、動物實驗の場合でも動物性蛋白にこそ劣りますが、よく成長する、ビタミンについて見ても婦人に必要なEがあり、その黃色いものにはAもなか〳〵澤山持つてゐます、B1も決して少い方ではありません。一般の食品としては多い方の部です　日本には一部で、殆どとうもろこしを年中の常食にしてゐるところがありますが、その村の保健狀態は極めて良好で、これには環境その他の關係が大いにあると考へられてゐますが、しかし、常食としてゐるとうもろこしもその一つの因子となつてゐると考へるのが至當とされてゐます。

衣服資源

爭奪戰物語（六）

高村　敦

英人の生活を一變せしめたもの

ジヤハンジア帝室《ていしつ》に於けるアラビヤ夜話そこのけの實際《じつさい》話だつたホーキンスのアルメニア美女との二ケ年半の同棲生活で、スラトに於けるイギリスの勢力がポルトガル人によつて驅逐《くちく》されてしまつた。

イギリス本國では、ホーキンスよりの吉報《きちぽう》を今か〱と心待ちに待つてゐたが、ついに何の音沖汰《おとさた》もないので、東印度會社では不安《ふあん》になつて、サー・ヘンリ・ミツドルトンを隊長として船隊をスラトに派遣《はけん》した。が、この船隊もポルトガル艦隊《かんたい》によつて攻撃され、タプテイ河に入ることが出來なく、從つてスラトに到ることも出來ず、印度の沿岸《えんがん》を空しくうろついてゐなければならなかつた。この情報《じやうほう》を得たイギリスではトーマス・ベストをして更に小船隊を率ゐさせてタプテイ河に赴《おも》かせたが、これもポルトガル艦隊によつて撃退《げきたい》され、イギリス側としては全く手も足も出せなかつた。

海上でイギリス側がこのやうな悲運《ひうん》にあつたとき、ホーキンスが異民族《いみんぞく》の美女との耽溺《たんでき》生活からやうやく逃れてスラトにたどりついたときには、そこは前とは全く打つて變つたイギリス側にとつて哀《あわ》れな狀態《じやうたい》となつてゐた。

スラトは、イギリスにとつて東洋の衣服資源蒐集《しうしふ》の場所であつた。これを確保するのでなければ、本國にとつて貴重《きちやう》な珍寶たる東洋の織物《おりもの》を入手出來なかつたので、イギリスとしてはスラトを占據《せんきよ》するためにあらゆる犠牲《ぎせい》を拂ふ必要があつた。**それがためには、こ**

の地方をその勢力範圍《はんゐ》下《か》に收めてゐたポルトガルの艦隊を撃破《げきは》するのでなければならぬ。そこで一六一二年にみじめな敗北《はいぼく》を喫したけれども、ベストは更に屈せずその翌年反撃に出た。ポルトガル側は大砲《たいはう》二十門を備へた軍艦四隻と之を補助《ほじよ》する三十隻の小船隊の聯合艦隊でイギリス船隊と渡り合つて花々しい海上戰となつたが、勇戰《ゆうせん》一ケ月餘に亘つたベストの抵抗《ていかう》が效を奏してとう／＼ポルトガル艦隊を敗走せしめた。その翌年イギリスがニコラス・ダウントンをして小船隊《せうせん》を率ゐさせ印度に向はせたので、この艦隊が敗殘のポルトガル艦隊を攻撃《こうげき》して致命的《ちめいてき》打撃を與へたため、印度におけるイギリスの勢力、殊にスラトに於ける地盤《ちばん》が確立した。

これらの海戰《かいせん》が、イギリス側に大なる戰果《せんくわ》を與へた。例へば一六二二年にペルシヤ皇帝アッバスを屈從させて、ポルトガルの東洋での重要據點《ちようようきよてん》オルムスを奪還して之にイギリスの要塞を築城して、スラトの外側防衞《そとがはぼうゑい》を強化したり、また一六三四年にはスラトに於けるイギリス代表者《だいへうしや》とゴアのポルトガル代表者との間に印度に於ける通商協約を締結《ていけつ》せしめ、イギリス側の自由通商を承認《しようにん》せしめた。

このやうに、スラトを中心としたイギリスの商業活動が、他の強國《きやうこく》から妨害を受ける心配《しんぱい》がなくなつた。イギリス人は、スラトで誰はばかることなく幼稚《えうち》な印度の商人たちをだまして、有利な取引《とりひき》をすることが出來ると信じてゐた。しかし、スラトの印度商人達は、ポルトガルの勢力の衰へることは自分達の商業の滅亡だと考へてゐた。それは印度更紗《さらさ》にせよ寶石にせよ、ポルトガル人相手の取引は、印度の商人達にとつて手心《てごころ》がわかつてゐたし、印度人の賣値をポルトガル人は殆んとそのまゝ引受けてゐた。だが、イギリス人相手となると元値《もとね》に喰込むほどの引値で強引に取引するのだから、印度商人達はイギリス人を毛蟲《けむし》のやうに嫌がつた。こんなわがまゝで自分勝手なものと取引《とりひき》を餘儀なくさせちるゝやうではいまに印度の産業《さんげふ》があがつたりになるだらう。イギリス人とは取引を差控《さしひか》へねばならぬとスラトの商人達は手を引いた。

するとイギリス人は、直接生産者へ接近《せつきん》した。イギリスの商人達が、スラトで最も熱心に集荷につとめたものは更紗であつた。ところがこの更紗《さらさ》の生産は工場工業でなく小規模な家内工業であつた。これらの小さな生産者《せいさんしや》を手なづけるなら、印度商人から買入れるよりも原價《げんか》で買ふことが出來るので、イギリスの商人達はスラトやその近隣の地方へ喰入つて盛んに買付を始めた。それには現金《げんきん》をバラまくやうに製造者の家庭に人をやつて、どし〳〵前金を貸付《かしつ》けた。これで印度の小さな製造業者等は、イギリス人のために金しばりにあつて、手も足も出なくなつた。このやうにイギリス人は、印度の生産者等を金錢《きんせん》で動けないやうに拘束して、思ふまゝ巨利《きより》を擧げるこれが出來たのである。

當時イギリス人が印度の家内工業者《かないこうぎやうしや》から衣服資材をどれたけで買入れて、それを本國《ほんごく》でどれ位に高價に賣付けて巨利を占めてゐたかに一顧を拂《はら》ふ要があらう。

それは絹布《けんぷ》、やゝ黄色《こうしよく》を帯びた素猸日本流にいふと羽二重の劣惡品《れつあくひん》と思へばよいものを、印度での買値一封に付四志これは生産者からであるが、もつとひどいのになると三志五片といつた安値《やすね》で買入れた。それをスラトで印度商人から値切《ねぎ》つて買入れると八志見當であつた。それを本國に持つて行つて市場で賣る場合《ばあい》は、六十志から八十志で賣られた。印度更紗《いんどさらさ》になると一封二志で買入れて、それを五十志で本國で賣つてゐた。これは、十七世紀の前半《ぜんはん》に於ける例である。

イギリスの東印度會社は、當初《たうしよ》こんなぼろいもうけをした。それといふのも、この會社を組織《そしき》したもの共は、どうしたらぼろいもうけをすることが出來るかといふ一攫千金《くわくせんきん》を企んでた高利貸や貴族達《きぞくたち》であつたから。一六一二年に四十二萬九千磅いふ當時として世界第一の大會社資本を擁し、第三回の航海による利益の配當率が二百三十四パーセントといふすばらしい巨利を擧げることの出來たのも、印度といふ東洋の寶庫《ほうこ》に英人が最初《さいしよ》に喰込むことが出來たからだ。

が、こゝでわれらとして見逃してならぬことは、彼等が印度の寶庫を開いてそこから本國に持運《もちはこ》んだ物資のために、彼等の生活に於て經濟的《けいざいてき》の向上はいふまでもないが、文化的に如何に飛躍的な發展《はつてん》を遂げたかといふことである。

尊大《そんだい》ぶつてゐるイギリス人でも、その生活の沿革史《えんかくし》では東洋人より內容が貧弱だつた。それは、十七世紀の中頃までは英人は茶を愛用《あいよう》することを知らなかつたのだ。英人が紅茶を飲むすべを知つたのは、この印度との貿易《ぼうえき》からであつた。ペピイスの日記によれば、一六六〇年九月二十五日の記事に、自分はけふはじめて今まで飲んだことのない東洋《とうやう》の茶といふものを一杯飲ませられた。香りがよくて、飲んだ後に氣分が晴々したとある。ロンドンの藥種《やくしゆ》商ペリングは、東洋から來た茶は害のない昂奮劑《こうふんざい》であるばかりでなく、有效な風邪除けであるとして、之を人々にすゝめてゐた。これは佛蘭西でも、貴族や金持《かねもち》がよく東洋から仕入れた茶での集りを催したものだ。

　ペピイスの妻女《さいぢよ》が、一六六七年六月二十八日の夕方、その夫のためにお茶を煎《せん》じて、之に牛乳《ぎうにう》と砂糖を投じたカツプをペピイスにすゝめながらいふ。

「わたしは近頃嬉《うれ》しいことがありますそれは、印度の更紗を中衣として白絹布を首まきにしたり、袖口《そでぐち》に付けてからといふもの、あなたはまるで貴族《きぞく》になつたのではないかとさへ疑ふばかりの美しい別人《べつじん》になりました。何といふきれいななりになつたことでせう。これも東印度會社が一船ごとに印度から珍《めづら》しい貴い品物をはこんで來てからのことでした。

　わたしも、美しい印度更紗《さらしや》の服裝をすることが出來ましてから、自分でも氣分が小ざつぱり致しました。あなたの前ですけれど、いまゝでは毛織物《けおりもの》を直に肌につけてゐましたから……」

　彼女《かのぢよ》はそういつてから、急に口をつぐんだ。しかも、氣まりわるそうに。

　それといふのも、エリザベス女王時代あたりまでは、英國《えいこく》の大部分のものは着物といへば羅紗物《らしやもの》を直に肌につけてゐた。毛織物《けおりもの》を直接肌着としてゐてしかもそれがぼろ／＼になるまで着るのが普通だつたから、貴族でも役人《やくにん》でも地肌《ぢはだ》が垢でよごれ、衣類には虱がついて、臭氣が紛々としてゐた。貴族や金持階級のものは、男でも女でもそれに應じて香水《かうすゐ》をつけて體臭をそれでまぎらはせてゐたが、それでも一種異樣《いやう》のにほひを消すわけには行かなかつたからだ　それが、東洋から綿織物《めんおりもの》や絹織物を輸入するやうになつてから、英國人の日常服裝が清潔《せいけつ》と簡楚《かんそ》へ大飛躍を遂ぐるに至つた。印度のキヤリコフにしても絹織物にしても、手ざはりはよし、光澤《こうたく》があるし、それに洗濯《せんたく》に便利でもあるので、それが彼等の日常生活へ直接活用されて、從來の不潔で重苦しい服裝を全く一轉せしめた。エリザベス文化の伸展《しんてん》をして光彩陸離《こうさいりく》たらしめたものは、云ふまでもなくそれは東洋の資源だつた

（完）

讀書

若き安南

ダォ・ダン・ヴイ著
成田節男譯

「若き安南」はそのまへがきにもあるやうに安南人の心である。著者は安南人で評論家として安南青年の間に重きをなし、相當の影響力をもつてゐると紹介されてゐる。

著者の信念によれば、青年は一國の代表者であり、青年を語ることは卽ち安南を語ることである。彼はこの堅い信念から安南の青年の大學生やフランスで敎育を受けて歸つてきたフランス歸りと稱される安南のインテリに就いて赤裸々な分析を試みてゐる。

敍述は極めて客觀的で、觀察も微細に亙つてゐる。卽ち安南の青年は、毎日何をしてゐるのか、何を考へてゐるのか、彼等は勉强するか、戀愛や結婚に就てはどう考へてゐるか、宗敎は何か、映畫は月にどの位觀にゆくか、小遣はどの位使ふか、フランス歸りは選良になれるか等々。安南學生の日常生活の中から例をとりながら未だ目覺め切れない安南の青年たちに猛省を促してゐる。

佛印に關する著述や研究はこれ迄多く紹介されてゐるがまだ彼等の精神生活にふれたものはなかつた。その意味でこの譯書は價値のある紹介書と云へる。

（白水社　一圓五〇錢）

音と生活　田口泖三郎著

近頃學者の書いた隨筆ものが急激に氾濫してきた。しかしそれ等の多くは、所謂世間の狹い、餘りに學者風な思ひ付きが濃厚なものか、或ひは專門的、技術的な記述が多すぎたりして、廣く一般に面白く讀めるものが少い。その點この書などは誰でもが一應興味深く讀めるものであらう。

著者は理化學研究所で音響學を研究してゐる少壯學者でありその筆致もユニークな存在として定評のある人である。

内容は一部と二部とに分れてをり、全部で二十九篇ある。「近代戰と音響」や「俳句に現はれた音」はラヂオ放送に用ひられた原稿に手を入れたものであるが、近代戰に音響が重要な役割を果してゐるいくつかの例を、擴聲機の利用や發聲爆彈の效果などに就て述べながら、音感敎育がいかに戰時下の吾々にとつて痛切に必要であるかを說いてゐる。「俳句に現はれた音」はこれ迄の名句を藉りてきてそれぞれの句の中に含まれた音を音響物理學的に解說してゐる。例をあげると芭蕉の——古池や蛙とびこむ——を、古池といふとその周圍は茂つた木や落葉や苔が一杯になつてをり、丁度ラジオの放送室のやうに殘響が極めて短くて、鳴つた音はすぐ消滅してしまふ。從つて蛙が飛び込んでも、その音が急ち消え去つて行く。この餘韻のない尻切れた音に吾々は非常な淋しさを感ずる。この氣持ちはコップを叩いて實驗して見るとよく解る。このやうに吾々も芭蕉と同じ氣持ちを感ずることが出來るが、芭蕉の天才はこれを不朽の名句にしたと云つた工合である。

第二部は雜誌に發表されたもので、著者の觀察と研究が比較的多く混つてゐる。第一部の六篇を除いた殘り二十篇の中、あるものは少し專門的でありすぎるものもあるが、「音感教育の基礎」や「梵鐘の音響」「騷音とその防止法」を除いては、誰でも樂に讀める。愉しみながら音響學の本質にふれて行ける書物として一讀をすゝめる。

（大和書店 一圓五〇錢）

西洋見學 野上豐一郎著

鮮やかな印象記である。豐富な學識と獨特のコクメイさとが簡潔な文章の裡に膨大な擴がりとなつて讀み取られる。目次を見ても了解されるやうに概ね西歐文化の跡を文化史的に探つたもので、どの一篇に就てみても、文學者、文化研究者としての著者の態度がはつきり示されてゐる。はじめの「七重文化の都市」はカイロに遊んだときのもので、カイロの變遷を古代エヂプトから回顧して、七種の文化が七重に堆積して出來上つた街だと現在の複雜怪奇なカイロの相貌を描いてゐる。次いでイタリヤに向ふと、「ロードス」では有名な巨人像の考證を行つて傳說の巨大さを修正してみたり、「パルテノン」では――とうとうパルテノンを見る日が來た〳〵――と大きな感激を洩してゐる。イタリヤは著者にとつて最も興味の深い對象らしく――どこへ行つても、年代史的に、考古學的に、文化史的に、美術史的に、理解と鑑賞とを必要とするものが多種多樣に藏されてゐる――と云つて、限られた「パラティーノ」と「エトナ」の二篇をものしてゐる。此迄の分が全體の約三分の一を占めてゐることをみても、著者の歷史的、文化史的關心の深さと、この書の目的のありどころが知れよう。

この考證的な傾向は「シエイクスピヤの鄉里」で沙翁の生家を訪れ、臺所にあつた鼠とりの道具をみて、ハムレットの中の劇中劇（鼠おとし）の根元を探つたり、沙翁の墓の立派さに驚嘆しながら、それは芝居で儲けた金で教會の株を買つておいたからだなどと細かい詮索を行つてゐる。「レンブラントの國」では、風土的特色を失つたオランダの風物に多少の失望を感じながら――いつまでも忘れられない印象を與へてくれたものは繪畫だ――と云つて、レンブラントの生涯を語り、その代表的傑作である（解剖講義）や（夜警）に就て敍述の詳細を盡してゐる。「パリーの地下牢」では、かの大革命のため幽閉されたマリ・アントアネットが、やがて斷頭臺の露と消え去る運命を前にしてこの牢で過した日のエピソードを、革命の一代の榮華を極めた彼女の生活振りと織り交ぜて、しつとりした情緒をかもし出してゐる。

このやうに、古代への回顧から始つた著者の旅行は卷末の「大戰脫出記」にあるやうに大戰勃發前夜のパリからボルドウに逃れ、貴重な體驗を加へたわけである。歷史的背景に就てものをみようとする著者にとつては、極めて時宜を得た旅行であつたと云へよう。この幸運と、多年に亘つて蓄積せられた學識とが相俟つて、ちかごろ得難いこの良書を產み出したのであらう。

（日本評論社 二圓八〇錢）

新しい玩具

商工省工藝指導所の試作

服部茂夫

オシャブリとガラガラ

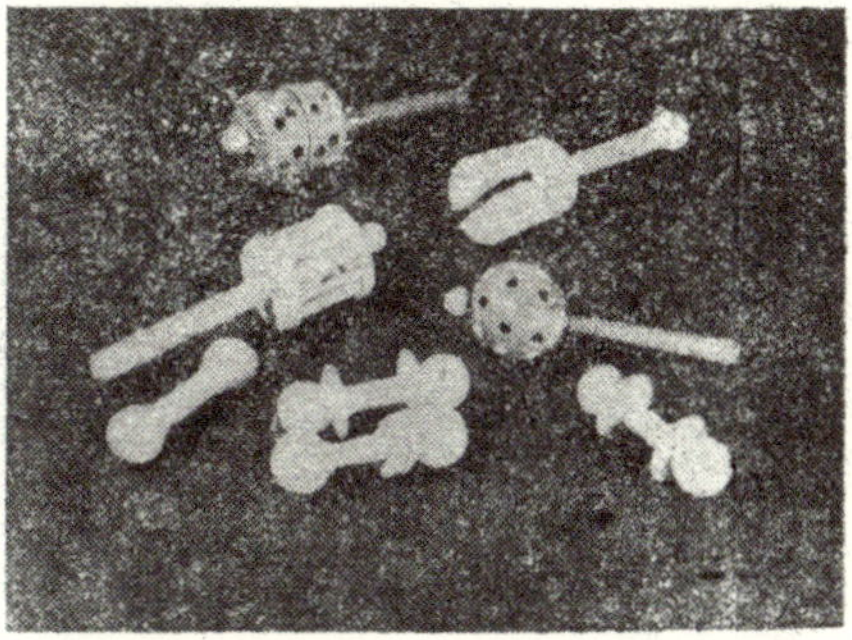

乳兒からお誕生を迎へるまでの玩具。市販されてゐるものは、形も大きさもこんなものですが、寸法の點と衞生的に考へられてないやうです。大きさは幼兒の握り具合の良い寸法で、出來るだけ埃のつかない様な形が衞生的なのです。材料はセルロイド、木材、金屬等ありますが木製が一番よく、色はこの幼兒達には全然必要がありませんから無色をお撰び下さい。

曳き車

一二三歳向き。

此の頃になると獨りで歩き始めますから、曳いたり押したりして、歩行の助けになるものでしたら危險のない限り何んでも與へたいと思ひます。

此の玩具は曳いて遊ぶばかりでなく球や棒による構成から、手腕の發育に

も助けになります。色彩は僅に球の二つ三つについてゐるだけです。

乗物積木

二、三歳用ですが比較的智腦の發達した幼兒は、想像力が出來てきて外出した先から電車・汽車・自動車とか汽船の樣な乗物に非常な興味を持つて歸ります。色はそろ〳〵與へてよいのですが、始めは赤、青、黄等單色で淡い色からお始めになるのが理想的です。

積木車

知慧の出てきた二、三歳の幼兒むきの玩具。積木類は昔からある玩具の中でも、一番優秀なもので構成力、想像力を養ふには好適な玩具です。此の積木は、一つの臺車の上に全部の木片が纏る仕組になつてますから遊びが終つたら、必ず組立てる樣に習慣をつけて一つの丸棒でも失はない樣に御注意下さい。

砂遊び

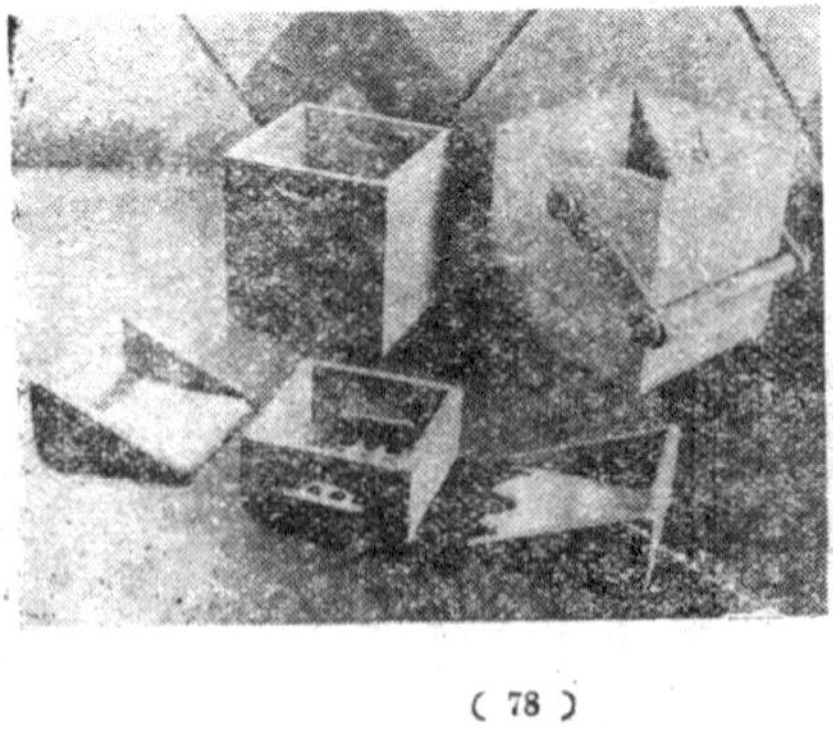

幼稚園にいらつしやる四・五歳の幼

兒の玩具。もう保育者の手を離れて遊べる様になりますから室内より屋外での方が喜び、砂遊びはこのころに最の好んでよく遊ばれます。今迄此の種の玩具は殆んど金屬製だつたので、近頃は姿をみせなくなりましたから、この玩具はシャベルから砂ふるひに至るまで木製です。木製は木製として良い處があり美しいものですからよくごらん下さい。

動物組木

幼兒達にとつて動物園は親類づき合ひの様なもので　どんな子供でも動物園は夢の國なのです。こゝにあるいろ〳〵の動物達は夢の國の住民達。この玩具は、夢の國の住民達を笑ましい姿に再現します。遊び方は足が取りはずし自由になつてますから、大きいのや小さいのや色々ある中から、その動物に適當する足をつけます。こうして此の頃から正しい自然の姿を認識させて深い觀察力を養ふことを致しませう。

遊び車

五、六歳用。此の玩具はごらんの通り可成り大型のもので、活潑になつてきた戸外遊びのために特に考案されたもの。戸板とか蜜柑箱に紐をつけ、互に乘つたり曳いたりして遊んでゐるのを見かけますが、日本ではこう云つた大きな肉體の鍛錬を伴ふ玩具が少いから是非共この方面にも深い理解を慾しいと思ひます。

社會時評

住宅の貧困

赤ん坊を抱いた若夫婦が、警視廳人事相談所へお願ひの筋あつて罷り出た、筋といふのはこの若夫婦、赤ちやんが生れたら出ますとの約束づくでアパートを借りた、赤ちやんはすぐ生れた、アパートの管理人は御約束に喰ひ下つて、出て貰ひませうとつれない挨拶、こちらも約束を守る人間の道は心得てはゐるが、何分にも家も間もない、待つて下さい、待てませんよで氣の弱い若夫婦が約束の下敷きになつてジタバタしてゐるといふ趣向である。

もと〳〵アパートは、現在住宅營團に合流した同潤會を除いては獨身者の巣であつて、この頃はもの凄い住宅難から夫婦者が押しかける、夫婦は子供を生むことになつてゐる。ところが例へば警視廳管下三千七百餘のアパートには 子持ちの家庭には貸さないとか、子供が生れたら出て貰ひませうを裏看板にしてゐる向が多い。この規約は警察が正式に認めてゐるわけではない、といつて警察權を發動してこの「不人情」を怪しからんと取締るわけにも行かぬ、總動員業務關係の家屋なら別だが一般の下宿屋、アパートに對しては賣買、賃貸價格を取締り得るだけで、使用制限の規則がない、規則以外のことには手を出さんのが官廳の建前である。だから天の攝理にもどる、「不人情」が約束や契約で頬被りしてをどしつけるといふ寸法だ。

アパートから子持ち夫婦が追ひ立てられると同じ趣向で、學生が下宿屋から閉め出しを喰ふ向も、とんと多くなつた。それは股賑産業關係の會社が、どし〳〵増やす勞務者や社員の寄宿舍、社宅が數地や資材關係で建ち兼ねるので下宿屋を買ひ取つて手取早く間に合せようと考へるからだ。この考へが最近ひどくなつた。下宿屋稼業の割の惡い算盤とぴつたり呼吸が合ひすぎて、下宿屋が大會社專屬に身賣りするのが流行る、昨秋實施した住宅の國勢調査は大體しか纏つてゐないが一例をみると△東京市、昭和十一年の世帶數百廿三萬六千五百（人口六、〇八五・八〇〇）が昭和十四年百卌三萬世帶（人口六、五八一・一〇〇）で約十萬世帶の増加である。これに對しこの間の新築住宅は五萬五千八百五十七戸で取毀住宅を除くと三萬三千五十戸の純増しかない。從つて空屋數も十一年度四萬二千九十三戸が十四年度八千三百八十四戸と減つた。△大阪市、昭和十一年の世帶數六十五萬三千九百（人口三、一〇一・九〇〇）が十四年度世帶七十一萬五千五百（人口三、三九四・二〇〇）で約六萬世帶の増加、この間の新築住宅は五萬九千八十八戸、取毀住宅九千百三戸を除くと四萬千八百八十八戸の純増、從つて空屋數十一年度一萬八千九百十六戸が十四年には六千七百四十三戸に減つた。兩市共十五、六年は、もつと〳〵窮窟の實勢とみるのが常識である。そこで政府は昨年春の議會で住宅營團法や貸家組合法を成立させて計畫だけは立派に樹てたが、計畫だけでは住宅は建たんから厄介だ。大體一年間に純增すべき住宅數は全國で卅萬戸である。そこで六萬戸を住宅營團が、四萬戸を貸家組合が、殘り廿萬戸を各會社が各府縣廳の優先的世話で勞務者向の住宅を建てることに割り當てゝあるが例によつて資材や敷地の關係でうまく行かぬ。例へば住宅營團は政府からいろんな便宜を與へられてゐるのに、十六年度三萬戸建築計畫が一萬五千戸しか出來なかつた。そこで個人にも大いに建てゝ貰はうと簡易保險局は中流者向住宅建築資金として三千萬圓の融資決定が昨年の春、貸出條件は一人最低千圓、最高九千八百圓、七人以上が一組になつて申込むこと、利息は年五分で、廿ケ年月賦償還、土地附きが希望、これがわが家になるまでの一例を示すと住宅建延廿一坪、坪當り二百卅圓。購入敷地七十坪、（坪當卅五圓）として總費用七千七十圓となつて毎月約四十七圓宛拂ひ込めば廿年後に相濟む勘定だ。建築は住宅營團が請負ふし、人氣がよすぎて例へば昨年中の申込み二千餘名のうち七十四名の合格だから建てたい借りたい者にとつては瀬網の中にある鰹節を眺めてる猫の立場だ。

厚生省は住宅緩和のため打つだけの手は打たうと、大工、左官、鳶職も國民登錄制に編入し、その職業に三ケ月以上從事してゐる者及一年以上經驗しその職をやめてから五年を經過しない十六才から五十才までのその人達にお得意のねぢり鉢卷的應召體制をとらせた。これでも所要人數が氣がかりなので、大工、左官を大量に養成するために乙種工業學校程度の養成所を昨年から住宅營團で開設したがこれはとんと人氣が出ない。やはり徒弟的に仕込むといふ强い永い傳統を持つてゐるこの種の職業は落語や講談の學校もそうであるやうに、第一氣分がぴつたりせぬからでもあらう。

家が足らなければ建てようでは自分の影法師をおひかけるようなもんで、おひつくものでない。どうしても人口移動計畫を確立して既存都市殊に大都市や工都への夥しき人口の流入を防ぐことが必要だ。

これは單に住宅や食糧關係の妥當な解決のためではない。防空的產業的立場からより必要だ。そこで內務國土局はまづ關東地區地方計畫案を樹てた。案によると東京を中心とする川崎、川口、市川等の隣接都市や將來臨海工業都市として人口百萬を豫想される横濱、千葉等を含めた綜合計畫で東京から一時間程度の交通圏である半經五十キロの圓圈內を大東京地區とし、さらに外周半經約百五十キロを大東京地方圏とし、この範圍內に都市の計畫的分散化を圖り東京を中心として放射的に衛星都市を實現させる。要するに地方都市を計畫してこの地方都市と農村とが協同體を形成することによつて、東京への人口集中と依存とを排しようとの寸法である。

江口榮治

民藝館（特陳）見たまゝ

繪と文　南義郎

駒場の民藝館に、臺灣　琉球、アイヌ等の衣服特別陳列を見る。

出陳されたもの四十點内外、先づ南方臺灣から見てゆく。

眞黒の地色に、赤や黄等派手な糸や、金具の飾りボタンの様なものを使つた臺灣の衣服（さしゑ參照）おだやかな館内の光線では、この衣服の眞の派手さは發揮されてゐない。

次に有るニューギニア、ボルネオ等と共に、これら熱帶の衣服は、強烈な日光の中、熱帶植物の強い反射の中に眞の美しさが現はれるのであらう。

ニューギニアの物の模様を寫してみる。

「なんのことはない算用數字の3の連續だ」そう思ひながら描いてゐると、少し違ふ。

3が背中合せになつたり、腹合せになつたり、小さくなり、大きくなり、つぶした様になり、遂に3の字の中頃から枝が出るに至る。

簡單の様で復雜だ。そしてこの刺繍は、左右同じ様で少しづゝ違ふ。とてもこのまゝ寫し取ることは不可能と思つて斷念する。

ボルネオの物の裏地は、木の皮をうすくした様なものが使つてある。

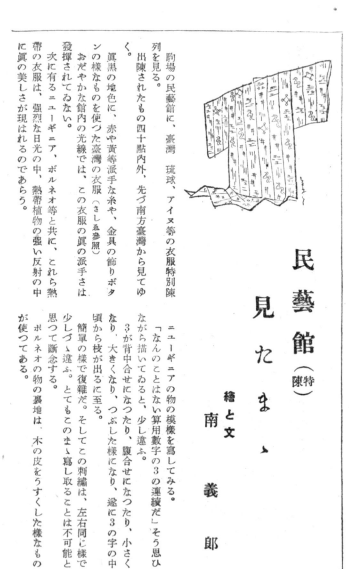

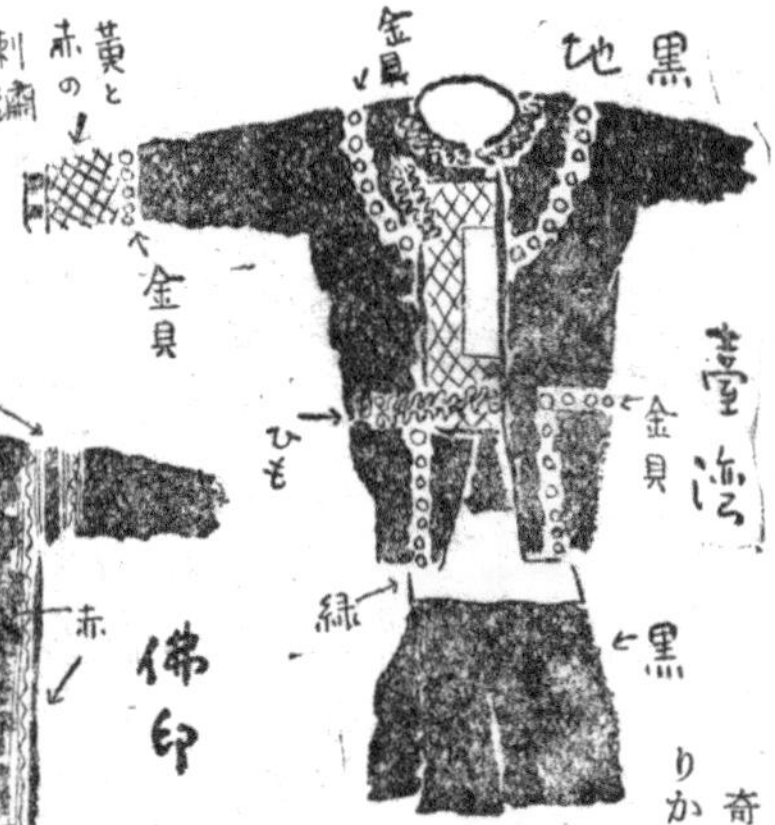

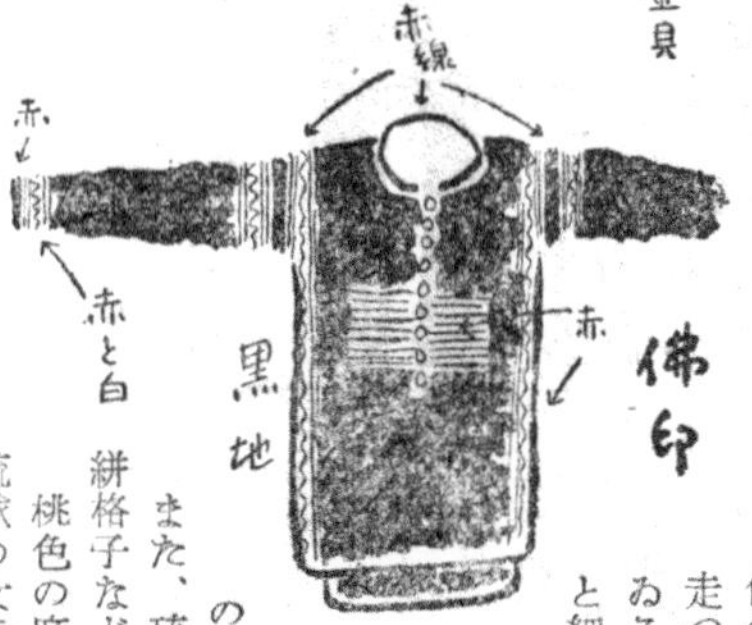

奇妙な音をたてながら、沼のほとりかなんかで、椰子の木の皮でもたんねんに叩いて伸ばし廣げたものかも知れない。

さしづめ、南方のスフと云ふところだらうか。次に琉球の踊り着がある。巾の廣い赤えりに、香ゝ様な紺色の地だ。白糸、赤糸が走つて、絣りが織出されてゐる。紺色の中をスイ、スイと細く走る赤糸の情緒はサーカスめいた臺灣の衣服よりは、何かじんわりと滲込んで來るものがあり、古くから口傳された唄を唄つて踊る、琉球女の踊り姿を見たく思つた。

また、琉球のもので、芭蕉縞、絣格子などの麻の衣服がある。

桃色の麻、つつツぽの衣服は、琉球の女でなければ似合ひそうも

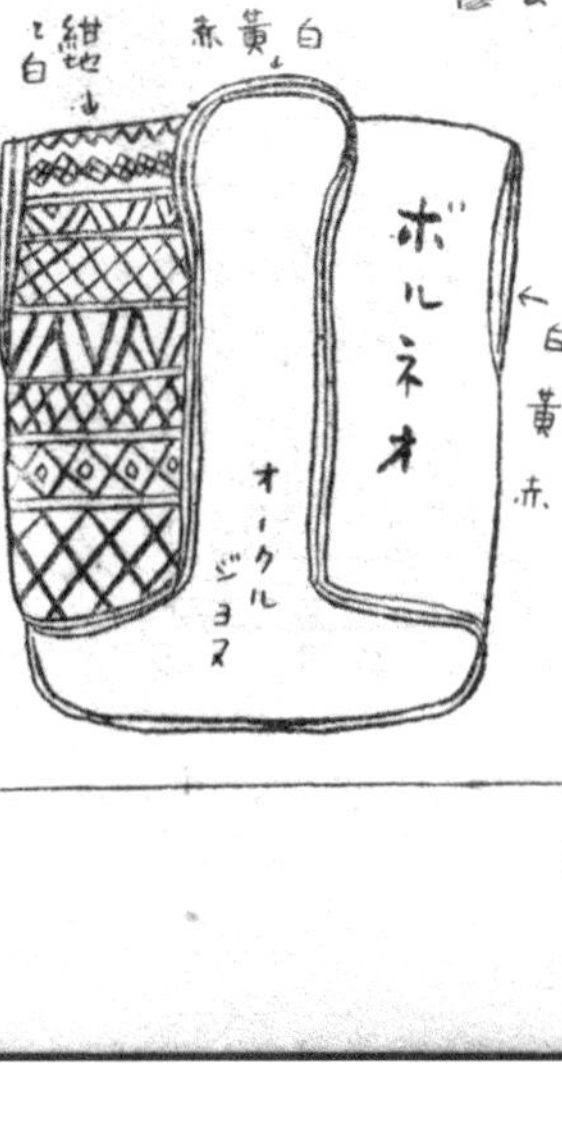

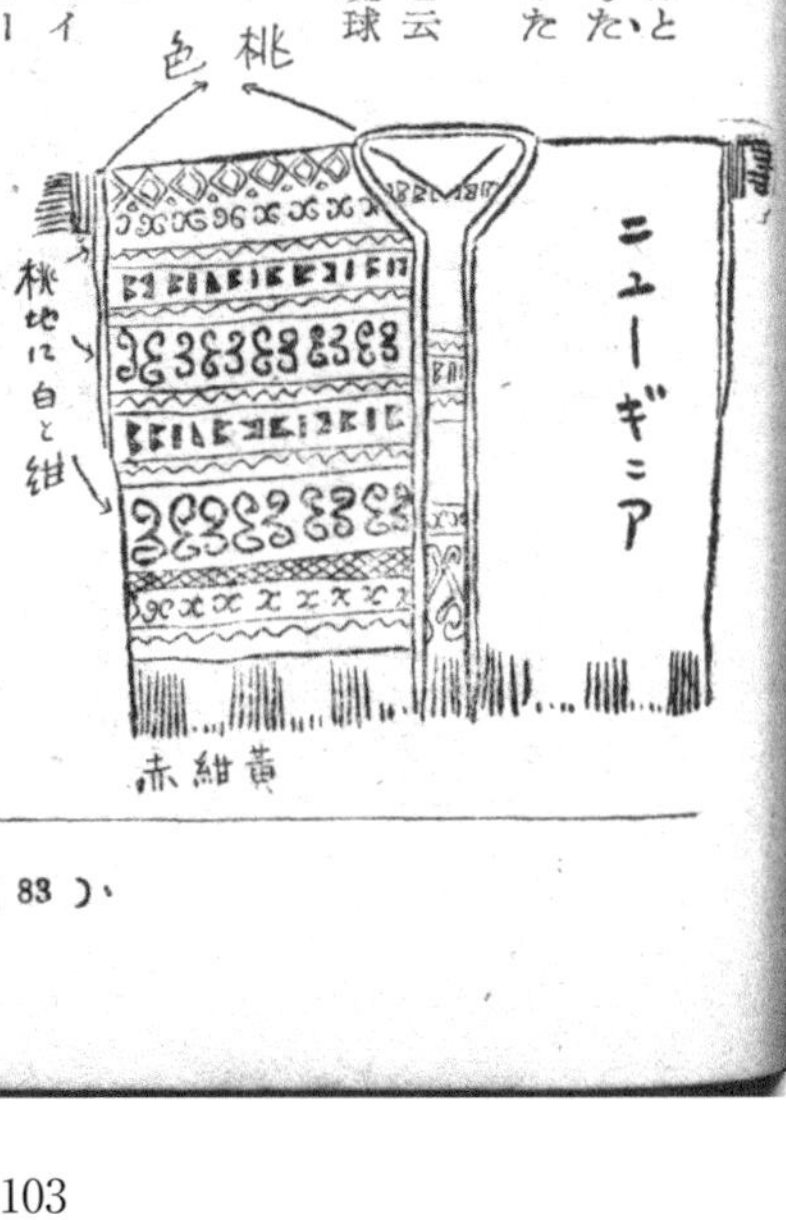

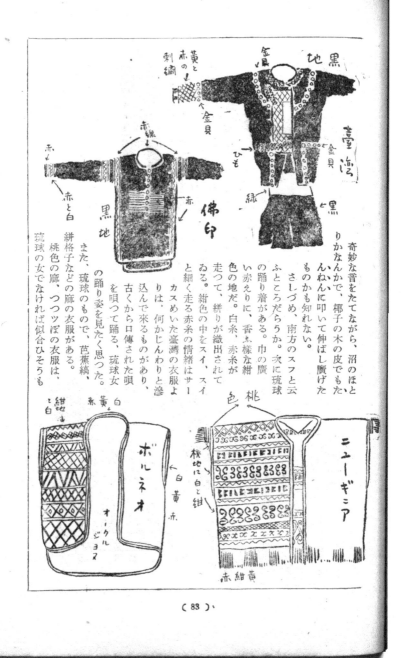

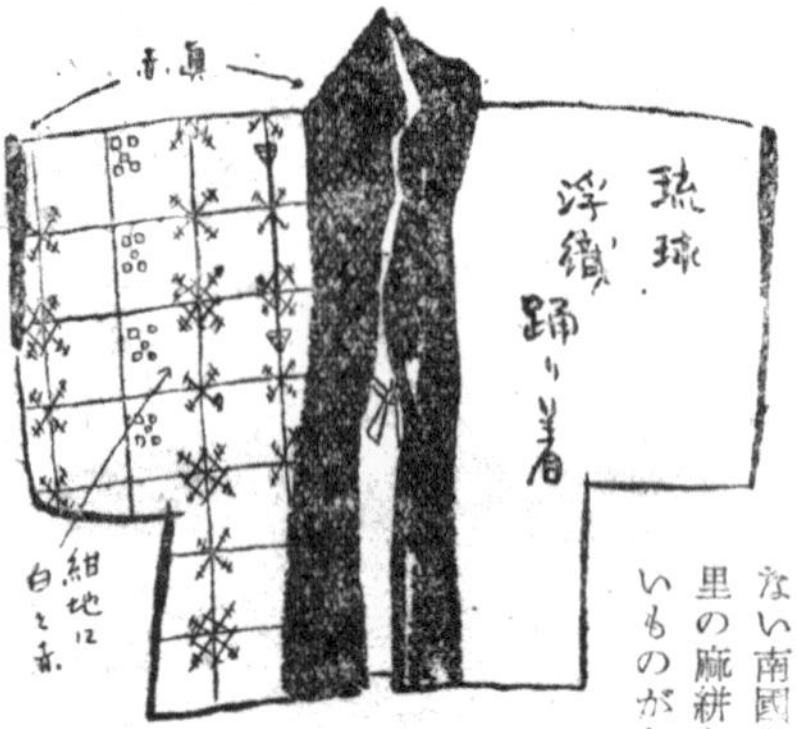

ない南國らしいものだ。首里の麻絣りの模様に、面白いものがあつた。（カット參照）麻色の地にスーツと細い縦縞が這入り、その一つ一つの絣は、降雨の繪文字の様なものの下に、流水の形があり、沼澤地に思へる形、井戸の形、家か或は村か神社のしるしの様な形が次々に織出されてゐる。

水を尊んだ原始生活の或る斷章の繪文字が模様となつて、ここに使はれてゐる様に思へた。

北海道アイヌの繡衣もまた美しいものだ。紺、或は茶の地に、堂々と、大柄な模様が刺繡されてゐる。渦卷やら、十字やら、これ等の形も、遠い昔の或話を物語つてゐるのかも知れない。

同行の友人は「これハツピの先祖ならん。若ししからばなんと非藝術的になりたるものかな」と歎じた。果してそうであれば實際、との言葉のごとく非藝術的になつたものである注意して見ると、兩肩、背の眞中等に家紋のの様なものがあつて、そこだけ特別な色が使つてあるのが有る。背中及び裾の模様の具合など、ハ＊

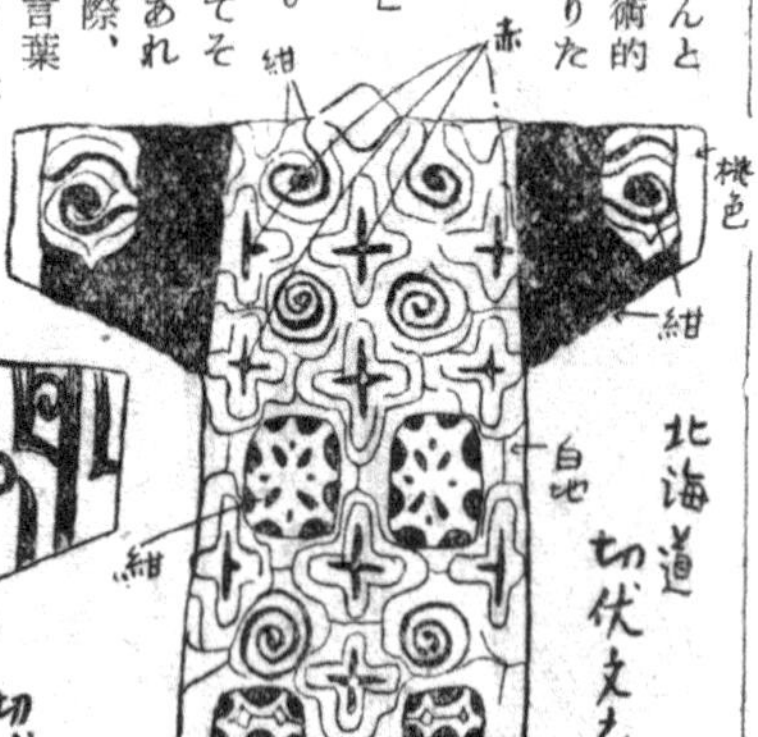

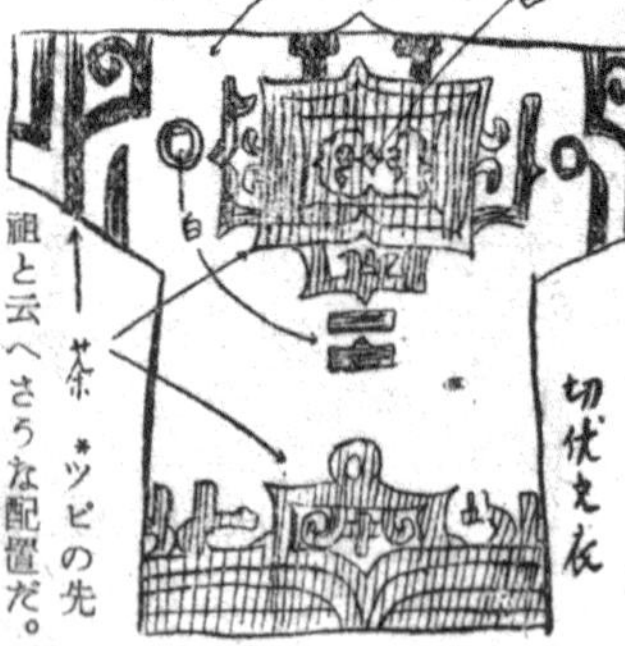

＊ツピの先祖と云へさうな配置だ。

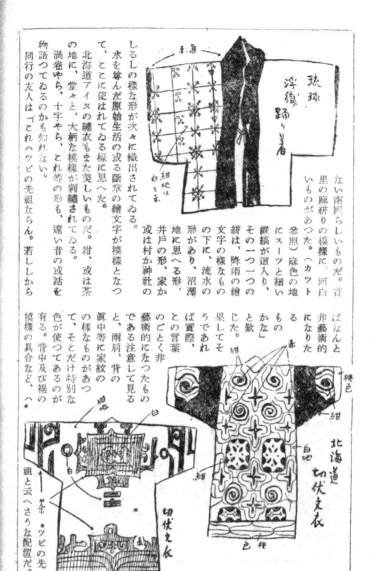

◎好機を逸す勿れ

◎年に一度の公開！　夏季の裁斷會

◎服裝界最高權威　◎誰れにでも必ず出來る裁斷法

婦人服
子供服
紳士服

◎入會資格男女年齡不問　◎申込者には會員襟章贈呈す

夏季裁斷講習會

◎修了者には修業證書を授與す　（詳細規則書郵券四錢要）

A組　八月三日――八月九日迄（午前九時より十一時半まで）

B組　八月十七日――八月廿三日迄（午前十時より十二時半まで）

東京市本郷區向ケ岡彌生町三　帝大裏

校長　今井正紀

認可

東京洋服學校

電話小石川四三五九番

郷土研究 1

秋田地方の女子勞働着

奈環之
亘助

私はこゝで、秋田地方農村女子の勞働服に就いて述べ度い。勿論これは東北地方の代表とはならないけれども、その一例として味ふて意味深きものと思ふ。何故なれば、それに依つて類例を他に索め得べきであろうし、またある系統なり、變異方向なりを見出す事も出來るであろう。

私は秋田地方と云ふ言葉を使つたがそれは秋田縣を總括しての意味か、或は秋田市を中心とした一特定地域を指すのか實は不明瞭な表現であるが、私の意圖する所は主として、秋田市を中心とした附近の農村卽ち南秋田郡、河邊郡を主たる視野としたものである。

こうした觀察や研究が一時に廣範圍に亘ると兎角粗雜に流れ易いから、成るべく狹く凝視し度いと思つた。併し、時には類例を他地方に探し索めてある型の方向を知るやうにもした。

また女子の勞働服を問題としたけれども、古來より保存せられた他行着《よそいき》や子供の衣服及男子の服裝にも及んで居る。

女は衣服に關する限り非常に流行を追つて居るやうで、事實勞働服に於ては最も多く古い型を保存し、寧ろ牢守して居る。現に、覆面（カブリモノと云つて居る）だけでも、秋田縣全體から見ると、八通り位に分類され、南秋田郡だけでも四通りの樣式を保存してゐる程である。

また縣としては、流行の中心である秋田市側近の村に於て、より濃く、古い型の採用を見て居る。この皮肉は流行の中心東京市と、それを圍繞する村村の土俗とに於ても見出される事は興味深い。京都市と洛北大原女の風俗の如きも好い例であらう。

この二つの現象は地方文化研究上に於ける好課題である。

さて　世に頭の先きから足の先きまでと云ふ言葉があるから、私の記述も、以下その順を追つて行かう。

ユキオロシの笠と野良姿

かさ

直徑の極く大きい菅笠を晴雨とも用ひてゐる。ユキオロシと云つて、白い木綿を頂きと椽につけてゐるので、清楚感が强い。縣內產の菅笠はもつと小型で素朴なものであるし、これは他縣產である故比較的新らしいものゝやうである。男鹿半島及縣南地方では編笠を用ひてる人もある。

かぶりもの

覆面の樣式は、前述の如く南秋田郡だけでも、四通り程あり、縣全體では八通り以上に分けられるが、最も特徵があり、且つ豪華版であるのはナガテヌゲ（長手拭）であらう。紺の木綿に、淺黃の裏地をつけた二枚ものであつて、長さ凡そ一・五米 巾は木綿巾である。紺も初めは自分で染めたらしく、若向きのヤマミチと、壯年以後向きのウマカタの二樣の絞りに限られて居る。從つて嫁入り支度のなかには、この二通りが用意されて居つた。それで深い頰冠りをなし一方の端を頰の所に挿し込み、他方を肩にかける。この肩に展開される部分には、白の木綿糸にて刺繡が施されて居る。この刺繡のことはフシコといはれるが、之は「菱刺し」の意味らしい。冬でも、夏でも用ひられ、獨り野良仕事の時ばかりでなく、土足のまゝ町に用達しに出る際にも用ひられる。これは秋田市を中心に北は金足村邊、南は仙北郡峰吉川村に及んで居るが、中心點を遠ざかる程稀薄になつて居る。

青森縣津輕地方にある白色を主とした三角型のものは北秋田郡、山本郡及男鹿半島に、岩手縣南部風な淡紅色若しくは淡黄色の三角型は舊南部藩の鹿角郡に見られる。

頰冠りの上を更に目だけ出す一寸グロテスクなハナカオと云ふ覆面は山形縣庄内に近い由利郡仁賀保地方にのみあるのも面白い。

普通の手拭での頰冠りは何處でも行はれるが、若い女の冠り方は非常にスマートである。タオルは男や老婆が多く用ふる。

雪中のかぶりものにケモヅチと云ふ一寸兜に似たもので藁芯製に海藻の垂れをつけたものがあつたが、現在では過去の遺品となり、ボアサキ（南秋田郡地方の呼稱）若しくはウマノツラ（仙北地方の呼稱）と云ふやはり藁芯で織つたもので、如何にも顔の雪圍ひと云つた感じの、吹雪用としてはうつてつけのものは今でも仙北　平鹿兩郡地方で男にも女にも盛んに使用されて居る。

一體覆面は男女とも、頗る嚴重であつたらしく、男の方は帽子の採用と共に漸次廢たれたけれども、今でも六十歳以上の人で勞働にも、よそゆきにも昔の様式そのまゝをやつてゐる人を偶に見受ける。

ナガテヌゲの圖

（貫てるのはジヨジブクロと云つて男女共使用してゐる）

前に述べた手拭での頰冠りは、田舎者そのものゝ野趣があると云つて、都會人には輕視されるが、一度やつて見ると實にいゝものである。僅か三尺の布帛一枚が帽子ともなり、ハンケチともなり、鉢卷ともなり、小風呂敷ともなり、不時の場合は繃帶の用をも務める實に調法なものであり、且つ簡易さ素朴さに於て最も日本的である。その上、女の頰冠りは大抵の人を美しく見せる不可思議な補助作用を持つ。若い連中に手拭を再認識させるの要ある事を世の識者に知つて貰ひ度い。

女の子の冠りものにボツチがある。表は縞木綿で、裏には紅の木綿をつけ、綿を入れてゐるから非常に暖かい。前に下げる緒は、派手な模樣のメリンスであつて、裝飾的効果は大きい。

婦人の外出用には、フロシキボッチと云つておこそづきんを常用し、平鹿郡ではその使用層が相當下部にまで及んで居る。

着る物

肌着から上着まで全部木綿である。

冬の女兒圖

紺絣を基調とするから明暗二色の階調である。縞ものの採用は縣の北部に行く程多く、鹿角郡は岩手縣南部地方の影響で殆んど縞ものである。男は紺木綿一點張りで、克明に刺したものである。之をサシコと云つてゐるがサシコを施す技術と根氣を有する婦人はも早や稀れになつてしまつた。

絣であつても部分々々により、態と裂れを縫合するから一枚の着物で異つた絣を併せ持つ。また特に絣に縞をまた縞に絣をはぐ事もある。縞の上着に、袖のつけ根の所を一寸絣の布ではぐのはなか／＼洒落たもので、藤田嗣治畫伯が、秋田に來て自分の着物のデザインに之を採用した位である。

年齢によつて絣に大小があるが、それよりも、腋下や腰邊の切れ目の縁の所や、アテコの紐の紐によつて、即ち若い程赤色を強くして、年齢を表示する。アテコの上の紐は脊中で交叉して褌の美を表はし、下の紐は臀部を卷き

（之は筆者の姻達であるが特に企んだものではない事を断つて置く）

田植姿の少女達

帯より下の方に更に一つの色彩的役割を演じさせる。アテコは前にあつては泥をよけ、脊後に紐を以て紐の調子をつける事は農業勞働に叶つた行き方である上に、農業勞働は大體に前屈みで作業中は脊面のみを見せるから、脊面における美調の工夫は非常に頭のいゝ行き方であると思ふ。

アテコの下にソデナシを、その下にブダコを着、その下が肌襦袢である。この組合せは改良の餘地なき程間然する所がないやうな氣がする。

アテコは縣南地方では紺若しくは黒であつて男の方がより多く用ひてゐる。鹿角郡でも女はこの一色のものを用ひる。

腕から手にはテウエ（手覆だろう）を用ひられるが、これには簡單な刺繍が

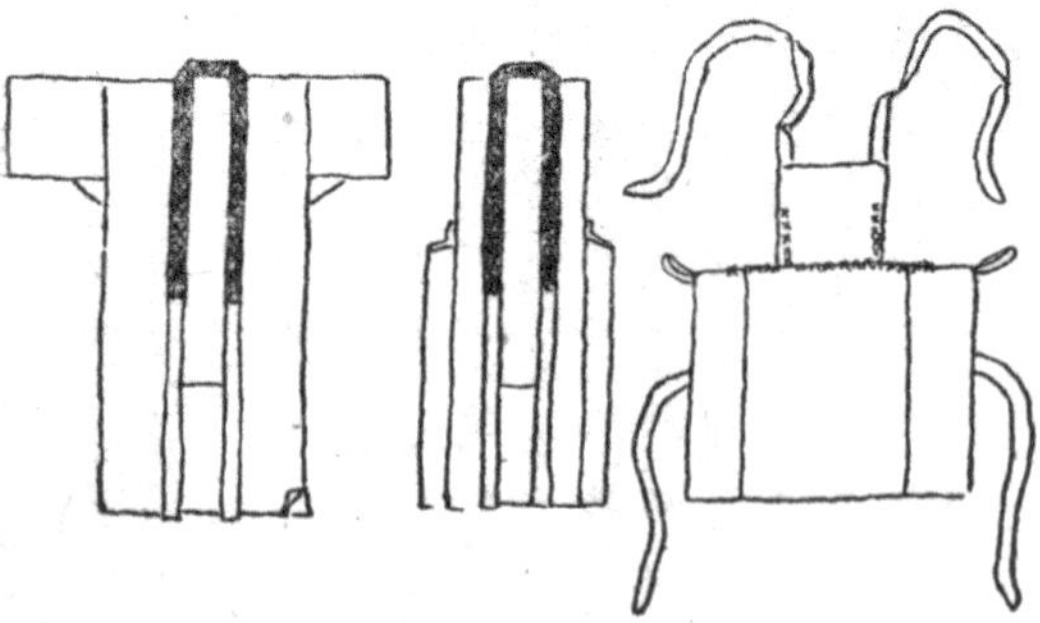

勞働着圖

施されてゐる。

次に腰卷だが、田植の際は特に新らしい鮮紅のものが用ひられる。その上にモツペをはくから、敢えてその要がないものゝ如くであるが、晝上り若しくは夕上りには必ず田圃中の流れ水の所でモツペをぬいで泥を洗ひ去ることになつてゐるから、家までの歸途腰卷を見せて歩く機會がある。勞働着の下に紅い腰卷を下げ、白い脚を露はして三々五々野良から村には入る光景はなごやかにして艶々しい。

もつぺ

モツペは標準語でモンペとなつてしまつたやうであるが、あれは山形縣の言葉である。東北の他の地方ではモツペの方が多い。しかしモツペ着用の普遍化の程度から言へば山形縣では實によく普及されてゐるから、そこの言葉が一般化されても異議を挿しはさむ餘地はないけれども、一應は説明して置かねばなるまい。

私の地方のモツペには凡そ次の如き種類がある。

タモツペ　主として水田用であり長さは脛の半ばにしか達しない。元來その上にキヤハン若しくはハヾキをはくことになつてゐる。

ナガモツペ　長くて踝がかくれる長さで職人なども用ひ、當地農村では男女共道中用とされてゐるけれども、他地方では作業用となつて居る。今六十歳以上の女であつたら、その嫁入り道中には必ずこれを着用した經驗を持つて居る。この二つとも着物の下に着用し肌に密着してゐるから、女子の曲線美を表はす意味で、ある魅力さへ感じさせる。

スネコモツペ　以下全部着物の上に着用するものであつて通稱モンペの範疇に屬する。このモツペは脛の所が狹くなつて、勞働に適し、足首と脛の上を紐で結ぶやうになつてゐる。元來秋田地方のモツペは紺が主となつてゐるが（鹿角郡では海老茶が多い）スネコモツペに限つて縞が採用される事が多い。

ヅヘラモツペ　單にヅヘラ若しくはデダチ又はモツクラと云ひ、長着物もゆつくり收容し得る。勞働よりも日常用である。

フゴミモツペ　フゴミとも云ひ主に子供用であつて、股に割れ目があつて大小便に便宜である。

アネコモツペ　タツキモツペとも云ひ仙北郡地方で多く用ゐられ、女の着する勞働用である。

はゞき

ハヾキ即ち脛當てゞあるが、當地方現在では女は必ずしも之を用ゐると云ふわけでもない。男でも若い者は卷ゲートルに變りつゝある。

併し山地方では決して廢れず、材料は稻のミゴ、ガマ等は一般であるが深山に行くと杉皮を網代に編んだものもある。また男鹿半島では木綿のものに、北海道の影響をうけて（漁業出稼のため）アイヌ模樣の刺繍さへ施したものも發見される。

雨具

笠は前述の通りであるが、着るものの方はケラが多い。ケラと云ふのは脊面だけ覆ふ蓑のことで、形の上でも蓑と區別される。アイヌの着物にケラと云ふものがあるが、それの轉用でもないやうだ。

藁、菅、ガマ、マンダの皮、シナの皮を以つて製作され、手製が主であるが、この頃では藁製若しくは菅製の販賣品が多くなつた。この事は無精化した青年氣風の一表現と見なければならない。ケラは襟元になるべき所に、色々な意匠を凝らして製作者の藝術心を發揮させて居る事はなつかしい。

ケラは脊面だけを覆ふけれども、前かゞみを主とする農作業には、あれで結構であるし、蓑と異つて腕が自由に動かし得て能率的である。また脊負ひ物には脊中當て の代用 となる 場合もある。

近頃は茣蓙を横にした雨具が流行し出したし、子供の通學用に茣蓙に頭巾のついたものや、私共子供の時には、ミノボツチと云ふ蓑に頭巾の作り付けにしたものもあつたが、今は餘り見受けない。

こうした雨具は、ゴム引きに驅逐されつゝあるが、衞生上からも、經濟上からもこうしたものゝ復活を望みたい。

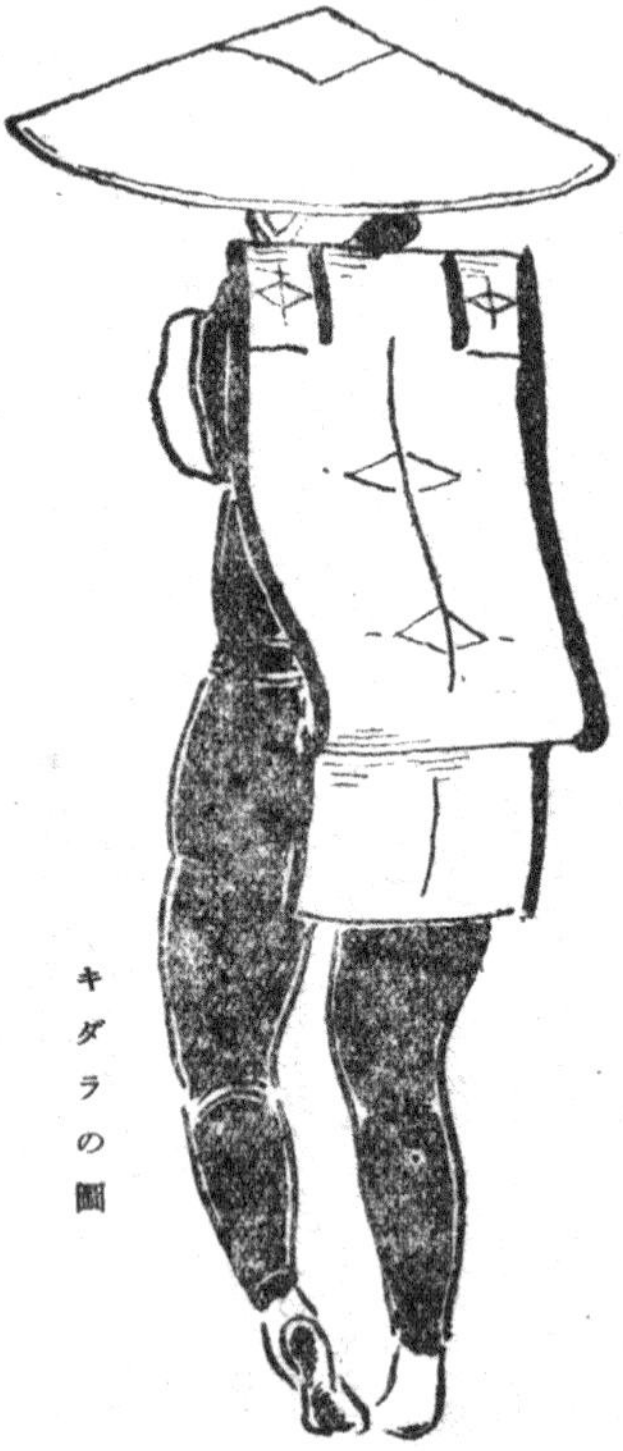

キダラの圖

日除け

笠は一面に於て日除けとなるが、體を保護するためにキダラ（由利郡ではキゴモ）がある。之はミゴ、藺其他の稈を以つて編み紺木綿にて縁をとり、その外に黒糸及白糸で模様をつけてゐる。腰のところを一寸たるませてある恰好をつけてゐる。

由利郡では脊中當ての効用の方が多く北秋田郡では巾の廣いのがあつて、寧ろ雨具となつてゐるものもある。

はきもの

草鞋や藁沓をはく前に踝や踵の所を卷くものにアシマキと云ふものがある。之は紺と淺黃木綿の二枚合せですシコになつてるのが普通である。

草鞋は不思議な事には全國殆んど同樣であるからこゝでは特筆しないが、地下足袋の普及と共に廢たれ行くのも一般的傾向であらうし、從つて農村青年で手製出來ないものが居るなげかはしい有樣でもある。

雪中はきものになると最も普通にあるワラグツでもその作り方は縣内でも色々な差異がある事は草鞋の場合と對蹠的である。ワラグツは一旦使用したものを軒下に吊して置いて春の山仕事に着用される。尙藁製の雪中はきものに左の種類がある。

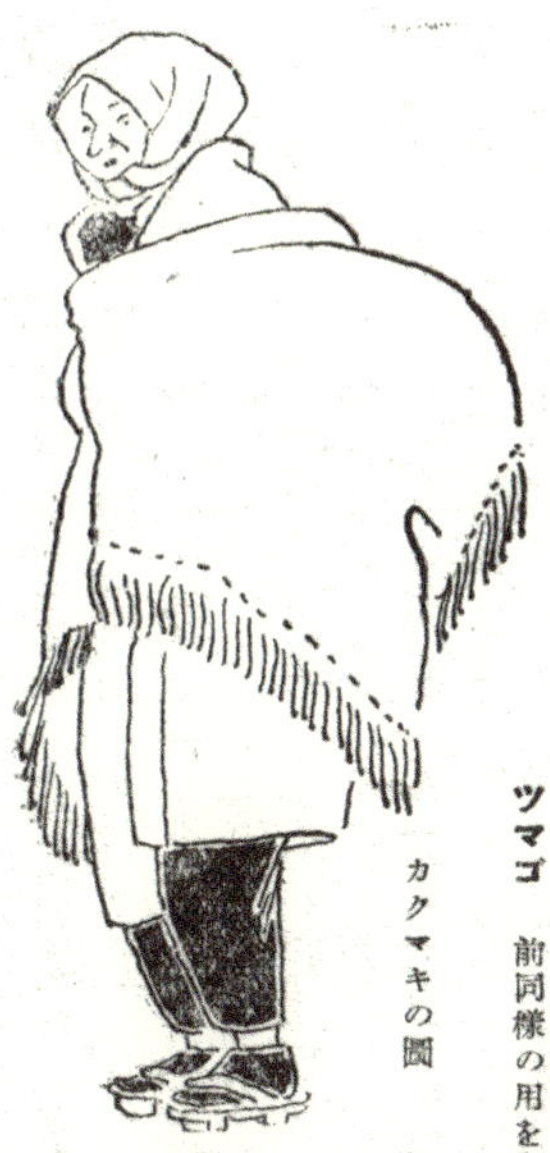

カクマキの圖

クヅ 最も普通の存在でワラグツとも云はれる。

ヘドロ 仙北、平鹿、雄勝郡にあり、底に竹皮や蒲を敷いたクヅで、雪上のスリッパみたいなもので、私の地方ではこの名稱がない。

シベ 箱型であつて、編方は前者に比し薄手で丁寧である。一寸短靴の感じであり子供用のものには緒があつたり、或は裂れで縁をとつて居る。

サンペ 編方も前のやうに手細で半長靴の感じである。

ゴンベ 草鞋の先端で爪革みたいな用をなすが、足袋のやうに指が別かれて居る。

ツマゴ 前同樣の用をなすが、爪先は別れて居らない。

フミダラ 雪を踏み堅めるために俵を半分にしたやうなものである。

テキヤシ 之は手にはくものだが、藁製の手袋である。はいたまゝで手仕事は出來ないが、橇を曳く時のやうに手を使用しない場合に用ひる。

雜用具

之は着物として取扱ふべきものか何うか解らないが、荷を脊負ふためのセナカアテがある。藁製や藁の床に杉皮を表面に使用したものがある。空荷の際は裝飾的價値があるから、それ〳〵の飾りをつける事は忘れない。刈草を脊負ふために、洗濯板のギザ〳〵を荒らくしたやうな切れ目を附した木製のものもある。

脊負綱をミナと云つて居る。之を脊負ふ時又は懸けて置く時一定の結び方がある。輕いもののために、平たく作つたものにレンジヤクがある。橇を曳く際の網もこれと似たやうな作方である。防寒具に、女の外出用としてカクマキがある。これは垂れのついた毛布でなか〳〵便利なものである。當地方では老婆級でも、トンビ又はマワシトソピと稱してマントを使用し、マントの頭巾をアマシユコと云つて居る。男の着る二重マントはフタエトンビと稱する。

冬用の足駄の爪革には緣に毛皮をつけられる。また駒下駄にもそうした爪革をつけて足尖のぬれる事を防ぐ。またヨコバと稱して足駄の齒の厚さを駒下駄程にし、高さを高足駄位にし、材木を横に使用したものがある。之はぬかる事やぬれる事の少なくて、雪路歩行に好適なものである。

下駄にスケートをつけたものをドガツパと云つて、鐵を二本つけた（小兒用）ものと一本のものとがある。

以上によつて女の勞働着を中心に概略を述べたが、現在屢々企圖されるやうな改良の餘地は餘りないやうに感ぜられる。

モツペの如きは防護施設を通じて、大都市にまで浸潤した事は、日本婦人の活潑なる動作のため喜ぶべき現象である。

また女子中等學校にセーラー服の下部を採用されたのも時宜を得たものと思ふ。秋田地方に於ては前述の如く紺が主であつたが、女學校で使用するやうになつてから、絣、縞等種々な模様を用ひるに至つた事も特筆に値する。

農村では水田用の作業衣が多いが、これだけは何うしても、純木綿でなければならぬ事を爲政者に篤くと留意して貰ひ度いと思ふ。（完）

南方畫廊

香港島にて

玉井政雄

一

部隊長《ぶたいちやう》のところへ今日も訪客があつた。眼の爛《らん》々と光つた男で、隙もなく背廣《せびろ》を着こなし、黄色《きいろ》の皮膚がなければこれが中國人かと思はれるくらゐ洗練《せんれん》された身のこなしであつた。

「これは香港《ホンコン》華商總會《くわしやうそうくわい》の副會長郭贊《くわくさん》氏だ」

部隊長が紹介すると、相手は立上つて內懷《うちぶところ》から名刺《めいし》を抜いて差出《さしだ》した。香港華商總會副會長、善後《ぜんご》處理《しより》委員會顧問といふ肩書の下に、恐らく本人の筆蹟《ひつせき》であらう、勢のある字で、郭贊《くくさん》、と大きく印刷されてあつた。

「九龍塘の、すぐ其處の家に住んで居るのだが、挨拶《あいさつ》に來たといふのだ。」

日本語は解《げ》せないながら、郭氏は部隊長のその言葉に頷《うなづ》いて、流暢《りゆうてう》な英語で、

「貴方達の部隊が此處へ駐軍《ちゆうぐん》されて、こんな嬉《うれ》しいことはありません。將來《しやうらい》も色々とお世話になることと思ひ、今日は御挨拶に上つたのです。」だが、型通《かたどほ》りの挨拶が濟むと、話は急に碎《く》けて、大きな落着《おちつ》いた眼玉を光らせ乍ら、郭氏はこんな事を語り出すのである。

「私は十七年前、日本《につぽん》に行つたことがあります。日本の美しさは、今でも、此處で瞼《まぶた》を閉《と》ぢても、まるで昨日のことのやうに、ありありと思ひ浮べることが出來ます。東京・京都・大阪等の都會よりも、私、熱海《あたみ》や宮の下なぞが忘《わす》れ難《がた》い思ひ出です。特に九州の別府《べつぷ》はいい所ですね。雲仙には二ケ月あまり滯在《たいざい》してゐました。毎日、ほらあのキモノを着、ゲタを履いて、歩き廻《まは》つてゐたものです。」

「それからは一度も行つたことがないのですか。」

「ええ、一度も。」

屋外《おくぐわい》には、きらきらと白い光が踊《をど》つて、一月の半だといふのに、夏《なつ》のやうな烈《れつ》々の激しさがある。

「香港は暑《あつ》いね。」

部隊長が言ふと、

「冬《ふゆ》と春がありません。秋《あき》もない、一年中夏のやうなものです。それでも今年は例年より遙《はる》かに涼《すゞ》しいのです。日本に比べると、健康《けんかう》には本當に悪いと思ひます。」

「戰爭の時は大變だつたでせう。」

「戰爭よりも、大掛りな強盜團の跳梁《てうりやう》に惱まされました。トラックに乘り、機關銃《きくわんじゆう》を持つて荒し廻るのだから堪りません。此の九龍塘にも四、五回來ました。大體香港九龍には、以前からさうした種類の惡黨《あくたう》が多いのです。盜賊をするのを名譽《めいよ》位に考へてゐるのですから困りものです。以前はよく、英國士官の勳章《くんしやう》が次々に盜《と》られてゐました。香港政廳がかんかんになつて搜索《そうさく》して居たやうですが、到頭捕まらないのです。勳章《くんしやう》など盜つても、賣り飛ばせる譯ではなし、何にもならないのですが、箔《はく》をつけるのですね。自分に。」

面白《おもしろ》さうに、また唾棄《だき》すべきだといふやうな顔で、話手は、中國人にしては珍《めづ》らしく重々しげな脣《くちびる》を開いて、先を

續けるのであつた。

「香港《ホンコン》警察局《けいさつきょく》の大時計が盗《ぬす》まれたことがありましたよ。犯人は捕まりましたが、犯人《はんにん》曰く、俺は勇氣《ゆうき》のある盗賊だ、どれだけ度胸《どきやう》があるかといふ證據《しやうこ》を見せただけだ。」

私達は、笑ひ出して仕舞《しま》つた。

「本當ですよ。」

話《はな》し手は、自分の言葉の効果を測定《そくてい》して居たが、部隊長が、日本は今や米英を相手《あいて》として、大決戰を遂行《すゐかう》してゐる日本と中國《ちゆうごく》は必ず提携《ていけい》しなければならないのだ、と話題を轉《てん》ずると、彼の論鋒《ろんぽう》は急速に政治的な問題に移《うつ》つて來た。

「さうです。中國は、もつと早く立上るべきだつたのです。陳公博氏《ちんこうはくし》を知つてゐますか。南京政府の、あの陳氏《ちんし》は汪精衞氏と一緒に暫《しばら》く香港に居たのです。陳氏は私の友人で、その當時は、誰もが重慶政府《じゆうけいせいふ》を怖《おそ》れ、公けに彼等と交際することはしなかつたのですが、彼はよく私の家に遊びに來、食卓《しよくたく》を共にし、卓を叩《たた》いて、日華提携《につかていけい》の必要を論じたものでした。今、日本軍が此處を占領《せんれう》してゐるからさう言ふのではありません。それは急に親日に豹變《へうへん》した連中《れんちゆう》も居るか判りませんが、私の持論《ちろん》は初めから變らなかつたのです。英國政府は香港を領有《れうゆう》すると共に、あらゆる宣傳手《せんでんしゆ》段《だん》を以て愚昧《ぐまい》の民衆をあざむき、哀《あは》れな民衆どもは、英國を唯一の救世主《きうせいしゆ》のやうに思つて居たやうですが、少くともわれわれ歴史を學《まな》び、ものを考へることを習《なら》つた連中は、何時《いつ》かは、今日の日が來ることを、じつと心の中で念願《ねんぐわん》して居たのです。重慶政府の政策《せいさく》は、國を誤《あやま》り、民を誤る最悪のものです。」

郭氏は、今は自分の熱辯《ねつべん》に自分で醉《よ》つてゐるごとく、すでに冷《つめ》たくなつた茶を啜《すゝ》つて、

「重慶政府の要人《えうじん》の中でも、機會あらば和平建國《わへいけんこく》の陣營《じんえい》に投《とう》じようと狙《ねら》つてゐる連中が澤山居ます。米英依存主義がそもそも誤りです。支那大陸《たいりく》から幾多の領地《れうち》を奪はれてゐながら、なほその膝下《しつか》に救ひを乞《こ》つてゐるなど、言語同斷です。考《かんが》へて御覽なさい。ヨオロツパの何處《どこ》に、日本の支那の植民地《しよくみんち》がありますか。アメリカの何處に、我々の領地がありますか。私達は一日も早く、この歐米《おうべい》の魔手《ましゆ》を、アジア大陸から放逐《はうちく》しなければならないのです。陳腐な言ひ方ですが、日華は同文同種《どうぶんどうしゆ》です。言葉《ことば》は通ぜなくとも、書《か》けば判《わか》るのです。それに廣東、**いや南支中國人の氣質《きしつ》は**

此處が革命の發祥地《はつしやうち》であつた所爲《せい》か、非常に日本の人に似てゐる所がありますす。」

「君の言ふ通りだ。自分達《じぶんたち》も英國兵の弱いのには驚いてゐるところだ。」

「英國兵なぞに戰爭《せんさう》は出來ません、身なりをかざつたり、ポケツト・マネーを貯へたり、ダンスをしたり酒《さけ》を飲んだり、なかなかスマートですが、心臟《しんざう》はとても小さいのです。精神的要素《せいしんてきえうそ》に缺けてゐます。此の九龍塘にも、住民を追ひ出して、英國兵が宿營《しゆくえい》してゐたのですが、日本軍來ると聞いて一戰も交《まじ》へず、あわてふためいて逃《に》げて仕舞つたのです。そもそも香港政廳の政治《せいぢ》なぞ、出鱈目の極致《きよくち》です英國人に非《あら》ずんば人に非ずといつた遣《や》り口で、心あるものは、常に慷慨《かうがい》してゐたものです。私達は日本の手によつて新しい香港の建設《けんせつ》されるのを、否、我々も協力《けふりよく》しなければなりませんが、新秩序の生《うま》れることを望んでゐます。此の九龍塘《りゆうたう》にも既に自警團《じけいだん》が組織されてゐて、劉暐孫、林祖善《りんそぜん》、葉秋圃などといふ連中が、一生懸命治安確保《ちあんかくほ》に當つてゐます。今後とも部隊《ぶたい》のお力に縋《すが》らねばならないと思ひます。お願ひします。」

水の流れるやうな鮮《あざ》やかな話術を驅使《くし》して、郭氏は、私達を何時《いつ》も聽き手の立場に追《お》ひつめてゐるのであつた。

「お互ひに協力《けふりよく》して、新しい生活を建設《けんせつ》しよう。何でもして貰ひたい事があつたら遠慮《えんりよ》なく申出るやうに。」

「有難う御座ゐます。私達の方こそ、何でも喜んで致しますから。」

郭氏は隊長宿舍を辭《じ》し、煌《きら》めく白光の中を歸つて行つた。磨かれたやうな舖裝道の上、力强い影法師《かげぼふし》を踊《をど》らせながら。

二

「おい、龍一等兵が、『香港最後《さいご》の日』といふ油繪《あぶらゑ》を完成して來たぞ。」

住民の證明書《しやうめいしよ》を書いて居る私の肩越《かたご》しに、南伍長の柔《やはら》かい味《み》のある頰がのぞいた。

「證明書を作くつて居るのか。苦力《クリー》掛りは忙《いそが》しいなあ。」

「苦力《クリー》掛りなぞと可哀想《かあいさう》なことを言ふて呉れるなよ。外人掛りくらゐにしといて呉れよ。」

私は應酬し乍らペンを置いた。別に政務班《せいむはん》だの、宣撫班《せんぶはん》などいふ組織的《そしきてき》なものがある譯《わけ》ではなかつたが、住民を保護したり、外來者を取締《とりしま》つたりする必要から、宿營地《しゆくえいち》區內の住民《じゆうみん》に身分證明書を附與《ふよ》することになり、私達はそれの作製に取掛つたのである。南伍長は、何時《いつ》もの癖《くせ》で、私のことを「苦力《クリー》掛り」なぞと綽名《あだな》をつけて仕舞つたのだ。

「龍一等兵は何處に居る？」

「事務室《じむしつ》の前だ。」

芝生の近くに、陸軍龍一等兵が、完成した油繪《あぶらゑ》を手に年よりも遙《はる》かに若く見える笑顏《ゑがほ》で、私の來るのを待つて居た。

「班長殿《はんちやうどの》、出來ました、見て下さい。」

「大變だつたね。」

龍一等兵は、龍駿介氏の令息《れいそく》で、私はふとした機會に知合ひになり、もう以前《いぜん》から機會があつたら、何か描いて、內地へ送つては、と勸《すゝ》めて居たのである。香港攻略戰《こうりやくせん》が濟《す》むと、彼は、乏《とぼ》しい材料と不自由な環境《くわんきやう》の中で、油繪「香港最後の日」を描《か》き上げたのである。繪は、九龍《りゆう》の砲兵陣地《はうへいじんち》から、盛んに火力がビクトリア市街及その周邊に指向され、市街は燃え山頂山腹は空爆のために黑煙《こくえん》白煙を吐《は》き、空には高射砲《かうしやはう》が炸烈《さくれつ》してゐるといふ此の戰鬪に參加したものならば、自ら身內の引緊《ひきし》るのを覺える壯絕《さうぜつ》な十二號位の油繪《あぶら》であつた。カンバスが無かつたし、油繪具も乏《とぼ》しいので、厚紙《あつがみ》のやうな紙の上にその儘《まゝ》塗《ぬ》りつけたものであつた。

「やあ、いいなあ。」

「戰鬪《せんとう》さながらだ。」

何時の間にか沼野軍曹《ぐんさう》や、金子一等兵、阿部《あべ》上等兵等が私達の周圍《しうゐ》を取圍んで居た。

「いい繪だ。」

「記念《きねん》になるね。」

私と同じく繪の判る兵隊《へいたい》は一人も居ないのだが、藝術《げいじゆつ》作品の美しさといふものは、凡庸《ぼんやう》な精神《せいしん》にも自ら働き掛けて來る逞《たくま》しい力を持つものであらう。ましてや乏《とぼ》しい環境の中で、戰ひ來《きた》つた兵隊が兵隊として生《い》きる生活の中で大切に藝術的意欲《げいじゆつてきいよく》を守り育てつつ必死《ひつし》のやうに描いた作品なのだ。私はじいんと胸の熱《あつ》くなるやうな氣《き》がするのである。

私達は兵隊《へいたい》である。詩人《しじん》でもなければ、畫家でもなく、あくまで一個《こ》の兵隊《へいたい》である。然し私達兵隊の肉體《にくたい》には祖國に殉《じゅん》ずる一つの精神と共に、此の戰場《せんじやう》のさ中で、絶えず滾々《こんこん》と溢《あふ》れ、夜となく晝《ひる》となく、私達を苛《いぢ》めつづける一つの詩情がある。詩情《しじやう》などといふ言葉は當らないであらう。それは一つの漲《みなぎ》り溢れる魂の流《なが》れなのだ。一度此の鬼に執《と》り憑《つ》かれたならば、それは悲しいばかりに私達の精神を鞭うち、遂にそれが、表現《へうげん》の機會を得て滿足《まんぞく》するまで、その呻吟《しんぎん》を止めないのだ。戰場の忙《せわ》しさの中で、規格《きかく》ある生活の中で、この流れに、この呻《うめ》きに、自由に表現の機會を與《あた》へる時間を私達兵隊は、絶對《ぜつたい》に持つて居ない。思念《しねん》の糸は何時でもぷつんと杜絶《とぎ》れ、表現すべきものは、その表現の機會を失ひ、じつと胸中に沈潜《ちんせん》し、のたうち狂ひ、醗酵しつづけ、その正當《せいたう》の權利を主張して止まないのだ。これを悲しき念願《ねんがん》と呼ぶべきであらうか、これを遑しき分裂と呼ぶべきであらうか。ともあれ藝術《げいじゆつ》する人間は、否藝術する人間でなくとも、生《い》きとし生けるものは、此の表現《へうげん》の捌け口に喘《あえ》いで居るのだ。戰闘現象の中で、私達はもう何度となく、のつぴきならぬ生死の絶對絶命に曝《さら》され、それを乘り越《こ》えて生きる心境《しんきやう》に碎《くだ》け當つて來たが、それと同じやうなのつぴきならぬ絶對絶命が、人間の精神の中に狂《くる》つてゐるのだ。どんなに環境が激しくとも、如何に材料《ざいれう》が乏しくとも、如何《いか》に時間があるまいと、作品《さくひん》は作品としての生命《いのち》を持ち、價値批判《かちひはん》に曝《さら》され、言ひ譯とては立たないのだ。また事實、私達は、環境に甘《あま》える必要もなければ、此の絶對絶命《ぜつめい》に抗議《こうぎ》する必要もない。私達は一個の兵隊《へいたい》である。といふ高い覺悟は、あらゆるものを粉碎して、兵隊としての道を生きるだけなのだ。暇《ひま》のない兵隊が、寸刻を盜み乍ら滿ち漲れるものに苛《さいな》まれて、藝術する姿は、何ものにもまして、凄絶無比《せいぜつむひ》に見えて仕方がないのはあながち私の淺《あさ》い眼の爲ばかりではあるまい。

「部隊長殿に見て戴きたいのですが。」

「一緒《しよ》に行かう。」

「それから赤柱半島《せきちゆうはんたう》、部隊の最後の戰闘地《せんとうち》を描《か》いて見たいのですが、油繪具が足《た》りなくて。」

「それも何とか連絡《れんらく》してみませう。自警團の者にでも聞けば判ると思ふから。」

丁度その時、門の外から、左腕に自警團《じけいだん》の腕章を卷《ま》いた劉卓孫《りゆうたくそん》と林祖善がやつて來た。

「おい、若力《クリー》掛《がん》り、面會人だ。」

南伍長がまた私の横腹《よこつぱら》をつつく。彼等は、證明書の連絡《れんらく》に來たのであつたが、私が油繪具《あぶらゑのぐ》のことを頼《たの》むと劉氏は暫く考へてゐたが、

「私の友人で余本《イーポン》といふのが、啓徳飛行場《けいとくひかうぢやう》の近くに居ますから、たづねて見ませう。南支でも有數の書描《ゑか》きです。」

と、私達を其處へ案内《あんない》することを約束した。

夜《よる》になると、何となく暇《ひま》になるが、石崎伍長はラヂオを聞くのが唯一《ゆゐ》の樂しみで、毎晩のやうに他の班《はん》に出掛けて行く。私の班が宿營《しゆくえい》してゐる建物には、ラヂオがないのだ。おい、行かないかと誘ふので、南伍長も誘つて、初めてラヂオ見參《けんざん》をした。十二月八日の開戰《かいせん》以來、私達は新聞なぞ全然見て居ない。ニユースを聞くことも稀《まれ》なので、擴《くわく》聲器《せいき》の中から、ガガガガ……と音が流は出て來た時は、何とも言へぬ嬉《うれ》しさだつた。

「此の頃は毎晩のやうに、重慶のデマ放送《はうそう》が這入《はい》るぜ。」

「それは面白い、何時頃だ。」

「十時半過《はんす》ぎだと思ふ。」

「それを聞かう。」

内地國民は今一心となつて戰勝祈願《せんしやうきぐわん》を行つてゐる、國防《こくばう》献金《けんきん》が日増しに殖《ふ》えつつある、とか言つた心暖かくなる放送の後で、

「香攻略戰の戰果《せんくわ》――」

といふ言葉が流れた時、私達は思はずどきんとした。耳を澄《す》ました。

「一月四日までに判明せる綜合戰果《そうがふせんくわ》、一、鹵獲《ろくわく》品飛行機五架、小銃九九八、機關銃《きくわんじゆう》二二〇、火砲《くわはう》一二二門、内譯、小口徑《こうけい》火砲五八、高射砲一八、十サンチ榴彈砲《りうだんはう》八、同加農砲三、……、各種砲彈《かくしゆはうだん》一八三〇〇發、戰車一〇輛《りやう》、自動車一四七〇、撃墜飛行機一四機……俘虜《ふりよ》一一・二四一、遺棄屍《ゐきし》體《たい》一・五五二……、友軍の損害《そんがい》、戰死六七五、戰傷一・四〇四、……」

自分達の戰つた戰果《せんくわ》をその土地で聞いてゐるのは、言ふに言はれぬ誇《ほこ》りではあるが、戰死した戰友《せいいう》に對しては、生き殘つて、かうしてラヂオを聞いたりして、相濟《あひす》まない、
といふ氣持のみ深くなる。

重慶からの放送《はうそう》は、その夜聞くことが出來なかつた。」

三

少し歩めば、額《ひたい》や頸筋《くびすじ》に汗の玉がふいて、それがたらたらと、額から頬《ほゝ》を滑《すべ》り落ちる。

「暑いなあ、矢張り。」

「特にお前は汗《あせ》かきだから。」

「さうでもないのだが。」

舗道の上に踊《おど》る白い光の中を、私達の一行は重い軍靴《ぐんくつ》の音をさせながら、九龍市《りゆうし》の方へ歩いて行く。何處《どこ》も此處も舗裝されていて、何時も何時も固い感觸《かんしよく》に神經を磨《す》り減《へ》らされてゐる兵隊《へいたい》の足は、ふつと母地が戀しくなつて來るのであつた。

「生土《なまつち》を踏んで見たいやうな氣がするね、跣足《はだし》になつて」

「さうだね、俺《おれ》はドラム罐《かん》の風呂が戀しくなつた。」

「俺はどんなに不自由でもいい。蠟燭《らふそく》と敵襲の生活が懷《なつか》しいね。あまり贅澤《ぜいたく》な環境に馴《な》れると、兵隊は弱くなるよ。奢侈《しやし》は勇猛《ゆうまう》の精神を蝕《むしば》むものなり、だ。」

「英國兵がいい見本か。」

私達の一行とは、これから香港島へ畫《ゑ》を描《か》きに行く龍一等兵と、その護衛《ごえい》の兵隊が三名と、私と、矢守伍長であつた。矢守伍長は、私達が香港島に上陸し赤柱《せきちゆう》半島攻撃《はんたうこうげき》に參加してゐた間、九龍の方へ殘留《ざんりゆう》してゐたのであつたが、歴史的《れきしてき》な香港攻略戰《こうりやくせん》に參加し乍ら、香港島に足一歩も印せなかつたとあつては、末代《まつだい》まで悔いても悔《く》い切れぬとあつて今日特に願つて、香港島行を許可《きよか》されたのであつた。龍一等兵の方は、油繪具《あぶらゑのぐ》やカバンの風呂敷包を提《さ》げ、念願が適《かな》つたので、浮き浮きとした面持《おもゝち》であるが、戰鬪の跡《あと》を、戰果の輝《かゞや》かしさを、その筆《ふで》に托して描《か》くといふことは、最早一個人の自慰的藝術《じゐてきげいじゆつ》に止まらず、廣《ひろ》く内地國民に深い感動を與へるに違ひないことを思へば、部隊長《ぶたいちやう》の此の暖《あたゝ》かい鼓舞《こぶ》は、何にも增して龍《りゆう》一等兵の心に、勇氣を與へてゐるに違ひない。

街にはもう大型《おほがた》のバスが通つて居る。九龍碼頭《りゆうまとう》まで行くと、香港島は眼の前だ。珍《めづ》らしく晴れ晴れとして居て、ビクトリアピークの山巓《さんてん》にも、歌賦山、摩里臣山《まりしんざん》の峰續きにも、雲一つ掛つて居ない潔《いさぎよ》さだ。ビクトリア市街はビクトリア港を距《へだ》てて、その豪華な姿態を海岸線一帶に衒《てら》はせて居る海は青々として、幾つもの汽船《きせん》を浮べ、軍艦《ぐんかん》旗風に靡《なび》

く灰色の朦朧《まうろう》が、靜かに朝陽《あさひ》を浴びて居た。かつての戰場に再び足を印しやうとは思つても居なかつたので、今は靜《せい》謐《ひつ》を保《たも》つてゐる美しい香港島を望み乍ら、瞼《まぶた》を閉《と》ぢれば、激越な砲聲が聞え、炸裂《さくれつ》する土煙の昂騰《こうとう》するのが見え、突擊の喊聲《かんせい》が、交響樂《こうきやうがく》の如く、頭中を占領して仕舞ふ思ひであつた。

船着場は人の渦《うず》だ。一日に十萬近くの者が往《ゆ》き來してゐるといはれる。はみ出すやうに客を積んで、靜かに船は、波の上に滑《すべ》り出した「やあ綺麗だな香港は、山の上にも大きな建物がある。」

矢守伍長は子供のやうに噪《はしや》いで、まはりの中國人達《ちゆうごくじんたち》を振り返らせた。

「山の頂上《てうじやう》まで舗装道路《ほさうだうろ》がついてゐる、どんな所でも自動車で行けるんだ。勿論英國人の住宅《ぢゆうたく》ばかりで、中腹《ちゆうふく》から上には他國人は住《す》まはせなかつたさうだから。」

「出鱈目《でたらめ》だな」

「行つて見れば判るが、ビクトリア市街《しがい》の方は支那人街だ。大きな建物は澤山《たくさ》あるが、何となく雜然《ざつぜん》たる感じがする。

棧橋《さんばし》に着くと、人の流れに交つて私達は上海香港銀行の前に出た。此の邊りには銅像《どうぞう》が多い。ビクトリア女皇《じよわう》が胸を張つて天の一角《かく》を仰いで居たり、無名戰士《むめいせんし》を讃《たた》ふ花輪入りの記念碑《きねひ》もある。今、九龍でも香港でも、英國といふものの追想を抹殺《まつさつ》するために、英文の看板や廣告《こうこく》は一齊に塗り潰《つぶ》されてゐるので、これらの銅像《どうぞう》も早晩地上に引き下されるる時が來るに違ひないと思ひ乍ら（事實《じじつ》引き下された）私達はビクトリア市街《しがい》の方へ歩いて行つた。香港上海銀行の前には、蜿蜒《えんえん》と續く人間の列が、建物を一卷き半位《はんぐらい》も續いて居る。「歸郷指導委員會」と書《か》かれた白旆《はくし》が掲げてある。避難民達《ひなんみんたち》を、大埔、粉嶺《ふんれう》、深圳、寶安、淡水、澳頭港の方まで歸郷させる爲に、或程度强制的《きやうせいてき》な疎散令《そさんれい》が敷かれたのださうだ。其處らあたりに貼《は》つてある布告《ふこく》にもそれを見ることが出來た。物資《ぶつし》の割に人口が多いので、戰後《せんご》の香九地方に於ける經濟《けいざい》工作は、かなり複雜《ふくざつ》なものがあるに違ひない。「馬尼拉《マニラ》己經陷落了《おちた》」「星加坡《シンガポール》之陷落迫目前」といふビラが到る所に貼つてある。

「入城式の時には、俺は此の邊《あた》りに堵列《とれつ》したのだ。」

私は矢《や》守伍長に說明し乍ら、その日の情景《じやうけい》を、歷々と思ひ浮べて居るのである。

「自分も參加したかつたですなあ。」

「今まで隨分戰鬪《ずゐぶんせんたう》して來たが、入場式に參加したのは初めてだつた。晴れた空を編隊《へんたい》飛行機《かうき》が飛んで、花のやうにビラを撒《ま》き散らかし、通りといふ通りは兵隊の流《なが》れで埋《う》められて仕舞つた。何處にこんなに澤山《たくさん》ゐたかと思ふ位集つて來るのだ。喇叭の響《ひゞき》と共に軍旗が行進して來るし、勇壯《ゆうさう》なものだつたが、何よりも、胸《むね》に白木の箱を吊《つる》し、それを花々で飾《かざ》つた兵隊が、幾らも隊列《たいれつ》の中に交つてゐたのは、胸の痛くなるやうな氣持だつた。捕虜《ほりよ》の收容されてゐる建物《たてもの》の二階からは、英國兵捕虜《ほりよ》が、無念《むねん》さうに兵隊の行進を眺めてゐた。印度兵の方といつたら、俺達の顏を見て、にこつと笑《わら》つたり、手をあげて親《した》しみのある挨拶をしたりするのだ。仕方なしに、英國兵の下で戰爭《せんさう》をしてゐたといふ顏付きなのだ。堵列《とれつ》が濟むと軍司令官閣下が幕僚《ばくれう》を隨《したが》へ、馬で入城して來られたが、胸《むね》のしゆんとする一瞬《しゆん》だつた。」

「よかつたね、俺も來たかつたのだが。」

「仕方《しかた》がない、兵隊には任務《にんむ》々々があるのだから、來たくても來られない時があるし。」

龍一等兵は、部隊の最後《さいご》の戰鬪地である赤柱半島《せきちゆうはんたう》方面を綸にしたいといふ。それではと言ふので、私達は、二里近くもある其處迄歩《ある》いて行く心構《こゝろがま》えで居たところが、其處へ巡環バスが通つて居るのだといふ。もうそんなに治安《ちあん》が回《くわい》復《ふく》してゐるのだ。二階《かい》のある電車さへ走つてゐる此の香港の靜《しづ》けさの中で、そこに考へ付かなかつた私達兵隊の常識は、まだ本當に戰鬪《せんとう》の殘滓《さい》を洗ひ落《おと》して居ないやうだ。

私達は海岸《かいがん》よりの乗合自動車發着所へ急《いそ》いだ。

四

赤柱半島行きの大型バスが到るところ舗装《ほさう》してある山峡《さんきやう》の道を、次第《しだい》々々に登《のぼ》つて行くと、其處はもう私達のかつての戰場だ。あそこの山から敵陣地《てきぢんち》を觀測《くわんそく》して居た。砲陣地を觀測《くわんそく》して居た、砲彈《はうだん》が幾つも來た、此の邊りを盛《さか》んに射擊したのだ、と何時の間にか私は、矢守伍長の問ひに答へ乍ら、恰《あだか》も戰蹟說明者のやうな態《かたち》になつて居るのであつた。大型バスの内部《なか》は、中國人や印度人で身動《みうご》きもならない位一杯で、片言のやうに日本語を使《つか》ふ中國人の運轉手が注意深く把手《ハンドル》を操作《さうさ》する。一寸でも踏《ふ》み外せば、切り立つやうな懸崖《だんがい》を、バスはビクトリア市街まで轉《ころ》がつて行くだらう。

香港競馬場《けいばぢやう》が眼の下に見える。

「やあ物凄い自動車《じどうしや》だなあ。」

矢守伍長が驚いて居るやうに、此處には押收《おうしう》の自動車を蒐《あつ》め盡したものであらう。千數百臺もの自動車が、競馬場内一杯に排列されて、車體《しやたい》の赤いの、青《あを》いの 黒いの、カーキ色のと色々あつて、まるで玩具《おもちや》を並べたやうな美《うつく》しさだ。此の間の夜、ラヂオ・ニュースで聞いた自動車一四七〇といふ言葉《ことば》が、楷書《かいしよ》の字のやうに思ひ浮んで來る。

戰場掃除《せんぢやうさうぢ》が行はれたので、もうどこにも屍體《したい》は見られない。燒け壞たれてゐた自動貨車、裝甲車《さうかうしや》、戰車もどこかへ片づけられて、血痕《けつこん》一滴さへ認《みと》め難いのであるが、道路《だうろ》の兩側の崖際《がけぎは》には、物凄い彈痕が蜂《はち》の巣のやうに穿《うが》たれて、當時の激戰を偲《しの》ばせるよすがとなつた。

「この邊りは到る處遺《ゐ》棄死體《したい》で、帶のやうに血《ち》が流れてゐた。友軍の損害《そんがい》も少くはなかつたやうだ。」

今はそのあとかたも失せて何氣《なにげ》なくここを通る者には、在天《ざいてん》の英靈《えいれい》に一片の祈りの心を捧《さゝ》げる者もないであらうが戰つて來た兵隊の胸には、いつまでも消えぬ白《しろ》い墓標《ぼへう》が建てられてゐる。特に今、この同じバスに乗つて、平和な山《さん》峡《きやう》を搖られて行く中國人や印度人は、いかなる思ひに憑《つ》かれてゐるであらうかと、私は思はず、乗客の顏、顏を見廻して見る氣持であつた。

土嚢が築《きづ》かれ、二人の步哨《ほせう》が嚴然《げんぜん》と立つてゐる所で、兵隊は別として、乗客の身體檢査が行はれる。そこは灣仔山《わんちやいさん》峡《きやう》の不正五叉路附近《ふきん》で、そこを分水嶺《ぶんすゐれい》としてバスは香港島の背面《はいめん》へと降つて行くのだが、ここで眺望《てうばう》は急に廣々と展け、波濤のやうにつづく大小の屋根《やね》を越えて、遠く銀色《ぎんいろ》に光る海洋《かいやう》の美しさが、自然の惠《めぐ》みを惜し氣もなく誇示《こじ》してゐた。香港ホテル別館《べつかん》の前にも、步哨《ほせう》の外に印度兵が二人立つてゐた。いよいよ赤柱山《せきちゆうさん》の麓《ふもと》を過ぎ、赤柱村に入る三叉路にはこれまた印度人巡警と並んで、二人の女警官《をんなけいかん》が、可憐《かれん》な姿を見せてゐた。私達のバスに向つて、恭々《うやうや》しく頭を下げたのである。

赤柱村は豊《ゆた》かな自然の中に、まるでお伽噺《とぎばなし》の國のやうな夢幻的《むげんてき》な雰圍氣を醸《かも》し出して居る。空は青々と海は近く、ここは快適な避暑地《ひしよち》であらうと思はれる。赤柱半島はここから鎌首《かまくび》のやうに海の中に突き出し、配列《はいれつ》された巨大《きよだい》な砲台と共に敵の頑強《ぐわんきやう》な抵抗陣地《ていこうぢんち》であつたのだ。

「われわれの陣地は直ぐそこの山の上だつた。ほら、山が剝《は》げて大きな穴《あな》がいくつもあいてゐる。あれは、敵の砲彈が俺達を狙《ねら》つて來たのだ。二十四糎砲で、行つて見れば判るが、物凄く大きな大砲《たいはう》だ。」

「放列《はうれつ》はどこにあつたのですか。」

「來る途中に日本人ゴルフ場があつただらう、あそこからこの半島の敵を砲撃《はうげき》した。なかなか抵抗《ていこう》が激《はげ》しく、この道を進んだ部隊には相當に被害《ひがい》もあつたらしい。」

「放列《はうれつ》のあつた所も描《か》いて見たいです。」

龍一等兵は、早くも藝術的な昂奮《こうふん》に驅《か》られたやうに、

「最後の陣地《ぢんち》の上から、この半島の全貌《ぜんばう》も繪になると思ひます。」

「今度は充分暇《ひま》もあるのだから、思ひ切り描《か》くとよい。今から警備隊《けいびたい》に連絡して、君たちを二、三日泊めて貰ふやうに頼んで來よう。」

矢守伍長は「俺達は今日歸るのかね。」

「今日歸る、折角《せつかく》來たのだから、赤柱半島の砲台《はうだい》を見に行かう。俺は入場式のあつた日、皆《みな》と一緒《しよ》に一度ここへ來た

ことがあるのだ。武装解除《ぶさうかいぢよ》された直後で、兵舎《へいしや》の附近には英國兵や印度兵が何百となく群《む》れてゐた。泣きさうな顔《かほ》をして、手をあげ、挨拶する者もあつたが、中には傲然《がうぜん》と胸を張つて、俺達を睨《にら》みつけて居るものも居た。何か妙な雰《ふん》圍氣《ゐき》なのだ。印度兵の方は例の如く親《したし》しみの眼で俺達を迎へ、にこにこと笑ひ、いざ寫眞《しやしん》を撮らうとすると、急いで仲間に加《くわ》はつたりした。」

「その砲台までは遠いのか。」

「二千か三千米位はあると思ふ。警備隊《けいびたい》に連絡《れんらく》した後で、そちらへ行かう。」

私達は小高《こだか》い丘の上に立つ赤煉瓦《あかれんぐわ》の警備隊に行つた。晴れ渡つた空は午近《ひるぢか》くなると、さんさんとして、その激《はげ》しさを加へ、道が上《のぼ》りなので、一層汗の玉《たま》がふいて來るのであつた。

晝食《ちゆうしよく》を終へ、警備隊との連絡《れんらく》もついたので、私たちは赤柱半島へと急いだ。往還《わうくわん》バスは三叉路から、二三丁も行つたところまで行く。すでに待合所《まちあひじよ》が建てられ、憲兵《けんぺい》と一緒に見上げるやうに大きい印度兵警官が、圓《まる》い棒を提げて四五名突《つ》つ立つてゐた。何となく物《もの》々しい空氣があるので、

「赤柱半島の砲台《はうだい》のところまで行くのだが」と断《こと》はると、

「どうぞ」

ターバンを巻いた長《ちやう》らしい印度人が、英語で答へた。

「あの印度《いんど》人達《じんたち》は兵隊だつたのだらう。」

「さうだと思ふ、印度人として同じ亞細亞《アジア》民族《みんぞく》に變りはないのだ。同じ皮膚《ひふ》をした人間同志が、銃を執《と》つて戰ふことは不幸だと思ふね。今度の戰闘《せんとう》ではその感《かん》じが深かつた。戰闘《せんとう》そのものが避け難《がた》いことではあるが、正義のためにはどうしてもやむを得ない。」

「戰後、印度《いんど》人達《じんたち》はどうしてゐるのだらう。」

「非常に溫《あたた》かい待遇《たいぐう》をうけてゐるやうだ。道路《だうろ》修理《しうり》や、鐵橋工事に大分捕虜《ほりよ》が使はれてゐるやうだが、全部英國兵ばかりだ。印度兵の方は或る程度《ていど》自由《じいう》にして、日本軍の方で教練《きやうれん》を施《ほどこ》したりしてゐるやうだ。」

「國際都市みたいな所だから、いろんな事があるだらう。」

「戰後の方策《はうさく》はなかなか複雜《ふくざつ》らしい。」

私達は半島の突端《とつたん》へ通ずる道を、雜談に耽《ふけ》りながら進んで行く。枯死《かし》して、網膜《まうまく》を刺すやうな白い光が、舗道《ほだう》の上に跳《は》ね返つてゐた。

新萬葉集鑑賞

小笠原雛代

世界最強と誇稱せりとも何かあらむ天のみなかの神國われは

生命生きて今の此の御代にあへりけり勝ちて勝ちて勝ち拔かずして何ぞ　大橋松平

昭和十六年十二月八日、隱忍に隱忍をつゞけてきたわが國が、富强を誇稱する米英兩國にむかつて敢然と戈をとるべく、宣戰の詔勅が下されたとき詠まれたもので、神國日本の國民的情熱が必勝の信念とまで燃えて純一に力强く表白されてゐる秀歌と思ふ。

皇軍の戰果はその後急速なる勢をもつて次々にをさめられ、國民の感情も銃後といふ餘裕のあるものから、われも戰士であるといふ決意のもとに奮然と立ち上つたと思へるまで高潮して、大東亞戰爭の歌もおのづから詠まれるやうになり、今日まで旣に夥しい歌數が發表されてきた。然し戰爭が長びく今日では緖戰當時の歌に見るやうな端的に深刻なる感動を詠み得てゐるやうなものばかりではなくて無理に作りあげたと思はれるほど、無氣力さを示してゐるものもないではない。さうした歌に接する度に、必ずしも歌を詠む對象に時局に關する素材を擇ばなければならないとか、戰爭歌が容易に詠めないから愛國的情熱が足りないといつたやうな不安にも似た焦燥にかられることをいましむべく、ひそかに自分の心に言ひ聞かせてゐる。

これは單に詩歌の上のみに限らず、生活萬般の上にも同じことであつて、聲高く自ら愛國者と標榜しながら浮足で大地を橫行濶步してゐる輩は、時局に無關心な自覺なき人々にも劣らず、正常なる生活態度とは言へない。

眞なる生活は單なる理念でもなく、盲從でもなく自らの二つとなき生命を歡喜の笑みをもつて、人の爲に世の爲に生かし役立たせることにある。

かすかなるみ民の末の一人にすらこの歡びの徹れるものを

一種の野菜工夫して二品に三品につくり豐けくは食す　若山喜志子

第一首目はシンガポール陷落が報ぜられた時、詠まれた一連の中の作であるがその限りなき歡喜は直に勇武無敵なる皇軍への感謝と讚嘆となつて、しかもかしこき御稜威の下には、かすかなるみ民の末と謙虛に自らを言つてをられる。しづかに讀むでゐると熱いものが胸からにじみ出る思ひさへする。第二首目は今の世の物資不足の不自由さをかこつでもなく一種の野菜を二品に三品に工夫して心豐かに感謝と喜びをもつて生活される。まことに女性に相應しい素直な何の技巧もない歌ではあるが、その根底には生活の深いいとなみが窺知される。

同じ女性の方で千住で社會事業をしてをられる岩野喜久子さんの歌、新萬葉集に掲載されたものであるが、何時讀んでも心惹かれる歌に、

わが衣の古きを恥ぢず手合せて
謝しつゝ今日も麥の飯はむ
手を執れば淚こぼれぬ粉黛に
飾れどこれは悲しき遊女
子を思ふ母の心は美しとばかりは
言はじ私に滿つ
裏町に惑ふことなく今は住む
身に賜はれる事を遂げまし
われもまた明日の世の爲一くれの
土を運びて築かんとす
巻一　岩野喜久代

などがある。

これらの歌では己れの一切を顧ることなく、日に一食の人の子の群の慈母となり、惱める遊女、或は苦しめる人々に、やさしく救ひの手をさしのべ、ひたすら女性の天分を傾けつくして、何處までも宗教的信念に生き拔かうとする人の姿がしのばれて尊い。

私は最近上述の如き方々の落ちつきある歌、その滋味さの中に底力の感得されるやうな歌に心惹かれ、自分の生活もさうした境にまで深めてゆきたいと思ふにつけ、銃後の國民生活もかくあつてこそ眞に高揚されると思ふのである。

今や銃後の人々は生活戰士として、さまざまな勤勞をなすべく、要求されてゐる　しかしそれが單に不足になつた勞力を補ふといふだけでなく、少くとも勤勞に從事するからには、自己の使命として懸命になしてこそ、前線の將士と等しく勇士たり得るのである。

夜仕事の最後の時計仕上りて
午前三時に時を合すも
新萬葉集以下同じ　巻一　赤羽金次郎
父死にて心せはしき今日といへど
號外配達にいでゆかんとす
巻七　藤田　昇
一塗の刷毛の運びもうつせみの
いのちかたむけおろそかにせず
巻一　故伊藤嶺花
吹き込みくるの大氣に光あり
グラビア版の刷りのよろしさ
さくさくとペーパーナイフに
きりてゆく新刊本はなまなましけれ
積み上げられて倉庫に光る斷截の
小口きらゝなり新刊本は
巻一　天城いつ子

一讀してその職業も明かに知ることが出來るのであるが、いづれも自己の職業に對する責任と懸命さがうかゞへる。殊に天城いつ子さんの一連は、淸新なる感覺と知性が融和なして、一見女性の作とは思へぬまでのはりを呈してゐる。吹き込む朝の大氣、輝く陽光の中に刷られゆくグラビア版に驚歎の眼をそゝぎ、ペーパーナイフにきられゆく新刊本が、やがて高く積みあげられたときの出來ばえに、思はず放たれた感動のこゑが、脈々たる生命の躍動となつて讀むものゝ心を

らつ。

倚次の歌などでは勤勞を通して、人情の美しささへうかゞふことが出來る。

繩なひて指冷えにけり觸りなば
冷たからんと吾兒いだきかねつ
卷一　鵜澤政司

豆腐釜の下焚き付けて豆引けば
寢てませといふに父の起きます
豆汁くばりに妻のいでたれば
泣く子背負ひて釜焚く吾は
卷四　齋藤　謙

寒さ厳しい冬の夜更まで繩なひし後の疲れには、可愛き吾兒を抱くにまさる慰みは他にないであらう。然しふと冷え切つた自分の指に氣づいて兒に觸ることを躊躇するやさしい心づかひ、夜仕事をする子の身を思ひ、寢かねてゐる老いたる父に、寢てませと呼びかけてゐる父子の情、夫婦相扶け扶けられつゝ家業にはげむ一家團欒の樣が、素朴なる表現に相應しく卒直に歌はれてゐて、ほゝ笑ましい光景を髣髴せしめる。

いかにもさゝやかな生活ではあるが、巨萬の富にもまさる人間愛が相互の間に溶けあつてゐて、そのよろこびと信頼が人の爲に役立つ仕事に、勤勞に、いそしましむる原動力とさへなつてゐる。

己れいまはたらくことを疑はず
おもしろと思ふ働くことを
くもりなき心さながらに働きて
日を送るほかの何かあるべき
卷六　中村柊花

病める眼は内へ内へとみつめさせ
求むるものゝあるを歎ふる
掌をあはす心の世界は萬象を容れ
てさやらぬ空にかも似たる
卷八　南　大濱

みめぐみは言はまゝかしこ日の本の
癩者と生れて悔むことなし
明石海人

これらの歌には何の障害もなく明朗恬淡として悠々迫らず、しかも緊張しきつた法悦境に至り得たしづかさがあり、感謝がある。

殊に眼疾根治不可能の南大濱氏、癩詩人として既に知られてゐる明石海人の歌などは、長い間の闘病生活から生れたものであつて、いさゝかも卑下することなく立派なる人格を築き前線の將士にも劣らぬ偉大なる精神力をもつてゐるともいへよう。而も前者は佛の世界に、後者は御稜威の光被一切の恩惠と光榮を讃嘆し感謝して、死もまた彼等にとつては歡喜であるといつてよい。

まことに生死を超越した心境こそは尊い。わたくしたちは日夜我欲に生き小なる個に執してそこから廣く視野を解放しようとしない。かうした心の障害も、先づ自分に負はされてゐる職務に餘念なく努めることによつて消滅され、いつかは白珠の如き自己の眞姿を顯現することも出來るかも知れない。

今こそ國民の一人々々が自覺して、大詔渙發の朝、感激と緊張の極に達した貴い心境をます〱強く深く裏づけるために、しつかりと大地を踏みしめ、日々の營みに根強い底力をもつて、深い心の働きをなす機が正に到來してゐるのである。しかも戰爭が長期にわたればわたる程、かうした生活態度は切に要望されるべきである。

（筆者　日本女子大學教授）

財團法人 大日本國民服協會

役員名簿

（昭和十七年六月現在）

相談役 厚生省生活局長 川村秀文
同 陸軍省經理局長 栗橋保正
同 陸軍被服本廠長 西原貢
同 陸軍製絨廠長 古川武次
同 商工省纖維局長 梶原茂嘉
同 農林省蠶糸局長 石井英之助
同 貿易局長官 石黑武重
同 熊谷憲一
同 日本蠶糸統制會社副社長 吉田清二
同 日本原麻株式會社々長 鹿野澄
同 產業組合中央金庫理事 井川忠雄
同 陸軍主計中將 森武夫
理事長 陸軍主計中將 石川半三郎
常務理事 陸軍主計大佐 石原通
理事 厚生省生活課長 中島賢藏
同 陸軍省經理局衣糧課長 吉良五市
同 衆議院議員 龜井貫一郎
同 被服協會理事 三德德次郎
同 農林省蠶糸局絲政課長 佐野憲次
同 宮內事務官 中田虎一
同 厚生省囑託 齋藤佳三
同 熊本縣總務部長 武島一義
同 東京日日新聞地方部長 瀨口正央
同 東京日日新聞社事業部長 金子義男
監事 株式會社第三銀行常務監査役 富永靜雄
評議員 厚生事務官生活局生活課 美馬郁夫
同 滿洲海拉爾安井部隊本部 高木六郎
同 南支派遣藤井部隊本部 下川又男
同 陸軍省經理局高級課員 森口德治
同 陸軍省經理局衣糧課員 有田實
同 陸軍被服本廠技師 小川安朗
同 陸軍技師 小泉竹藏
同 日本化學機械製造工業組合專務理事 八木靜一郎
同 商工技師 岸武八
同 商工省纖維局絹毛課長 霜島潛
同 商工省物價局總務課長 吉田悌次郎
同 商工省總務局附 溜淵正利
同 商工省纖維局綾業課長 和田太郎
同 商工事務官 今井善衞
同 農林技師 田口敏夫
同 內務事務官 丹羽喬四郎
同 東京日日新聞社編輯副主幹 西野入愛一
同 大阪每日新聞社副主幹 世川憲次郎
參與 益田友之助
同 新田義次
既成服中央製造配給統制株式會社社長 中谷虎司

告

本誌登載の諸廣告は從來第三者を介して募集して來ましたが、今般都合上左記料金にて本會發行係が直接取扱ふことゝなりました。

月刊「國民服」廣告登載料

料金（稅一割別）

表紙	第二面	一〇〇・〇〇円
	第三面	九〇・〇〇
	第四面	一二〇・〇〇
目次	第一面	八〇・〇〇
	第三面	七〇・〇〇
	第四面（口繪對面）	八〇・〇〇
記事中	一頁	五〇・〇〇
	二分ノ一	三〇・〇〇
	三分ノ一	二〇・〇〇
	四分ノ一	一五・〇〇
グラフ面	一頁	二五〇・〇〇
	二分ノ一	一三〇・〇〇
	四分ノ一	八〇・〇〇
	六分ノ一	六〇・〇〇
記事中ノ挿入	二頁一色ノ場合	一四〇・〇〇
	二頁二色ノ場合	二五〇・〇〇

後記

生活刷新運動に服裝部面が取上げられるのは古往今來珍らしくはないが、同じ大アジアの旗の下に立ち上つた友邦タイ國が、服裝の刷新を行ひ、新興の意氣を示してゐるのは心強い限りである。しかも、そのやり方を見るに、法律罰則を以て臨み、帽子をかぶらずに驛に行き、切符は買つたが乘車を拒絶されたり、なかなか徹底したものである。もし、日本だつたら國民服にネクタイをつけてゐたら電車に乘せてくれないと言ふ所であらう。恐らく相當の不平もあると思ふが、それを強行する政治の威力は、タイ國が新興國たるに相應はしい所以であらう。

タイ國特派使節パホン副首相も我が國民服運動に興味を持つたと聞く、吾等知已を得たと云ふ可きであらう。

本號に於ては本協會研究計畫の第一たる南方衣服の新設計に關する研究座談會を揭げた。出席の方々の熱意あふれる討論には、感謝に堪へない。

大東亞の建設いよいよ進み、皇國の將來洋々たる時、アジア民族文化の向上を指導する吾人日本人の責任は重大である。衣服部面よりする本協會の研究に尙一層各方面の御支援を頂きたいと思ふ。

暑熱追々烈しく。冬の國民服では汗が流れる。資材から見れば、夏物は餘程幅も廣く、いろいろ出來てゐる。

國民服は暑苦しいと言ふ人があるが、詰襟の兵隊さんを見るがいゝ。暑いなど言ふ人は一人も居ない。

國民服は暑いと言ふ人に限つて、ネクタイをきつちり締めるやせ我慢は出來るのだ。

日本の夏は相當暑いから、何を着ても汗は流れる、空氣の流通から見て、國民服は決して惡いものではない。

話は飛ぶが、日本の四季はつくづく有難いと思ふ。

夏は大いに汗を出す可し、暑い目を見る可し、それ位我慢出來ずに南方進出とは、少し虫がよすぎるだらう。

纖維資材から見ても、日本はまだまだ餘裕がある、時に夏は上衣まできちんと着る必要もなし、中衣を着て外出すれば資材の節約は非常なものであらう。筆者は盛夏の候中衣で歩いて、涼しく便利なのに吾ながら驚いたものである。考へて見れば當り前の事であるが、これ位の服裝革新が、なかなか出來ないのは、習慣の然らしむる所でもあるが、意志の力が働らかなければ、ほんの僅かばかりの刷新も實行不可能であらう。

暑さの折だけでも習慣を變へたいものである。（寅）

「國民服」毎月一回十五日發行 第二卷第五號

㊄定價一册四十錢（郵稅一錢九厘）

「國民服」はなる可く豫約して下さい。御希望の方は書店へ御申込下さい。定期御購讀の方は左記の前金を添へて本協會へ御申込下さい。

半年分（六册）	金二圓四十錢（郵稅とも）
一年分（十二册）	金四圓八十錢（郵稅とも）

●御註文は總て前金で願ひます。

●御送金は振替が便利です。

廣告料は本協會編輯部廣告係へ御照會下さい。

昭和十七年六月廿五日印刷納本
昭和十七年七月十五日發行

（禁無斷轉載）

發行人 石原通
編輯人 井澤眞太郎
印刷人 淺野剛
東京市芝區櫻川町一
印刷所 株式會社 金羊社

東京市芝區西久保廣町十八
發行所 財團法人 大日本國民服協會
電話芝（43）四五〇五番
振替口座東京一四四六七四番

文協會員番號第二一六〇四三號

配給元 東京市神田區淡路町二ノ九 日本出版配給株式會社

正規國民服
中衣
制定
儀禮章
國民帽
國民服配給株式會社
東京市日本橋區橋町三番地二
電話浪花(67)五一二五、五一二六

昭和十六年十一月十五日第三種郵便物認可
昭和十七年六月二十五日印刷納本（毎月一回十五日發行）
昭和十七年七月十五日發行

生活刷新は被服から

日本國民被服株式會社

日本國民被服販賣株式會社

大阪市東區内本町橋詰町三四

電話東(24)一一九四・八四〇三番

定價金四十錢

郵便はがき

郵税
先拂

東京市芝區西久保廣町一八

大日本國民服協會

「國民服」編輯部

「愛讀者カード係」行

國民服愛讀者票（昭和十七年）

御住所

芳名

年齢

身分又は職業

本誌の編輯方針又は掲載の記事、内容その他についての御意見や御希望（かういふ記事を載せて欲しい、かういふ筆者に書かせて欲しい）

御購讀新聞名

御併讀雜誌名

御買求書店名

『国民服』第二巻第八号　八月号

昭和十七年八月十五日発行　財団法人大日本国民服協会

新生活雜誌
國民服
昭和十六年十一月十五日第三種郵便物認可
昭和十七年七月二十五日印刷納本（毎月一回十五日發行）
昭和十七年八月十五日發行
銷夏讀物號
八月號
成田文庫

婦人標準服協賛

生徒募集　日本女性文化協會經營

生活を樂しく美しく合理化し、衣料點數を活用して八十點迄で充分です。又再生品を奬勵し。材料貸與も致します。

武藏野洋裁學院

教師多數、個人教授風、細目隨意、應用自在

本科、師範科、職業科、研究科（夜間部あり）

（寄宿完備）

東京市杉並區役所前　電話荻窪四三一三

八月一日より十日間講習會　規則書進呈

最新洋裁大講座

女子大、女高師、文檢委員等一流大家十數名の責任講述にて僅か六ケ月の低費にて洋裁の奥義まで容易に覺えらる。

一ケ月分送料共一圓七十五錢　三ケ月分四圓九十五錢　六ケ月分九圓四十錢

內容見本と冊子『新服裝』進呈

◎通學服全集　定價三圓四十錢　送料〃二十錢

東京市杉並區東田町　獻文社

電話荻窪四三一三番　振替東京六二六一六番

◎好機を逸す勿れ

◎年に一度の公開！　夏季の裁斷會

◎服裝界最高權威

◎誰れにでも必ず出來る裁斷法

◎入會資格男女年齡不問

◎申込者には會員襟章贈呈す

婦人服
子供服
紳士服

夏季裁斷講習會

（詳細規則書郵券四錢要）

◎修了者には修業證書を授與す

A組　八月三日―八月九日迄（午前九時より十二時半迄）

B組　八月十七日―八月廿三日迄（午前十時より十三時半迄）

東京市本鄉區向ケ岡彌生町三　帝大裏

可認　東京洋服學校

校長　今井正紀

電話小石川四三五九番

勅令（昭和十五年十一月二日）

朕國民服令ヲ裁可シ玆ニ之ヲ公布セシム

御名 御璽

昭和十五年十一月一日

内閣總理大臣 公爵 近衛文麿
厚生大臣 金光庸夫
拓務大臣 秋田清

勅令第七百二十五號

國民服令

第一條 大日本帝國男子ノ國民服（以下國民服ト稱ス）ノ制式ハ別表第一ニ依ル

第二條 國民服ハ從來背廣服其ノ他ノ平常服ヲ著用シタル場合ニ著用スルヲ例トス

第三條 國民服禮裝ハ國民服ヲ著用シ國民服儀禮章ヲ佩ブルモノトス

國民服儀禮章ノ制式ハ別表第二ニ依ル

第四條 國民服禮裝ハ從來燕尾服フロックコート、モーニングコート其ノ他之ニ相當スル禮服ヲ著用シタル場合ニ著用スルヲ例トス

第五條 國民服禮裝ニハ佩用ニ關スル規程ニ從ヒ勳章、記章及褒章ヲ佩用スルコトヲ得

第六條 本令ノ制式ニ依ラザル服又ハ徽章若ハ飾章ハ其ノ名稱中ニ國民服又ハ國民服儀禮章ノ文字ヲ用フルコトヲ得ズ

附則

本令ハ公布ノ日ヨリ之ヲ施行ス

（別表第一）

國民服制式表

甲號

上衣	地質		茶褐絨又ハ茶褐布
	製式	襟	立折襟式開襟（小開キ）トス
		前面	裄形ヲ附シ釦五箇ヲ一行ニ附ス
		袖	筒袖型トシ脇開及端袖ヲ附シ釦各一箇ニテ開閉シ得ル如クス
		帶	帶形ヲ附ス
		裾	左右兩裾ヲ開ク
		物入	胸部物入ハ左右各一箇トシ裄線ニ沿ヒ縦型ト爲シ釦各一箇ヲ附ス腰部物入ハ左右各一箇トシ横型襞附ト爲シ蓋及釦各一箇ヲ附ス但シ釦ハ附セザルコトヲ得
中衣	地質		適宜
	製式	襟	日本襟トス上襟及附襟ヲ用フルコトヲ得但シ禮裝ノ場合ニ於テハ附襟ヲ用フルモノトス
		前面	上衣ニ同ジ
		袖	上衣ニ同ジ附袖ヲ用フルコトヲ得
		帶	分離式トシ前面二箇ノ釦ヲ以テ留ム
		裾	上衣ニ同ジ
		物入	上衣ニ同ジ但シ腰部物入ハ附セザルコトヲ得

袴	地質		茶褐絨又ハ茶褐布
	製式	裾	釦ヲ以テ緊收開閉スル如ク爲スコトヲ得
		物入	左右ニ各一箇ヲ附ス
帽	地質		適宜但シ禮裝ノ場合ニ於テハ茶褐絨又ハ茶褐布
	製式		適宜但シ禮裝ノ場合ニ於テハ烏帽子型トシ折返及前庇ヲ附スルモノトス
外套	地質		適宜但シ禮裝ノ場合ニ於テハ茶褐絨又ハ茶褐布
	製式		適宜但シ禮裝ノ場合ニ於テハ左ニ依ルモノトス 襟　開襟式立折襟（小開キ）トス 前面　釦三箇ヲ一行ニ附シ比翼仕立トス 袖　筒袖型トシ端袖ヲ附シ釦一箇ヲ附ス 裾　後開ヲ附シ釦二箇ヲ附シ比翼仕立トス 物入　腰部左右ニ各一箇ヲ附シ釦一箇ヲ附ス
手套			適宜但シ禮裝ノ場合ニ於テハ白色トス
靴			適宜但シ禮裝ノ場合ニ於テハ黑革短靴トシ雨雪又ハ乘馬ノトキハ黑革長靴ヲ用フルコトヲ得
乙號			
上衣	地質		茶褐絨又ハ茶褐布
	製式	襟	立折襟トス但シ開襟式立折襟（小開キ）ト爲スコトヲ得
		前面	釦五箇ヲ一行ニ附ス
		袖	筒袖型トシ脇開ヲ附シ釦一箇ニテ開閉シ得ル如クス端袖ヲ附スルコトヲ得
		裾	左右兩裾ヲ開ク
		物入	胸部物入ハ左右各一箇トシ横型ト爲シ蓋及釦各一箇ヲ附ス　腰部物入ハ左右各一箇トシ横型ト爲シ蓋ヲ附ス
中衣	地質		適宜
	製式	襟	日本襟トス附襟ヲ用フルコトヲ得但シ禮裝ノ場合ニ於テハ附襟ヲ用フルモノトス
		前面	釦四箇ヲ一行ニ附ス
		袖	筒袖型トス附袖ヲ用フルコトヲ得
		物入	胸部物入ハ左一箇トシ腰部物入ハ左右各一箇トス但シ腰部物入ハ附セザルコトヲ得
		其ノ他	背帶、背縫筥襞又ハ下脇襞ヲ附スルコトヲ得
袴			甲號ニ同ジ
帽			甲號ニ同ジ但シ禮裝ノ場合ニ於テハ製式ハ陸軍略帽型ニ依ルコトヲ得
外套			甲號ニ同ジ
手套			甲號ニ同ジ
靴			甲號ニ同ジ

備考

一　上衣、中衣、袴、帽（陸軍略帽型ヲ除ク）及外套ノ製式ノ形狀ハ圖ノ如シ

二　甲號禮裝ノ場合及開襟式立折襟（小開キ）ノ上衣ヲ用フル乙號禮裝ノ場合ニ於テハ立折襟ト爲スモノトス

三　甲號禮裝ノ場合及開襟式立折襟（小開キ）ノ上衣ヲ用フル乙號禮裝ノ場合竝ニ開襟（小開キ）ノ場合ニ於テハ中衣ヲ著用スルモノトス但シ暑熱ノ時期又ハ地方ニ在リテ上衣ニ副襟（副襟ニハ附襟ヲ附スルコトヲ得但シ禮裝ノ場合ニ於テハ附襟ヲ附スルモノトス）及附袖ヲ附シタルトキハ中衣ヲ著用セザルコトヲ得

四　禮裝ノ場合ニ於テハ附襟及附袖ハ白色トス

五　禮裝ノ場合ヲ除クノ外暑熱ノ時期又ハ地方ニ在リテハ中衣ヲ以テ上衣ニ代ヘ（此ノ場合ニ於テ中衣ハ半袖ト爲シ、襟開ヲ大ト爲シ及帶ヲ附セザルコトヲ得）又ハ袴ハ半袴ト爲スコトヲ得

六　禮裝ノ場合ニ於テハ茶褐絨又ハ茶褐布ノ長マントヲ以テ制式ニ依ル外套ニ代フルコトヲ得

七　外套ハ用ヒザルコトヲ得禮裝ノ場合ヲ除クノ外帽、手套及靴ハ用ヒザルコトヲ得

八　乙號立折襟上依ノ物入ハ當分ノ内外物入ト爲スコトヲ得

國民服・八月號目次

戰時下農村の點描

解說・荒井新

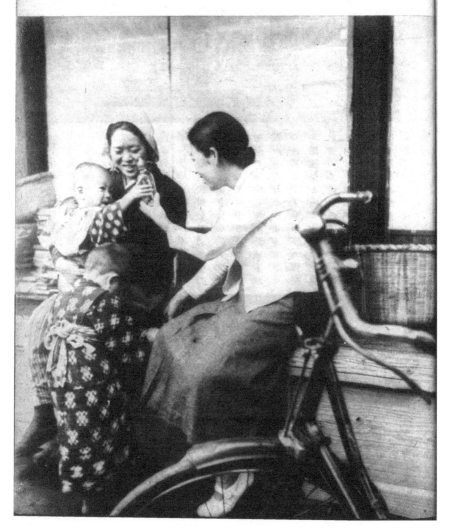

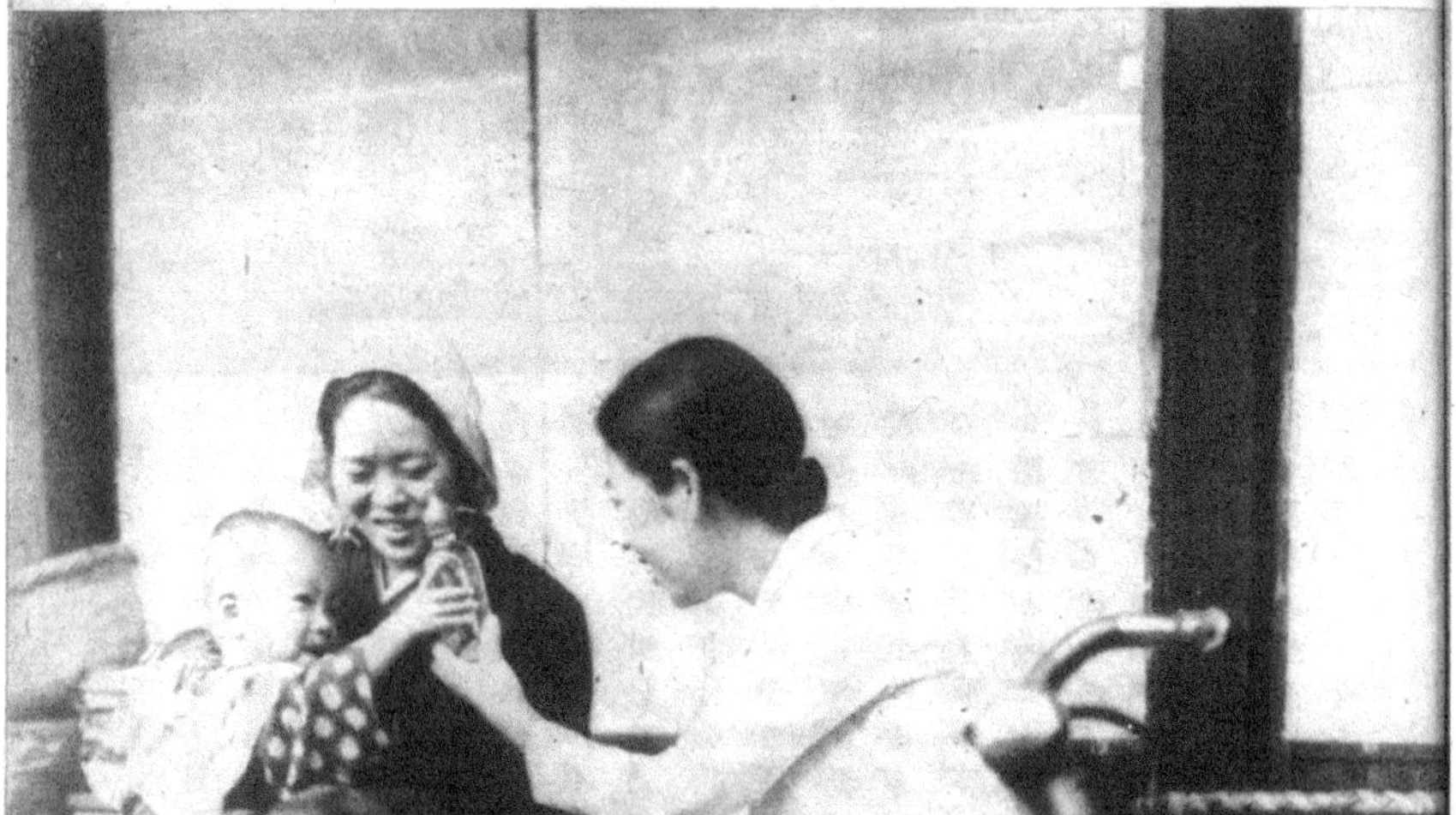

いま日本の農村では勞働力や生産資材の不足を克服して戰時下食糧増産のためにあらゆる創意と眞摯な努力がはらはれてゐる。肥料が不足ならば推肥を増産し或は金肥を使はねばならぬだらうし、勞力が不足ならば勞働の仕組をかへて勞力の配置をより合理的に考へ、今日本の農村がうけてゐる難關を突破して國防國家建設の基礎を小ゆるぎもさせぬために、大戰爭下の國民食糧確保といふ大きな使命を擔つて起上つてゐるわけである。共同耕作、共同取入れ、共同托兒所、或は共同炊事等の生産活動に於ける共同作業や或は耕地の交換分合も耕地整理もみなこ

の大きな目的を果すために行はれてゐるのである。こうした農業生産部面以外でも農村では冠婚葬祭の改善とか、或は保健衞生に或は住宅改善などの生活の新しいくみたてが村の文化問題として日本の農村指導者達に眞劍に考へられてゐる。

かうした村々の姿はとりわけ東北や北海道の農村に求めなくとも、東京に比較的近いところにもその例を多くみられるのである。

（本文參照）

1、神奈川縣相川村長沼部落の農事實行組合長簗合さん　2、3、4、同村の共同作業（水路工事）5、栃木縣筑波村の牛一頭びき麥刈り機　6、同村使用の耕作機械　7、同筑波村の共同刈入作業　8、神奈川縣高部屋村の共同作業（建築）　9、農繁期託兒所の開所式

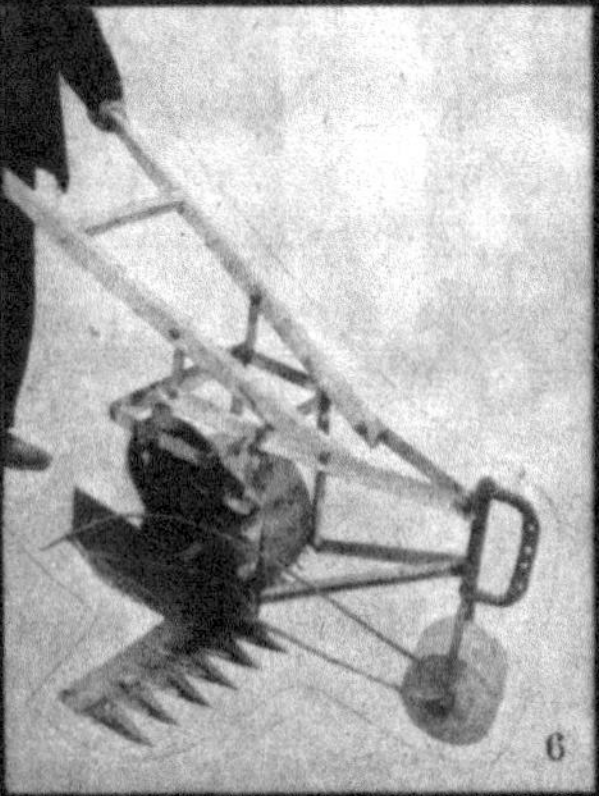

⑧

⑦

⑨

國民服

第二巻第八號

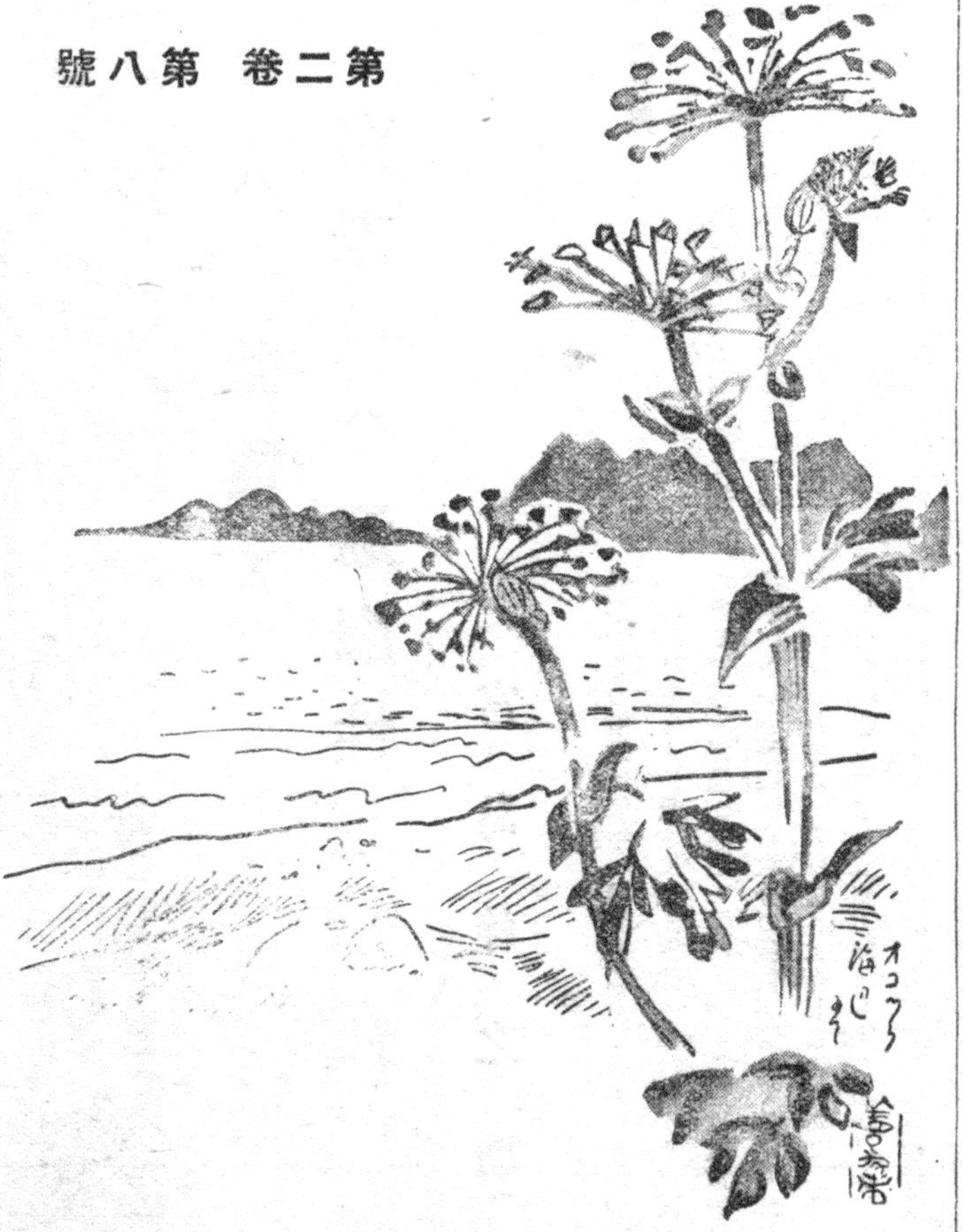

オコツタ海邊にて　中村善榮

日本人の體質と南方への適應性

宮島幹之助

南方の氣候

今次《こんじ》の大東亞聖戰《せいせん》により、我が國の勢力範圍《はんゐ》は非常に擴大しその圏内《けんない》には熱帶亞《あ》熱帶《ねつたい》の廣大な地域が包含されてゐる。此等の地方では氣溫は常に高く且つ濕氣《しつき》も多い。從て草木の生育は旺んであるが人間の健康《けんかう》に甚しく影響する。日本内地でも夏には氣溫《おん》と濕度が高いため相當苦惱するが熱帶でその氣候は終年《しうねん》一樣であるので日本から行つたばかりの移《い》住者《じうしや》などは暑さに殆んど耐《た》へられぬやうに感ずるのである。即ち氣溫が高いと體内に發する熱は放散《はうさん》され惡《にく》く濕氣が多いと體表《たいへう》から水分の發散が著《いちゞる》しく妨げられ體溫の調節が惡くなるので人は暑《あつ》さに苦しむのである。その結果新陳代謝《しんちんたいしや》機能は鈍《に》ぶり食慾不振にも陷《おちい》り易い。かゝる場合胃腸の粘膜《ねんまく》は充血する爲め消化力が減退し且つ呼吸や脈搏などにも異狀《いじやう》を呈するのである。但し此等の違和は一時的のもので移住した當時に著しいが日本人の體質《たいしつ》は歐米人と異《こと》り熱帶の氣候に慣《な》れ易《やす》くやがて苦しまなくなる。

之は人體が氣候に適應《てきおう》する爲で年月を經《ふ》るに從ひ健康は恢復《かいふく》し內地に居たときと大差がないやうになる。但し氣候に容易く適應するのは三十歳以下の年齡《れい》者で、渡來《とらい》一年後には渡航前《とかうまへ》の元氣になるが中年以上の人は適應《てきおう》し惡く老人などは一層六ケしい。但し如何に若くとも過激《くわげき》な勞働を續けると二三年で渡來當時の作業能率《さぎようのうりつ》が約半減する。故に移住者に內地同樣の勞務《らうむ》を課さず充分に休養する餘裕《よゆう》を與へなくてはならぬのである。

日本人は熱帶《ねつたい》に移住しても兎角內地同樣の生活を營み勝ちだが、かゝる生活《せいくわつ》をつゞけること半年乃至一年位で作業能率は低下し根氣も著しく減じて健忘症《けんばうしやう》にも陷るから警戒せねばならぬ。熱帶地《ねつたいち》の在留年數が加はれば加はるほど精神は弛緩《ちくわん》し動作は鈍化し忍耐力も弱まり恰《あだか》も神經衰弱患者のやうになる。此の如き俗に謂ふ南洋耄《なんようボケ》であつてその防止策は一定期間內地又は凉《すゞ》しい山地に轉住し元氣恢復《かいふく》に努めるにある。

皮膚の色

適應性の顯著《けんちよ》なのは皮膚で誰も氣がつくのである。日本人の皮膚には色素《しきそ》が多く歐米人などに比《くら》べると格段の差がある。之は大和民族《やまとみんぞく》の南方發展に適する一證左《しやうさ》というてよい。蓋《けだ》し皮膚の色素は日光に曝《さら》されるに從て增加し、皮膚は暗褐色《あんかつしよく》乃至赤銅色《せきどうしよく》となり、日光に含まれてゐる紫外線の侵透を防ぎ、人體をその傷害から免《まぬ》かれしめるのである。

熱帶に於ける氣候の影響《えいきやう》として尙擧げて置きたいのは早熟といふことである。熱帶の住民は溫帶《おんたい》に比べると男女共に著しく早熟《さうじゆく》である。原住民などの早婚なのはその爲めである。未だ智能の發達せぬ間に性慾《せいよく》が旺盛《わうせい》になるので彼等は自制《じせい》する能はずして遂に耽溺《たんでき》して終ふ。之れはやがて熱帶地方に文化の發達《はつたつ》しない一因と考へられて居る。故にわが民族の南方進出に當り未成年者を妄《みだ》りに送つては將來の禍根となるから嚴《げん》に戒しめなくてはならぬ。現に南洋廳管下の熱帶地域に育ちつゝある靑少年は多く輕佻浮薄《けいちやうふはく》で忍耐力乏しく享樂《きやうらく》主義に流れて國家的觀念などは頗る薄いと聞くが洵に憂ふべき現象《げんしやう》である。

生活樣式

日本人の體質《たいしつ》は南方生活に如何に適應し易いとは云へ日常生活に注意せねば中途で挫折《ざせつ》するの他はない。兎角日本人は國外に出ても內地の生活樣式《やうしき》を續けたがる。卽ち寒帶に移つても內地風《ないちふう》の家を作つて住むと同樣に、熱帶地に移住してもトタン葺《ぶき》の屋根下に起臥《きぐわ》して思はぬ危害を蒙りつゝあるのが屢々《しばしば》見られる。氣候風土《ふうど》に適した生活は保健の要諦《えうてい》であることを南方進出者にとくと記憶《きおく》して置いて貰いたいものである。

日々の生活に缺《か》くべからざるものは飮食物《いんしよくもつ》だが、熱帶には植物が繁茂し穀物や果實を豐富《ほうふ》に產出する。此等は天與の食料であるから原住民などは專ら穀類と果物により生きてゐる。大和《やまと》民族《みんぞく》は古來歐米人の如く肉食《にくしよく》を主とせず主に植物性のものを常食《じやうしよく》とするが、これは熱帶生活の好適な條件といふべきである。故に強《しひ》て鳥獸《てうじう》の肉を攝る必要はない。暑い時に肉食《にくしよく》すると熱量の高い蛋白質《たんぱくしつ》や脂肪が多いため甚しく暑さを感じ、且つ消化器《しやうくわき》や腎臟をも害《そこ》ねることになる。但し榮養《えいやう》上蛋白質や脂肪を全く缺いてよいといふのではなく、此等の榮養素は河海に產する魚介類《ぎよかいるゐ》に仰げば何等の不便はないのである。

氣溫が高い時には胃腸の粘膜《ねんまく》は充血し兎角秘結《ひけつ》に陷り易い。故に每日水分に富んだ果實《くわじつ》や野菜《やさい》を多く攝れば胃腸の充血は防がれ且つ排泄《はいせつ》をもよくするから一擧兩得《いつきよりやうとく》である。尙暑《あつ》いと盛んに發汗するので飮料《いんりやう》を多く要するが良質の清水は最良《さいりやう》の飮料である。水を充分に飮んで居るのは日射病の豫防にも肝腎《かんじん》だから節約《せつやく》してはならない。南洋各地の河水等は赤痢《せきり》や腸チフスなどの病原菌を含み危險《きけん》であるから直ちに飮料に供《きやう》してはならぬ。普通の井戸《ゐど》水《みづ》も絕對に無害とは言へぬが一端煮沸《しやふつ》して用ひれば安全である。但し煮沸水の無味《むみ》を嫌ふならば極少量の鹽酸《えんさん》を加へて強く振盪《しんたう》すると味がよくなる。

被服に就いて

寒帶《かんたい》や溫帶《おんたい》での被服は保溫を主とするが熱帶《ねつたい》では外から

の熱や光線を遮《さへ》ぎるのを主眼《しゆがん》とする。從て被服の材料もこの目的で撰擇《せんたく》されねばならない。色々な材料中毛織物《けおりもの》は水分を吸收することや通氣《つうき》の上から遙に木綿に優《まさ》るが、熱を導く點では木綿に劣《おと》るのである。故に氣溫も濕度も高い熱帶で人は絕えず發汗《はつかん》するから肌着《はだぎ》には木綿が適する。そして質の粗《あら》いのを肌着用とし上衣には丈夫な木綿《もめん》を用ゐ、此等を常に洗濯して清潔《せいけつ》にすれば衞生《えいせい》上にも經濟的にも好適である。尙日光を防《ふせ》ぐ上に外衣は白又は淡《あは》いカーキ色とし肌着も白又は淡黃色とするがよい。人體に有害な紫外線《しぐわいせん》を遮ぎるのに赤色《せきしよく》が第一であるが熱をよく吸收《きふしう》するのと暑苦しい感を與へるので不適當《ふてきたう》である。紫外線を防ぎ熱を吸收することの少い白やカーキー色が最もよい。要するに被服は出來る丈け寬濶で其質は粗く常に淸潔《せいけつ》にして使用するのが肝要《かんえう》である。

頭部を保護《ほご》する帽子や日傘などもその材料《ざいれう》及び色に注意を拂ふべきである。炎熱《えんねつ》の地で無帽《むぼう》は禁物で直射日光を避けることが必要《ひつえう》である。かぶり物としてヘルメット帽《ぼう》が最も適するが地質を厚く且つ輕くし、外面《ぐわいめん》は白又は淡褐色とし鍔の裏面を綠色《りよくしよく》にすれば日光の熱と紫外線がよく防《ふせ》がれる。日傘《ひがさ》の用途は帽子と同一であるから色なども同樣にすべきである。

住居に就いて

住居として熱や光を避ける點から煉瓦《れんぐわ》又は石造の家が熱帶生活にも適するが市街地《しがいち》以外では容易に得られない。馬來半島や爪哇島などには白人の住宅が高燥《かうさう》な地に建てられ堂々たるものが多く新來の邦人《はうじん》などの眼には頗る贅澤《ぜいたく》に映る。併しそれは熱帶永住《ねつたいえいぢう》の必要上からで強《あなが》ち彼等白人の享樂主義とのみは言はれない。簡易生活もよいが兎角日本人は熱帶を內地同樣に考へトタン屋根の板張り小舍《こや》に棲み平然としてゐるが、家は生活の本據《ほんきよ》だから相當衞生的に考へるが必要である。第一周圍《しうゐ》に湧水《わきみづ》などなく池や沼から隔つた高燥《かうさう》の地を選び住居を構《かま》ふべきである。之は主としてマラリア豫防の必要からである。家は木造《もくざう》で毫も差支ないが外から射し込む日光を遮《さへぎ》り通風を良くして涼しくするのを主眼とする。故に家の向に風通《かぜとほ》しのよいやう床は高く庇は長く室內は廣濶《くわうくわつ》に且つ天井《てんじやう》を高くし、屋根も瓦《かはら》又はスレート葺とするがよからう。次に室内の壁が白色であると光線を反射し強く刺戟するので不適《ふてき》だから、大體淡綠色又は淡灰白にするがよい。邦人の習慣として疊を海外にまで持ち出して用ゐて居るのを往々見受けるが、暖地《だんち》に於て疊は非衛生的なばかりでなく朽《く》ち易《やす》いから不經濟でもある。故になるべく椅子《いす》を用ゐ坐る習慣などから脫却《だつきやく》すべきである。學校や官衙及び會社などで常に椅子を用ゐ慣れてゐるから疊を省いてもさまでの不便はなからう。

規則正しき生活

日常規則《きそく》正しく生活することは何處に於ても保健《ほけん》の第一義で、酷暑《こくしよ》の地では一層肝要《かんよう》である。南方諸國には春夏秋冬の別なく又日出《ひので》日沒《にちぼつ》時なども年中同一である。即ち朝は六時に明《あ》け晩は六時に暗《くら》くなるが、朝は出來る丈け早く起き七時には仕事に着手《ちやくしゆ》し十一時頃迄働《はたら》き、午後三時頃迄休むことにし午食《ひるめし》後の三十分間位を晝寢《ひるね》に費すべきである。晝寢は懶《なま》け者の惡習《あくしふ》のやうに考へる向もあるが、熱帶生活に晝寢は缺くべからざる休養法《きゆうやうはふ》である。

日中の暑い盛りに無暗に働くと、疲勞《ひらう》して能率は上らず、體力《たいりよく》も長く續かなく遂には病人なども續出《ぞくしゆつ》する結果となるから、決して輕視してはならぬ。午後は三時から五時頃まで働き終業《しうげふ》後日沒までの時間を慰安《あん》に利用するがよい。鐵で作つた機械《きかい》でさへ時々油をさす必要がある。況《いは》んや生《い》きた人體に於てをやである。筋肉《きんにく》勞務者は休憩《きうけい》と讀書、精神勞働者には運動を推奬する。夕方の一二時間を休養に費せば食慾《しよくよく》も進み夜は充分に安眠《あんみん》し得て體力を增進すること疑《うたがひ》なしである。熱帶では規則正しき日常生活、殊に適度《てきど》の運動と熟睡《じゆくすい》は目的達成の秘訣《けつ》であることを忘れてはならないのである。

（筆者は慶應大學教授、醫學博士）

* * *

カムチャトカのこと

稲田定雄

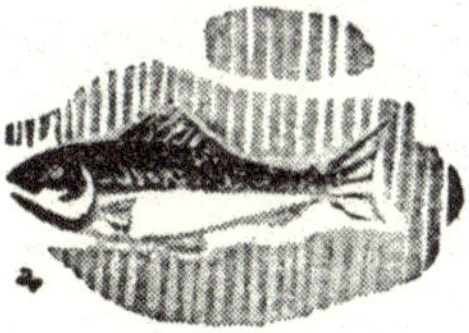

まへがき

とりたての青みどろ色の鮭。オホーツク海のかぐはしい潮の匂ひを漂はせてゐる。それを二枚に下すと、目も鮮かな淡紅色の肉が現はれる。薄鹽をほどこし、適當な大きさに切つて、ストーヴでじゆーつと輕く燒く。これはあだちと稱して、毎日三度々々食べても、米飯と同じやうに飽きない珍味である。新鮮な生イクラを醬油漬けにして、暖い御飯にかけて食べる。食べ過ぎて、お腹をこはすことは必定である。次にあつさりして、鳥鍋などの比でない鮭の臓物鍋、鮭の鼻の軟骨のところを削つて酢につけた絶好の酒の肴、さては輸出罐詰專用の貴重な紅鮭（脂の多い紅鮭に限る）の雌の一番おいしい腹部の肉だけ切りとり、あまい垂《たれ》で丼にしたもの、その切りとつた眞赤な肉の形が婦人の肉體の或る分部を聯想させるので、俗に△△△丼と愛稱され、これを食べたら もう鰻丼など嫌になつてしまふ。

現地でなくては絶對に味はふことの出來ないかうした味覺を思ふ時、あの絶海の孤島に流されでもしたやうな、外界から絶縁された、淋しい苦しかつた漁場生活百日間のことなど忘れてしまひ、夏が來る度に、カムチャトカがたまらなく戀しくなる。

私は一昨年の夏、日魯漁業株式會社の臨時通譯係として、かの地に赴いた。一口にカムチャトカと言つても、私が滯在したのは、半島西海岸の南部、丁度北緯五二度と東經一五六度の線が交叉する邊りで、晴れた日には、千島列島北端の阿瀬渡島がよく望める砂濱であつた。そこは、ウスチ・ボリシェレッキー地區×××漁撈コルホーズの海岸の一角で、日魯會社がソ聯邦から借りた八百×××號漁區であつた。

　この漁區の陸地面積は、カムチャトカ半島總面積一八萬平方粁餘に比べると、まことに猫の額ほどにしか當らぬ。僅か一萬七千平方米（長さ一七〇米、幅一〇〇米）といふ狹苦しい場所に過ぎないが、會社はこれに毎年五一、二四〇留といふ多額の借區料を支拂ひ、この漁區の海上で、漁獲標準高六、八八五ツェントネル（一ツェントネルは九九・九二一瓩或は二六・二〇八貫）といふ多量の鮭鱒を獲つてよい契約になつてゐる。この狹いところに、一晝夜最大生產能力七、〇〇〇函の罐詰工場、魚類鹽藏場、イクラ處理場、魚粕焚場、魚類廢棄物利用工場、火力發電による大冷藏庫、ブリキ並に大工小屋、漁業用具倉庫若干、網干場、邦人漁夫五〇〇人と會社社員二〇人の事務所、宿舍、醫務室、それに多數の漁船等々が所狹きまでにぎつしりと詰まつてゐる。ゆつくりと步いて、十分間で一周してしまへる。

　ここで、五百何十人かの男達が、海上に漁撈に出かける以外には、一步もこの區域から出ることなく、漁期百日間を過ごすのである。以前、まだ規則のゆるやかだつた時代には、土地のロシヤ人達が自由に遊びに來て、百姓娘達は洗濯までもしてくれたものださうだが、今では、土地の者が漁區に近づくことは嚴禁され、日本人側に對しても、一步たりとも漁場外に出ることを禁じ、若し見つかれば、その場で射ち殺されても仕方がないことになつてゐる。漁區外に出たことが、假令、後でわかつても、何百留といふ罰金を課せられることになつてゐる。（その前年など、ほんのちよつと漁區外に出た渚に、漁夫の地下足袋の跡がついてゐたといふので、調書をとられてゐる。若い漁夫が濱邊の美しい小石を拾ひ步いてゐるうちに、つい踏み出したらしい）

堆案加雇の鱒の助及び紅鮭

自　然

　この遙かな、荒らびた、地の果ての寸土にあつても、四季の自然のいとなみは、私達をめぐつて行はれた。

キジメン火山

私達を乗せた三千噸級の貨物船がこの海岸の沖に着いたのは、六月十二日であつた。甲板の强風の中に立つて、半島の方を望遠鏡で見ると、寒々とした曇天の下に、うつすらと緑し始めた砂丘が續き、その向ふに日本の富士山のやうな、擂鉢を伏せた形の、火山系の大小の山々が、頂上から麓まで殆んど白雪に蔽はれ、雄大な連なりをなして横たはつてゐた。よく見ると、放牧の動物らしいのがちらほらと薄緑の砂丘に動いてゐた。

勿論、私達は厚いジャケツやオーバを着込んで、すつかり多仕度で上陸する。貨物船から木造漁船に乗り移つた私達が段々岸に近づくにつれて、實に懐しくも楽しいことには、多少荒れ始めた波の音にも紛れずに、雲雀の啼き聲がはつきりと、勢ひよく聞えて來た。今漸く、この海邊の廣漠たるツンドラ地帯にも、早春が訪れたのであらう。しかし荒れた渚の砂の下には、冬ぢゆう恣に荒れ狂つたであらう、オホーツク海の大吹雪の殘骸が――固い、大きな雪の塊がごちごちになつてゐて、木造漁船を濱に引き揚り上げることを困難にしたので、その除雪が、邦人勞働者達の上陸第一歩の作業となつた。

上陸後十日、よく落着いて見ると漁區裏の、見渡す限り田畑もなく、樹木一つないツンドラ地帯は、今漸く芽吹き始めたのであり、この濱近い野を流れる川からは、晴れた日には、實に大火事の焰にも似た川陽炎がゆらゆらと一面に立ち昇り、雲雀は一日ぢゆう聲を張り上げて歌ひ、濱邊では、白い鷗が、あの特徴的な仔猫のやうな聲で啼きたてるのであつた。また咽が赤いので俗に『日の丸雀』と呼ばれる小鳥が、漁區の內外を自由に往き來したし、時には鴉も、聲をたてずに舞ひ下りて來た。

一周してみると、狹い漁區內にもそこゝに、勿論まだ花はつけぬが黒百合、濱菜、菖蒲《あやめ》、濱茄《はまなす》、蒲公英《たんぽぽ》野菊、齒朶《しだ》類その他名も知らぬツンドラ特有の色々な雑草が、春を迎へ

顔にはびこり始めてゐた。（菠薐草などは、よく朝の味噌汁にはいつて、風味を添へた）

しかし六月中は概して寒く、屋外では、ジャケツ、オーバを離すことが出來ず、室内では、ストーヴを焚かぬ日とてはない。六月中に大體網の準備をして、七月上旬からぼつぼつ漁獲を始める。その頃になると、ツンドラの草も花咲き始め、名も知らぬ小さな高山植物らしいのが、眞紅の花をつけたのが眼立つてくる。そして、この果てにも、白や黄の蝶が一つ二つと見受けられる。雲雀はもう啼かなくなつてゐる。早春から一足飛びに初夏となるのである。

七月中旬も終り近くなると、日中の氣溫は攝氏十度を超え、水溫も八度から九度、十度となり（水溫が高くとも、潮流が激しいので、海水浴などは出來ない）鮭鱒族の群來に好都合となる。ツンドラの雑草も、いつしか一間餘の高さに、青々と逞しく伸び、それ故に、漁區境界に立ててある三角形の赤い標識板が、一層はつきりと眼立つ。ほかの花々に立ち後れてゐた菖蒲も、したゝるやうな濃い紫に咲き始める。連山の雪も度々やつてくる霧雨や、雨や、暴風雨のために、殆んど解けて消え、その蒼黒い山肌が現はれる

さうなると、小春日和のやうに暖い、時にはいさゝか暑いやうな日が續き、ストーヴも焚かず、窓々を開け放つ。（勿論、大陸的な氣候なので、夜は急に冷え、ストーヴを焚きつ放しにして寢る）それでも服裝は間《あひ》シャツ、冬シャツ、ジャケツを着けてゐる。こんな格好で、うらうらと透み通る日の照る渚に出てゐると、人を恐れぬ大きな蚊の群が、あちらこちらからやつて來て刺す。かうした日には　氣壓の關係ででもあるのか、午後になると、誰もみな後頭部が痛んで眠くなる。草を運ぶ紅い、毒々しい、大きな蛾を踏み殺したのも、こんな日であつた。

七月下旬から八月上旬にかけ、氣溫が最も上昇し、時には日中十五、六度に昇ることもあり、所謂盛漁期となる。ツンドラ青野に放牧してある馬の交尾が盛んに行はれるのも、この頃である。汚れた大きなロシヤ犬が、黄に、白に、紫に、色樣々に亂れ咲いたツンドラの中にしやがんで、赤い舌をだらりと垂れ、だるさうに息をはあはあとやつてゐたのも、このころである。

このころばかりではないが、この方面には海霧がよくかゝる。例へば濱で罐詰の積出檢査に立ち合ふソ聯稅關吏の黑いオーバに、海霧が細かい細かい水滴となつて降り、見る見るうちに、オーバの黑地がふんわりと薄絹をかぶせたやうに白つぽくなり、その無性に生やした赤髭をも白

くしてしまふ。また、ほんのついさつきまで沖に見えてゐた罐詰積取の汽船が忽然として姿を消してしまふほど、海霧は急激にやつて來て、その濃度も大である。多い日には、二回も、三回もやつて來るが、そんなに幾時間も續かない。海霧が薄く消え始めたツンドラ青野は、ほのぼのとして、何とも言へない美しさである。丁度そんな時、漁區內を歩いてゐて、砂の中から黑曜石の鏃《やじり》を見出だしたりして、遠い石器時代の先住民族を思ふのであつた。またそんな時、青いツンドラにひつそりと並んでゐる殉職邦人漁夫の卒塔婆を眼にして、敬虔な氣持になるのであつた。

　この方面ではまた、大暴風雨が十日置きくらゐに、一日或は數日間續け樣に荒れ狂ふ。勿論、危險だから漁撈は出來ない。たゞ見渡す限り荒天の下で、オホーツク海の灰色の怒濤が何か生きもののやうにさかまくのみである。さすがに荒らくれの漁夫達も、折角の盛漁期を控へてなす術《すべ》もなく、大自然の猛威を前に、今更乍ら人間の小ささをひしひしと感ずる。時化《しけ》は九月に入ると、益々頻繁となる。

　漁夫達は盛漁期には、必ず遲くも午前四時にはもう海に出かけ、その儘午後八時頃まで海上で漁撈に從ふ。この方面は白夜とまではゆかないが、夜の部分が極めて短い。六月一杯は午前三時にはもう夜が明け、午後九時過ぎにならないと陽が沈まない。七月、八月はそれよりも夜が多少長くなる。

　かくするうちに、八月下旬にはもう、海から網が引き上げられて、日本への歸り支度が始まる。いつしかツンドラの花々も黑つぽく汚れ或は凋んでしまひ、海の色も黑ずんで、如何にも棲む魚もないらしく、色褪せて、潤ひがなくなる。つい先頃まで蒼黑く聳えてゐた山々の頂きは、いつの間にか眞白く雪を冠つてゐる。漁夫達が歸り支度の網を干し急ぐ漁場の空に垂れた薄紫の雲も、如何にも物靜かである。秋が來たのである。

　私達三、四十人だけが時化のため歸りの汽船に乘り後れて、食物も無い漁場で九月中旬の二日間を過ごした時など、人氣なく、急にひつそりとなつた漁場には、荒海の波の音のみがとどろき、熊や、狐や、貂までも出て來た。その熊は深夜、食ひ物を求めて漁場のベド穴（魚の臟物を捨てる大穴）の側にしやがんでゐたのを、便所に起きた一漁夫が見かけて、慄へ上がつたのであり、狐の方は、見張番の男が見つけ、私に敎へてくれ、私もその逃げて行く大きな後姿を見たのであつた。その逃げ去つた跡へ大急ぎで行つて見ると、足跡がはつきりとついてゐて、狐臭い臭ひがあたりにぷんぷんと漂つてゐた。

人

私達の漁場にやつて來たロシヤ人は、殆んど官吏ばかりである。普通の地方人は漁區裏の細道を殆んど通らないし、またこの海岸の見張櫓から見渡しても、田畑は勿論のこと、地方人の住宅地さへ見えず、たゞツンドラの野が續いてゐるばかりであつた。(カムチャトカ本來の原住民としては、一番文化が高く、比較的人口も多いものに、カムチャトカ土人(カムチャダール或はイテリメン)があり、半島に廣く在住し、多くはロシヤ人と混血して本來の民族性を喪失してゐる。漁撈が生業である。この外、各々何千人かのコリャーク人(別名ヌイムイラン)チュクチ人(別名ル・オラヴェトラン)があり、各々民族管區内に纏められて、牧畜 狩獵等に從事してゐる。これよりも更に少數のアレウト人、エヴェン人もそれぞれ民族地區に纏められて、狩獵或は海獸捕獲業に從事してゐる。無論、こんな原住土着民などを見る機會は、私達にはある筈もなかつた)

オホツク沿岸のエヴェン土人

一番印象に殘つてゐるのは、上陸當時のことである。六人のロシヤ人が私達を出迎へた。先づ 內務人民委員部國境警備隊(俗にゲ・ペ・ウ)のこの地方全體の總隊長は、ユダヤ系らしい背の低い男で、カムチャトカにはもう永いらしく、海邊の强烈な紫外線に燒かれて、土着人にもまがふほどな薄黑い顏をしてゐる。歲は四十に近い。階級は少佐くらゐかその着込んでゐる半シューバ(內側は毛、外側は皮の腰まである外套)の皮も隨分擦れ、垢らしいものでてかてか光つてゐた。彼はいつも眼を細くして、人なつこさうに微笑し、氣輕に話しかけ、決して嫌な顔を見せない。いつもにこにこしてゐるので、却つて底が知れないやうな感じを與へた。立派な皮長靴を穿いてゐた（總隊長だけは黨員だらうと言はれてゐた）その副官と、私達の漁場擔任のもう一人の隊長（中尉、若い妻と共に住み、生粋のスターリン主義者なることが後で判つた）はいづれも廿歳代で、軍帽を冠り、カーキ色の立派な軍用オーバを着て、皮長靴を穿いてゐた。二人とも背が高く體格も立派で、見るからに若々しく賢さうであつた。税關吏は五十歳くらゐの年輩で、いかにも好人物らしく、人生の經驗を積んで來たといつた樣子、態度も謙遜で　物柔かであつた（荷揚人夫出身、極東で十五年間税關の仕事に從ふ、讀書家、話術の巧みな漫談家、家族と共に住み、七人の子福者）。漁業官吏は三十代の牛のやうな横太りの大男で、赤鬼のやうな充血した大きな面構へに、大きな眼玉をぎよろつかせ、懶惰《らんだ》さうで、ぶつきら棒な態度であつた（船員上り、滿身の入墨、立派な文章と字を書いた、性質は竹を割つたやうで、後には非常によくしてくれた。むき出しな女の話をした。妻は浦鹽に置いてゐた）。この二人は、金の徽章のついた黒い官吏帽を冠り、黒い詰襟服に黒いラシヤ・オーバを着込み、一人は皮長靴、もう一人はゴム長靴であつた。最後に控へた××漁撈コルホーズの代表者（村長格）は、これも中年の大男で、日頃漁撈や百姓仕事で鍛へたらしい逞しい肩幅であり、皮膚が象のやうに荒れて剛さうな顔面に、厚い皹《ひび》割れた唇が引き結ばれてゐた。彼は私達と話すのを恐れでもするかの如く、ひたすら沈默を守り、ただそのだだつぴろい、大きな手で握手してくれただけである。鳥打帽を冠り、多少汚れてゐたが、厚い生地の背廣とオーバを着込み、ゴム長靴を穿いてゐた。ネクタイはしてゐなかつた。

このうち總隊長、副官　コルホーズ代表はこの後一回しか來なかつたが、あとの若い隊長、老税關吏、漁官は殆んど毎日のやうに朝か夕方まで三人コンビでやつて來て、通譯係

ユヴエン土民の女達

の私がその相手をつとめた。この外にも漁期を通じて、異つた官吏やコルホーズ員が數人連れで、合計十人くらゐ來たが、彼等はみな一、二回乃至三、四回しか姿を見せなかつた。

官吏達は總じて頭は悪くなく、眞面目な態度で、現在のスターリン政權を十分に肯定してゐるやうであつた。從つて、職務に關しても『ソヴイエト的』に忠實であつた。彼等のうちの誰かが一人だけになつた時、何氣ない振りをしてその胸中を聞いてみても、止むなき保身術のためかも知れないが、矢張りさうであつた。若い隊長は勿論のこと、老税關吏もその點に變りはなかつた。

馬鹿話の好きな老税關吏なども、「スターリンが死んだら、誰がその後繼者になると思ひますか？」との私の質問に、この時ばかりは眞面目な顔で、「そんなことは、ちゃんと選擧で決まることであつて、今ここで云々するわけにはゆかぬし、自分としては、同志スターリンが今後とも永く健在であることを祈るだけである」と、しみじみ答へた。更に私は「ドイツは今度の歐洲大戰で勝利したら、その次にはきつとソ聯邦を攻めると言はれてゐますが、どう思ひますか？」と質問したのに對し、「獨逸は我が國と不可侵條約を結んでゐるのだし、そんなことはあり得ないと思ふ。もし萬一あつたとしても、我が强大な赤軍は、これを一擊のもとに打ち破るだけの準備が出來てゐるから、大丈夫だ」と言ひ切つた（それがその翌年、即ち昨年の夏にはドイツから手酷い攻擊を喰つたのだから、私としては感慨深いものがある）。

若い隊長は、ソ聯國民の何よりも最初に必讀すべき書として、先頃スターリンが委員長になつて編纂した『全聯邦共產黨小史』の熱心な暗記者であり、またあの難しいエンゲルスの『反《アンチ》デューリング論』をも讀んでゐるとのことであつた。頭が鋭く數字の計算など、なかなかこちらの誤魔化しに乘らなかつた。

私達が歸國する間際になつて、漁場財產の越年番人をしてくれる×××コルホーズの農村青年が二人、官吏に伴はれてやつて來たが、二人とも寧ろ官吏達よりも立派に見える、りゆうとした、暖かさうな、眞新らしい紺の背廣を着込み、これも同じ紺色の鳥打帽のやうなレーニン帽をちよつと頭に載せ、洒落れたネクタイを結んでゐた。その顔も明るい表情に溢れるばかりで、如何にも輕快さうに、敏捷に振舞ひ、スターリン治下の生活が樂しくてならないといつた樣子にも見えた。

彼等がみなスターリン主義信奉者である點は暫くおき、單に人間味といふやうな點から見れば、なかなか興味深いものがある。

　彼等はすべて規則一點張りで、どんな詰まらぬことにも一々許可申請の書類を提出させ、その繁文縟禮、官僚主義加減は大變なもので、特に初めのうちは事々に疑ひ深い態度をとつて、がみがみ言つたが、そのうちに馴れて、こちらが正直だといふことが判つてくると、すつかり安心して、それから先は何でも彼でも、「よろしい」「よろしい」で通つた。殊に一昨年は前年のノモンハン事件のほとぼりで、最初のうちは官吏側が多少壓迫的な態度に出たのが、漁期の後半になつて、國際情勢の變動もあつたのか、時のモロトフ首相がソ聯邦最高會議(議會)の演說中で、「日本と國交を調整する用意あり」と一言述べるや、忽ち、この片田舍の官吏達の態度が急に柔くなつて來た。つまり、彼等が申し合はせたやうに、嫌がらせ的にがみがみと壓迫的に出たのは、何も私心からではなく、別に他意があるのではなく、たどソ聯政府の方針がさうなつてゐた

ウラングリ島を逐はれた密漁者團

からなのかも知れない。彼等は本來は、生活を樂しむ式の、單純なお人よしな性質なのかもしれない。

　また一面、國內に度々肅正工作が行はれた結果であらう、彼等は自國民同志疑ひ合ふやうなところもあつて必ず官吏が三人コンビでやつて來るのも、お互に牽制し合ひ、邦人に對して好意的に出られないところからがみがみ言ふことになるのかもしれない。例へば、ゲ・ペ・ウ隊長が事務室か何處かにゐて、側で見てゐない時には、濱邊で荷物船の檢査に立合つてゐる老稅關吏は、全然船などに上つて見ようともしないのに、隊長が側にゐると、わざわざ梯子で船に上り、艙先の板を剝いで、大きな懷中電燈で中を覗き込むやうな恰好をするのであつた。而も滑稽なことには、その電燈は旣に電池がきれて、全然ともらないのである。だが、ただ形式的に船內を點檢する恰好をするには、これでもなくてはならないのであらう。

　稀に彼等のいづれか一人だけでやつて來ることがあると、その官吏は

そはそはして、落着きがなく話もそこそこにして、慌てたやうに去つて行く。そんな時、一人だからと思つて、紅茶にチョコレートなどすゝめても、數人一緒に連れだつて來た時と同じやうに、何とか言ひわけをして斷る。矢張り壁に耳ありで、絶えず警戒することが習性みたいになつてゐるからでもあらうか（その癖、遠いツンドラの野を急いでやつて來るので、汗が出て、喉が乾いてゐるので、水だけは邦人コックのところへ行つて飲む。以前は官吏達は、ビールでも何でも、こちらの差出す御馳走を遠慮なく飲み食ひし、さては自分から進んで要求したほどだつたが、そんなことから日本側に對して便宜を圖つたといふ嫌疑で、肅清された者もあつたりして、それからは非常に警戒するやうになつたと言はれる）。

官吏達はみな音樂が好きで、私達の事務所の蓄音機の盤の枚數を調べるといふ名目で、それを一枚々々めくつて、英語で書かれた洋樂の題目を判じ判じ讀んでは樂しんだし、漁場の食堂などでそれを鳴らしてゐるところに、丁度來かゝつたりすると暫くは廊下に立ち留つて、飽くことなくそれに耳を傾けた。更にまた、若い職工が晝の時間に三百圓の手風琴を鳴らすのに、惚れぼれと聽き入つたもので、そんな時の彼等は、實にこの上なしの好人物である。

最後に、官吏達の身の廻りのこまごましたことなどについて記さう。

彼等はみな煙草が大好きで、始終卷煙草を吹かしてゐる、喫み口が實際の煙草の部分よりも遙かに長い。私達にすぐ差し出して、いゝ煙草でせうと自慢する。輕くて匂ひがよかつた。『カズベック』（コーカサスの山の名、食料品人民委員部煙草工場管理局、モスクワ・ジャバ工場製、二五本入、山の繪を描いた紙箱入り三留《ルーブル》二三哥《コペック》といふのが一番上等で、これは上級官吏でないと、なかなか吸へないらしく（尤も極東の官吏その他住民に對しては、物價が相當割引されるらしいが）、滅多に吸つてゐない。次に『ベロモル・カナール』（白海運河の意）、『デーリ』（紙袋一〇本入り、一留一〇哥）、『赤　星《クラースナヤ・ズヴェズダ》』（これが一番大衆的で安く、四〇哥くらゐだつたと記憶する）等々と、すべて國産であつた。たつた一度、總隊長が匂ひのよいシガーを吹かしてゐることがあつた。

彼等の被服類その他身の廻りのものは殆んどみな、支給品或は廉價な配給品らしかつた　馬蹄のやうな大きな鐵の輪を踵に打つた皮長靴などは三留くらゐで配給されるとのことであつた。彼等は仕事の關係上、みな時計を持つてゐたが、言ひ合はせたやうに、いづれもキーロフ工場製の大きな、無恰好な銀の懐中時計であつた。これなら如何にも頑丈で、正確かもしれない。萬年筆もちやんと國產の金ペンだつた。

彼等は役所から日本人漁場まで、二粁も三粁もある遠いツンドラの野の凸凹な細道をやつて來るのに、普通、荷馬車に乘り合はせるが、時には馬に乘り　自轉車に乘り、歩いて來ることもよくある。

食事は朝は自宅で食べて、パンやビスケットを晝の辨當に持參する。夜は多くは公衆食堂の二五哥、三〇哥、五〇哥のいづれかの料理で濟ませるらしい。カムチャトカの食料資源としては第一に魚類が豐富であり畜產業も奬勵され、自給自足とまではゆかぬが、馬鈴薯、キャベツその他の蔬菜類も栽培されてゐる）

かうして彼等は夏の間を邦人漁場相手に活躍し　冬には一人或は家族と共にカムチャトカで狩獵でもして越年する者もあれば、浦鹽方面の留守居の家族の許へ歸る者もある。その現地に於ける住宅は、丸太小屋にペンキを塗つたりして、多少體裁よく建てたくらゐのものらしい。

結局、カムチャトカのソ聯人と言つても、本質に於て中央のソ聯人と何の變るところもなく、その縮圖に過ぎないものの如く、こんな僻遠の地だから、よつぽど野蠻な、頭の惡い後れた連中ばかりゐるのだらうと思つて來てみると、當てが外れる。僻遠の地ではあるが、國防上非常に重要なところだから、ソ聯當局も尙一層選りに選つて、しつかりした人物をこの地に派してゐるのかもしれぬ。彼等は勿論、カムチャトカで贅澤をするわけでもなし、質素な生活に甘んじて、何か我國で言へば、防人とでも言つた氣持でゐるのかもしれぬ。若い隊長にせよ、老税關吏にせよ、コルホーズ員にせよ、もしカムチャトカにかういふ人物ばかりゐるのだとすれば、大いに考へねばならないことであらう。私はさういふ感じを深くした。

ベーリングとアリューシャン列島の探檢

三上次男

一

帝國の艨艟、鵬翼が既にわれらの北太平洋を制壓した今日、アリューシャン列島に關する最初の注目すべき調査として世に知られたベーリングの探檢を顧み、皇軍の勇戰・苦闘を偲ぶのも、この際徒爾ではあるまいと思ふ。

西紀一七四一年六月四日の朝七時、聖ペトロ、聖パウロと呼ばれた二隻の大型帆船は、海の彼方に横はる、知られざる大陸調査の使命を帶びたヴィトス・ベーリング(VitusBehring)の一行を乘せて、カムチャーツカの東岸、アワァチャ灣を拔錨、東方の大海に乘り出した。灣口に於いて多少搖れはしたものゝ、その後は心地よい北西の風と、好天に見送られたと、聖ペテロの航海日誌は傳へてゐる。極北の荒海に戰を挑んで苦闘を續け、遂に中途にして隊長ベーリングをさへ失ふに至つた一行の門出はこの樣に事なき有樣であつたのである。聖ペテロに乘つたのは隊長ベーリングを初め、航海長キトロフ、中尉ワックゼル、博物學者ステラー等七十六名。聖パウロの乘員も亦、司令チリコフ、中尉チカチェフ、航海長デメンチェフ、特に學士院より派遣された著名な天文學者ドリーズル・ド・ラ・クロワイエール等計七十六名である。

二

元來ベーリングが、北太平洋の荒海に乘出したのはこれが始めてゞはなかつた。

西紀十七世紀の初め、既にエニセイ河畔に及んだコザックの足跡は、莫大な毛皮獣の利益と、大帝ペテロの止むことを知らぬ東方進出の熱意に押されて、更に東へと伸び、同世紀の終りには遂にカムチャツカ半島の南部に達した。この半島を正式に探檢且つ征服したのはアナディル要塞の司令官、アトラソフである。ロシヤの東方經略は、カムチャツカ半島の東に横はる大海によつて、一應止められたが、寒冷な極北の海水も、燃えるが如き皇帝の東方に對する情熱をさますことは出來なかつた。大帝は續いてシベリヤの荒野と、アメリカの大陸とが、北方何れかの地に於いて接續するや否かを確める事を命じたのである。この困難なる調査の隊長として選ばれたのが、デンマークのホルセン生れ、若くして大西洋を乘切り、後ち露國海軍に轉じて有能な將校と謳はれたベーリングであつた。

　彼は一七二五年の二月、首都ペテルブルグを出發して、二七年の十一月漸くカムチャーツカの西海岸に到著、こゝで約半歳の準備を整へた。さうして翌二八年七月十三日、新造船聖ガブリエルに乘じて東海岸のカムチャーツカ河口を出帆、針路を北方にとり、八月十五日には北緯六七度一八分の地點に到達した。アジア大陸の東方は大海によつて限られてゐる事實を正式に確かめたのである。彼は一七三〇年、首都に歸著しこの事實を報告したが、新帝カザリン二世を滿足せしめる事は出來なかつた。女帝は大帝の遺志に基き、海の彼方に果して大陸が存するか否か、その實情はどの樣であるかを確める事を命じた。かくてベーリングは再び海山萬里、遠く第二回の探檢を試みる必要に迫られた。

　彼は一七三三年の四月、元老院の指令を携へて首都を出發、幾多の困難と戰ひつゝ、中途に於いて北氷洋の調査をも行ひ、三七年、オホーツクに到著した。さうしてこの地で良材を求めて造船に着手し、四四年の夏七月に至つて漸く二隻の船を竣工せしめた。船長八十呎、船幅二十呎、二本マストの同型の帆船、聖ペトロ聖パウロがこれである。彼は彼等の運命を托すべき二隻の船をカムチャーツカ東岸のアヷチャ灣に回航し、靜かに門出の日を待ち構へた。――この地は、後ち二隻の船名を記念してペテロパウロスクと命名された。

三

　六月四日、大海に乘り出した兩船は、針路を東南東に取り、相竝んで使命の達成に向つたが、同月二十日北太平洋を覆つた濃霧と、暗黒の荒天とは、最初の災厄を齎した。聖ペテロの船檣に立つたベーリングはこの日永久に僚船聖パウロを見失つたのである。これより各船は單獨に行動する。

聖ペトロは西風に乗つて、その後順調に航海を續けた。さうして七月十六日、ベーリングはアラスカの西岸に聳立する聖エリアスの岩壁を瞥見、後二日、遂に新大陸の西岸に達した。「十八日の土曜日、その日も終る夕刻、美しい森林に覆はれた平坦な山裾の臺地、見渡す限り打ち續いた砂濱、我等は歡喜を禁じえなかつた」と一行の博物學者、ステラーはその日記に書き殘してゐる。女帝の命を受けてペテログラードを出發してより早や十年に垂んとする今日、漸くにして使命を達成したベーリングの喜悦はどの樣であつたであらうか、恐らく、生涯に於いて最も心豐かな數日であつたと思はれる。二十日、聖ペテロは東南端の好適の地に錨を投げた。この日は、聖エリアスの日である。島は聖エリアスと名付けられた(現在のカヤク島)。

新しく發見されたこの島の事をも少し書いて置かう。航海長キトロフ、博物學者ステラー等は水の補給と島の狀態の調査の爲にボートを下してこの島に向つた。彼等は短時間の間に、地理、動植物を調査し、更に、住民の竪穴住居と板小舍とを發見したが、住民は逃げて見つからなかつた。彼等は、無人の住居の中に住民の喜びさうな贈物を置いて船に歸つた。ステラーは彼等の生活樣式が大體に於いてカムチャーツカ土人と類似するのを見て、兩者の親緣關係を論じてゐるが、これは古アジア族とアメリカ土人との同源論の嚆矢として興味が深い。

滯留は極めて短時日に限られた。翌二十一日ベーリングは乘組士官の反對をおし切つて聖ペテロの針路を西に轉じ、歸航を命じた。夏更けると共に急激に惡化するこの地方の天候を考へ、かゝる手段を構じたのであらうが、彼の周到なる處置も結果より見れば遂に徒勞に歸した樣である。

船はアラスカ半島の南岸に散布する島々の沖合をかすめて、西進したが、八月四日セミヂ島を望見する前後から、西北の激しい季節風をくらつて全く進まず、飲料水の缺乏が案ぜられた。

四

ベーリングは北に向つて島を求めた。さうして八月二十九日、岩壁あらはに樹木とてない荒涼たる一群の島を認めた。翌三十日――この日は水夫シュマーギンを失つたわびしい日であつたが、――キトロフ、ステラーの一行は主島(ナガイ島)に上陸して島の動植物、地理を調査すると共に水の補給を行ひ、翌日、最初の犧牲者シュマーギンをしるべなき海濱に埋め、十字架を立てた。この島島こそ今日ウナラスカ島の南方に横はるシュマーギン群島である。

注目すべき事が起つた。聖ペトロの正に本島を離れようとした九月五日の晝近く、樺皮の帽子をつけた二人の住民が、バイダルカと云ふ皮船をあやつりながら、本船に近づいたのである。一行の會つた最初にして最後の異邦人、このコリヤーク語もチュクチ語も通じないアメリカ人――當時はアレウトと云ふ言葉は用ひられず、ステラーは、アメリア人と呼んでゐる――に對し、彼等は種々の手段を講じて接近を試みたけれども、大して效なく、或時は爭ひまでかもした。ステラーは彼等を鋭く觀察して、その奇怪な顔面装飾、日常用具、食物、體質に至るまでを書き殘し、これとカムチャダールとを比較して、頗る近い關係にある事を考へ、更にチュクチ、コリヤーク等と古くから交易を行つてゐると傳へられてゐる東方の人こそ、彼等に違ひないと述べてゐる。北方アジアと北方アメリカとは所詮一つ、アリウシャン列島こそ、その橋。アレウトに關する最初の尊い記錄を殘したステラーは、この樣な事を頭に描いたのである。彼等のこの島に於ける六日間の滯在は、自然・人類學上、多大の貢獻をなした。けれどもシュマーギン寄港の爲に費された大きな時間は、遂に彼等を不幸な運命に追ひ込んだとも云へる。探檢家の擔ふべき光榮ある宿命とでも云ふべきであらうか。

記念すべきシュマーギンの島を離れた聖ペテロはアリューシャン列島に沿つて西すること二十日餘、漸くアトカ島の西端を望み見た九月二十四日から天氣はくずれ、狂瀾怒濤は北太平洋をくつがへした。季節の持つ大きな力は遂に如何ともなし難い。ベーリングの憂慮は、不幸にして杞憂に終らなかつたのである。船は烈風怒濤に飜弄されること二十日餘、十月十五日に至つて漸く針路を西に向け、二十五日にはキスカ島を遠望することが出來たが、この頃より全員の疲勞は著しく、壞血病に苦しむものが相次いで現はれた。殊にいけなかつたのは高級士官の不和、就中、隊長ベーリングと、航海長キトロフ、中尉ワックゼルとの疎隔である。

同月二十九日、聖ペテロは、アッツ島の東に浮ぶセミチ島を望見したが、この喜ぶべき事件は、結果に於いて最大の不幸を齎した。航海長キトロフはこれを北千島の一島と誤認し、ベーリングの命令にそむき、斷然針路を北に轉じた。時既に冬は訪れ、天測の思ふにまかせなかつたゝめの錯覺であらうが、畢竟彼とベーリングとの間の不和確執が與つて大きな力となつたのではなかつたかと思はれる。十一月四日、キトロフの豫言した如く、陸地が現はれた。
カムチャツカ！　全員は驚喜し、既に死に瀕したものまでが立ち上つて陸地を望んだと云ふ。五日、上陸は開始された。然し地形は彼等の熱望した半島と全ぐ異つてゐた。暗澹たる氣持が前より强く全員を襲つた。既に荒々しい冬季に入り前進は不可能である。冬營の準備は始められた。船員は次から次へと倒れた。十一月二十八日、半歳の勞苦を共にした聖ペテロも亦、岩礁に打ち上げられて壞れた。かゝる間、十二月の八日、夜あけ前二時間、司令官ベーリングも亦、下腹部の疾患（壞血病か）の爲に魂を永久に極北の孤島に止めた。この記念すべき島はベーリング島と命名され、一群の島々はコマンドル群島と呼ばれるに至つた。ステラーはいたく隊長の死をいたみその日記に「正しい信仰深いクリスチャン、禮儀正しく、親切な、落付いた人柄、不屈な意志を持つた指揮者……」と書き記してゐる。若しもアッツ東方で舵を北方に轉ずることなく、彼の命じた通り西行を續けてゐたならば、恐らく彼が生命を捨てた一島に到著したその頃、懷かしいカムチャーツカ半島の沖合に達してゐたと思はれる。

五

一方六月二十日、聖ペテロを見失つた聖パウロの動靜はどうか。極めて簡單に記さう。船長チリコフに率ゐられたこの船は、東行を續ける內、七月十五日に至つて、プリンス・オブ・ウェールス島の東に浮ぶコロネーション島を認め、アメリカ發見の喜を味つた。當日の航海日誌は「經度と緯度より考へると、恐らくアメリカと思はれる」と記してゐる。聖ペテロのたどりついた。カヤク島の遙か遙か南方である。

船はこゝより海岸に沿つて北行を續けること三日、七月十八日、シカゴフ島の北端、リシアンスキー海峽の附近に達し、こゝで水の補給を行ふ爲、航海長デメンチェフは十名の武裝兵を率ゐて海岸に向つた。奇怪な事件が起つた。彼等は歸船することなく姿を消したのである。チリコフはこれを案じ、折柄起つた暴風雨をさけつゝ、附近の海上を漂ふこと六日。時に陸上に煙の上がるのを認たが、デメンチェフの一行は依然として歸らなかつた。よつて二十四日水夫長サヴェレフ以下三名が遣されたが、彼等も亦すひ込まれたが如く姿を隱した。然るに翌二十五日に至り、二隻の小船が海岸に現れた。チリコフは、さては―と喜んだが、豫想は違ひ、土民の皮船であつた。彼等は近づくと見るや、アガイ！　アガイ！　と叫んで素早く引きかへした。

デメンチェフ等十五名の遭難は最

早確實とチリコフは信じた。聖パウロは永久の謎をアラスカの海岸にとゞめたまゝ、ここを離れた。その後八月一日、ケナイ半島の南端を望見、同月十日中旬には、聖ペテロと、同一海面を西行したが、互に他を發見しえなかつた。運命の惡戯といふべきであらう。さうして九月九日にはアダツク島に到著、七隻の土民の小船が近寄るのを認めたけれども既にボートは失はれ、上陸して水を補給する事も出來ぬ。彼等は出發前のベーリングの命に從ひ、親しげに近寄るアレウトに、小箱、小鐘、針、支那タバコ、パイプ等を投げ與へた。午後には十四隻のバイダルカが集つたと云ふ。聖パウロの航海日誌には彼等の觀察の結果が興味深く書きとどめられ、アレウトに關する最古の貴重な資料となつてゐる。

翌十日の夕刻、風が出たのを機に島を離れ二十一日アガット島をかすめてアツツ島をも望見爾後、順調に運航を續け、十月十日遂に懷かしいアヴチャ灣に歸著した。然し四ケ月餘のこの航海に一度として陸上と直接の連絡をつけ得なかつたこの船の乘組員は、この時、殆んど凡て壞血病に苦しみ、十月七日中尉チカチェフが歿したのを初めとし、續々倒れた。入港の當日、しかも投錨の直前、天文學者クロワイエールも亦息を引きとり、船長チリコフは重態のまゝ海岸に運ばれた。嘗て、六月四日、船旗を檣頭になびかせつゝこの港を出た時の總計は七六名、いまここに歸著したものは五四名。

六

聖ペテロの乘員は更に悲慘な狀態に陷つた。ベーリングの死後、船員の倒れるもの續出し、次いで食料の缺乏に脅かされた。全員は協力して海獸その他の捕獲に力めたが、かゝる困難に際して博物學者ステラーが尙、自然の探求を怠らず、貴重な記錄を殘した事は、誠に敬服するに足る。やがて廻り來つた春を迎へ、流木を集めて船の建造に著手、八月十四日思ひ出多きこの島を離れ、同月二十六日アヴチャ灣に歸著。再生の喜にひたつた。七十六名の乘員は隊長ベーリングを始め三十二名を失ひ、四十四名の殘員が海岸に立ち竝んだ。

以上はベーリングの第二回の探檢調査の簡單な顚末である。アレウトの島々はこれによつて初めて世の耳目に觸れたのであるが、我々はこの裏に隱された初期の探檢者の不屈なる精神を見逃してはならぬ。東亞の科學の再建の任務を課せられた我々が現在最も必要とするものこそ、正しくかゝる不屈の精神であらう。

（筆者は帝大文學部講師）

高砂義勇隊

中山省三郎

砲彈に　ざわめく　篁、
眼にいたき　折木の肌や
あばかれし　土の煙。
らんらんと　眼を光らせて、
樹枝の間に
敵を睨んでゐる　若者たち。
彼等は　高山國《たかさぐん》から、
バシー海峽の波を越えて
呂宋《るそん》の島へ　戰ひに來た。
彼等は初め　アメリカ製の服を身につけ、
光澤のある靴をはいて、

派手な兵隊に　なる筈であつたが。
彼等はこれを恥辱とした、
アメリカの臭氣を拒絶した、
不吉なものとして　顧みなかつた。
彼等の望んだ服裝は
極めて　素朴なものではあつたが、
聖い光に　みちてゐた。
今、彼等は　精悍なる風貌をもつて、
蠻刀を腰にし、樹海にひそんで、
老いたる　獸たちに　襲ひかからうとする。
皇化の民の矜恃に
忽ち　獸たちは慴伏し、
そのうへに　無限にひろがる
浄らかな空。

南方へは日本服で

川喜多かしこ

皇紀二千六百一年、十二月八日の太陽と共に、長く鐵鎖につながれた亞細亞民族解放の黎明は訪づれました。

海と陸に米英驅逐の聖戰は營まれマレーにジャバに、スマトラに、新たなる我が皇國の臣民は、あまねき御稜威の光に浴する事になりました。

次の段階に於いて我々女性が、彼等の母とし、姉として挺身彼の地に赴き、彼等を援け導くべき日も、遠い事ではありますまい。官吏・會社員の妻として、娘として、赤道を越えられる方々も數多くありませう。資源開發の爲、一家を擧げて、彼の地に向はれる方々も少くはないでせう。今までの歴史におきましても、女性を伴はぬ移住の成功した例は御座いません。故に、日本の南方進出が、立派な實を結ぶか否かは我我女性に半分の責任はあるので御座います。私達が彼の地に赴いて、速かに環境を征服し、心身健かに活躍し　或は夫を援け、家を守り、子女を生み育てゝ立派な後繼者を殘す事が出來ますなら、其處に始めて日本の南方進出は確固たる基礎を築き上げる事が出來、南方諸國は亞細亞の力强い紐帶となるのであります。

今まで氣候溫和な日本國内にのみ生活し、海を渡つた經驗もない女性達が今度は萬里の波濤を超えて鰐の住む、虎の棲むと言はれる土地に赴くので御座います。併し、何處の土地でも住めば都と申します通りこの環境に一日も早く慣れてしまへば、又内地には見られぬ、よい處も數多くあるので御座います。

それでは彼の地で、どの樣な服裝をし、どの樣な食物を攝り、どの樣な家に住んだら、日本人は、殊に日本の女性は一番居心地よく生活出來るのでせうか?私は先づ、南方に於ける日本女性の服裝に就いて考へて見たいと思ひます。そして最も適當した服裝として少しく改良された日本服を提唱したいと思ひます。先づ南方に於ける服裝の必要條件を考へて見ませう。

一、最大限度に美しく見えるもの

これは我々が指導者の立場に在る南方に於いて、殊に必要な條項であります。原住民が我々を美しい、文化的に勝れたものと見て愛し敬ひ我我の眞似をして見たいと考へる様な服裝。それには日本人にとつて日本服程よく似合ふ、美しい服裝はありません。若い人達の服裝は先づよいとして中年婦人の洋裝は南方では絕對にやめてほしいと考へます。

但し、此の場合從來の廣帶は必ず改めなければなりません。これは美容上からも、衛生上からも言へる事で、締めてゐる本人が苦しいばかりでなく日本人以外の人間でこれを美しいと見るものは殆どありません。

「せむしの様だ」

「袋を背負つた様だ」といふのが帶に對する彼等の批評の言葉です。

支那の纏足。印度のターバンと共に、世界の三馬鹿などと言はれるのも此の帶です。帶を衛生的な、輕い兵兒帶式のものに改める事によつて日本服は世界一の美しい、健康的な服裝となるのであります。

二、涼しいこと

此の點日本服は理想的です。

一體日本服は亞熱帶的の服裝なのですから、暑い所には持つて來いです。此の際內地式に長襦袢を着込んで汗だらけになる事などは止めませう。しつかりした下着を着けたらあとは麻か何かの日本服を一枚着て、見る目も本人も出來るだけ涼しくしてゐられる事を考へませう。普段着は浴衣でも結構と思ひます。和服は涼しいけれどだらしなく見えるといふのは結局着る人の心掛けです。

着物はだらしなく着る程暑く感じます。きりゝと引き締つた浴衣姿は見るからに涼しく、床しく賴もしいものです。

三、洗濯の利くもの

これも自宅で簡單に洗濯出來、アイロン掛けの必要もなく、疊みつければ直ぐ着られる日本服が便利と思ひます。

以上の様な利害關係を離れて見ましても、我々固有の文化的產物である日本服を以て南方の新しき臣民の間に入つて行く事は、我々の誇りであり、喜びであります。

原住民達に身を以つて日本の文化を示し、これを理解させ、渴仰させることは、彼の地に赴く日本女性の任務であります。

そして彼女達の裝ひが、優しく、凜々しき日本服こそ、この任務の最初の役割を果すものであらう事を私は信じて疑はないのであります。

銷夏隨筆

風俗隨想

伊東恭雄

○

流行の魁けといふものは、いつの時代でも最初は決して板につくものではない。國民服が制定された當初は誰一人として自分のからだにぴつたり合ふと思つて着てゐる者はなかつたと思ふ。ところがどうであらう現在では着てゐる人も知らず〳〵のうちに身に合つて來たではないか。流行なんて大體そんなものである。

まあ過去二三十年に於ける洋服の流行史をくりひろげて見てもよく判る。第一次歐洲大戰の終り頃から數ケ年といふもの、およそ紳士の洋服は、すべて黒づくめでなければ耻かしい位だつた。殊にオヴアコートの如きは全くラクダの黒に決まつてゐたものだ。それが今はどうか、眞黒のオヴアコートなんか着てゐる紳士は見ようとしても見られない位である。冬の一日中で銀座を通る男の中に黒のオヴアコートを何人發見することが出來るであらうか。

そのすぐ次に流行したのは夏の洋服で、黒のアルパカの上衣にセルの白ズボンだつた。之も隨分ながく續いたものだ。

この二つの流行は、即ちその時代の戰時色と云ひ得るであらう。――歐洲戰亂で、世界各國がすべて自粛と云はうか、地味になつてしまつたのである。その氣持ちが服裝の上に黒といふ色で表現されたものではないかと私は思ふ。

それにつけても此頃、銀座を歩いてゐる紳士のうちで、隨分派手な色とり〳〵の上衣やズボン、靴、靴下それにもう一つワイシヤツと、ちりちりばら〳〵の配合を身につけて得意さうに歩いてゐるのが目立つて增へて來た。それは廻りが國防色で地味になつたせいもあらうが、とにかくアメリカのレヴユー役者のやうな服裝の人が非常に增へて來たことは誠に嘆かはしい次第である。その人達は大體上海歸りだらうと思ふが、それではアメリカとの服裝戰に――變な言葉だから風俗戰と變へても同じことだが、敵と戰はない前から既に敗けたことになるではないか。私の知人に一人から云ふのがあつた。やはり上海歸りの青年だが、ワイシヤツが桃色でネクタイが水色、上衣が藍、ズボンが鼠色、靴が赤靴――なんとやゝこしい服裝なのであらう。もう一つバンドが例のガラスで作つたとかいふ透きとほつたやつ。私はいつも會社で時も所もわきまへず皮肉を云ふので嫌はれてゐるのだが、その人はもうそれに慣れつこになつてゐるので、餘り怒らないのを承知の上で、から申上げたのである。

「君の服裝は、七夕の短冊のやうだね」と、これには彼も流石にむつとしたらしいが、私の會社では私の方が不幸にも彼より上役なので、默つてゐるより外なかつたが、それ以來彼の服裝が大分おだやかになつたところから見ても、よほど痛かつたらしい。私の會社ではそれから以後派手な服裝のことを七夕の短冊と云ふやうになつてしまつた。

○

大分話は脇道にそれて行つてしまつたが、背廣の洋服は、何と云つても現在日本のサラリーマンの大部分が勤務服として着るものではあるが、いま申上げたやうにアメリカのレヴュー役者見たいな色の配合の取り上げ方は決していゝ趣味ではない。――洋服だつて今後は日本が指導して大東亞共榮圏から新らしく流行を生み出して米英を流行的にも征服せねばならぬと私は思つてゐる。

一番はじめに申上げたやうに、國民服がそれの一役を買つて出發したものと、考へたつて決して惡くはないと思ふ。近頃國民服を着てゐる青年はなか／＼着こなしが巧くなつて來てゐる。制定された頃から考へれば大分見馴れたせいもあるが、國民服はなか／＼よきものである。滿洲の共和服のやうに勤め人の大部分――全部かも知れないが――着るやうになつたらもつとよくなるだらうと思ふ。今はさうでもないが最初の頃は國民服だから仕立てはどうでもいゝといふ傾向があるのは甚だよろしくない。之からの流行を導いて行くものが國民服であるとするならば一層仕立にはやかましく身に合ふやうにしなければならない。又制定されてしまつたから型はもう直すことが出來ないなどと堅苦しいことは云はなくてもいゝと私は思ふが、どうであらうか。

モーニングだつてフロツクコートだつてタキシードだつて燕尾服だつて局部局部には隨分變遷があつた筈である。國民服だつてその通りで、もつと着よくなり、見よくなるやうならば局部局部を直す時代が來るのではなからうか。

識者以つて如何となす。

○

銀座に出て、街を通る御婦人の服装を眺めてゐると、堅氣の奥様もお嬢さんも、藝妓も女給も、さつぱり見當のつかぬ御婦人ばかりである。これが昔なら奥様は奥様、お嬢さんはお嬢さんらしく、藝妓は藝妓らしく、女給は女給らしく、みな自ら一つの衿持を胸にしつかりと、自信をもつた服装をしてゐたものである。

かういふことは物資不足から來てゐるものでは決してない。みんなそれ〴〵の心構への問題である。自信の問題である。こんな風ならみんな一種の服装の墮落である。

御婦人の攻撃ばかりしてゐても切りがないから今度は一つお賞めしたいことを述べて見る。

例の簡單服といふやつです――だん〴〵暑くなつて來たので、八百屋やお菓子屋の店先に列んでゐらつしやる女の方に例の簡單服が非常に目立つて多くなつた。

簡單服の前身は所謂アツパツパでもと〳〵大阪から東上した流らしいが、所謂アツパツパ時代は實に醜怪なる存在だつた。その頃私は大阪に住んでゐたが、夏にあのアツパツパが電車に乗るかと思ふと電車が實にいやだつた。所謂アツパツパを着てゐる女は、大體大女であり餘り風呂へ入らない汗臭ひのに相場が決まつてゐた。

それが段々東漸するに從つて、私も名古屋支店へ移り、その流行が着いた頃から私も東京へ住むやうになつたのである。

アツパツパにひだがつき、襟がつき、バンドが締められるやうになつて最近は一應女の服装としてまあ見られるやうになつた――之は大變な進歩だと思ふ。この簡單服に下駄といふ姿も、まんざら見られないやうな恰好ではないと思ふ。なか〳〵さつそうたるものだと私は考へる。

たゞ一つ御忠告申上げたいのは、この簡單服も三十位迄の婦人に限るといふことである。三十以上になつて少し肉體に衰へが見へはじめた御婦人が之を着たらちよつと醜怪さが加はるやうな氣がする。

大體婦人の洋装といふものは、若い人に限ると私は思つてゐる。洋装をその國民の服装としてゐる外國人でも年寄りは餘り恰好のいゝものではない。まだ大東亞戰爭がはじまらない前に、日本にゐた年寄りの外國婦人の恰好といふものは、かなり醜惡だつたことを、あなた方も想像出來ると思ふ。

ながい間フランスに住んでゐた私の知つてゐる婦人で、名前はちよつと憚かるが、日本へ歸つてからも流行界では有名な人である。若い頃は賞によくフランス流行界の粋を取入れて美しく且つ洋装の似合ふ人だつたが、此間久しぶりで汽車の中で、ひよつこり合つたら、その人の洋装のなんとみすぼらしくはかない姿であるのを見て、やつぱり思つたことでした。女で三十を越したら洋装は絶對止めるべきだと。まして簡單服においておやである。

○

ついでに洋装の布地のことであるが、近頃銘仙を盛んに洋装に仕立てゝ着てゐられる若い女の人を見受けるが、大變結構なことだと思ふ。

このことは、もう十年も前から知人山野千枝子さん等が盛んに提唱してゐたが、その頃は誰も耳を傾けなかつたもので、その點山野さんなど大變氣の毒だつた。ところが此頃は銘仙の洋装地を目的とした柄模様が銀座の店頭に澤山並んでゐるのを見受けるやうになつた。山野さんの先見が實現したことだから同女史もさぞかし御満足であらう。

之なんかも女の洋装を日本が完全に征服したことで、女の流行も今後どし／＼日本が大東亞共榮圏をリードし、米英的流行を撃滅することに努力せねばならないと私は考へる。

私の風俗漫談も、いよ／＼紙數がなくなつて來たから、こゝら邊でおしやべりを止めておきたいと思ふ。

（筆者は社團法人日本映畫理事）

新ニッポンの着物

兼常清佐

○

居は氣を移すといふ言葉がある。おそらく本當であらう。人は木立の中の静かな茶室の中のやうなところに居る時と、街中のコンクリート建の家にゐる時とでは、ちよつと居ても氣分は大分違ふ。もし長く住んでゐるとなつたら、その家の様子で、その中に住んでゐる人の性格はだんだん影響されて來るであらう。居は氣を移すものであらうと私は思ふ。

その事は着物にも同じやうに通用する。着物はたしかに私共の氣を移す。私は何か物を考へる時は、大抵は自分の家で夏ならゆかた、冬ならどてらを着て、疊の上であぐらをかいたり、ねころんだりして靜かに考へる。ニッポン人の或る物理學者の論文が世界で有名になつた時、日本人のどんな樣式の生活からこの思想が出たであらうかといふことを西洋人は知りたがつた。そしたらその物理學者は、それは實は寢床の中で寢て考へたのだと言つたといふ話である。この傳說の眞僞は知らないが、私にはこの傳說は面白かつた。ゆつたりしたものを着て、ゆつくりしなくては、どうもいゝ考へは浮ばない。私には自分の家ではゆかたやどてらはなくてならないものとなつてゐる。

ニッポンの着物のありがたいのは夏のゆかたである。トーキョーの夏は濕氣が多くて暑苦しい。洋服を着るのは、私にはまことに難儀である。靴をはくと水虫が出來る。汗もや水虫が出來るとなかなか治らない。私はベルリンやパリでは洋服を着てゐるのを別に苦しいとは思はなかつた。シンガポールを歩いてゐるでも私は上着を着てゐた。空氣が乾いてゐるから、それほど暑さはこたへなかつた。それに比べるとトーキョーはむし暑い。ゆかたは全くよく出來た着物だと私は思ふ。

それにニッポンの着物には模樣がある。ゆかたの模樣は、むかしは實に豐富であつた。中にはまことに美術的なものもあつた。その中から好みの柄を撰んで着るといふことは、相當私共の趣味を滿足させた。ゆかたでなくても、普通の着物にしても洋服地の柄よりも、變化が多くて美しい。紋附の紋なども裝飾としてなかなかおもしろい。このやうなものをすべて捨てゝしまふのはまことに惜しいから、私はニッポンの着物も一と揃ひは持つてゐることにしてゐる。笑はれてもしかたがない。どうも私はまだニッポン人らしい。

○

ニッポンの女は、女學生の間は洋服を着るが、さて學校を卒業するとその洋服をぬぎすてゝ大抵ニッポンの着物を着る。それはいふまでもなくニッポンの布地の美しい模樣と色の誘惑であらう。また、その上に、ニッポンの女の着物は中々姿がいゝ。兩方の袖が長くたれて帶を高くしめた姿は、上の方に重いものがあつて、下はその割合に輕い釣合である。スカートが下に廣がつた西洋の服に比べて不安定な感じである。それはよく若い女の感じに合ふのであらう。ニッポンの女の着物もまことに捨てがたい趣きがある。ニッポン趣味だと笑はれてもしかたがない。私は女房にはニッポンの着物より外のものを買つてやつた事がない。

今は非常な時である。非常な時には非常な時らしい着物を着て、男も女も大いに働いたらよからうといふことは誰でもすぐ考へることで、まことに尤も千萬である。そのために近頃新しい着物が出來た。それには男の半衿趣味にあたるネクタイが使はれない。強いて使つても似合はない。そして靴はどうしても履かなくてはならない。背廣の洋服でチョッキを着ずに、ワイシャツのボタンを一つはづして衿を開いてゐれば、その恰好は下駄をはいても相當似つく。私も勞働する時はさうしてゐる。しかし國民服に下駄をはいた姿は滑稽そのものである。誰もそんな事はしない。誰もひでエー面をして水虫を我慢して靴をはく。今は非常時であるから着物に飾りのない事に不平は言はない。飾りなど考へてゐる時でない事は誰もよく知つてゐる。たゞ私だけの希望を言へば、もつと風通しがよくて、そして下駄をはいても似つくやうな、そして大いに活動の出來るやうな着物がほしいのである。

○

居は氣を移すやうに着物も氣を移す。この非常な時に派手なゆかたの夕涼みなどと洒落やうとは誰も思はない。活動服が新たに出來て、それを着て朝から晩まで大いに働かうと誰も思うてゐる。今新しい活動服が出來たことは私はまことに贊成である。そしてそれを國民の趣味がだんだんと發達させていつて、最後にまことにニツポン人らしい活動服、ニツポン人の趣味や趣向によく適つた活動服に落ちつくであらう。私は新しいニツポンの着物を作るといふ試みに大いに期待を持つてゐる。そしてその完成をむやみに急がず十分に國民に考へさせたいのである。

（筆者は文學博士）

泰國と國民服

泰國ピブン內閣が、新しき泰國をして、あくまでも日本と協力し、外には大東亞戰爭の完遂に邁進し、內には戰時體制を强化せしむるため、その根本問題たる衣食住の改革に最善の努力を拂ひつつあることは注目せねばならぬ。衣服の問題についていへば、未だ外形的な調整を企圖してゐるに過ぎないが、當局者間にわが國民服についての關心が高まつてゐることは見逃せない。その一例として、先ごろ訪日使節團を率ゐて我國に來たピヤ・パホン中將がバンコックに歸つて寄せた手記のうちに、「街で見かけた人の中には新たな國民服を着てゐる者もあつたが、あれは中々便利で輕快に思はれた」との一節がある。パホン中將を案內してゐた人が、正規の國民服を着て居られたのを思ひおこして、我々は當局者が國民服を着用する時は必ず正規のものたるべきを希望してやまない。ネクタイを附け、ソフトをかぶつて國民服を着たつもりで居られては、制定の精神に反する譯である。（三）

南方の女と腰衣《サロン》

繪と文　山尾薫明

常夏の國、綠の世界での服裝は大自然に支配されてゐる。薄物の上着とサロン、半裸にサロンが一番自然である。日本着物に付帶姿の日本女を南洋で見た時、暑さうで見てゐる方が氣が氣でない。胴體の長い日本女には帶は自然に其の缺點をかくしてくれてゐるが、今少しなんとかしたいものである。

南方を通じて色とりどりのサロンは一般に使用されてゐる。日本人が初めてサロンを見た時、なんだこれは腰卷だと一寸言ひたい所もあるが、其の下にはちやんとパンツを使用してゐるから西洋人のスカートにも近い。

私などは氣が早い方だから南方民族と大和民族との血のつながりをサロンで關係付けることが出來やしないか等と考へたこともあつた。それはとにかくサロン姿は涼しいものである。

原住民が使用してゐるサロンの種類には木綿、絹織物、金絲銀絲織物がある。なんと言つても本場のジヤワ更紗のサロンを思ひ出す。

マンデ（水浴）見るのは男の恥だと最近の新聞で讀んだが、まつたく、原住民は一日幾度でも水がある所、河でも堀割でも、水浴してゐる姿を見ることが出來る。つとめて見ようとしないで

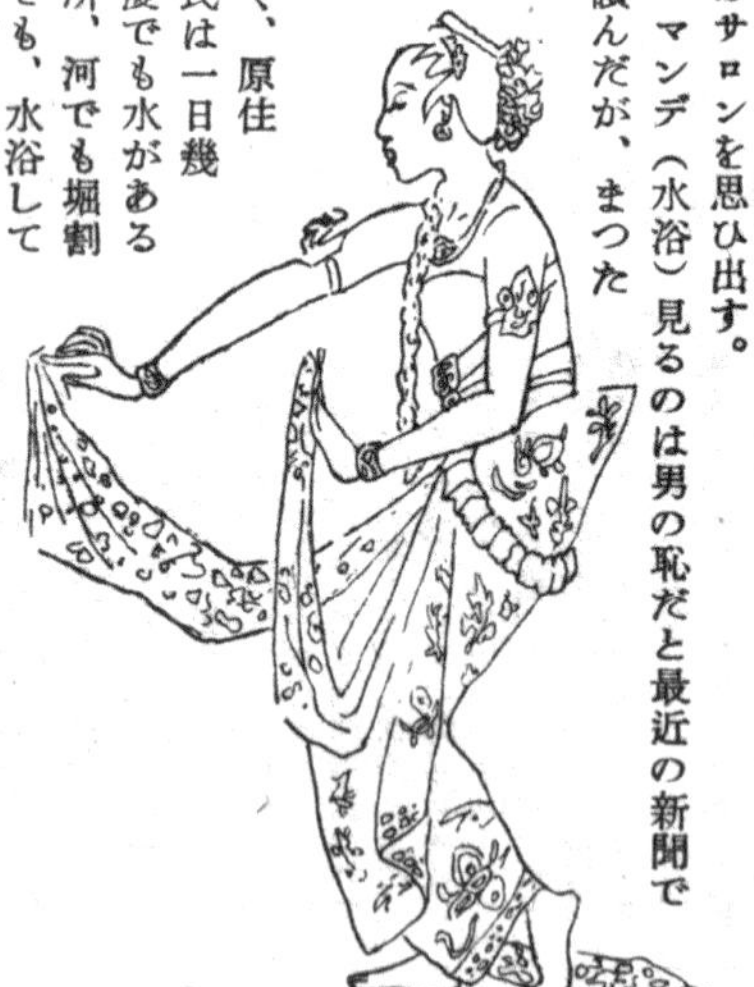

も自然に目に映じてくるのである。此のマンデーの時、サロンは大事な役目をするのである。サロン姿で腰まで水にひたり、おもむろに胸から首まで水が來た場合にサロンは頭から拔き取られるのである。一日に二度も三度も水びたりになるサロンは色彩のあせない植物染料で染めた蠟染更紗が一番である。歐州物日本物の化學染料のサロンは殘念ながら見るにたへない色合になる。

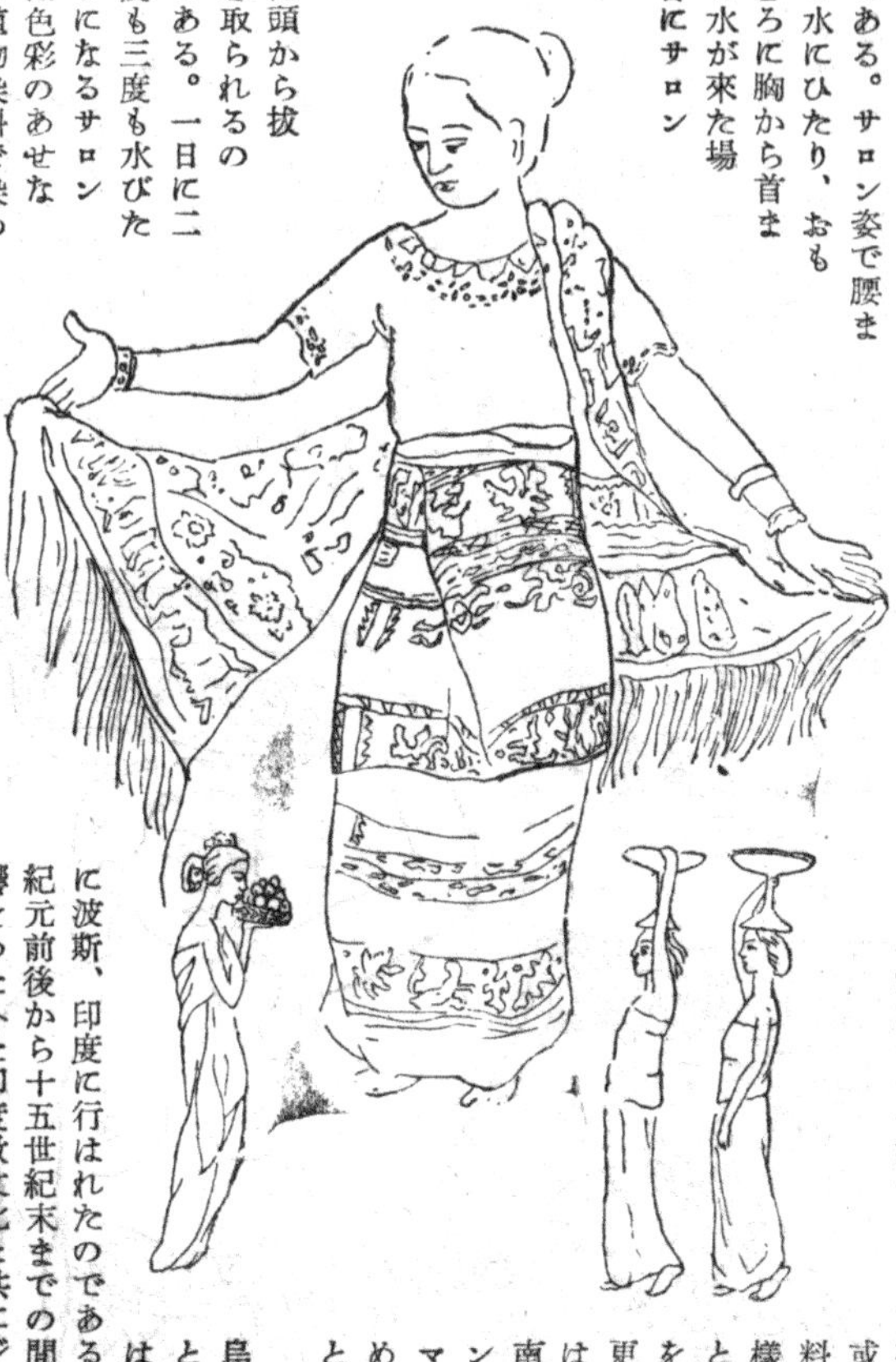

此の蠟染更紗の製作として綿布、密蠟、チャチン筆、或は銅骨押型、各種の染料が用ひられる。描畫文樣は動植物の便化を主體とし幾多の唐草裝飾文樣を加へてゐる。今日蠟染更紗の行はれてゐる地方はジャワのみであるが、南部スマトラ、パレンバン地方にも行はれた。スマトラ更紗は十九世紀初めパレンバン王朝の衰滅と共にあとをたつてゐる。

蠟防染は我が國でも飛鳥、天平時代から﨟纈染としてあつた。此の方法は二千年以前の古い時代に波斯、印度に行はれたのである。東印度に於ては西歷紀元前後から十五世紀末までの間に東印度に强大なる影響をあたへた印度敎文化と共にジャワに傳播せられたことは殆んど疑ふ餘地がない。然し發祥地では片染法であ

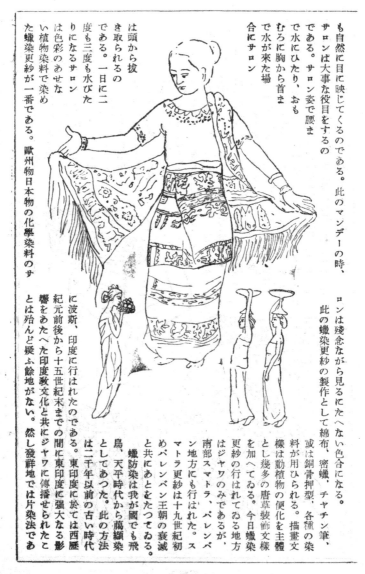

つたが、ジャワの蠟染は技術的に困難な兩面染を發見したのはジャワ人の持つ民藝の珠玉である。サロンの中には金箔を置いた印金も古くから行はれた。保存の善い古い印金のサロンは絢爛華麗な色彩の中に古雅掬すべき味を潜めてゐる。此等の印金は舞踊用の衣裳か婚禮儀式用の被衣である。今日遺存するジャワの印金更紗を見ると主として蜀錦風文樣の上に同一文樣の箔を置くか、地文樣と關係なく二重蔓牡丹唐草、或ひは寶相華文樣を一面に置いてあるものと草花小禽文樣の輪廓線に金泥で描いたものがある。バリ島の印金、パレンバンの印金は絹地が多い。

我が國では南方民族の腰衣と知つてか知らないでか繪の表裝に珍重されてゐるのも面白いことである。茶道間にやかましく言はれてゐる太子間道風の絣織並に縞物は啻に廣東產縞物ばかりでなく、南海諸島の縞物サロン布が多く使用されてゐる。一國一城と交換した大名物名器の仕覆が原住民の腰卷布や、肩掛布と同一織物であることは躊躇なく言ふことが出來る。後朱印船のたわむれかそれとも茶人の見識か、一寸面白いことである。

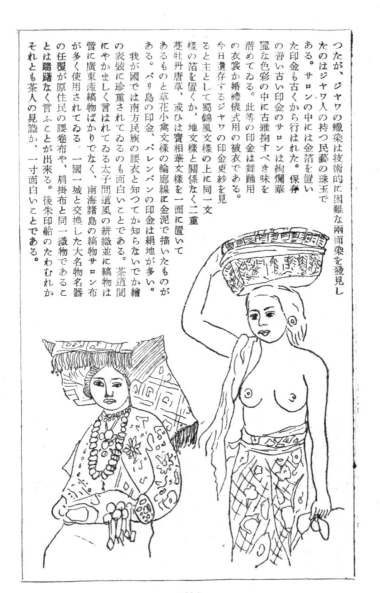

食糧増産に—

起ち上る日本農村

荒井新

・部落共同體・

最近農村に於ては生産部面に於ける部落の共同化が眞劍に叫ばれてゐるが、これは戰時下農業増産をしとげるための一手段にほかならない。だが部落の生産活動の一部だけを共同化してみても何にもならない。共同作業も共同炊事も或は土地の交換分合などもみな一貫したつながりのもとに考へられることがらなのである。長沼部落はさうした意味での模範的な部落共同體制をつくつてゐる。部落戸數十八戸（自作農三、小作農七、自作兼小作八）耕地面積二十二町歩といふ恰好な條件も與るところがあつたであらうが、そこにはよき指導者と部落民のをしみなき協力の精神があつたからである。

　長沼部落はその名が示すやうにもとは一年中だぶだぶと水が波をうつてゐた濕田の地であつた。そのうへ部落の裏を流れる玉川が年々氾濫して收穫不定となつて或るときは離農する者、或は轉業の者をみたといふのであるが、玉川の改修と耕地整理も完成し、そののち、全耕地二十二町歩の暗渠排水が縣の補助と地主、小作人との協力で行はれ、今では二毛作の立派な乾田となり、かつて段當五俵の收穫が今日では七俵以上の成績を擧げてゐる。

　しかもこの部落では共同作業や耕地交換等によつて農業經營を合理化して餘剰勞力を他へ振りむけてさへゐるのである。共同作業は昭和十五年秋期刈取りから初めて今では田植、刈取り、麥播き、麥刈り、脱穀、調製等すべて共同でやつてゐる。共同作業をすゝめて行くに當つて色々の問題にぶつかつた。なかでも雜多な品種や耕地の散在は最も能率に影響を及ぼすのであつたので、これも品種の統一と耕地の交換できりぬけたのである。一口に耕地の交換と言つても、これは農民にとつては容易に出來るものではない。農民ぐらい自分の土地を愛し、先祖からうけついだ土地に強い執着をもつものはない。而るにこの土地をお互に交換し合つて一人の耕作地を一ヶ所にまとめて能率をはかるのが交換分合なのである。長沼部落は全部落の交換分合を完了し實に八町七反歩を交換し合つたのである。この部落の共同作業が徹底して相當の增收をみてゐるのも部落の人々のかうした理解と協力があるからなのである。

その他春秋二回の共同炊事や、發動機、電動機、脫穀機、籾摺機、米撰器精米機、俵締器、藁打機等の農機具の共同使用も合理的にやつてをり、共同作業場の階上を集會場にあて冠婚葬祭の式場に用いてゐる。

共同作業がうまくいくかどうかは全く部落民同志の協力と相互の理解が最も肝要である。例へば勞力支出の計算などで勝手な不平をならしたのではとても圓滑にゆくものではない。長沼部落では老人も女も、子供(十五六歳位)もみな一樣に一日の日當一圓五十錢で誰一人不平を言ふ者もない。かうした全體一致の共同精神が今日の長沼部落をつくつてゐるのである。

・機械化の村・

筑波村ははやくから高倉テル氏等によつて紹介されて機械の村として餘りにも有名である。村の熱心な指導者である前橋新八郎さんは六年前に村長になつてから、斷然村の改革をやつて今では耕地整理も全村完了してゐる。そして農業經營を合理化するために蓄力の利用と機械化を非常な努力を傾け前橋さん自身も前橋式クレこわし機や麥刈機等を考案するなど全村の機械化を計畫して今日では耕作、取り入れ、脫穀、調整等すべて機械と畜力を利用し共同作業も非常に能率化したのである。

今では共同耕作地八十町歩と十二ケ所の集團農地があり、二十部落が機械を利用してゐる。每年梅雨どきにあたる麥刈りを能率をあげるためにも、今後は牛一頭引きの機械で全村の麥刈りを行ふといふことである。この機械による麥の刈りとりに就て前橋村長と高倉テル氏との對談(中央公論四月號)「日本農業の進む道」での前橋さんの言葉がよくその事情を説明してゐるから引用する。

「小麥は六月二十日から三十日のあいだに刈りとりますが、ちようどツユの眞中です。共同かりとりは適期かりとりですから、同じ一町でも、ある人のは八反かりとり、ある人のは六反かりとり、またある人のはまるきり手をつけなかつたと云うようなことになつてここから大きな不平が生れます。……これは刈りとりをキカイでやつて能率化する以外に道がありません。こんど使ひます刈りとり機は、馬一頭びきのドイツ製のリバーで一日一町二反から二町ぐらゐの刈りとりが出來ます。人力だと、一日一人一畝ぐらいしか刈りとりができません。このキカイによれば、雨間を利用して完全に刈りとりが出來ます。こうして、一度に刈りとつて一度に共同脱穀してしまひます。……こうしてツユの害をさける方法を完全に解決して初めて共同作業の道が開けました」

機械による麥の刈りとりは今までの人力と較べたなら能率に於て格段の差があり、これが成功すれば日本農業技術に大きな功績をのこすわけである。まだ麥の播きはばや、機械用刈りとり後の脱穀等に種々考察するところもあるようであるが、とに角經營の合理化や技術の改良に熱心な指導者前橋さんを村長にいただいてゐる筑波村今後の農業經營には刮目すべきものがあらう。

・愛育村・

愛育村の名で知られてゐる高部屋村は丁度松川村と背中あわせになつてゐる。農家戸數五八一、（自作九三、準小作一五六、自作兼小作三三二）水田八八町、畠四五〇町歩を有する村であるが、比較的丘陵の多い地勢の關係で機械化が行はれ難いとは村の農會技手小澤氏の言葉である。だが共同作業も漸次すゝめられて田植、刈取り、麥刈り、脱穀、苗代はみな共同作業でやつてゐる。

この村では早くから村の保健施設に留意して愛育會の協力を得て愛育保健館をたてた。この保健館は五、六、十十一の農繁期には村の共同托兒所となり、常置の二人の保健婦は、農繁期以前には常に部落を巡廻して姙産婦の指導やその他一般の保健に就て相談相手となつてゐる。昭和十四年度の巡廻回數をみると

姙産婦八二二、乳幼児一三三九、一般三二一

となつてをり、この施設以前の昭和九年の乳児死亡率は一四・七五％で、施設後の昭和十四年度ではそれが六・七五％となつてゐるのをみても、村民の保健教育に相當の効果があつたことがうかがはれやう。

（筆者は元大政翼賛會文化部員）

「本稿は筆者荒井氏が翼賛會在職中本年春から近縣の農村を視察された報告であります。卷頭グラフ「戰時下農村の點描」に本文の一部を解説として附しましたから御參照願ひます」

＊　＊　＊

風俗時評

森口多里

乗物道徳

電車のなかに乗客に對する注文の言葉が掲げられ、その一項目に、元氣な人や學生々徒は立つてゐるやうに、とある。

これを讀む度毎に私は隨分前に讀んだ小説を思ひ出すのである。作者はたしか有馬生馬氏であつたと思ふ。二人の友人が久しぶりで偶然電車のなかで出會つて坐席に腰をかけるそして顔を見合はせて「お互年をとつたね」と一人が云ふ。微笑しながら云つたこの言葉の意味するところのものを、他の一人は直ちに理解するのである。彼等は曾て留學してゐたパリでの風習を思ひ出したのである。パリでは若い者はバスのなかで立つてゐるのが粋だとされたのである。だから兩人が東京の電車のなかで早速腰かけたのを、年齢のせいにしたのである。

そこで思ふのであるが、唯單に「若い者は立て」と云はないで、若い者が電車のなかで腰かけてゐるのは野暮だよ、と呼びかけたらどうであらう。若い者や學生々徒の方でも、腰かけるのを何か道徳的に悪いことのやうに思つてゐるよりも、立つてゐるのが粋なんだよ、といふ感情で立つてゐる方が氣持がよいにちがひない。また事實、電車内で制服制帽の青年男女の腰かけてゐる姿は大へん野暮くさく見え、立つてゐる姿は相當粋に見えるのである。

パリ市内のバスは大型で、乗降口は後方にあつて、そこはバルコン風になつてゐるので、そこに立つてゐるのは展望臺に居るやうで氣持のよいものである。東京のバスは小さくて低いので、立つてゐるのは若い者でも相當苦しいが、電車のなかでは元氣な青年男女ならば立つてゐるのは何ともない筈だ。若い者よ、意氣であり給へ。

とかく、老人側でも反省を要することがいろいろある。或日のこと、洋装のお婆さんがはいつてきて、車内を見まわして坐席が空いてゐないと知るや、席を要求する氣持をはつきり身振りに現はして、一人の青年の前に立つた。おとなしさうな青年は默つて立つた。洋裝婆さんは早速そこに腰をおろして、直ちに小型の本を取り出して讀み始めた。私の隣席だつたので、何氣なくその本を見たら、それは聖書であつた。

　社線の終點驛でよく見かけることであるが、發車間際の電車に大急ぎでお婆さんや子供連れの婦人が乘り込んできて、坐つてゐる人を立たせることがある。僅かの間待ちさへすれば、次ぎに出る電車に乘つてゆつくり腰がおろされるのに、特別急ぎの用事がありさうもない老婆や婦人が、それを待たうともしないのである。これは恐らくこの種の女性は理性を缺いてゐて、手の先にあるものは取つて食へ、眼の前にある車には直ぐ乘れ、といふやうな心理に、發車間際の電車を見た瞬間、衝動されるからであらう。

　かういふ衝動には私共も往々驅られることがあつて、特別急がなくともよいときに電車を見て驅け出すことがある。さういふときに私は或有名な歌舞伎俳優の言葉を思ひ出すのである。この俳優はもうこの世に居ないが、どんなことがあつても驅け出して線路を横ぎつたり、急いで電車に驅け寄つたりはしない習慣をつけることに努めたと、生前話してゐた。これを私は新聞記事で讀んだのであつたが、このやうな努力もまた一の立派な修養であると云つてよい。この俳優はこれを自己一個人の修養と考へてゐたのかもしれない。しかしこれは市民としての公的修養と考へられなければならないものである。私などは、省線電車の影を見てついプラットフォームを驅け出す癖が出やすくて困る。さういふときはこの俳優の話を思ひ出して自己を制することにしてゐる。

　電車とちがつて汽車の旅に於て席をゆづるといふことはなかなか困難である。曾て汽車のなかで席をゆづる人がなかつたので、立ちつくしてゐた傷病兵が遂に病氣を重らせた。といふ記事が新聞に出て大きな社會問題になつたことがあつた。方々に乘客を批難する聲が起り、鐵道省役人までが新聞に投書して乘客を叱罵した。私はこれを讀んで憤慨した。但し鐵道省役人に對して憤慨したのである。

　鐵道省役人は乘客を批難する前に業務自體を反省すべきであつた。汽車は比較的短距離の電車とは異ふ。鐵道省では、傷病兵に席をゆづる乘客がなかつたといふ悲しむべき事實に直面したならば、乘客を批難するよりも、傷病兵が安易に席に着くによいやうに特別豫約席を設けるとか優先入場を許すとか、何かした特別の方法を講ずるやうに努めるべきであつたのである。

電車内の道德はなんと云つても東京市民が優れてゐるやうである。私の家は或社線に沿ふ新市内に在るので、この社線を利用して舊市内に出るのであるが、社線であるから勿論遠方の郊外地まで延びて居り、日に何回かはこの遠方まで直通の電車が走つてゐるわけである。そこで舊市内に出るとき偶々この遠方からの電車に乘ると、乘客の態度は全く異ふ。乘客は恰度汽車に乘つて旅してゐるときのやうな氣持で、坐席をゆつくりとつて、或ひは身體を斜めにして疊の上のやうに坐つてゐることさへもあり、舊市内に近づいて乘客が混んできても、自發的には決してこの態度を變へないのである。

せんだつて、市内電車に乘つたら同じやうな態度で腰かけてゐる三人連れの學生があつた。その一人などは隣の同輩の背に手をまわし、その固い拳が同輩と私との間にのび、私の横腹に觸れて不愉快であつた。そこでよく氣をつけてみると、三人共地方から修學旅行か何かに出てきたらしい師範學校の生徒であつたことが、その帽章によつて分つた。

これらの人々に較べれば、都會地の乘客はまだよいのであつて、願はくば青年男女の方々よ、これに加へて車内では更に「意氣」であれ

夏の國民服

洋服についてはこの前に「風俗私見」で卑見を申し述べたが、最近新聞の投書欄に暑中の男子服として國民服丙型を公式に制定してほしい、といふ意見が出てゐたので、再び感想を書くことにする。

婦人の洋裝が薄くて輕快で、いかにも夏向きであるのに對して男子の背廣は、上衣一枚が夏羽織と同じやうに餘計のやうに思はれて暑苦しいのである。しかも、人前で上衣を脱ぐのは禮にそむき、或大會社の如きは夏でも上衣なしで廊下に出るのを禁じ、曾ての歐洲航路の汽船では食堂に出るときには必ず上衣をつけることになつてゐた。

これは勿論洋服の場合には上衣をちゃんと着てゐるのが、儀禮だからである。つまりこれは歐洲の儀禮で從つて歐洲の背廣を身につけた場合の儀禮ともなつたのである。そこで夏期に於て若しこの儀禮から自由にならうと欲するならば、先づ背廣の着用から自由にならなければならない。

しからば背廣を廢して何を代りに着ようといふのか。この疑問に對して私は女學生の校服を見よ、と答へたい。

女學用の校服は、襟がひらき、袖は或ひは半袖、或ひは手頸でボタンで留め、その上に何も着る必要がない。バンドはつける必要がなかつたと思ふが、他は實に夏向きで男性にとつては羨むべきものである。

私は、この女學生服の上衣をそのまゝ男性の夏衣にした方がよいと常々考へてゐるものである。女の服を男が着るなんてをかしいではないか、と云ふ聲が當然發せられるのであらうが、それは洋服の觀念に囚はれてゐるからであつて、和服に於ては男女の間に根本的な差異がないではないか。

丙型制定に賛成

私案では、襟をひらき、袖を手頸のところでボタンでとめる様式は、そのまゝ女學生服を踏襲してよいのであつて、その上に更に上衣を重ねないのである。但しスカートをはくわけにはいかないから、從來通りのズボンをはくのである。女學生の場合には不必要と思はれるバンドを、男子服には特につけてもよい。或ひはワイシャツのやうに裾をズボンの下に入れてもよい。

頸をしめるネクタイ、暑さを增す上衣、そのやうな背廣から紳士は解放され、上襟をだらしなくはづした詰襟服から車掌さんや學生々徒は解放され、かくて暑中の活動に最も適した服裝が與へられるのである。

しかし、そのやうな服裝を、一人が着て歩いたのでは人々から異様の目で見られるのにきまつてゐるから國民服と同じやうに公式に決定して普及されなければならない。

日本の家屋は元來解放的であるが夏期に於ては益々解放的になる。濕氣を伴ふ暑熱のはげしい國にあつては、解放的にせざるを得ないのである。

しかるに男子の洋服だけが、背廣にしろ、詰襟服にしろ、全く非解放的であるのは、氣候風土に適合したものであると云ふことが出來ない。開襟ワイシャツと稱する中途半端なものよりも、全く背廣の上衣を追放することが、わが國の夏期の氣候風土に適合してゐる。この意味に於て、私は國民服丙型の制定に賛成するものである。

社會時評

戰時貯蓄動員

例の戯作家、十返舎一九《じつぺんしやいつく》が「儉約と吝《りん》嗇《しよく》とは、水仙と葱《ねぎ》の如し、その形等しけれども吝嗇には、惡《にく》むべき臭《くさ》みあり、儉約には愛すべき花あり」と味なことをいつた、少々くさくても葱的になることを今日の時局は國民に求める。今年だけで二百卅億圓を必ず貯め込まうといふわけだ。二百卅億といへば、十圓札を縦に列べると東京から昭南島まで十八回往復の長さである、この札のむしろを國民の一人々々に敷いて貰ひたいのである、この道こそが完勝への一本街道である、資金計畫の大半を貯蓄に背負はせるからだ。そこで翼賛會は「戰時貯蓄動員中央協議會」を開いて、各界代表のお智慧拜借と出た、その際(一)まづ生活指導から始めて貰ひたい。(二)方々から貯蓄の命令や依頼がくるので、全く混亂狀態に陥つてゐる。貯蓄の奪ひ合ひや競爭もあつて、それが國民をおぢけつかせてゐる。(三)なぜ貯蓄が必要か、もつと分りやすく親切に國民に呑み込ませて貰ひたい。(四)職業々々に依つて便宜の方法を講ぜよ、例へば農家なら穀類や芋、薪などでなら左程苦痛ではない、等々の智慧が出た。

誰に教へられなくても、貯蓄をしたい才覺や責任感は相互に持ち合せてはゐるものゝ、何しろない袖は振られぬ連中も多いことであらう。しかし一方では幸ひ財政支出が増加するにつれて起る還流資金が、どん／＼流れ込んで、ふる袖が長すぎる向も、なか／＼に多いから安心である。その流れ込み先は政府が一番よく知つてゐる筈だ。そこをきゆ／＼押せばいゝわけだ。勿論政府から現金の放出を受けた場所にそつくり金が止まつてゐるわけではない。流れ／＼て全國民の懐に抱へ込む量も相當であらう。だから一應全國民相手の貯蓄奨勵といふ筋は通さねばならぬ、だからといつて押す急所を外しては、二百卅億の貯蓄は容易なことぢやない。今回の貯蓄の重要さは斷じて單なる精神運動に終つてはいけない、あくまで實效をねらわねばならぬ。そのためには、もつと鋭い、きびしい手段がとられてもいゝ筈だ。政府は急所を押すことを充分心得てゐるであらうが、押し損ふと貯蓄達成が出來ぬばかりか、國民生活の規格化が進行するにつれて、個々人の自由な贅澤が許されなくなれば、なるほどこのまぬかれて恥なき金は、執念深く闇をつくる惡戯をする。まぬかれて恥なき金が、いかに多からうとも、國民はない袖でも器用に振つてみせる覺悟と熟情を持ち合せてゐる——二百卅億貯金、わしの村では少ないのに、びつくりしてゐますよ、卅四年前村長になつてから結婚、入營、出産等あらゆる機會に節約して、七割まで不在地主のものであつた田地を村へ買ひ戻した上、貯蓄も二百萬圓になつた、わしの村のようにすれば二百卅億位、わけないぞ——と實踐を說いた例のわらじ村長で有名な宮城縣志田郡鹿島臺村長鎌田三之助翁(八〇)の心意氣を全日本國民のものとしたい。

　貯蓄力の源泉は、國の綜合的經濟力もさることながら身近かな話、國民所得額に從つて國民生活のあり樣にあるわけだから政府も(イ)物價が釣り上らぬよう(ロ)闇がのさばらぬよう(ハ)配給がもつとうまく行くよう(ニ)困苦缺乏を享ける光榮を公平に分配するよう、(ホ)何事にせよ常識的な疑ひや迷ひが人々の胸に巣つくらぬよう、もつと〳〵本腰を入れてやつて貰ひたい。實際の話勞聯の調査によると、子供三人(何れも國民學校生)の都市生活費基準は百四十八圓十九錢となつて、相當のもの入りであることも同時に深甚の考慮を願ひたい。われ〳〵としても近松門左衞門の博多小女郎浪枕の長者訓にいふやうに、鼠の尻尾もキリの代用と考へる程氣を使はなくとも水のない井戸は梯子の置場位の智慧を働かせて生活を合理化、計畫化すべきだらう。元來日本人は「江戸者の生れそこなひ金をため」と川柳が氣前をみせる程に、金をためることを氣まり惡がる風がある。これは金錢を汚ないものと觀ずる朱子學を治國平天下の教書とした德川幕府の教學政策の影響にもよるらしいが、御本尊の家康は、澤庵の漬け方まで文句をいふ位の猛烈な始末屋であつた。貯蓄奬勵を政策的に取り上げた元祖は吉宗將軍だ。田沼意次時代の積極政策による幕府の財政窮乏を救ふためには當時の落首に「吉宗は乞食に似たり、尾張(宗春)は天下(將軍)に似たり」と乞食扱ひにされても貯蓄々々と號令せざるを得なかつた。この點貯蓄好きの今の藏相賀屋君よりも實踐的に徹底してゐたらしい。吉宗以上に政府も國民も徹底することが今日の切實深刻は國家の要請である。日露戰爭の戰費は十五億圓であつた、うち八億圓は米、英から借りた。米、英は戰ひつゝある敵だ。徹底的に打倒すべき敵だ。一錢と雖も自力本願で調達せねばならぬ。實際日本の經濟的自力は底知れず强い。今日まですでに四百七十億圓の戰費を調達し、これからもいくらでも調達し得る自力を持つてゐる。しかしこの自力は國民の寸毫も迷はざる心と愛國に徹した協力から生れる。國民悉くこれを知る。だから政府も國民に對して——孫の手の痒いところへとゞきすぎ、足の裏まで搔きさがすなり(吉宗時代の貯蓄奬勵を冷かした狂歌)的の世話の燒き方をせぬ方が却つて貯蓄の成績は擧るといふものだ。

江口榮治

讀書

衣服の科學

中田虎一
氏家壽子 共著

最近ジャーナリズムが科學といふ言葉を濫用した結果、その本質から遊離して少しでも縁のあるものに對しては名付けて何々の科學といふやうになつた。この書などもその好例である。これは現代服裝史ともいはれるべきもので、日本古代の服裝から說き起し、現在の服裝の意義とその用法に就いて述べてゐる。

この書の大半は、今日行はれてゐる服裝の全般に亘つて相當詳細な說明がなされてゐるところが面白い。先づ衣冠束帶、十二單衣の着用法から始つて、洋裝の禮服から、丹前 浴衣に迄至つてゐる。著者は儀禮を重んじる立場から殊に禮服、喪服に就いて相當な項を設けてゐる點、服裝常識として參考になるであらう。

後半は國民服に就いて述べてゐる。男子國民服は着用法と、その裁斷法が圖解されてゐるところは親切な書き方であるが、裁斷に示されてゐる寸法が吋を用ひてゐるのが不審である。これは公表されたとき吋なのであつたかは知らないが、尺、寸で示された方がより一般向きではないであらうか。

これから制定される婦人國民服に就いては、その諸條件を述べ、參考として二、三の例を擧げてゐる。

附錄として織物の纖維と、その性質に就いての說明があるが、これはなくもがなである。最後に衣服の取扱ひ方として、日常着用する折の注意や、汚れのとり方、四季の變化に應じての取扱ひ方法がのせてあるが、むしろかうした實際に適した技術についての說明が、もつと多く、くわしく述べられてゐる方が、本書の目的にかなふのではなからうか。

ともあれ表題が示す內容とは異つてゐるが、これからの服裝の常識を得るには一應役に立つものである。

（科學主義工業社版 定價二圓五〇錢）

名ごりの夢

今泉みね著

明治維新といふと、政權の移動による社會の動亂や、經世の志士の幾多の事蹟に就いては 歷史家の手に依つてあますところなく調べられ、硏究され、私達も亦その時代に就いてははつきりとした認識をもつてゐると思つた。ところが「名ごりの夢」と題されて出版されたこの本をみると私達の認識はあの時代の公けの面に就いてであつて、わたくしの面に就いては何等知つてゐなかつたといふことがわかる。それは恰も人間の行爲の面に現はれた形を知つて、その眞實の人間の內生活を知らないと同樣であつた。

名ごりの夢は、八十になる老女が御維新にあつた十三歲までの思ひ出を主に綴つたもので、その生家である蘭法外科醫で代々將軍の侍醫であつた桂川の人々を中心に、思ひ出は或ひはお濱御殿に遊んだ幼い日や、又は、若き洋學者たちに守されて、おらんだ唄を歌つたりするなどやかで愉しい生活に移行する。

おばあさんの飾氣ない昔話

ではあるけれど、名門に生れしかも明治文化の先覺者である福澤輸吉や、新聞雜誌の創始者の柳河春之、又は成島柳北、化學の先驅者の宇都宮三郎等々錚々たる新文化人にとり圍まれ　軍艦奉行として感臨丸に乘つた木村攝津守を叔父にもつなど、當時の最新文化圏に呼吸したこの著者は、驚く程の記憶力と　豐かな内容を、やはらかい調子で語り聞かしてくれる。

これをよむと明治文化はひとり幕府を倒した人々の手によつて建てられたものではなく、それ以前に蘭學の研究にふけり、ゾーフハルマといふ和蘭の辭書を刊行したりする桂川の一家の如何に知識人であつたか、又はそうした雰圍氣の中から養成された有爲の人士の生々とした人間味をこの書に始めて味ひ得た。

はじめは「維新前の洋學者たち」として、ひとりひとりに就いて、性格の特徴や、遊んだ思ひ出が語られてゐる。殊に宇都宮三郎や柳川春之のおどけた唄や踊りが、目に見えるやうに表現されてゐるが、その唄の文句などをよむと、大低和蘭語のしやれでこの外、本書にはいろんな唄がのつてゐるが、和蘭語か英語まじりである。かうして遊ぶのにも外國語まじりの書生氣質の一面、人には傳統の中に根生へたやうに生きてきた「桂川家の人々」として話されるものは、舊い德川時代のしきたりを守つた物固い舊家の想ひ出である。芝居に出てくるやうな武士の日常が語られ、「恐悅至極」などといふ言葉を普通に言つてゐたのを讀むのも實話であるだけに夢のやうな感じがする。昔の隅田川の美しさ、藝者の粹なこと、兩國の川開きの思ひ出など、話題は盡きない。

この書には、かうした想ひ出のことごとに、寫眞や筆蹟や、又は漫畫やよせ書など實にふんだんにのせてある。これは話の參考にもなるし、又これだけ見ても趣が深い。自分の寫眞に1875と西歷でサインした宇都宮三郎の寫眞や化學の實驗のノート、アメリカで撮つた福澤輸吉の髷姿、裏面には瀟洒な英文で桂川宛になつてゐる。その外、桂川一家のローマ字の名刺と並んで、その持主の立派な丁髷姿の寫眞がたのしい。又は著者の描いた一筆畫の漫畫は洒脫でどうして大したものである。中にも、老中や、奉行様が三人集つて撮つた一葉がのせてあるが、ものものしい筈の人達が、私達の目から見ると隣組の記念撮影のやうで、若い老中は粹で苦味走つた兄んちやんのやうに、片足組んで腰かけてゐる。珍らしい貴重な寫眞が多い。

最後は沒落後から結婚に至るまでの物語で、江藤新平や副島種臣と同志であつた今泉利春と結婚した。夫と共に關つたそれらの志士についても物語られてゐるが、個人的な日常生活にはふれてゐないので、味ひは半減する。

この書はなつかしい昔物語であると共に、當時の文化人の生活を知る大切な文獻でもある。短い一章がよく纏つてゐて、口語調のやはらかさ言葉のしつとりとした具合、文學的に價値あるものである。

終りに關係人物略傳として悉しい註釋があるのは讀者にはよき參考となるであらう。

（長崎書店版　定價二圓五〇錢）

タイの踊子

民族舞踊と衣裳

眞木小太郎

舞臺衣裳の生命

自分達は毎月或ひは毎週ごとに變る劇場の演《だ》し物に應じて、それに必要な舞臺衣裳を、調へるとゆう仕事をやつて居る。勿論衣裳の數も種類も演し物次第なので、臺本が定まつてから、初日までの比較的短時日の間に必要な全部を揃へなければならないので、貸し衣裳店にあるものは損料借りするし、無いものは、コチラで設計し、材料を集めて、製作してゐる。始めてから隨分と、長い事になるので、ウチで作つた衣裳も倉庫一杯になつて了つた 纖維統制などになる以前から、これ等の衣裳は、アリモノと稱されて、相似型ならそのまゝでも、染め直しなどは勿論の事部分的に改造されたり、或ひはつぶされて、材料として、新しい衣裳に作り直されたり、何度となく舞臺を勤め最後にボロボロとなるや、スナツプやフツクなど、すつかり取り外づされて遂に華やかな一生の幕を閉ぢる。

戰時下銃後國民への健全な娯樂が必要な事は、旣に論議の餘地ない事だろうが、これに要する資材の消費については、吾々も出來る限りの節約を實行し、新しい材料をなるべく裁らずに何んとか工風して、效果的な、新鮮な舞臺衣裳を作らんものをと心掛けてゐる。

ジャズに代る民俗舞踊

舞臺の上からは、もはやアメリカ式なジャズや踊など、驅逐され、それに替つて、東洋的な日本的な、要素だけで組立てられた、演し物が多くなつて大いに民族意識を喚起すべく、努力してゐるわけであるが、この內で民俗舞踊については、吾々も朝鮮から、琉球日向、薩摩、飛彈、北日本などと、各地方の民謠や、舞踊を研究し、編輯して、一つの曲目に纒めたり、又はこれを基本にして、その土地の傳說や、行事を舞踊化して上演し、大衆的な、健全な、樂しい觀せ物を作る事に成功して來た。

更に、大東亞共榮圈の國々の、民族舞踊に就いても、昭和十三年に日劇で東洋の印象とゆうのをやつて以來ずつと、關心を持ち續けて來た。

「東洋の印象」とゆうのは、當時、ジャバ、バリ、泰などの舞踊を、研究して踊られた、イトウ・テイコさんが御自分の、そういつた踊の發表會を持たれた直後なので、御願いして、伊藤祐二さんの音樂で、いくつかの、踊りを振付して頂いたものへ、其の外の地方の踊りや歌と組合はせて、作り上げた相當に骨の折れた演し物であつた。ジャバの處では、例の影繪芝居の惡魔退治の一くさりを、男の踊手が逆光線の效果で、踊り、その次には、スリンピをやるような頭に三角のギザギザのある金色の冠をつけ、赤い前にプロペラのような飾りのついたコルセツトみたいなものを胸につけて、サロンの片端を股間から後へ引きづつた、女の踊子が大ぜい帯にしめて垂らしたしごきを、ヒラヒラさせながらユラリユラリと踊つたし、バリ島の處では澤山の花を放射狀にさした冠で、胸へ金の花模樣の幅の狹い帶のようなものをぐるぐると卷きつけ、腰には原色の朱子地に、いかにも尤もらしい花模樣を箔押ししたサロンを卷いて、小さな扇子をもつて、妙に肩を怒らし乍ら、絶えず神經質に目を動かし、腰をやゝ後へ突き出して左右に動かしつゝ賑やかに踊りまわつた。

此の時使つた衣裳は、樣式化するような事をせず、出來るだけ本物の持ち味を再現しようと、まだ材料も豐富だつた頃なので、隨分と凝つて、うまく

ジャバの踊り

バリの踊子

模造——勿論舞臺的な條件の上で——、する事に努力した。

タイの踊子

此の時の泰の踊りの衣裳は、宮廷の踊子の着る、キラキラする先の尖つた冠と、肩衣のうしろの長いようなものと、金襴の前にひだをとつた部分の來る腰卷きとであつた。

チエンマイの月見踊

も一つチエンマイ地方の月見踊りは綺麗な朱子の横縞の腰卷きと、その上から半細のチヤケツトのようなものを着け、頭の左右から糸に通した花のコードを何本も下げるように作つた。

其の後、舞踊家の三橋蓮子さんと、演出の佐谷功さんとが、泰へ出張していろいろと研究して歸つて來られ今度は泰國の舞踊だけを纏めて泰國舞踊の試みといふ題名で公演した。

勿論、前の「東洋の印象」に使つた泰の衣裳はその儘使つたが、外に 胸の處をひと卷き卷いて 更にその布を片方の肩にかけて後に垂らすのや、長い布を、背中を中心にして胸の前へ持つて來て、それをX字型に左右の肩へかけて二枚ともうしろへ垂らすのとを始めて作つたし、例の泰で禁止になつたといふパヌンも、眞物のように作つた。

チエンマイの女

泰國では、パヌンをはく事を禁止し帽子を冠る事、靴をはくようにとお觸れが出て居るそうであるが、パヌンの姿は、日本のモンペによく似て居て、動作も自由で涼しそうだし、而も一枚の布で簡單に卷けて、スカートなどより甚だ南方的で、工合が良さそうであるのにと思はれてならない。幅一米位、長さ二米半位の布——本物は更紗などで——の長さの半分の處を腰の眞うしろから前へまわして、そこで一つ布の端で結んで、前へ餘つてゐる部分を適當にグルグルと卷き、それを股の間から後へまわして、先きの處をはさみ込んで置く。洗濯も簡單だらうし經濟的でそんなにみつともないものでもないし、一寸日本でも夏の海岸などで、女の子がボロシヤツかなんかの下へ、パヌンをはいてみたらとは考へるのだが、禁止になつた位だから何か他に大きな理由があるのかも知れない。

タイのパヌン

印度の舞踊家ゴパール

今から五年前、ラメリといふ女の舞踊家がやつて來て、日比谷公會堂で、民族舞踊を主としたプログラムで發表會をやつた事があつたが、其の時一緒に連れて來た、印度の舞踊家でラム・ゴパールといふ青年が居た。新聞評などでは、ラメリよりゴパールの方が評判が良く大いに期待されたといふやうな事でも、喧嘩別れの動機になつたのか、何かわからないけれど、兎に角、何かの理由でラメリは彼だけを日本に置いて、アメリカへ歸つて終つた。ゴパールは、一緒に連れて行つて與れると思つて居たのだらうが、獨りぼつちにされて終つたので、何んとかして發表會をやつて費用を作つて、アメリカへ渡つて一旗擧げる心算になつたのだが、持つてる衣裳だけでは足りないので、外に衣裳や小道具など必要な物を自分の處で作つてやる事になつた。

印度の踊り

さて衣裳も小道具も揃つて——音樂はレコードと太鼓とだつた——東京、横濱、神戸などで發表會をやつたが、ゴパールの青年らしい肉體的な魅力と、優美な踊り方とで、渡航費も出來たらしく、アメリカでうんと稼いで今度は金持ちになつて、日本に來ると云つてアメリカへ渡つて行つた。

大東亞戰に於ける日本の勝利は、彼の依存する米英を敗退させた。若し彼が今印度に歸つてゐないとしたら、何處で祖國印度の運命を聞き乍ら、何んな心境で踊つて居るのだらうか。

（筆者は東寶劇場衣裳部主任）

醫療

手指の消毒

夏から秋は傳染病の世界である。殊に今ごろから九月にかけての時期には消化器關係の病氣が多く發生する。そのうちでも多いのが大人の赤痢、こどもの疫痢で、近年はチブスもずつと增加して來てゐる。之等の傳染病は經口傳染病といはれるやうに、食物に病菌が附着してゐたのを知らずに食つて、それから發病するのが定石である。たしがつて、この豫防の第一は生物を食はぬこと、調理したものに蠅を近づけぬことが條件です。それと共に外出先から歸つた場合、外で物を食べる場合には、まづよく手指を洗ふ。

この洗ひ方も、嚴格にいへば一寸水で洗つた位では充分ではない。石鹼を用ひてこの洗滌力を利用し、手指に附着してゐる病菌を洗ひ落す。一層完全にはまづ消毒劑で手指を消毒してから後に石鹼で洗ふやうにするとよい。これなら完全である。このための消毒劑としてはクレゾール石鹼、フオルマリン石鹼液、キシレノール石鹼液などが推奬される。いづれも日本藥局方に收載されてゐる消毒劑で、その藥効については絕對安心して使用することが出來る。これを所定の二三十倍なり三十三倍に薄めて使用する。現在、地域によつては多少入手し難い場合があるかも知れぬが、量は少くとも一般藥屋には配給があるから一般は無理かも知れぬが少量づつなら分讓する筈である。

木炭灰汁の效用

木炭の炭は家庭の園藝肥料として甚だ有用なものだが、この灰を水に投じて得た上澄液も相當の殺菌力を持つてゐる。家庭での使用には一リットルの水に對し木炭の炭を一と握り入れて充分に攪拌し、よく澄むのをまつてその上澄みの水を用ひるのだが、實驗者の報告によると赤痢菌の場合は一寸ひたした丈けで死滅し、チブス菌でも二、三十分浸して置くと死滅するといはれる。病菌の附着してゐるおそれのある下着類の洗濯には最初この液中に浸してから普通の洗濯法による洗ひ方をするのがよい。また、外から買ひ込んだ野菜物、殊に生のまゝおろして食ふ大根なぞ一應この木炭灰汁で洗ひ直すやうにすると大安心である。

生野菜の消毒

青野菜の消毒には、別に昔から晒粉が一般に用ひられる。最近この晒粉に對しアンモニアを結合させたクロールアミンの製品が出來てゐる。クロールアミンは日本藥局方にも收載されてゐる消毒劑で市販品としてはドイツの製品でリロラミンテイーが輸入されてゐたが今はない。このクロールアミンは晒粉だけのものに比して効力が三倍も强く、かつ臭味なく、かつ溶解が速かで、晒粉が容易に溶解しないで、いつまでも白い粉末の固りがふは付いてゐるのに對し非常に具合がよい。この錠劑は旅行等に携行して便利であり、殊に南方方面へ行く人には非常に有効である。

荻窪秀一

徳川時代の禁令

美衣御法度の話

増田抱村

文化の發展は生活から

一國文化《ぶんか》發展《はつてん》の跡は、その國民生活の樣式の上に時代的な陰影《いんえい》を殘してゐるので、後の時代から過去を遡《さかのぼ》つて顧みると寔に興味《きやうみ》深々たるものがある。國民生活の樣式のうちでも、食物の如きそれほど時代《じだい》的な特性をなすものでないが、住宅や裝身具殊に着物になると、それが最も顯著《けんちよ》な時代的な樣相を示すものだ。

そこで發展《はつてん》の過程《くわてい》から觀ずると、わが國民服の形態的《けいたいてき》な又素材的な發達は何といつても徳川時代に於て最も近代的な樣相を示してゐる。傳統《でんとう》的國民性に習熟《しふじゆく》してゐる衣服に對して變革的な躍進を示した時代《じだい》といへば、或は上代の飛鳥奈良朝時代があり、また明治時代の如きその最も特異的《とくいてき》なものであつたが、それらの時代を除いて一般人民の衣服の形態は兎も角として、その素材たる織物の染色《せんしよく》や紋樣《もんやう》や乃至之が裝飾的技巧を加へたる工藝的《こうげいてき》な進歩からいふなら、外國の飜譯《ほんやく》的模倣《もはう》によらずに專ら國内の固有《こゆう》な傳統《でんとう》を活しつゝ技藝の上から目ざましい發展《はつてん》を遂げたものとして、われは何としても徳川時代のものを捨て去ることが出來ぬ。またわが國衣類の工藝的《こうげいてき》な發展史の上からみても、風俗變遷史《ふうぞくへんせんし》の上からいつても、織物の生産沿革《せいさんえんかく》の時代的な考察からみても此の時代が近代過程にあるだけその資料《しれう》が豐富であり、對象《たいしやう》としても多樣であるだけ、好事者《かうずしや》としても之に多大な感興《かんきやう》を覺ゆるわけである。

平和文化は織物の奢侈化へ

筆者は衣類の古い裂地《きれぢ》に趣味を感じるやうになり、先日も北京に歸る弟に徳川時代の貧弱《ひんじやく》な資料で作つた古裂帛珍寶褻と大ぎやうな題名を附けた標本帳を贈つて、支那の古い裂地と交換《こうくわん》してもらふことにした。それほどわれらには、徳川時代のものに趣味《しゆみ》を感じる多樣な織物《おりもの》の裂地を見出すのだ。

染色や刺繡の上からいつて所謂古縫ひでは、技巧のそれほど發達してゐないせいか若くは政治當局に遠慮《えんりよ》してゐたためか、徳川の初期のものには華麗絢爛たるものがない。寛永《くわんえい》時代までは武家は兎も角として、町人の衣服は甚だ質素《しつそ》麁野なるもがあつた。百姓に至りてはいふまでもない。婦人の衣類も極めて地味であつた。それが寛永《くわんえい》の末期頃から正保年間、慶安《けいあん》や承應に至るに從つて婦人の着物《きもの》に美麗なものがポツ／＼現はれ、それに人目が奪はれるに從つて呉服店《ごふくてん》から新樣織物として美しいものを賣出すやうになつた。それがどんな種類《しゆるい》のものであるかについては稿を改めて他日にゆづるが、これは紡織や染色の上からいへば技術《ぎじゆつ》の進歩を促進《そくしん》したもので技藝上喜ぶべきことであつた。が、これは後にも述ぶる如き庶民階級《しよみんかいきふ》に悲劇を齎したものである。

寛永以前まで江戸町人の服裝《ふくさう》が地味麁野であつたものが、それからだんだんと華美に向つたのには理由があつた。それは町家《ちやうか》の娘達が武家へ奏公に出るものが多くなり、大名や武家階級での上層の身分《みぶん》あるものに仕へるやうになつてから、上つ方の衣類を拜領《はいれう》して我家に歸つてからも社寺《しやじ》の見物《けんぶつ》や季節遊山にも、その拜領物《はいれうぶつ》を着て街頭婦女等の人目を驚かせた。町家でも有福《いうふく》のもの〻妻女《さいぢよ》等はそれを見て羨望《せんばう》し、呉服屋にそれの類似品を注文《ちうもん》して着用するやうになつた。それが四代將軍家綱になると奢侈《しやし》の風が一般と著しくなつた。この將軍のときでも、特に寛文時代にそれが顯になつた。

六兵衛妻事件

町家の女中は晴着《はれぎ》の場合でも木綿物を着たのであるが・町家でも裕福《ゆうふく》な所では妻女は縮緬《ちりめん》や綸子の小袖、娘達も紺緋紫の結鹿子《かのこ》惣地の小袖や、地味なものでも羽二重物を着るやうになつたのも、寛文時代からであつた。綾絹布《あやけんぷ》の小袖《こそで》が町人も着るやうになつたのはこの頃からであつた。あの華美《かび》絢爛たる服装が元禄《げんろく》時代《じだい》からであらうと思はれるのは間違であつて、この時代より上に遡つて貞享《ていけふ》、天和、延寶《えんぽう》と逆行して寛文や萬治時代にそうした絹織物着用の盛期があつたのだ。

服装の發達《はつたつ》が工藝的にその端緒《たんちよ》に就いたのは家光《いへみつ》の寛永二十年の末期からであつたが、この時代から正保、慶安各々四年の家光《いへみつ》の時代を經て、承應三、明暦三、萬治三、寛文十二、延寶八年の四代家綱の時代に衣服《いふく》の材料《ざいれう》たる絹織物に飛躍的《ひやくてき》な發展《はつてん》を遂ぐるに至つた 殊に寛文及び延寶時代に於て、その然るを見るのである。延寶八年に家綱が歿《ぼつ》して綱吉が將軍宣下したのであるが、その翌年天知元年に綱吉《つなよし》が始て上野に御成《おなり》のとき、小舟町一丁目石川六兵衛の妻女が御成を拜見するために、その艶麗《えんれい》な姿を美衣につゝんで街頭に現はれた。この妻女《さいぢよ》は日常紗綾絹物や縮緬《ちりめん》若くは綸子の類を着てゐて、晴がましい所へは緞子に金絲《きんし》入刺繍類厚織帶を用ひてゐた。この御成拜見のときには黑門前に棧敷《さじき》を構へ、之に翠簾を掛け、幕を打たせ、兩側に切禿の緋縮緬の振袖《ふりそで》を着た少女を率ゐてゐた。綱吉は五代將軍として家康死後六十四年目の東照宮及其他廟所《べうしよ》の參拜であつたので、彼として多少心中敬虔《けいけん》の氣持であつた所、それを一目見たのであれは何者かと侍臣《じしん》に質《ただ》す所あつた。文献《ぶんけん》には、綱吉はあれは何れの大名の奥かと尋ねたとある。この上意に對する侍臣の回答《くわいたふ》として彼は町人の妻の由言上したものであるから耐らない。早速町奉行吟味《ぎんみ》の上六兵衛夫婦は遠島《ゑんとう》の刑に處せられた。この時代は遊女も繻子や緞子《どんす》の衣類《いるい》を着し、夜具の物も緋繻子に金紋《きんもん》など刺繍《ししう》したものを用ひてゐたが、衣類《いるい》奢侈《しやし》取締《とりしまり》が嚴しくなつてからそれが止んだ。町家の美衣愛用者も、この事件が大なる恐慌を卷き起したので、急に木綿物《もめんもの》を着用するやうになり、それまであまり時代の風趣《ふうしゆ》に投じ得なかつた越後屋八郎兵衛呉服木綿店も、このときから繁昌し開運《かいうん》に向つたとある。

贅澤織物禁止令

幕府では、この事件による處罰《しよばつ》で衣類の奢侈を禁絶し得るものと思つてゐた。が、それは一時的のショックで時がたつに従つてまたぞろ贅澤な衣類を着用するものが多くなるので、その都度の行政處分では何うにもならなくなつた。之が取締には制度《せいど》として法的根據が必要となつて來たので、天和三年癸亥正月に衣服新異の織方《おりかた》及び綵繡染色に關する禁令を布告するに至つた。この禁令《きんれい》は江戸市中に對して公示《こうじ》したものであつて、禁止の規格《きかく》は三種に亙つてゐる。それは金紗《きんしや》、綾絹、全面斑紋の染色品は爾後婦女の衣服と爲すことを禁止する。また新奇に精巧な織出や染色を許さぬ。絹織物の價格は一反の價格銀二百匁を超過するを許さずといふのであつた。

衣類奢侈禁止令として、この天和三年正月の御布書は徳川幕府の法度條例として最初のものであつた。尤もこれにより前にも、禁令《きんれい》や制限令は數度發令されてはゐるが、庶民一般の使用に關するものではなかつた。

例へば衣類資材《いるいしざい》に關する布令として徳川時代に於ける最も古いものに慶長九年五月三日附布告《ふこく》があるが、これは外國輸入製絲の發賣者《はつばいしや》に關する地域的制限が主たるものであり、また寛永三年丙寅十二月七日の布令は、織物の尺度に關する規格《きかく》の制限令だつた。即ち絹紬の一反の長さを曲尺で三丈三尺、幅一尺四寸、麻布並綿布は長さ三丈四尺、幅一尺三寸に制限《せいげん》し、寛永四年四月一日より施行した。但し後に上層部よりの苦情《くじやう》で、絹紬《きぬつむぎ》一反を曲尺三丈四尺に改正するの布告を發したのは同八年四月十八日の布告によつてゞある

天和三年正月の禁令《きんれい》は、六兵衞妻女事件の再發生の防止を戒告する效果あるものであつたが、絹織物《きぬおりもの》としての新規格品の消費を殆んど全面的に禁遏したものであつたから、武家階級の中にも非常にきうくつなものが生じるわけで、處々方々から苦情が續出し、法令の緩和方を希望するものが多くなつたそれが幕府役人の妻妾《さいせう》の側からも聞かされるやうになつたので、幕府はついに改正法令を布告《ふこく》せねばならなくなつた。それは、正徳三年癸巳五月二十五日の禁令として知られてゐるものである。しかし、これは上流階級の着用絹織物の規格程度《きかくていど》を價格に於て之を引上げ、優良乃至高級品の使用を大名や武家に對して認め、一般婦女使用品に對しては天和三年正月制定《せいてい》による絹衣一反銀價二百匁を維持せしめ、製造及販賣者に對して品質の低下を禁遏したのである。

この年代《ねんだい》から幕末天保時代に至るまでは、衣類使用についての奢侈防遏の御法度布告がなかつた。正徳三年令以前には寶永元年二月に禁止令があるもそれは美衣織物製造禁止令であり、また寛政元年三月にもあるが、これも製造禁止令で使用者に觸れてゐない。

明朗な食生活

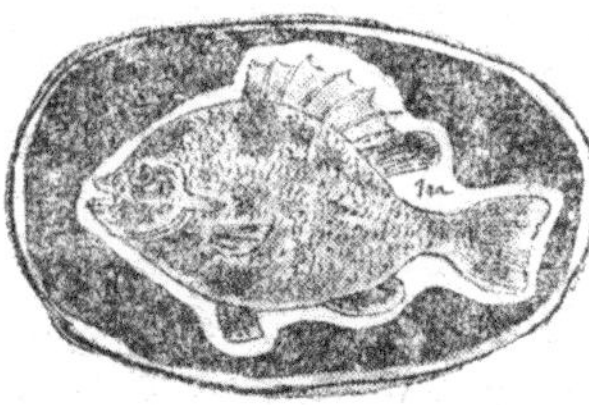

鈴木計三

戰爭資材としての食糧

食糧は、生命の糧である。だから戰時になつて食糧が思うようにならないと、人間の精神の上にも非常な變化が生じて來る。昔から諺に〃衣食足つて禮節を知る〃と言うことがある。そしてこの語意は大體、平時に於ての適用であつたのだが、今日のうよな時代にもこれは當てはまる諺である。今日一般に人間が非常に卑しくなつて來た。

どんな風に？　と言つて、このみすぼらしくも淺ましい風景にペンを進める氣にはとてもなれない。しかし雄辯な事實が毎日々々街頭に溢れきつてゐるから、殊更に書きたてる必要もないが、兎に角、地位も、常識も、感情も言語も、動作も以前の環境では實に教養の高い、禮節ある階級に屬した人々が、今日その食糧を目標としての態度はどんなか、それが實に情けないことに最も禮節を失つてゐて、個人主義的な謀略に富んだ行ひが多いのだから始末が惡いのである。

元來戰爭の持つ性格と言うものは、舊套を破壞して、新しいものを生むものであつて、まして今次の聖戰目標は東亞のまた全體的には世界の新しい秩序を生むのが目的である。であつて見ればこれを實現する最低單位であるところの國民の生活は、まづ第一歩として國民各自の努力によつて、新しい生活が建設せられなければならないのである。

大體戰時下日本國民の生活は、甚しく暗く、陰險で、無力であると言へる。非常に日本人として寂しいことである。

戰爭と、戰爭後でも引き續く大日本圏建設事業は長期を明示してゐるのにそして戰爭には、自分の父が、兄が、子が生死を考へないで愛國の熱情に、上御一人への御奉公の念に、自分を滅して戰つてゐるのに、銃後の生活は明るく力強い、興隆日本を進める齒車としての大使命を遂行するに餘りにその生活に努力が足りないようである。

　昔のように戰爭が槍や刀で戰はれた當時は兎も角、今日の科學戰に於てはわれわれの口に入る食糧の中へ、戰爭資材として莫大な數字が喰ひ込んで來てゐて、われわれの生命の糧である色々の物が、化學操作を受けて、皇軍と共に闘つてゐるのであるから、戰爭が擴大すればする程、食糧物資が、戰爭物資としてより多く消耗されるのであつて、眞に生命を守る食糧以上の限界を出た贅澤は絶對に許されない。

　世間でよく聞く言葉に、〃物がなくなつてから、以前はお菓子など喰べなかつたのが、近頃はお菓子を喰べるようになつた〃と言うことの多くを聞く或人はこれが酒呑みの場合、お酒が減つたか、呑まなくなつたから、その代りに甘いものを要求するのでせう。と言う。それも勿論ある場合もあらう、が、しかし大部分こうした現象の根本を衝けば、それは心の貧困と言へる。

　食べ物が少い、そこに生じる慾望である。物の多いときは、眼に觀、手に觸れることが自由である、自由な時代には、人間の心理と言うものは、何時でも欲しければ喰べれる、兎に角自分の周圍に在ることによつて滿足してゐるから、甘黨でないものは、甘いものに手出しをすることが殆どない。ところが思うようにないとなると、欲しくなる。それが心の上でのことで、食物に對しての今日の一般に必要以上に買いもし、要求すると言うことは、心が貧困してゐるから、その貧困した心を滿足させようとしての焦りに他ならない。

　今までの食事上での常識、例へば材料の種類、使用の量等が以前の習慣通りに行かない、その習慣性が、ないことによつて、貧困した心に更に拍車をかける。それが今は街頭に、買漁りの群をつくらせてゐるのである。

食の科學化

　新しい生活習慣は、まづ食物から解決して行くことを第一條件とする。それは最も赤裸々な人間本能としてのものだけに甚しく苦しいことではあるがしかし如何とも出來難いことゝ自覺したならば、そこに新しい食生活の習慣をつくつて、もつと生活を新生させなければならないからである。

　食物に對して、本能の向うまゝに人間が今日の如く、先長い人生を右往左往して暮すことは、誠に低劣にして、文明國民としての誇りを失うことであり、國家の推進力を低下せしめる、重大事である。

　現下の國民生活は、そうした意味で暗い生活である。この心の貧困を豐かにする爲に、生活を明るく、力强く、希望的であらしめるために生活の科學とか、食科學と言う問題が近來頓に活潑になつて來たのである。

　食生活上あるだけの材料で、それを如何に調理し、不足勝なものを如何に足らしめるか、今日までの習慣上での食物の範圍で足らない場合更にどうして新しい方策をとるか、それが生活の科學であり、闘い抜き、勝ち抜く銃後國民の新しい生活の姿でなければならないのである。

例へば、こゝにその實例として二三を掲げて見る。これは日本に、しかも實生活として行はれた生きた例を引いて説明することにしよう。

米の配給割當の上には、未だ嚴密な意味に於ては考う可きものはあるとしても、兎に角今日配給されてゐる量の範圍で生活しなければならないが、こてこの米の不足と言うことが發育盛りの子供を持つ親として一番辛いことであり、健兵健民運動の提唱される今日健康の基本として、充分に米は食されなければならないが、如何に發育盛りとは言へ、そう甚しい差違はあるものでなく、また人間の滿腹感程不確定なものはないのであるから、新しい食生活に於ては、舊來の小さい茶椀を止めて丼による一膳飯の盛り切りにする。

昔の日本、鎌倉時代がそうであり、近世まで、この習慣は持續されてゐたもので、この方法は、米の消費を平均に調節し、亂食、過食を豫防する一面、給仕の手を省いて、食膳の能率を高める。女中さんなり、主婦なりが給仕の手數がなくなり、落着いてみんなと同じように食事が攝れる。こゝに食事上の新しい習慣がつき、馴れてくれば決して、物足らなさもなく充分事足りるのである。生前の乃木大將は、この丼飯の實踐家であると伺つてゐる。しかしこうしたことを申上ると發育盛りにそんな事は出來ない、せめて御飯位は充分思うまゝに與へたい、と、こう言はれるかも知れないが、それは餘りに量に捉はれた意見で、あの過激な活動をする兵隊さんの食事は矢張り丼が、飯盒に代つただけで盛り切り飯である。

日本食は兎角過食に陷ち易く、胃腸病患者が非常に多い國であるから決してこうした方法によつて　ひもじい不健康な生活を作るようなことはない。

新しい食物の發見

次に材料であるが、喰べるものがないと言う聲は聞くが、喰べものゝ發見に努めている話を聞いたことがない。從來のまゝの野菜に依存し、從來のまゝの肉類に賴つてゐることはない。大體生產地としての地方生活と違つて、都會生活は、こうした時代になると食物其他から孤立した形になるのが常なのであるが　都會人は、その性格に於て非常にルーズであつて、新しい食物の發見に努めようとしないばかりか、新しい食物を提示されても、それを消化する努力をしないばかりか、兎角味覺本位で、新しいものを否定してかゝると言う惡い癖がある。

密柑など街中のどこにも、あつたと言う程賣つてゐたことがないのに、毎日殘滓を集めて歩く街のチリンチリンの車の中に投じられるもので、一番多いものが密柑の皮である。一體この密柑の皮はどうしてこんなに出るかと言へば、種々な裏があらう、が、その一方法としては、地方への買出しである。一日がかりで高い足代を使つて、斯くまで密柑を、また野菜類等を買歩く努力をする都會人が、一歩郊外へ出れば、新鮮な自然に育まれてゐる野草の中から、新しい食物を發見して、料理を工夫する努力をしようとは考へないのである。これではいけない祖先が豐かな時代に撰んだ野菜にのみ依存しないでどしどし新しい野菜の參加を計畫しなければいけない。

野生の植物から、喰べられるものを探すにはそれだけの知識の要ることは申すまでもない。しかしそれとて、一寸勉强すれば直きに得られることであり、またそうした指導書はいくらでも出てゐる。

昔の人達が漬物に用いた材料の主だつたものを拾つて見ると、蕨、薺《なつた》、薊、芹、蕗、虎杖《いたどり》、蒜、瓜、菘《こまつな》、蕪《かぶら》、茄子、茗荷、稚薑、桃、柿、梨等と實に漬物としてでもこんなに多くの種類を用ひしかも當時は自生のものをとつて來ては漬物にしたのであるが、今日は漬物としての材料の種類も以上に抄錄したものより少くなつてゐる。

われわれの生活を豐かに出來ないままでも、不足勝ちになり易い點をこうして補つて、もつと生活を明くし、力强く、眞劍にしなければならない。物が不足勝ちになつてゐるとき、今に何とか成るとか、誰かが何んとかして吳れるだらうから、ともあれこの繼ぎを何んとか、あちこち買い漁り、買溜めてやつて行こうなどと言う精神で生活してゐたら、それこそとんでもない誤りであつて、自らの生活を更に暗く、敎養なき本能に追い込まれた、無力な生活に陷ちて行かなければならない。

天理にかなつた道

人間は元來各自の生產的活動に依つて生活するよう基礎づけられてゐるのであるが、今日の如く、都會と地方の甚しい人口の偏在によつて、またこの都會人の異常な亂費癖によつて、極度に都會人は不生產な生活に於て、最も多くを消費する狀態となつてゐる。

しかし、これは人間生活の最も惡い狀態であつて、都會生活と言うものが地方と同樣生產地を保有出來ないことは兎も角として、亂費による消費は許されないものであり、またこの亂費の出來ない故に生じる都會人士の心的現象、卽ち心の貧困は、正しい理念を把握することによつて抹消し、正しい消費の生活を營む可き習慣を生むことに專念しなければならない。

總て時代と言うものに轉機の生ずるのは、これは天理によるものであつて人間生活が天理に基いた正しい生活に生きてゐるところに何等の破局もなければ、苦難も生じないのであるが、人間の考へ違いから生じた過誤を修正し正道に復する爲めに、天は今回の世界戰の如く、世界の秩序の再建まで行うのである。偏在した機械文明、物質萬能で、非人道的な、米英の如きを膺懲し、それ等の爲に、天然自然の人間の本姿を失つた生活をして來た、彼等が領土としてゐたところの住民を自然の中へ、自由に解放すべく、天理は今や天理へ反逆したものに責罰を與へ、質實剛健の生活へ還しつゝある。

この意味に於て、例へ自分の金で、自分が求め、それを自分達の生活に消費するに何んで……と言う考へを持つかも知れないが、天然の惠みであり、われわれの日常の生命の糧である食物も、天理は、生命を健康の狀態に於て必要量を用いることをのみ許してゐるのであつて、正しからざる食べ方、必要以上の亂費、それ等は絶對に許さないのである。

日米交渉を如何に外交上に解決しようとしても、如何とも成し難く、今日の如き結果に至つたと言うのも、外交交渉で解決をする餘裕などなく、天理は既に、日本自體の國家興隆の爲の新しい秩序、即ち日本本來の姿に還りそこより起るところの日本獨自の文明の力によつて日本を隆盛ならしめると同時に、誤れる米英に對する覺醒の刄を日本に持たしめて世界の新秩序、天理にかなつた道を行くものたらしめる可く決定づけてゐたものなのである。

食生活の再建

米英は餘りに天然の理を蹂つて飽くことを知らなかつた。我國に於ても、その國民生活の一面に於ては、彼等の惡い風潮に染つて、天理に背いた點も少くない 即ち食物を無暗に享樂化し天然の恩寵に甘へて亂費をし過ぎた。食事のことのみに限らないが、外國の文明に依存し、この吸收によつて日本の文明を形造つた過去に、清濁共に吸收し、國民生活の中にその惡い部分が多分に存在する。

それを天理は是正し、わが國の歷史の立派な如く、わが祖先達が行つて來た正しい、天理に添つた生活に還るべき天理の敎示とも言うのが今日である

白柳秀湖先生の御意見にこうした御説がある。

「天然資源を暴殄することは、天理に反するものだ。われわれは零碎な破片といへども、又どんなみすぼらしい廢物といへども、苟も再製して利用し得るものを抛棄して殄滅してしまつては相すまぬ。それは天道に背く行爲だ」

先生も共に天理の言葉によつて、現下時局の國民生活に敎へておられる。われわれはまづ菜つ葉の一把も容易に買へない不足をかこつ前に、一把の菜つ葉を眞に有り難い天惠の食物として完全に喰べ盡してゐるだらうか。少し黄ばんだからと一本毎捨てたりするような亂費の有無を省みた正しい生活をしてゐるだらうか。

自ら汗して田畑を耕して食物を生んでゐるお百姓の生活をのぞいて見ると例へば一本の大根の喰べ方に非常に貴い姿が見られる。大根の一本を葉と根の境から少し下、つまり葉の方に五分位の身をつけて切る、そして葉を取つた方の大根は普通に喰べ、葉のある方

のは垣根あたりか、庭の木に吊して干す。數日十日を經つと、相當の量の干枯びたのがたまる。それをこん度は、また葉と身の一片とを別にして、葉は漬物か、混り御飯として喰べ、身の方は漬物か、または細くきざんで煮て喰べるのであるが、一本の大根がこれで完全に喰べ盡され、また調理が異る故に味いも違つて來る。身邊に多くの食べものに惠れるお百姓自身の生活がこれである。學ぶべき生活ではあるまいか。

喰べものを節し、無駄なく食することは、亂費に對して一種の生産である。われわれが努力の足りない爲に、また食に對する生活態度の誤りから、時局に對する心組の薄弱から、自他共に暗いみすぼらしい生活をしてゐる。明るい生活、力強く銃後の生活を護り、大亞細亞を日本圏として指導し、保護して立つ大國民として最も大切なことは、食生活の如きに生活の大部分の力を奪はれて暮すことなく、新しい生活習慣の中に、餘力をもつて生活の向上を目指し、亞細亞の盟主としての、大國民の素質を養い高めることである。

家庭の科學

溶けない石鹸

洗濯石鹸は、本來なら、湯を使はなくても水で充分溶けるべき筈のところだが、この頃の製品の中には、ぬるま湯位では容易に溶けないものが多くなつた。常溫の水で溶けるといふのは、原料の油に液體脂肪酸を用ひてあるからで、もし原料の大部分が固體脂肪酸であれば、水にはなかなか溶けない。その例が卽ちバスソープだ。浴用石鹸は風呂で使ふのが常識だから、四十度内外の比較的あつい湯で溶かすわけである。だから固體脂肪酸を原料としても、別に差障りはない。ところが洗濯石鹸となると、かりに洗濯液は溫湯を使ふとしても、多量に使ふ濯ぎ水まで、全部湯を用ひることはむづかしい。折角湯で溶かして洗つても、あとの濯ぎに水を使へば、布に附いた石鹸分がきれいに取れてしまはない。石鹸分が布に殘れば、空氣中で酸化して、酸化脂肪となり、いはゆる石鹸やけを作る。からなるとその布は地質もいたむし、色も汚くなり、救ひ道がない。

最近の洗濯石鹸が水に溶けにくいのは、原料の關係で、魚脂肪の如き固體脂肪酸を多く使ふやうになつたからである。椰子油などの液體脂肪酸が、そのうち南の方から入つて來るやうになれば、品質は勿論變るわけだが、さしづめ水溫が低い場合は溶けない石鹸の使用には、よほど注意しなければならない。石鹸は完全に溶解してこそ　はじめて洗滌効果をあらはすものだからである。實際にあたつて、一つの方法を紹介すると、この種の石鹸の場合は、まづ茶碗にでも必要量をとり、それに湯を入れてよく溶かしてしまふ。そして、盥の中の水なり、生ぬるい湯なりに入れると、一應溶けて粒子が細くなつてゐるので、全體に完全に行きわたるのである。次に濯ぎの場合は、石鹸はごくうすいアルカリ溶液に溶け易い、といふ性質を利用して、最初の濯ぎ水に、アンモニヤ水なり、洗濯ソーダなり、重曹なりを溶かして使ふ。但し藥の濃さは〇・五以下でなければならない。

このコツでやれば、むやみにお湯を沸さないでも効果的に洗濯が出來るのである。

國民服の着用考現學

吉田謙吉

採集　布田秀夫
　　　長尾靜

私の擔當してゐる日本美術學校圖案科の學生、布田秀夫君が同じく長尾靜君と一緒にやつたといふ最近の銀座街頭の風俗採集の一部を見せてくれた。その採集を仔細に見ると、國民服の今更ながらの普及がありありと見られるのであつた。然し、その採集斷片は、あながち國民服に力點を置いての調査ではなかつたので私はあらためて、私の知る限りの示唆を與へさせてもらつて、ふたたび兩君に國民服中心の風俗採集を試みてもらつたのが、本調査の結果なのである。

皇紀二千六百年十一月二日、長くも勅令を以て國民服が制定されて以來、一年半有餘、國民服の普及は、特に大東亞戰の勃發を機として目覺ましいものがあり、宣戰の大詔を拜

各人各說

國民服へ希む

（ハガキ回答）

一、國民服を御所持でせうか。
（若し御所持でしたら着用の御感想を簡單にお聞かせ下さい）

二、國民服に對する總體的な御意見。

（到着順）

牛山充

一、持つてゐます。胸のポケットが不便です。胸の内外に便利なポケットの考慮がありたいものです。帽子も酷寒の時下へ下げて耳の保温も可能のやうにしては如何でせうか。勿論正式に着帽の時はあの儘にするのですが。

二、女子の國民服制定を前提とし、綜合的に考へて、改良の餘地があると思ひます。

久米正雄

國民服は夏冬合せて三着所持して居ります。其中の一着は日本で最初の原型の一つ。それと見本として後の夏冬を作り

し奉つて、國民服の普及は特に意義深い一事となつた譯である。勿も、今日ではその普及狀態の數字的結果を云々するよりも、如何なる狀態に於て國民服が着用されてゐるかといふ事柄の方が、重い意義を持つものの如く考へられる。

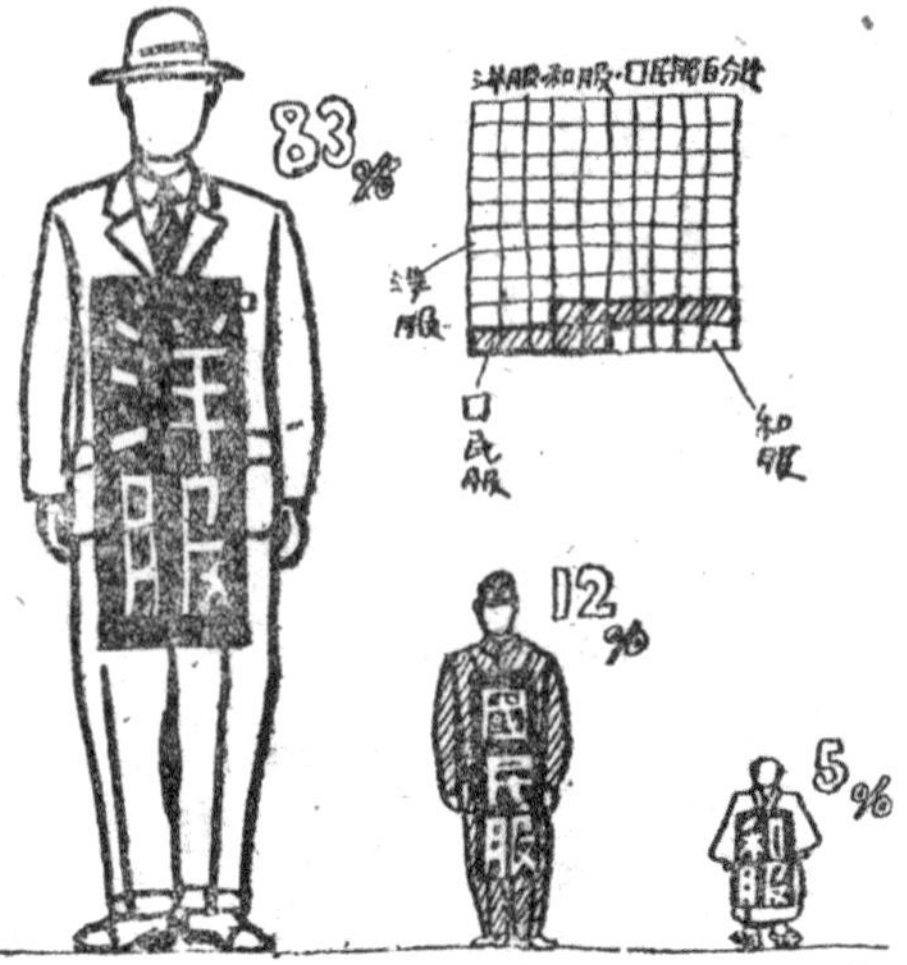

第一圖

從つて玆にお目にかける採集も、最初からそこに目標を置く事にしたものである。採集場所の選定も、單に數字的な普及狀態の調査ならば、あらゆる角度の意義を齎す場所を選ばねばならなかつたのであるが、着用狀態を目標としての採集であらしめる爲めには、寧ろ着用者率の多く見られる事の確定してゐる場所、例へば通勤者の多く見られる區域を選ぶ事とした。時間に就ても同樣、なるべく國民服着用者の多く見られる時間を選んでもらう事としたのである

第一圖から第四圖までは　何れも

ましたが、頼んだ出入の洋服屋さんが、「國民服は袪なり」と言ふ感じを知らず肩を圓くしたのが殘念です。國民服はピンと張つたキッチリしたものでありたいです。國民服と雖も仕立は充分吟味すべきで、——其點小生の國民服より立派な仕立であつたのは、殘念乍ら今迄、有馬賴寧伯のものただ一ツでした。以上

今泉篤男

國民服は持つてゐないけれども、友達の○君などの着てゐるのを見るとなかなか立派だから、そのうちこしらへようかと思つてゐる。國民服は身體の立派な人が着ると益々立派に見え、貧弱な人がつけると愈々貧弱に見えるといふやうなところがある。

西條八十

所持してゐません。材料が入手出來ないのです。

伊原宇三郎

一、まだ作つて居ませんが國防色の從軍服を二着持つてゐるので、それを代用してゐます。正體の場合にはモーニング又

右條件内に於ける被調査者（男子のみ）二千餘名に就ての百分比をなす國民服着用狀態の採集結果である。

第一圖は、國民服と、一般和洋服との比率を示すものであるが、御覽の如く、國民服は洋服と和服との中間に位し、洋服に迫るには未だしの形ではあるが、和服の五パーセントに比べては倍率以上を示して居り、然かも本採集の區域は、國民服着用狀態を見られる豫想を持つた場所とは云へ、工場官衙街ではないので、一般通勤者外の服裝も混つてゐる狀態の場所の事であり、國民服普及狀態の數字的態勢一般を示してゐるものとも云へようから、國民服のこの狀態の地步は、寧ろ健實に確保された狀態と云はるべきではないかとおもふ。

然かも圖に見られる通りの國民服一割二分といふ數字は　相當な量を示すものと云へる。數年前婦人洋裝の夥しい氾濫が目立つた頃、銀座街頭での婦人和洋服比率の採集の結果が、やはり一割二分程を示してゐた筈だが、それは一面色彩的に目立つてゐたといふ實證と共に、國民服のこの同率の比率に於ける普及は、日本の男子服裝文化に一線を劃するものと云へるであらう　また當然さうなくてはならぬであらう。此國の洋服八割三分、國民服一割二分の比率たるや、いつか轉倒される日も遠くない事を信じねばならないであらう。否すでに、特定時間、特定區域のそれに於て、その狀態はすでに來つつあるではないか。

第二圖は、右一割二分を示す國民服着用者中の甲乙號別の比率を示す圖である。

乙號は甲號をしのいで六割、甲號は四割といふ狀態を示してゐる。然し、われわれが街頭のゆきずりに於て、甲號を少しとする印象は、此比

は紋服を着用します。從軍服を着ると斷然身心の引締るを覺えますが、恐らく國民服でも同じと思ひます。

二、國民服が始めて創定された時には、何とも情ない形のものだと思ひましたが今ではそんなに感じなくなりました。やはりあれで良かつたのか、それともこちらの審美眼が下落したのか、今の處判りません。慾を言へば胴にもつと締りをつけることゝ、帽子と　膝から下の部に一工夫加へる餘地があると思ひます。

櫻井忠溫

一、乙號を作つてゐます。

二、甲號は賛成出來ませぬ、直ちに「軍服」として利用出來るものであつたらと思ひます。どうして立かくしやバンド形のものをつけたのでせう。下着など全く不用意です。帽子の形も硏究を要すと思ひます。

木々高太郎

一、持つてゐます。着用の感想も結構と存じます。

二、帽子をツバ廣にして夏も着用出來るやうにし度いものです。

率を見ると左程の開きを示してはゐない事がわかる。

採集にあたつてくれた布田秀夫君は、甲號は比較的老けた人に多く、乙號は若い人に多いといふ註を漏してくれたが、これは嗜好上の理由だけでなしに、活動的な意味からも選定を異にされるのではないかと思はれる。

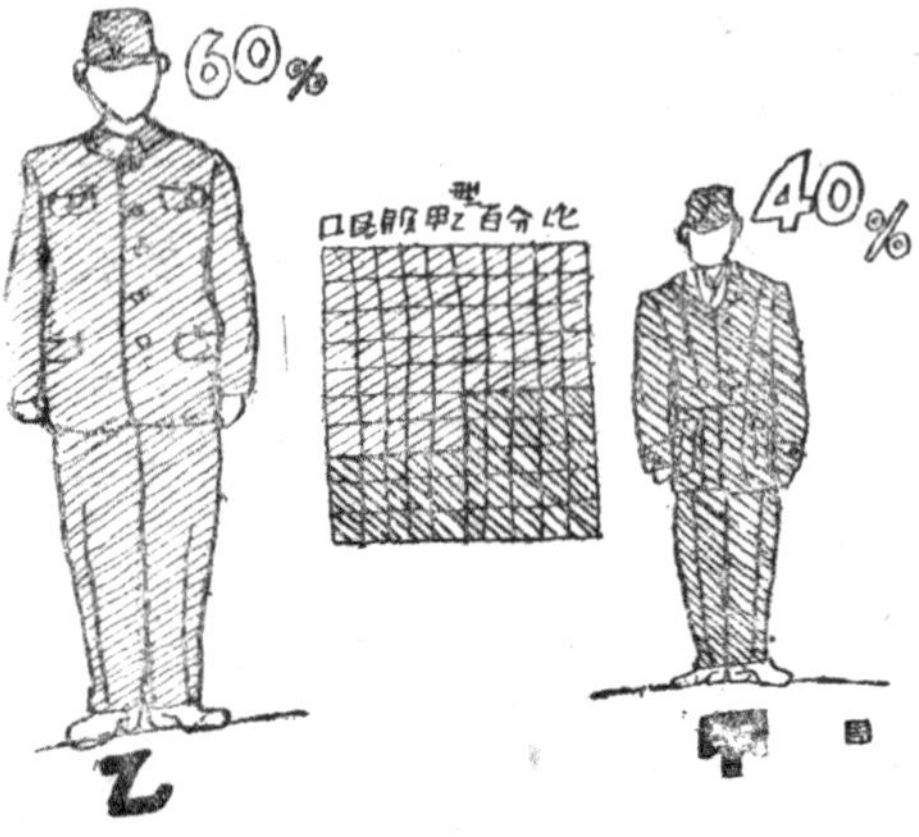

第二圖

第三圖以下は、着用狀態の採集である。第三圖第四圖は、國民服着用の正略裝調査で、先づ第三圖の甲號に於ける採集は、甲號着用者二百三十七名に就ての比率を示す圖で、甲號の正式着用者は右二百三十七名中四十六名即ち一割九分である。即ち甲號着用者中、正式着用者は約二割、略式着用者は八割といふ事になる。而して略式着用者について見るに、無帽でネクタイ着用が最も多く四割を示してゐる。無帽ネクタイ着用以外の略裝では、上衣だけ甲號を着て、變りヅボ

石井柏亭

一、所持して居ます。モーニングを着るのがおつくうな時儀禮章をつけてこれを用ひます。それから町會關係の集まりなどに着て出ます。防空演習の時なども。

二、私の持つて居るのは甲種ですが、つめ襟と開襟と兩樣に使ひ分けると云ふことに無理があると思ひます。それから大體洋式にかたどりながら、さうでないと云つて、中衣の襟の合せ方などに强いて日本風を加味して居るのを不徹底に思ひます。

宇野浩二

一、持つてをりません。

二、作りたいと思つてをります。

岩上順一

一、國民服はもつてゐません

二、何か國民全部が着用できる簡素で丈夫で、便利で、美しいユニフォーム式の國民服が完成されることを希望します。現在の國民服は決して簡素でなく、又便利でもなく、更に美しい形態をもつてゐるやうには思へません　改良の餘地が澤

第三圖

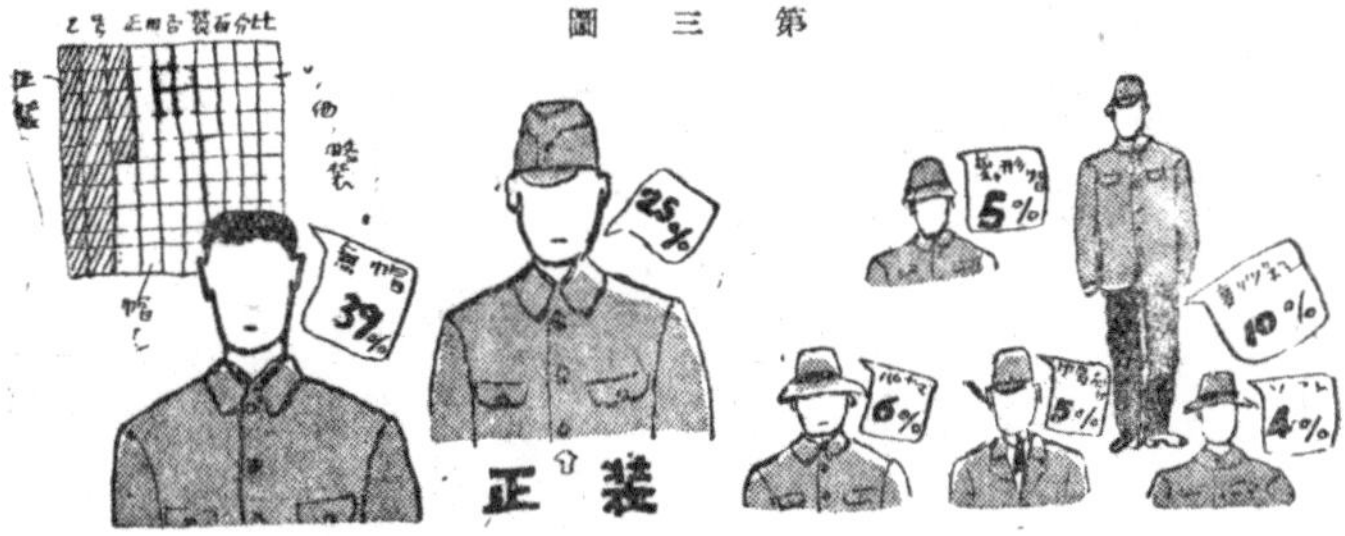

第四圖

ンを穿いたものの五分にも滿たぬ少率を除いては、あとは悉く制定帽以外の帽子を冠つての略裝である。

制定帽以外の帽子着用の多いのは、調査の季節が夏季にかゝり、夏帽子いろいろかぶれる爲めであり、冬季にかけては、制定帽外の帽子着用率はもつと少いものと考へられる。制定帽以外の着用帽子の中では、パナマが最も多く、ネ

山ありはしないでせうか。

高田保

持つてゐますがどうも感心いたしません。色々改良されるべきだと思ひます。

小松濤

一、持ちたいと思つてはゐますが、まだ持つてゐません。

二、國民服にあたへられた特別な性格とか資格（國民服の精神とも云へませう）といつたものに對しては全體的に贊意をもちますが、しかし實用的より、審美的などでは大いに改良、再考察される餘地はあるでせう。例へば此頃の暑さでは、國民服は一寸着用しようとは思ひません。

式場隆三郎

一、もつてゐません。今後も着る氣になれません。

二、あれは國民服とよばないで國防服とよぶべきものだと思ひます。日本民族を表現する色調は紺でないかと思ひます。眞の國民服はむしろこれから生れるでせう。その第一歩としてあゝしたものが生れたことは意義があつたと思ひます。

クタイを着用せず帽子だけパナマの略裝のものを加へると一割六分程になる。これは一面、甲號國民服が比較的老けた人に着用者が多いといふ別の實證とも云へるであらう。パナマ帽に次ぐ着用帽はソフトのネクタイ着用、非着用合せての一割二分でその他は極めて少い。甲號國民服に開襟シャツ着用といふ略裝も二百三十七人中三人ある事はあつたが。

第四圖は乙號國民服に於ける正略裝比率圖で、正帽正裝着用者は、被調査者三百三十三人中二割五分の八十九人、次いで無帽の百三十七人の三割九分である。そこで考へられる事は、甲號に比して、乙號着用者の方が正帽正裝着用者の率が、幾分高い事であり、從つて略裝着用率は甲號着用者のそれより低い事である。

而して乙號着用者中では、無帽外の略裝も甲號着用者に比べて、すべて少い。但し、上着だけ乙號着用變りヅボンを穿いたものは一割あり、これだけは、甲號着用者のそれに比べてはるかに多い。この事は一面、一般的に乙號が甲號よりも多く着用される所以を示す一端とも云へよう

甲乙號を通じての正略裝について見ると、國民服に於ける正しい制帽制裝着用者は四割五分程で、五割五分は略裝着用である。しかし、本調査は第三四圖に示す如く、夏季の採集であり略裝の大半は、夏帽着用のそれであるから、この略裝着用が五割五分を越える事はないものと見てよろしいであらう。また陸軍帽（所謂戰闘帽着用は乙號に限られてゐるが、第四圖中に、それが五分の率に於て見られた。しかし、制定帽だけをかぶつてゐるものは皆無であつた。

なほ本採集の季節に於ては、まだ中衣のみのものは見られなかつたが中着だけ着用は、採集項目中に於ては、甲號にてネクタイ着用は例へ上衣をきちんと着用してゐても略裝の項目に入れられようが、中衣着用は略裝中には入れぬつもりである。

第五圖と第六圖は、採集擔當のF君による隨筆的採集ではあるが、この圖に於て讀者諸氏に見ていただきたい所のものは、國民服着用の姿勢狀態なのである。

さて、國民服の普及は、今日に於ては、その制定の意義から云つても單なる數字的累積を以てよしとされるべきものではなく、その着用狀態の如何こそが、國民服制定の大義にもとづく所以となるであらう。

即ち、今日では、たゞ一人でも多く國民服を着用して欲しいといふだけでなく、一人でも多く國民服を正しく着て欲しいといふ事である。

またその着用の姿勢に於ても、國民服を着た以上は、その心構へそのものから國民服を着用してゐるべきであると思ふ。

第五圖

甲号
カバン
乙号
トランク
ステッキ
センス
ネクタイ
赤グツ
カンカン帽
ズボンニ手ヲ入レヨートシテ居ル
アカ皮ナガグツ

第六圖

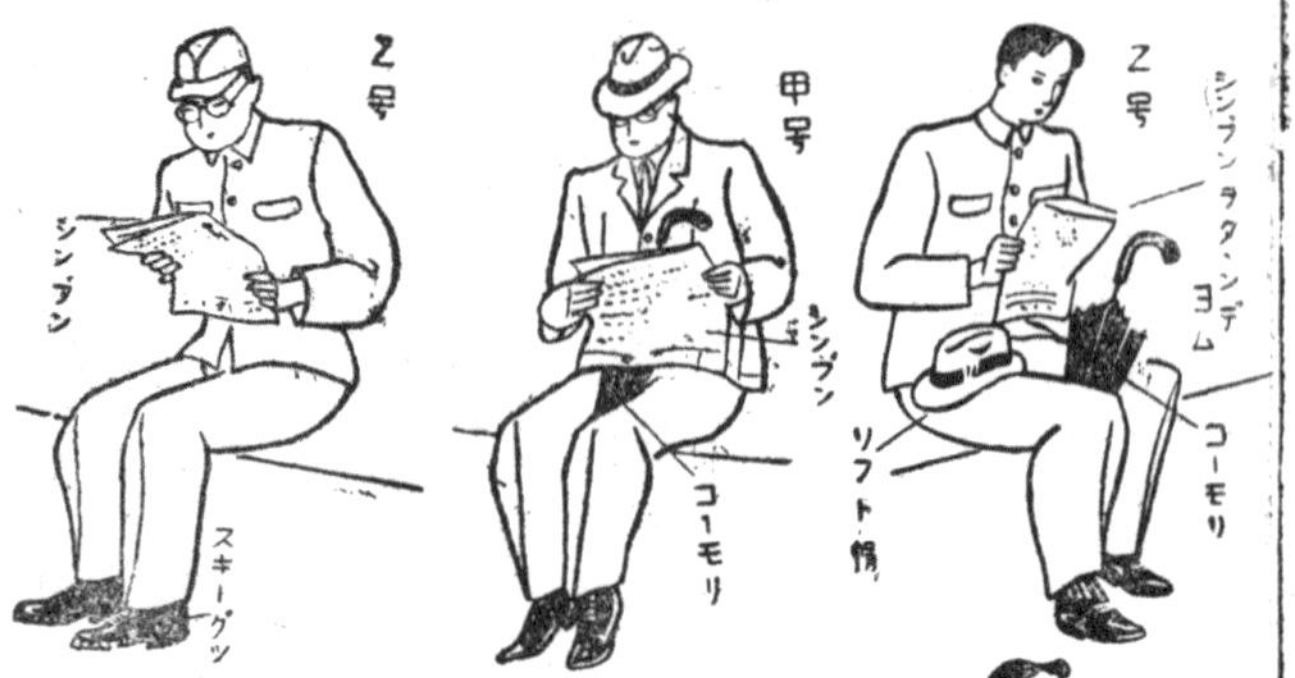

第五圖は銀座街頭での十分間採集だが
○甲號着用にてボタンをかけぬもの
○甲號にてネクタイ着用ヅボンのポケットに手を突込んで歩いてゐるもの
○甲號着用にて子供をオンブしてゐるお父サンもゐる
○乙號着用にて長靴を穿きステッキをついてゐるオッサンもゐる
二對一でセビロ服の三人連れ
○甲號にてステッキをついてる人二人もあるのはやはり甲號が若い人に少い事を示してゐる

第六圖は、省線内の採集だが――
○乙號で長靴ばきが此處にも一人ゐた
○甲號にてカンカン帽ネクタイ、しかも袖から御丁寧にカフスがさしのぞいてゐる
○乙號にてスキー靴もあり
○甲號の制帽着用者はざんねんながら一人もゐない

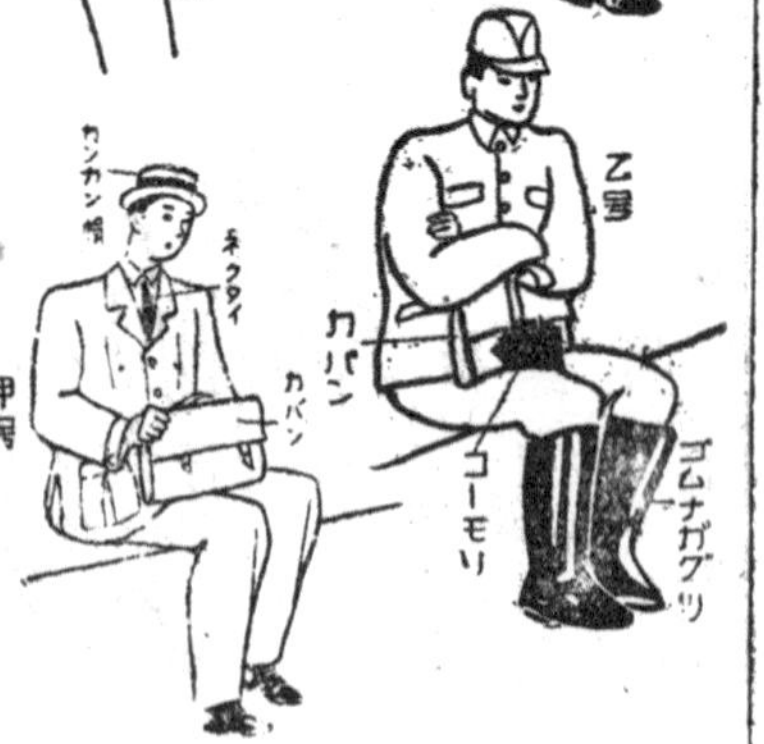

婦人勞働服裝の變遷

（二）

江馬務

平安朝民間の婦人は極めて輕快な姿をしてゐた。筒袖や或は丸袂の衣服を着て、細帶をしめたに止まり、上流社會のやうに袴を穿かなかつたため、勞働をすることは、今日の和服と違つて極めて自由にできたのであつた。中には夏などは手無《てなし》を着た。丈も膝のあたりまでのものも珍らしくはなかつた。今日の和服は袖の長いこと、帶の幅の廣いこと、それに裾の合せ目で問題にされるが、平安朝に於ては、民間の婦人服は、決してかゝる點で問題にならない。獨り、裾は今と同じく開いてゐる　しかし、當時の婦人は往々、褶《しびら》だつもの卽ち腰卷の形のものを衣服の上から腰に卷いてゐるので、少々大股に歩いても膝より上は見えることはなく裾の開くこともない。源氏夕顔の卷に褶《しびら》だつものかごとばかりとあるなど這般の消息を傳へるものである。

なほ民間には襷が利用せられ、何か仕事をする時には襷を十文字にかけることが行はれたことは、「扇面寫經」にある。この襷については、別稿に加藤君江氏の論説があるので、これに讓るが、元來襷は袂を卷き上げることから起つてゐない。本來は神に神饌を供へることから起つてゐるのであつて、平安朝になつては上流社會が襷をかけて神詣でをすることに倣つて、十文字にあやどつたものであらう。

要するに平安朝では上流社會は奈良朝の活動的の衣服は漸く重厚莊重になつて勞働に適せざるやうになつたが、民間の婦人は袴、裳さへも脱し　袖さへ省いて實に如何なる過度の勞働でも十二分にできるやうになつたので、この點、上下服裝の懸隔甚だしいものとなつたのである。この見地から見れば平安朝では上流社會の婦人は智情の方面に能力を發揮し、民間婦人は健康と力とに努力したといひ得る。

五

平安朝四百年の間は婦人として最も

平和な風雅を極めた生活の時代であつた。しかし源平時代は地方的に勢力を扶殖した武士が中央に進出して、武人的活躍を恣にした時代である。この間平家一門の妻女は藤原氏の因襲を倘んで、すべての生活が公卿的であつたことは驕る平家の前途を暗示し得たのである。

これに反して關東に覇を稱した源氏は、頼朝の立てた綱領を重んじて、どこまでも勇武剛健、質素儉約を重んじ簡易實用を旨とした。この武士道の洗煉は、その服裝にまで反映したことが大であつた。その結果は武士には、かの直垂が重用せられ、婦人には極めて簡略素朴輕快な小袖が愛用されたのである。さて武人の家庭では、その夫人、娘なども前代の如く衣服を必要以上に多く着るといふことは漸く亡び、從つて平安朝に婦人として最も必要視されれた緋袴は全く穿かないことになり、家庭の活動にも便利となつた。即ち此の時代はすべて小袖本位となり公卿の家庭では袿などを重ねるが、武士の家庭では袿よりも小袖に打掛(小袖と同じ形のもの)を放り着る時代となつた。召使の女、職業婦人などは上に小袖を着るが、その袖にも筒袖と元祿袖とがある。その小袖に細帯をし、上流の召使、侍《かしづき》の女は、腰衣又は裳袴といつて襞のある腰巻狀のものを腰に巻きつける。又賤しい女は裄丈短い小袖を着たり、腰衣が極短く、膝までになつてゐるのもある。以上の如く中世の婦人の活動に資するためにも、特に勞働服といふ銘を打つた服はない。活動の時には、たゞ臨機應變の處置をとるばかりであつた。

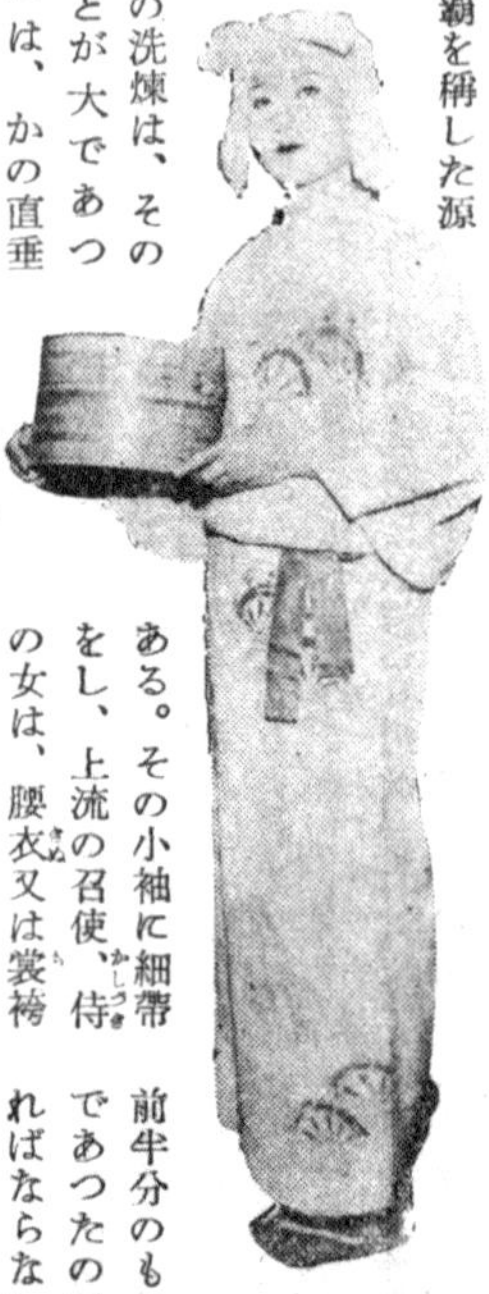

桂包の勞働者
(室町時代)

それで旅その他長途歩行の時には、小袖を短く着て、脛巾《はゞき》を穿き、素足に草履を履くが(法然上人繪傳、七十一番歌合參照)この草履の鼻緒は、緒太といつて裂で甲の上を横へ渡したもので今のやうな鼻緒はつけない。これが反つて鼻緒づれなどを防ぎ足も大變輕く歩まれる。或は革足袋の前半分のものを穿いて草履を穿くが、この前半分のものは、恐らく足が蒸れず樂であつたのであらう。若し活動しなければならない時の非常手段として、昔は鉢巻をする。東山時代頃は好んで桂包をする。これ下髪の煩はしさにすることで、この桂包については前回に述べたが、その形式はいろいろあつて頭を全く包んで、その餘りの先を以て括るのもあつた。

その小袖の袖は腕にまくり上げたのもあり、又裾の褄を取つて帯に挟むもあり（七十一番歌合紺搔）京の大原女などいふ炭を作り、薪を採る勞働女は必ず手甲と脛巾とをはめるのである。現在大原女は脛巾を向ふ脛で合はすが、あの郷里では、これは建禮門院が寂光院に御隱棲遊ばされし時、山へ柴など刈りにおはし、脚絆のつけ方を知り給はず、後ろで合はすのを前で合し給ふたことから始つたといつてゐるが、室町時代に出來た七十一番歌合は立派に後ろで合はしてゐるのであつて、その傳說の誤りを證明してゐる。

六

（川越喜多院職人畫）

應仁の大亂から世は麻の如く亂れ、物資窮乏のどん底へ投げ込まれた。高等織物を製産する京都は應仁の兵火に遭つて、製産全くなく、騷亂は地方に擴大された上、群雄割據して互に鎬を削り、世は擧げて兵馬倥偬、戰塵の巷となつた。武士の家の婦人はこゝに大々的活躍をせなければならなかつた。しかし武士の婦人に特殊な衣服があつたわけではない。小袖が前代と同じく大々的に活動したのであつた。

桃山時代に入つても民間で勞働する人には丈の短い筒袖か、袖の丸い袖の小袖が用ひられたが、この時代には働く時に置手拭といつて手拭を頭の上にのせ、或は頸に卷くことが起つた。この手拭といふものは、我國には旣に上代にその起原を發してをり（風俗研究所所載拙著手拭の歷史參照）勞働の時は汗が出るので之を拭ひ、又手を洗つて拭ふといふ目的であらうが、臨時に襷やからげに用ひたりする。その外に勞働には前垂といふものが必ず用ひられて來た。（川越喜多院職人畫參照）この前垂の起原は戰國末期といふよりも寧ろ、安土桃山時代に始つたといつて差支はないが、これは衣服の汚れを防ぐための目的で、活動を助けるものではない。たゞ活動を助けるものとして同時に用ひられ來たつたのは、襷であつた。

襷は桃山時代頭のは極めて太い。しかし江戸初期に入つては少し細くなつてゐる。そのかけ方も今日の如く背に十文字にしてかけることもあるが、又上代のやうに、之を頭の後ろへ引掛け

それに両手をのせかけて、手のだるくなるのを防ぐのもあつた。（名古屋城壁畫）

名古屋城壁畫

江戸前期（慶長―正徳まで）では、婦人の勞働には菅笠を冠り、襷をかけ腰にからげの抱え帶をして、小袖の下から脚布（腰巻）を出すのであるが、旅には脚絆を纏ひ草鞋か草履を穿く。婦人は決して男子の如き短衣を着ない。これ日本婦人の肌を見せることを好まない謹嚴な、そして又貞操観念の堅固を示すものに外ならなかつた。

この期に大に發達したのは脚布である。脚絆を穿いて脚布を膝まで穿けば小袖の裾をいかにからげても、肌は露れないのである。この腰巻には白や赤があつて、外へ出て來たのである。當時衣服をからげるには、抱え帶をしてからげることも多いが、又袴の股立を取るやうに、前で左右の裾を引上げて帶に挾むのであつた。（百人女郎品定）

百人女郎品定

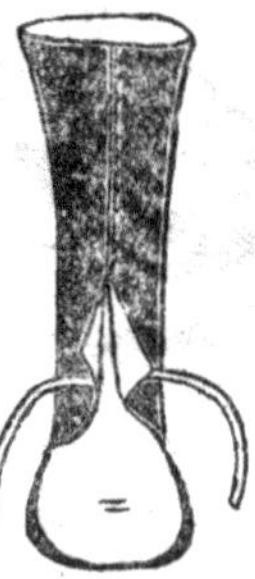

手甲

江戸後期（享保以後）で一言せねばならないのはモンペのことである　モンペについては民俗の研究大家宮本勢助氏の研究されたものも出てをり、今更喋々を要しないと思ふが、この歴史的由來については一言もされてゐないので、その由來を記して、宮本氏の研究された結果について言及しようと思ふ。

和國百女

モンペの袴について先づ考へるべきことは、我國には、近世婦人で袴を穿かるゝのは女官や江戸大奥の公家式典禮の時だけで、婦人が袴を穿かるゝとは昔からなかつたのである。されば、モンペを穿くといふことは、この見地からして破天荒のことに屬する。さて、モンペの起原は江戸時代正徳年間に作られた踏込袴と同一形式であるから、大體享保以後と思はれる。この踏込といふのは上から下へ下るに從ひ細くなつた袴であるから、モンペは大體踏込より移つたものといつても差支はなからう。しかし此の踏込袴も突如として起つたものではなく、その前身を求むれば、輕衫《カルサン》か裁着《タッツケ》であつて、今もモンペを輕衫或は裁着といふ云方も可なり多いが、勿論輕衫と裁着、モンペは皆夫々形式を異にしてゐるのである。さて、輕衫の名は西班牙語のカルサオ calsao で、もと南蠻人が我國に渡來せし江戸初期に、西班牙、葡萄牙人の穿いてゐた上が袴で下が脚袴となつた絆の名である。當時切支丹などを信ずる日本人は南蠻人に倣つて輕袴を穿いた。この袴を又伊賀袴といつたが、切支丹禁制について鎖國となつて輕衫とアテ字を書き、更に之を裁着と改めた。尤も裁着はコハゼ掛、輕衫は紐で括るのであると寫眞漫稿に記してゐるが、實の所、これはその間に明瞭な區別がないことも多かつたのである。

さて宮本氏の説に據ると、全國のモンペの形狀を大別すると三つになるといふ。それは

1. タチツケ式
2. モンペ式
3. カルサン式

であつて、1は膝から下が全く一幅で作られてゐて、從つて筒が極めて細くケマワシが一幅になつて膝以下卽ちハギが細いもの。

2. アトマチが發達して三角型の底邊の左右端が裾に達してゐるのが特徴である。

3. 東括りといふ袴の如くに裾口の大きさが筒よりは細く括り寄せて作られてゐる。從つてケマワシに襞のあるもので、裾に裾纎があるのである。

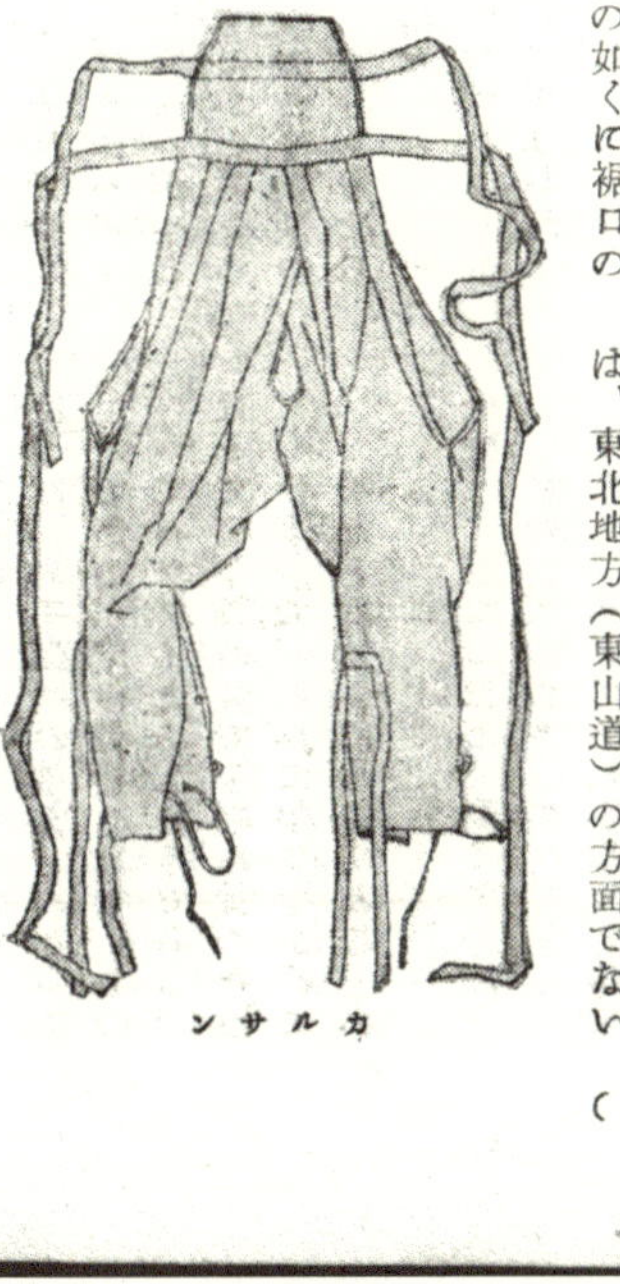
カルサン

宮本氏はこんなに分けてをられる。これらの材料は大抵木綿が最も多く麻、藤布などもあり、1.3.には鹿の皮のもあるといふ。柄は無地と縞とがあり、色は古くは白、淺黄等、後世は紺が多かつたといふ。名稱は山袴、雪袴、モンペ、タチツケ、猿袴、猿モンペ、サルマタ、サルサン、ヘガマタ、マタシヤレなど百を以て數へるといふ。（後述）そして現在では殆んど全國に分布してゐるが、その最も古く穿かれたのは、東北地方（東山道）の方面でない

かと考へられる。なほ之に關しては大日本聯合青年團編の宮本勢助氏の「山袴の話」を一讀されんことを望む。

このモンペ型の袴が婦人の間にも地方の田舍に用ひられたのは、江戸時代の文献には餘りに出てゐない。江戸時代を通じ田舍の娘さんは田植などの時も大抵小袖をからげ、襷をかけた式であつて、袴を穿いてゐる姿は極めて稀であるが、モンペの前身たる裁着は武士の武者修行などに用ひられ、それが一轉して民間の忙がしい職業、床屋、大呉服店の掃除人、料理方などに都會で用ひられたことが、都會に近い田舍に移り、(例へば武藏秩父地方など)始めは男子が穿いたかも知れないが、元來男子にはそれよりも前に股引(パッチ)が既に普及してゐたので、このモンペは婦人の間に穿かれることとなつたのであらう。

元來この男の股引は朝鮮人のパチから發達したものらしく、衣服の下に着るものであり、之に反してモンペは衣服の上からつけるのである。それでモンペの名稱も、モモヒキ或はモモハバキのモモがモンとなり、ヒ或はハがへと轉じてモンペと化したものかと考へられる。ここに朝鮮型の股引と南蠻型のモンペとが、男女によつて分ち着せられた奇蹟に一興を禁じ得ないのである。かくしてモンペは江戸時代に一部地方的に婦人勞働服として用ひられてゐたのである。

その他地方的仕事着としては現今も左の種類があるとのことで、これは柳田國男氏の「服裝習俗語彙」にある。

すねこ出たち　短い仕事袴、物賣の女稼ぐ女の袴で羽後雄勝で使用

のろもの　信州上伊奈郡の廣袖襦袢と股引の女の嫁入用の衣である

こすびり　岩手縣の半天に似た仕事着で、シラソ布を染めたもの。

こしきり　腰切で又コシミといふ所やノノといふ所もある。女の田植用のもあつて腰までの衣。

はつぴ　岩手縣邊の袖なしの仕事着であるが、伊勢邊のは袖があつてハツプイといふさうである。

はそで　半袖の意で半幅の袖つきの仕事着で、これに半襟をかけて娘などは休みにも着てゐるといふ。

たなし　薩摩では濱で働くてつぽう袖の半天の如きもの。

こだなし　角袖の丈短い農用仕事着で鹿兒島縣で用ひられる。

こてそで　袖付を多くした勞働着で長門地方に用ひられる。

かんかん　信州東筑摩の袖なしの衣で田植の時少女が着腕貫といふ筒袖の上から之を着て紅い襷をかけ手甲股引手拭菅笠の扮裝で田植をする。

つんぬき　宮城福島縣の綿入の袖なし、女が着る。

くびさし　美濃邊で背のみを蔽ふ女

の衣。
さるこ　長門の貫頭衣絣木綿の綿入
あやくぼし　奄美大島の婦人の胸當
次にモンペ系統のものでは、
だしぬき　秋田地方
かりさん　越中、近畿
たちかけ　京都
すそぼそ　米澤地方
ぼこぼこ袴　讃岐
とび込袴　吉野
さる袴　中國の西、東北地方
さるぺ　岩手
へが、もんぐり　長門
がふら　黒染麻布で雪袴とも呼ぶ。
まつかもつぺ　羽後
もくたれ　下野
たもつぺ　秋田縣
以上の如く、婦人の勞働衣は地方では江戸時代から
1. 丈短い衣半服。2. 筒袖或はてつぽう袖。3.、袖なし。4、半袖。5、背のみの衣。6、胸當。7、貫頭衣。

前

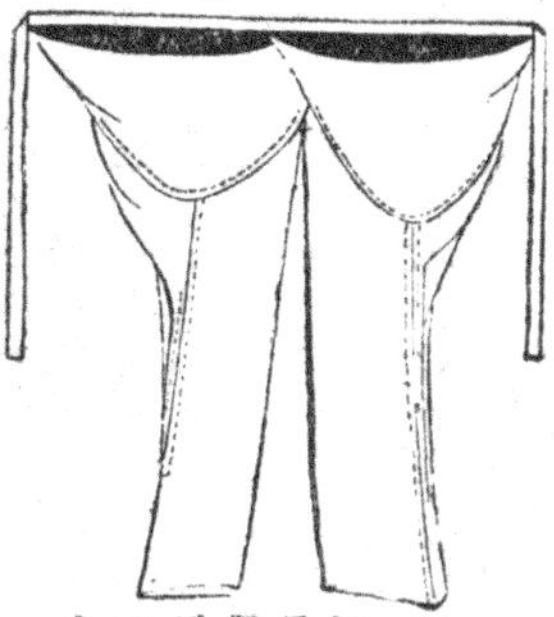

江戸製ぱつち

背

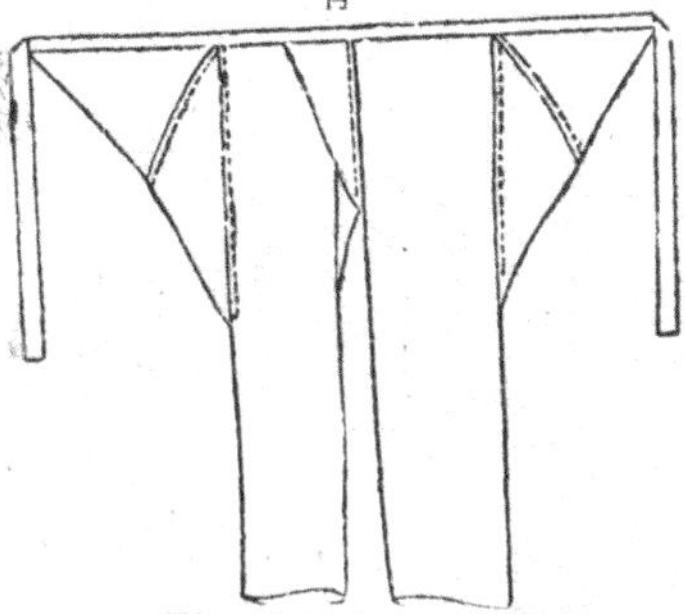

京阪のぱつちは上の方横一幅を用ふ

といふやうなものがあり、又袴には、もんぺ式の袴が用ひられてゐたのであるから、地方に於ては既にその目的達成のために、衣服の形式を經驗によつて考案し、用ひられてゐたことが分る。これらの衣は襟は勿論、今の和服式であつたであらうし、今回の婦人標準服の形式といふものも、結局は、これら地方の勞働着を綜合された形式であるといへる。勿論今回の全國は應募であつたが、出品者や審査員の人々が地方勞働服のことを知つてゐたわけではなかつたであらうし、結局偶合になるわけであるが、しかし今日の標準服のやうな形式は、全國の古今の勞働服を集めて綜合折衷しても矢張り同じ形に作られたであらうと思ふのである。

なほ江戸時代の腕貫、手甲、脚絆などが、この目的のために存在したことも見のがせないと思ふ。

七

かくして明治に入つたが、明治五年に起つた東京、大阪の婦人束髪の會の洋髪の宣傳は、婦人の活動に對する警鐘であつたと思ふ。次に又明治四年頃から女塾長あたりから着られた袴の着用も、婦人の行燈袴着用の先鞭をつけたものであつて、明治十八年頃から愈々婦人の洋服の着用が一部の新進の婦人間に行はれ、鹿鳴館時代を起したのである。その後婦人の洋服は明治卅七八年に赤十字社篤志看護婦人會の制服たる黒い洋服が定められたのは、當時の人をいたく驚かし、看護婦の白衣と共に婦人制服の先驅であつたが、大正になつては、少女の洋服から徐々に令孃の洋服が進出して來たのである。これは從來の和服が活動性に乏しく衞生、經濟、風儀の上にも短所のあることが追々に叫ばれた反動であつたので、さてこそ、和服の改善論も日露戰爭後から喧しくなつて來たのである。昭和に於ては遂に洋服は大進出を見たのであつたが、時恰も支那事變起るに及び、益々婦人服改良の論昂まり、防空保健の必要が絶叫されて、愈々厚生省に於ても、この必要を認められ、今日の婦人標準服となつたのであるが、それよりも特筆しなければならないのは國防婦人會のエプロン着用であつた。

以上を綜合するに、次の結論が得られる。婦人勞働服には、1勞働のために作られた衣と　2普通の衣を臨機勞働に適するやうに易へる處置を講ずることゝあり、前者が古く、後者は後世起つたが　2の場合のためには様々の服具を使用することも上代から起つて後世ほど完全なものができたのである

中古から婦人服の中心は上流社會の儀禮的平和的の美衣と民間の小袖とに分離し、前者は全く勞働に適せず、小袖がその目的に適して中世から後世へと持ち越されたので、小袖即ち和服全盛時代となつたが、これが江戸では段段勞働服としての缺陥を補ふための處置が講ぜられた服具を要するに至つた

しかしそれはたゞ婦人の野良仕事田植の時位に要するのみで、何といつても生やさい勞働である。今回の事變や戰爭に附隨した團體行動と防空こそは一億一心、場合によつては咄嗟の間に防空の大活動をする一大使命を國民は負うてゐるのであるから平和産業に關するやうな生やさしいものではない。果然婦人標準服と防空服が起つたので、モンペも亦今日では非常活動には充分なものではなくなつたのである。

時代は進んだ。婦人勞働服も眞劍の用途に供せらるべく進んだが、又一面新領土に活躍宣撫する時に日本婦人のけだかさ、優《みやび》やかさをも示さねばならぬ服である。從つてたゞの勞働を目的とするもののみでは許されない。こゝに婦人標準服の色調、意匠などの研究が今後の問題とならう。（完）

ドイツの制服（三）

佐々龍雄

8

軍服が市民的な雜色からぬけて、一定の型と色彩を持つに至ると、既に軍服自體の發達は極點に達したものであり、その後は軍服の部分的な改良が施されるにすぎないのである。しかもこのやうな改良は主として外的の影響によるのであつて、軍服の內的な要求からではない。例へば上衣の詰襟が開襟になつたり、長袖が短袖になつたりしたところで、それは軍服の價値を毫も變化させない。それらは單に氣候とか季節とか風土などのために加へられる改變であつて、すくなくとも一度誕生した軍服の生命はそれ自體の保持する力以外に左右されることがないのであり、從つてもし軍服の價値が變化したとすれば、それは軍服自體の內的な要求にほかならないのである。

それ故、われわれが、ここで問題にするのは、軍服が制定されるに至るまでの歷史なり、また當時の政治社會等の變遷を主題とし得る範圍內に限られてゐる。しかし必ずしも私は軍服の時代的變化を等閑に附する者ではなく、かかる研究の必要なことは充分承知してゐるのであるが、それを述べて行くならば今後幾月かの執筆を餘儀なくされるし、この負擔に對して私の力はあまりに小さく、そればかりか一般讀者にとつても決して興味ある讀物にはならないであらうから、今月は前月の續稿としてドイツの軍服を一應打切り、八月號からナチスの制服をこの拙文の結論として書く豫定にしてゐる。讀者の寛恕を願ふ次第である。

★

フリードリヒ大王の治下にあつては最初の間、軍服の型は概して前時代と同一であり、大王が父より繼承した聯隊に限つて赤色の頸卷《ハルス・ビンデ》が用ゐられたのであるが、これに反して新しく設立された聯隊は黑色のものを用ゐた。つまりここでは頸卷の色彩が、聯隊の歷史を明示することになつてゐるのである。しかも新聯隊は殆んど全部が輕步兵であつて、往時の小銃兵からは明確に區別され、既に輕步兵帽を被つてゐた前時代の聯隊も、漸次小銃兵となり步兵部隊と小銃部隊とが分離させられるに至つた。恐らくこれは戰術作戰の變化によるものと想像されるが、その主要な原因が近代科學の進步、火器の普及に由ることとは勿論であらう。また第二シユレジエーン戰爭後は、白ゲートルの外に黑ゲートルも併用され、夏季は白色のもの、冬季は黑色のものが夫々區別されて用ゐられた。

士官の勤務章及び武器は前時代のものと殆んど同じであつた。だがここにも新舊聯隊の相違が見られ、古い聯隊の士官は細長い平らな金モールを帽子につけ、白色の頸卷《ヘルス・ビンデ》を用ゐてゐたに反し、新しい聯隊の士官は幅廣の凹凸のある金モールであり、頸卷も黑色であつた、しかし面白いことに兵士や下士官は口髭をつけることが許されてゐ

第三圖 プロシヤ千八百六年迄の擲彈兵
右端は擲彈兵士官、その他は擲彈兵

たのであるが、將校ではそれが許可されなかつたのである。徽章の色としては赤色、薔薇色、黃色及び白色の種々な濃淡色であり、ズボンは一般に白色か黃色がかつた白色、または黃色であつたが、聯隊附將校は桃の花の色がとり入れられてあつた。

殊に「近衞第十五聯隊」は優秀な裝備が施されてあつたが、中にも第一大隊は衆を壓してゐた。徽章は赤で胸部は銀製のレースで被はれ、ズボンは黃色であつた。

（當時の聯隊名は數字によつて區別されず、主として聯隊長の名を冠し、例へばリユチヨヴ聯隊などと稱した。ところが聯隊長が變る每に聯隊名が變るといふ不便を除くため、後には聯隊を設立順に從つて數字呼びにする慣しになつたのである。）

ここで挿圖をかりて戰時軍服の解說を簡單に附加して置きたい（第三圖を參照）。彈藥盒の負革を十字にか

け、右肩に革嚢《トルニスター》を負ひ、その下に糧嚢をさげてゐる。革條には多くの天幕の杙をくくりつけ、更に各兵士は一揃の土工器具、鉈、手斧、またスコップ、そして第三列の一部の兵士はその代りにブリキ製の大きな水筒を携行した。大王の治下中、上衣は次第に切りとられ、遂には軍服の飾縁にボタンがかけられなくなり、ただ單なる裝飾になり下がつたのである。辮髪は胸衣の兩方のボタンの間まで屆く位の長さであつた。

フリードリヒ・ウイルヘルム二世は軍服に就いても種々な改革を加へた。その當時まで全然飾縁《ラバツテ》をつけなかつた總ての聯隊が、漸次これを用ゐるやうになり、ズボンは一體に白色となつた。帽子の代りに所謂カスケット（喩甲兜）が採用されたのであるが、これは以前の如く白色の緣と彩色された總飾がつけられ、正面に金屬製の皇帝の花押を明示した二辮帽であつた。擲弾

第四圖　プロシヤ千八百六年迄の輕步兵
c輕步（兵鼓手 a 輕步兵下士官）f 輕步兵將校其　は輕
步兵

兵もこれと同じ帽子を被り、正面には柘榴が飾られてあつた。現在では全步兵聯隊が小銃兵聯隊となり「輕步兵《フユージリーエ》」と云ふ名稱は、この部隊の新しい組織と共に別の意義を持つに至つた。これまで輕步兵には特別に小銃兵と異るところなく、僅かに外面の帽子のみにすぎなかつたのである。ところが漸次、特殊の輕步兵大隊が一種の輕裝な步兵部隊になり、軍服の地色は綠色で、徽章は種々な色彩が用ゐられた。帽子には金屬製の鷲《アドラー》が飾られ、頸卷は白色の飾緣のある黑色のもので、その他の總ては步兵に於けるものと同一であつた。ズボンは僅かな期間だけ綠色となつたがそれも再び舊に復して白色となつた。

フリードリヒ・ウイルヘルム三世の時代、彼の登位後間もなく次の如き變

化が起つた。即ち、裾の折返しは固く縫ひつけられ、上衣の兩側のポケットが廢せられた。襟は以前のものよく高くなり、立襟の形をとるやうになつた。險甲兜《カスケット》は前時代の帽子に代へられ僅かにその型だけが幾分とも當時の流行から生まれたもので、擲彈兵は特別な形をした緣無帽を被るやうになり、背後に徽章の色の布をつけてゐた。一八〇二年から一八〇三年まで、上衣は前方へ開いた型の代りに、直線に下がつてゐる飾緣がつけられ、一八〇六年頃の將校はもはや懸章を上衣の下にせず、上に置くやうになつたのである。輕步兵大隊の標色は旅團によつて相違したが、幾多の變遷の後、一八〇六年には次の如くであつた。

旅團名	徽章	釦
第一東プロシャ旅團	淡綠色	黃色
第二 〃 〃	〃	白色
第一ワルシャウ旅團	淡青色	白色
第二 〃 〃	薄青色	黃色
上シュレジエーン〃	黑色	白色
下 〃 〃	〃	黃色
ヴェストフアーレン〃	深紅色	白色
マグデブルク 〃		黃色

以上、私は軍服の枝葉的變遷のみを羅列してみたが、ではこのやうな變化の起つた當時のプロシャはどんな情態であつたか、そしてまた次に述べる如く一八〇六年と更に數年を出でずして起つたドイツ獨立戰爭に至るまで（この期間にプロシャの軍服は著しい變化を遂げたのである）のプロシャの對外關係はどうであつたか、このことについて以下概述して置きたい。

フリードリヒ・ウイルヘルム一世の統治は、プロシャ國家の國內的發展にとつて決定的な意義を持つたもので、フリードリヒ二世の時代に於いて遂ひにプロシャをヨーロッパの大國に列せしめたところの基礎を固めたのであつた。彼こそプロシャ陸軍及びプロシャ將校團の眞の創立者であつた。

この强固な基礎を繼承したフリードリヒ・ウイルヘルム二世は、父の殘した優秀な軍隊と財政とをたのみ、ドイツ及びヨーロッパに君臨せんとした。折しもカール六世皇帝が薨去したので（一七四〇年）、ウイルヘルム二世はシュレジエーンの公領を回復すべき强硬な意見を主張し、フランスと同盟を結んで迅速にシュレジエーン全州を占領したのである。だがオーストリアの軍備擴充、バイエルンの占領、及びウオルム條約によつて脅威を感じた彼は、改めてフランスとカール七世皇帝と同盟し、第二シュレジエーン戰爭、即ちオーストリア繼承戰爭を起した。そして、一七四五年のドレスデン條約によつて彼のシュレジエーン領有が皇帝から確認せられたのである。このフリードリヒ・ウイルヘルム二世こそフリードリヒ大王なのである。

　先づ初志を貫徹した彼は次の十年間能ふ限り平和を維持し、新しい紛爭を避けることに努力した。しかしオーストリア、殊にロシアはプロシヤに對して挑戰的な態度をとつたので、彼は國防の充實を促進せしめ、强大な軍事力を養はなければならなかつた。かくて一七五六年の秋、七年戰爭は勃發し、プロシヤはイギリスと結び、オーストリア、フランス、ロシア、スウエーデンを敵として戰つたが、この七年戰爭によつてプロシヤはヨーロツパに於ける不動な强國となつた。そしてオーストリアのシユレジエーン回復を阻止する意味で、プロシヤとロシアの同盟が成立したのである。無論、これはポーランド分割を目標としたものであつてプロシヤのフリードリヒ大王、ロシアの女帝カザリン二世、オーストリアのマリア・テレジアの三人は一七七二年に第一回分割を、一七九三年に第二回分割を、更に一七九五年に第三分割を行ひ、これによつてポーランドは世界地圖からその姿を消したのであつた。

　この間フリードリヒは鋭意戰爭後の國內經營に力を注いだ。文化史的に見るならばこの時代は即ち啓蒙思想の普及した時で、われわれはその典型者をフリードリヒ大王に見出し得るのである。無論、彼によつて全ドイツの精神的、形態的統一が進捗されてゐたものの、未だ群雄割據の封建的政治がその跡を絕つてゐなかつた。それ故、プロシヤはドイツ統一の偉大な運命を負はされてゐたにも拘らず、一般に國民精神の結束は充分に强固ではなかつたのである。その證據にはナポレオン對第一聯合の戰ひでは悲慘にもプロシヤは中途から脫退し、バーゼルに於ける單獨媾和の後は反ナポレオン陣營から遙かに遠ざかつた。

　やがてオーストリアの對ナポレオン戰爭（一七九七年―一八〇一年）が起つたのであるが、この度も慘敗し、ナポレオンの權勢は全ドイツを覆ふに至つた。だがこれに屈せずイギリス、ロシア、オーストリアの聯合が成立しナポレオンに對して挑戰したが、この時も不幸にして敗れた。その結果、オーストリアの繼承し來たつた神聖羅馬皇帝なるものは、消滅してしまつたのである。

　しかし一八〇六年秋に至るや、プロシヤは非常なる決意を以つてナポレオンに戰ひを宣した。無論、プロシヤはこの戰ひにも慘敗した。そして一八〇七年チルシツトに於いて屈辱的な媾和を餘儀なくされたのである。

　この引續く戰敗は、しかしプロシヤの將來にとつて決して不幸ではなかつた。それから六年後の一八一三年遂ひにプロシヤはドイツの自由戰爭の旗幟を高く飜すことができたからである。

10

このやうなプロシヤ興隆の間にあつて、軍服そのものの變化も當然である。勿論、われわれはその時々の軍服が當時の流行や趣味などの影響のあることを見逭し得ない。例へば軍帽の羽毛飾やレース附の飾緣などはさうであつて、殊にそれが平時軍服の場合にあつては外界の風俗を受け入れ易いのである。

しかし度重る戰爭によつて軍帽は次第に進歩してきたことは疑へない。軍服ができるだけ奮戰に適するやうに變化することは當然のことであつて、もしそれに適しない時に於いては軍服自體の死以外にないことをわれわれは知つてゐるのである。軍服自體も歴史を創造して行かねばならない。その範圍に於いてのみ軍服は生き得るのである。

だから外界から受けた軍服の變化も何等かの意味では軍服が自己の生命を維持する上に於ける養分となるものである。でない限りさういふ變化は一種の飾りであるにすぎず、それらは風俗史と關聯を持つものであつて、制服史とはそれほど重要な關係を形作るものではない。この點われわれは一般服飾史から制服史を明確に區別する用意を持つてゐなければならない。無論、この二つが對立すると云ふのではないが混同するにはあまり兩者の志向が相違するからである。

では、前章以後の軍服の變化を續けやう。もし讀者が愼重に讀まれたなら小さい變化の一つにも當時の大きな事件の樣相を發見し得るであらう。

一八〇六年の終局は軍隊の再編成と共に、また軍服の全面的な改革を招來することとなつた。今や辮髮はなくなり、廣緣帽は所謂軍帽《チユシヤロ》に代り、上衣の飾緣も消え、前面に二列のボタンをつけるやうになり、ズボンは灰色となつ

第五圖　プロシヤ（徒歩近衞兵部隊）

た。なほ漸次革嚢はこれまでのやうに肩にかけられず、二本の革條で負はれることとなつた。これを個別に見ると歩兵近衞聯隊は青色のコレートに赤色のカラー、白レース附の折返し、白色の肩章とボタンとをつけてゐた。（主要な被服は公的にロックと呼ばれ、從つてわれわれはミラ事件後は、ヴアッヘン・ロックとの混同を避けるためコレートといふ文字を用ゐるにしても、本來このコレートには騎兵の短衣が含まれてゐるのである。）裾の折返しは一體に赤色であり、ズボンは夏季に白、冬季には灰色で、それに膝まで達する長靴を穿いてゐた。軍帽は上に白い笹縁の飾りがつけられ、下士官にあつてはそれが銀製のもので、帽章として近衞星《ガルデ・ステルン》が飾られた なほ高い馬毛の白い羽毛飾があり、擲彈兵ではそれが白色であつたが、輕歩兵では黑色であつた。將校の軍帽《チユシヤコ》は上に銀製の笹縁があり、側面は白色の鷲の紋が飾られてあつた。將校の階級章は金

第六圖 プロシヤ常備歩兵部隊）
a 擲彈兵 b 常備歩兵 c 輕歩兵 d 輕歩兵士官 i 輕歩兵樂手、その他はすべて小銃兵

モールによつて肩章が現された。常備聯隊はカラーと折返しとを州*の色に染めてをり、東プロイセンでは煉瓦赤色西プロイセンでは深紅色、ポンメルンでは白色、ブランデンブルクでは紅蓮色、シユレジエーンでは黄色となつてをり、ボタンは一體に黄色、裾の折返しは赤色、袖章はコレートの地色であつた 軍帽は擲彈兵に於いては前方に黄色の鷲があり、その外に黑色の羽毛飾がついてをり、小銃兵は複雜化された花押をつけ、輕歩兵はバンドを卷いてゐたのであるが、更に輕歩兵は黑い革によつて區別され、サーベルの代りに長柄の工兵刀を帶びてゐた。新編成によつて輕歩兵は、第三大隊として歩兵聯隊に編入され、同聯隊の軍服を着用することとなつた。平常、劍帶は肩からかけられてゐたが、閲兵の際には身體に締めつけられるやうになつてゐた（第五圖 a、第六圖 a、b、c）。

州の色と云ふのは、例へばドイツの色とか、フランスの色とか云ふやうに、各都市及び各州が一種の紋章用として旗や楯などに塗つた色彩である。

11

自由戰爭に就いては前にも述べたところであるが、この戰爭がドイツ統一に貢献し、如何にその當時の國民精神を作興したことはフイヒテの「ドイツ國民へ告ぐ」の一卷に盡されてゐる。この時代に於ける軍隊の被服は、數多の軍團が編成設置されたため雜多となり、殊にフリードリヒ大王時代からのイギリスよりの援助と相俟つて、豫備聯隊の軍服は斑點のあるものとなつたが、これはイギリスより供給された軍服であつたのだ。將校の多くの帽子は油布を張つた縁無帽を使用した。だが一八一四年は軍服史に於いても特筆すべき年であつて、軍服にもかなり廣汎な決定的變化が齎されたのである。カラーは次第に前面で締められるやうになり、現在の詰襟の形となつた。軍帽《チユシヤコ》は尾のある形に變り、以前より大形となつてきた。また顎紐も革製から金屬製のものへ移行した。この時代に於いても聯隊の區別をボタンや折返しの色や形によつてしたが、聯隊の徽章は一八一四年に次の如く規定せられた。

即ち、カラーと折返しは舊管區に於いては以前と同じで、マグデブルクは淡青色、ラインランドは茜色、ヴェストファーレンは淡紅色であつた。一八一七年、カラーと折返しは殆んどが赤色で、これは大戰前まで續いたが、しかし一八四三年から一八六七年までは全然カラーがなく、僅かに襟章が赤色であつたといふ時代もあつた。また聯隊の區別を肩章と襟章で見るやうになつたのもこの時代であつて、一八三五年、あらゆる常備聯隊は赤色の襟章をつけ、奇數番號の軍團では三方に白色の飾緣をつけてゐたことは注目に値ひする。

軍團名	肩章	飾緣
第一軍團	白色	白色
第二 〃	〃	ナシ
第三 〃	赤色	白色
第四 〃	〃	ナシ
第五 〃	黃色	白色
第六 〃	〃	ナシ
第七 〃	淡青色	白色
第八 〃	〃	ナシ

一般の非專門家には以上の如き軍服の發展もさしたる興味はないであらう。だが後に述べるナチス國防軍の軍服と對比する時、意外の面白味もあるだらうと想像し、ここに敢て拙文を草した所以である。

しかし制服史の本來の意義から云へば、かかる説明こそ正道であるだらう。制服史の裏打ちをなす思想史を主題に取上げることは、見方によれば邪道であるに違ひない。だがすくなくとも制服と思想の結びつきは、ただにナチスを以つて始まるものでない。またそれは一時的な流行と見なすべきでもない。或るものが生まれるためには、それの母胎となるべきものが存在しなければならない――かういふ意味から私は制服史を思想史との關聯に於いて觀察したかつたのである。勿論、この是非善惡は多くの叱正を俟つべきものであることと思つてゐる。

★

以上によつてプロシヤ歩兵の軍服に就いてほぼ概略を說き終つたが、本章の最後にプロシヤに於ける義勇軍のそれを語つて置きたい。

大體、プロシヤの義勇軍は七年戰爭の際フリードリヒ大王によつて設立されたものであるが、主として歩兵と同じやうな暗青色の上衣を着用してゐた。徽章は沿青色であり、ボタンは黃色か白色であつた。この義勇軍は飾緣やカラーによつて區別せられたのであるが、もしそれらの無い軍服は折返しの形や、一部ではレースの飾で判別せられた。多くの義勇軍は獵兵部隊にも編入され、それにあつては上衣の地色である綠色が特徴となつてゐた。

中でも「クライストの綠色自由龍騎兵」の軍服は極めて獨特のものであつた。無論、それは軍服の色によつてさう呼ばれたのであるが、徽章も同樣に綠色で、上衣には羊毛の曳裾がつけられてあつた。帽子は白色の紋章のある毛皮帽で、裏には綠布が縫ひ合されてゐた。

一八〇七年にも多くの義勇軍が設立されたのであるが、自由戰爭に於けるその代表的な軍團は、前にも述べたやうに詩人テオドール・ケルネルによつて歌はれたリユチヨヴ義勇軍である。この外にチロル獵兵支隊があり、灰色のコレートとズボンとを着用してゐた。また外國人部隊やヘルヴイヒ義勇軍などもあつたが、軍服の色は主として綠色を基調としてゐた。

これは義勇軍と關係するものではないが、階級章に就いても斷片的にここで語つて置きたい。一八〇六年までの軍隊には一般に將校の階級章なるものは存在せず、ただ將軍のみが帽子の鍔の白い革によつて明示してゐた。

從つて實際に階級章が軍隊に用ゐられたのは一八〇八年を俟たなければならない。短槍《スポントン》と頸甲《リング・クラーゲン》は廢止せられそれに反して勤務章としての肩章が使用せられた。卽ち、階級章は銀製のもので、一八一二年には甲騎兵將校は肩章を、一八一三年には驃騎兵を除くあらゆる兵科の參謀將校、次いで一八一四年には同じく驃騎兵を除く全將校が金か銀の月の入れられた肩章をつけた。當時まだ個々の兵科の將校によつて帶びられてゐた肩章は廢れ、一八三

二年には星の數によつて階級を示したのである。今、肩章の種類を列記してみると、

少尉　星ナシ
中尉　星一ツ
大尉　星二ツ
少佐　星ナシ、薄總附キ
中佐　星一ツ、薄總附キ
大佐　星二ツ、薄總附キ
（將軍級は厚總附きとなり）
少將　星ナシ
中將　星一ツ
大將（歩兵、騎兵、砲兵）星二ツ
元帥　星三ツ
大元帥　（元帥と同等の階級を有するもの）二本ノ司令官杖ガ交叉ス。

となつてゐる。

下士官にあつては前世紀まで次の如くであつた。帽子の總飾（これは個々の聯隊に於いて非常に雜多な色を持つてゐたが）は黒と白とで四分され、劍の總飾は黒色となつてをり、帽子の周圍には金モールか銀モールがつけられてあつた。更に折返しには金レースか銀レースで飾られてあつたが、この時代には一般的な規準が存在せず、寧ろ個々の特性が現され、一見混亂錯雜した狀態であつた。

一八〇八年一體にカラーと折返しに金レースか銀レースがつけられたのであるが、しかし一八一四年まではカラーの下部に卷かれてあつた。また當時殆んどの徒歩部隊の用ゐた軍帽の上部につけられた飾緣は、夫々が金ボタンか銀ボタンに準じてゐた。更に下士官の徽章は羽毛飾によつて特徴づけられ白色の羽毛飾は黒い先端を、黒色もののは白い先端を持つてゐた。

現在の階級章なるものは、

上等兵　襟ノ兩側ニボタン一ツ
下士　襟ノ折返シニ飾緣アリ
軍曹　飾緣ト襟ボタンアリ
曹長　軍曹ト同ジ

となつてゐるが、近代になつてこれまでの袖モールに第二のモールが附加された。

後記　軍服に就いては、前後二回にわたつて以上の如き文章を草したのであるがその意とするところは、本論の冒頭に記した主旨から多少とも逸脱した憾みがないではない。しかしこれは制服史を含めた制服論を書く場合、餘儀なき業であらう。例へば思想史を書く場合でも、思想の變遷を緯とするならば、思想そのものの解説を經としなければならない如く、夫々を別個に切り離すことはできない。ただその二つが如何によく關聯し合つてゐるかが論説の是非を決定する。

しかし殘念ながら、私にはそれを好く爲し得なかつたやうに思へる。無論、短時日の讀書や貧弱な材料を基礎とせざるを得なかつたためであるが、この點一般讀者の寛恕を乞はなければならない。

約束通り次號からは、ナチスの制服に就いて書く考へであるが、私としてはこれまでの失敗を今後に於いて償ひたいと思つてゐる。

呂《ル》宋《ソン》島探訪記

佐藤虎雄

一

それは肥前島原《ひぜんしまはら》で切支丹宗徒《きりしたんしうと》が亂をおこした、所謂《いはゆる》かの島原の亂から七年ほど前の寛永《くわんえい》七年十二月のことであつた。

故國では、やがて屠蘇酒《とそしゆ》に醉《よ》ふ正月もまぢかなその頃、白い帆《ほ》を張つた一艘の和船が、見渡す限りの波間《なみま》を縫つて南へと進んでゐた。長崎の港をあとにして、もう一と月以上になる。十日前に島《しま》を見おさめたきり、もう來る日も來る日も荒れる海《うみ》と燃《も》える陽《ひ》ばかりであつた。

船頭《せんどう》の糸屋の口を藉《か》りると、間もなく高砂國《たかさごのくに》（臺灣）のあたりを過ぎる筈であるのに、船の左手《ひだりて》にそれらしい影も見當らない。第一、その證左《しようさ》となる鳥影《てうえい》が、少しも波の上に姿《すがた》を現はさない。その啼《な》ごゑもまだ耳にしない。

今日も船の舳先きにつつ立つた九右衞門《ゑもん》は、眉根《まゆね》をつり寄せて、ぢつと海上を凝視《つ》めてゐた。船の突き進む方角《はうがく》にも、それから振りかへつて眺《なが》める船跡の白さの中にも、ただ左右《さいう》の何處にも、ただ水平線《すゐへいせん》の遙かなひろがりがあるだけであつた。ふと、湧《わ》き立つ雲の形《かたち》を島《しま》かと見まちがへて、思《おも》はず手を眼の上にかざして背《せ》のびをするとあと、にはきまつて深い歎《なげ》きが胸《むね》を衝《つ》いた。そのやうなことが一日何度もあつた。「こりや路をまちがへたのぢやあるまいか」船頭《せんどう》の糸屋に言へば、きまつて俺《おれ》の經驗《けいけん》に誤りはないと言ひ切るのだし、仕方《しかた》なく九右衛門はさう自分《じぶん》一人に問ひかけては、その不安《ふあん》を噛みしめてみるより外に自慰《じゐ》の方法がつかなかつた。

この言葉《ことば》は、配下《はいか》のものにも迂濶《うかつ》には言へなかつた。それでなくてさへ、その二三の者の表情《へうじやう》には、たとへ海《うみ》に馴れないとはいへ、自分と同じ危懼《きぐ》からの焦《いら》だちが見え始めてゐた。まして數日來《すうじつらい》、病に斃れて艫に近い船底《ふなぞこ》に横たはつた同僚《どうりやう》木村權之丞《きむらごんのじやう》には、尚更聞かせてはならない一言であつた。それがために、病狀《びやうじやう》がどう惡化《あくわ》するかも知れなかつた。

ちかに身體《からだ》に受ける陽射《ひざ》しは、まるで針で刺《さ》すやうに强い。着物《きもの》の袖《そで》をふかぶかとまくり上げ、袴《はかま》の　立ちをひき上げてはゐるが、胸毛《むなげ》のおほふた首根《くびね》からすべり落ちて鳩《みぞ》尾《おち》へたまる汗《あせ》は物すごい。

九右衛門《きうゑもん》は、その汗《あせ》を拂ふために地團駄《ぢだんだ》を踏むやうな恰好で、時々船板《ふないた》の上で足《あし》ぶふをする。その度《たび》に毛臑にさがつた汗の粒《つぶ》がぽとぽとと、燒けきつた板《いた》の上に滴《したゝ》るが、それもすぐに消えて、眺《なが》め入つた九右衛門《きうゑもん》には、ただ腹立《はらだ》たしさが增すばかりであつた。

「こりや、たまらぬほどに暑《あつ》いことだ。あの海《うみ》に飛び込んだら、さぞ涼《すゞ》しいことであらう」身體《からだ》を少しでもそれに近づけるやうにして眺《なが》め込む海《うみ》の色は、毎日、その眼《め》にしたあの島原灣《しまばらわん》の色とちがつて、濃藍色に冷《つめ》たく澄《す》み、高い波の間に間に銀《ぎん》の輝《かゞや》きを見せてゐる。果《はた》してこの底に魚が棲《す》んでゐるであらうかと、訝《いぶか》るほどに冷い色《いろ》である。素つ裸《はだか》になつて、一と思ひにと、思はず着物《きもの》の前襟《まへえり》に兩手をかけてそこを擴《ひろ》げ、片足を船舷《ふなべり》にかけた九右衛門も、その時はつとして自分《じぶん》にかへつた。出發の時に、藩主松倉重政《はんしゆまつくらしげまさ》が懇々《こんこん》と彼に與へた訓戒《くんかい》を想ひおこしてゐた。

「吉岡《よしをか》は物事に短氣《たんき》すぎる。何でも腹《はら》の立つことがあつたら、先づ某《それがし》の顏《かほ》をおもひ起せ、それにしても危《あやふ》い故、目附としては木村權之丞《きむらごんのじやう》を差し遣《つか》はす」

さう重政《しげまさ》に言はれた九右衛門は、その前に平伏《ひれふ》したまま思はず苦笑《くせう》してゐた。木村《きむら》といへば、藩で役柄《やくがら》も同じの親しい間である。今は喪くなつてゐないが、九右衛門はその妻を權之丞《ごんのじやう》のと同時に娶つて、同輩たちを羨望《せんばう》させたものである。

今度の呂宋島探訪《ルソンとうたんぱう》は藩《はん》はじまつて以來といはれるほどの臣下が擔《にな》つた大役《たいやく》である。その役を仰《あふ》せつかつた九右衛門にすれば、その身、ひいては一門《もん》の名譽《めいよ》この上ない仕儀《しぎ》であつた。一身を賭してもその恩《おん》に報《むく》いる時が來たと、その日、城《しろ》から下りながら血を燃《も》えたたせる反面《はんめん》に、木村《きむら》を目附にされたことが、何だか殘念《ざんねん》でもあり苦《くる》しくもあつた。その理由が、ただ粗忽者《そこつもの》といふ自分の缺點《けつてん》からである。粗忽で短氣者《たんきもの》であるから、どのやうな過誤《くわご》を仕出かさないとも限《かぎ》らぬといふ藩主《はんしゆ》の配慮《はいりよ》は　結局《けつきよく》は自分の身を思つての結果《けつくわ》だと、九右衛門は有難《ありがた》かつたが、そのために自分一人へ振り當てられる筈《はず》の大役《たいやく》が、木村と自分に、即《すなは》ち等分に分ち與へられたことになる。成功《せいこう》の曉《あかつき》にも、その功績は二人でたてたことになる。それを思ふと　自分ながら自分の短氣が怖《おそ》ろしい性癖《せいへき》に感じられて殘念《ざんねん》であつた。

さう無念に思ひながらも、九右衛門にはほのぼのとした明るさがあつた。それは自分《じぶん》の目附を仰《あふ》せつかつた相手《あひて》が人もあらうに木村權之丞《きむらごんのじやう》であつたことだ。これが誰《たれ》か外の上位の者か、或《あるひ》は交《まじは》りもしない藩士《はんし》だとしたら、餘計に九右衛門は苦《くる》しんだにちがひない。一層《そう》、自分の粗忽《そこつ》ぶりを歎《なげ》いたにちがひない。

やがて九右衛門は、木村《きむら》となら功の奪《うば》ひ合ひもおこるまい、俺《おれ》を蔑《ないがし》ろにするやうなこともあるまいと、諦《あきら》めきりその果てに、この男《をとこ》ならと、自分に木村を配してくれた主君《しゆくん》の心《こころ》づかひをかへつて尊《たふと》く思ふやうにさへなつた。

同じやうに大命《たいめい》を受けた木村權之丞《むらごんのじやう》に會つた九右衛門は

「俺の氣短《きみじか》が、たうとう貴殿《きでん》にまで迷惑《めいわく》を及ぼしたなあ」と必から詫《わ》びるやうに言《い》つた。

「いやいや。まるで反對《はんたい》ぢや、俺《おれ》こそ貴殿にお禮《れい》を言はなければならぬ。お蔭《かげ》で呂宋《ルソン》行きが出來てのう」

背丈も風采《ふうさい》も、それから言葉《ことば》つきまでがそつくり似合《にあ》つた二人は、さう言《い》ひ合つたあと、腰《こし》をそらして笑《わら》つた。しかし、その外形《ぐわいけい》の相似のくせに、まるで正反對《せいはんたい》に生れついのたが、お互同志《たがひどうし》の性格《せいかく》であつた。

九右衛門は、昂奮《かうふん》するといつもするやうに、その時《とき》も、

平手《ひらて》でその廣く拔けあがつた額《ひたひ》を叩《たた》きながら、

「なにしろ呂宋《ルソン》を平定《へいてい》するのぢやからな。こりやぢつとしてはをれん。殿は一年がかりで視察《しさつ》して來いと言はれたが、一年もかかつちやなあ。まあ半歳《はんとし》だ。半歳《はんとし》のうちに視察どころか、うまくいつたら伴天連《バテレン》どもを總縛りにして歸るとしよう」と意氣《いき》こんだ。それを笑《わら》ひながら耳にしてゐた權之丞《ごんのじやう》は、落ち著いた口付《くちつ》きで言つた。

「いや、主君《しゆくん》の恩に報《むく》いるのはこの時だと、俺《おれ》も心ははずんでゐるが、何しろ大仕事《おほしごと》でのう。一年で歸《かへ》つて來れるかどうかは分《わか》らん。呂宋《ルソン》は遠いし、暑《あつ》いところだと聞くから」

「なにを言ふ。そのやうな氣《き》の長《なが》いことでどうする」

「いや、俺《おれ》はその氣のながいところを買《か》はれたのぢや」

それを聞くと、何《なに》かを言はうとした九右衞門《きうゑもん》も、思はず頭《あたま》を搔《か》いて笑《わら》ひ出した。

九右衞門は、この男《をとこ》とは喧嘩《けんくわ》にならなかつた。言葉《ことば》が重なつて危《あぶな》いところまでゆくと、權之丞《ごんのじやう》の方でひらりと體《たい》をかはしてしまふ。だからせつかちも張《は》り合ひ拔《ぬ》けがして、自分の短氣《たんき》をとほせなくなつてしまふ。

盃に注いだ酒《さけ》が冷《ひ》えきるまで口へ運《はこ》ばないほど、悠長《いうちやう》なのか鈍間《のろま》なのか、權之丞《ごんのじやう》は物ごとにあわてなかつた。九右衞門に備《そな》はつてゐないものを多分に所有《しよいう》してゐた。反對に、九右衞門は權之丞《ごんのじやう》に見出せない速《はや》さを具備《ぐび》してゐた。それでゐて、反《そり》が合ふといふのは、要《えう》するに、刀身《たうしん》がそれに合せて慥《こしら》へた鞘《さや》に合ふのと同じ理窟であつた。權之丞《ごんのじやう》が鞘であつた。それを智謀に秀でた藩主松倉豐後守《はんしゆまつくらぶんごのかみ》重政《しげまさ》は、よく見拔《みぬ》いてゐた。

船《ふね》に乘つてからも、九右衞門《きうゑもん》はその本性《ほんしやう》をよく發揮した。あわて者の上に、暑《あつ》さに對《たい》して弱い男《をとこ》であつたので、船路《ふなぢ》がだんだん南へ進《すす》むにつれて、發汗《はつかん》に苦《くる》しみだした。

目附役の權之丞《ごんのじやう》は、自分《じぶん》の前で、全《すべ》てに耐《た》へようと務めてゐる九右衞門を見た。その身に大役《たいやく》を擔つた現在《げんざい》、九右衞門が日頃《ひごろ》と變つて、なにかに粗忽《そこつ》ぶれを極力《きよくりよく》おさへつけようと骨折《ほねを》つてゐるのを、氣強《きつよ》くも感じ、不憫《ふびん》にも思つた。

一日増しに暑熱《しよねつ》が加つた。それにつれて九右衞門の身體《からだ》から吹き出す汗《あせ》は、船のどの部分《ぶぶん》にゐても量《りやう》を増すばかりであつた。下に着た木綿《もめん》の肌着《はだぎ》をじつくり浸《ひた》した水は、蒸發するひまもなく、着物《きもの》から袴《はかま》の腰《こし》までびたびたに濡《ぬ》らした。その抜《ぬ》けあがつた廣い額《ひたひ》には、いつも大粒《おほつぶ》の汗を光らせてゐた。

九右衞門は何度も、船底《ふなぞこ》から陽の照《て》りつける船上《せんじやう》へ、それからまた船底へと居場所《ゐばしよ》を移した。その癖《くせ》、人のゐる所では絶對《ぜつたい》に「暑《あつ》い」と言つたことがなかつた。それを見兼《みか》ねた船頭の糸屋《いとや》隨右衞門《ずゐゑもん》が扇《あふぎ》を差し出しながら、

「暑《あつ》うござんせう、裸《はだか》になられては如何です」と言つても、九右衞門《くゑもん》は、それを受取《うけと》らうとしない。

「いらぬ。それぢやたうてい間《ま》に合はぬ。海《うみ》にでもはいつて、頭《あたま》から潮水《しほ》をかぶらなくちや涼《すず》しうはならんぞ」

さう言つて、病《や》んだまま臥《ふ》してゐる權之丞《ごんのじやう》の枕元《まくらもと》を離れ、そつと舳先《へさき》へ登つていつた九右衞門は、海《うみ》を眺《なが》めてゐる間に、不意《ふい》に、本當に海《うみ》に飛び入りたい氣持《きもち》をおこしてしまつた　舷側《ふなべり》にすがりついてゐれば潮《うしほ》に流《なが》されることもなく、充分の涼味《りやうみ》が喫《きつ》し得られると感《かん》じたにちがひないが、その時、九右衞門は自分の氣短かな惡癖《あくへき》の反省に、胸先《むなさき》をひどく小突《こづ》かれてゐた。

その暑《あつ》さには、もうどうする術《て》もなかつた。折角《せつかく》おしひろげた前襟《まへえり》をまた掻《か》き合せながら、九右衞門は、額《ひたひ》に流れる汗をそのまま、船底《ふなぞこ》へ、何ごともなかつたかのやうに梯《はしご》を下りていつた。

船室《せんしつ》は風とほしが無く、熱氣《ねつけ》がこもつてむつとした。梯を離れて權之丞《ごんのじやう》の寢てゐる方へゆかうとし、ふと左側《ひだりがは》の室を何氣なく覗《のぞ》いた九右衞門は、そこに自分《じぶん》の今の振舞《ふるま》ひとは似てもつかない靜《しづ》かな風景《ふうけい》のあるのを眼にした。

最初、その薄暗さに眼が馴《な》れなくて、よく見分《みわ》けがつかなかつたが、息をふかく二三回吸ふ間に、その廣い室にゐる二十何人かの、自分《じぶん》の配下《はいか》とそれから糸屋《いとや》の手下の總勢が、ありありと浮《うか》んできた。

廣い船室《せんしつ》、といつても十疊敷きに一寸廣く思《おも》はれる、舷側から僅かの光線《くわうせん》しかはいつてこないその室で、配下《はいか》の者どもは、糸屋《いとや》から借りた南蠻將棋《なんばんしやうぎ》やかるたに打ち興《きよう》じたり或は午睡《ひるね》をとつたり、又は日記《につき》か何かを熱心《ねつしん》に認めてゐる暑《あつ》さに胸《むね》をはだけた者は一人も見當《みあた》らない。

その光景《くわうけい》に、九右衞門は深《ふか》い恥らひを感じた。あわててひきあげた股立《もゝだ》ちを腰《こし》から外すと、そのままその場を離《はな》れようとした。

「もし、御病人《ごびやうにん》は如何で」

潮《うしほ》の音《おと》にやうやく聞える聲で、後《うし》ろからさう呼びかけた者があつた。九右衛門が船《ふね》の揺《ゆ》れによろめきながら振《ふ》りかへると、そこに勘定役《かんぢやうやく》の片山が心配顔《しんぱいがほ》につつ立つてゐた。

「木村氏《きむらうじ》か。良かつたり惡《わる》かつたりぢや。でも心配《しんぱい》することはいらぬ。土《つち》に足が著《つ》けばすぐに治る」

早口《はやくち》にさう言ひ放《はな》つた九右衛門は、驅《か》けるやうにして艫の方へ歩《ある》いていつた。通路《つうろ》の傍《そば》にある木の柱《はしら》に、危くぶつつかりさうになつたその顔は、船上《せんじやう》にゐた時とはまるで異ふ緊張《きんちやう》を見せてゐた。ここへ下りて來ると同時《どうじ》に、一時に吹き出した汗を、心頭《しんとう》を滅却《めつきやく》すれば火も亦涼《またすゞ》し、といふ氣張りと共に、ぐつと腹下《はらした》におさへつけてゐた。

艫《ろ》に近い一室にはいると、九右衛門《くゑもん》は、權之丞《ごんのじよう》の臥して居る枕元《まくらもと》に、日頃に似ずそつと坐《すは》つた。膝《ひざ》を組むでなく、恭つたやうに危坐《きざ》してゐた。そして
「どうぢや」と覗《のぞ》きこんだ顔《かほ》を、蒼《あを》ざめやつれた權之丞から外《はづ》すと、横に坐《すは》つて煙管《きせる》を口にしてゐる糸屋隨右衛門へ向けた。

日焼けした顔に憂《うれ》へをたたへた隨右衛門《ずゐゑもん》は、一寸言ひしぶるやうに口《くち》をゆがめたが、聲《こゑ》を低めて言《い》つた。

「熱が、また熱《ねつ》が出たやうぢや。さつきから苦《くる》しさうでなあ」

九右衛門は、糸屋《いとや》の手にした煙管《きせる》からのぼる煙を眺《なが》めて何かを案《あん》じるふうに、不安《ふあん》さうに瞬《またゝ》いた。

2

九右衛門が長崎港《ながさきかう》を出帆《しゆつぱん》したのは、その年の十一月十一日であつた。

その日、港《みなと》一帯の空は、今《いま》にも雪《ゆき》かと思《おも》はれる寒い低い雲《くも》におほはれてゐた。海《うみ》を嘗めた強い風が、船着場《ふなつきば》に憩《いこ》ふ小船《こぶね》を波とともに、盛《さか》んに揺《ゆ》り動かしてゐた。

だんだん見馴《みな》れた陸地から遠《とほ》ざかつてゆく。空はますます暗《くら》いやうだ。船の後部《こうぶ》につつ立つて、ぢつと港《みなと》を見送りながら、九右衛門にはさまざまな感慨《かんがい》が湧いた。暫《しば》しでも故國に別《わか》れてかうして旅立《たびだ》つてゆく愁情《しうじやう》と、あれほどに希願した呂宋渡航《ルソンとかう》へいま就き得た喜《よろこ》びと、それに萬が一にもこの壯圖《さうと》に失敗《しつぱい》した曉《あかつき》にはもう再び主君《しゆくん》に見える譯にゆかない悲壯《ひさう》な覺悟《かくご》とが、その時、縺《も》れ糸《いと》のやうに入り亂れ

た。

中でも、最《もつと》もふかく心に刻《きざ》まれたのは、その失敗《しつぱい》の場合の態度であつた。主君松倉重政《しゆくんまつくらしげまさ》のこの雄圖を挫折《ざせつ》せしめた以上、そこにある詫びの方法《はうはふ》は切腹以外《せつぷくいぐわい》になかつた。いよいよ出發《しゆつぱつ》に際して九右衞門が一途に心に誓《ちか》つた一事は、ただこれだけであつた。船《ふね》の動きとともに、潮風《しほかぜ》に亂《みだ》れつゞける髮毛《かみのけ》の下から、その固い決意《けつい》を示した廣い額《ひたひ》と窪《くぼ》んだ眼が白い光《ひかり》を放《はな》つてゐた。

全く九右衞門にとつてこの渡海《とかい》は、全生命《ぜんせいめい》を賭《か》けての行動であつた。今までに生命《いのち》を懸《か》けて爭つた行動《かうどう》は、いま思ひおこし得るだけでも幾《いく》つかあつたが、今回《こんくわい》のには較《くら》ぶべくもなかつた。例《たと》へば、その時から十五年前の元和元年《げんわぐわんねん》の五月七日に、九右衞門は松倉重政《まつくらしげまさ》に從つて豐臣方《とよとみがた》の後藤基次と戰つた。大阪夏《おほさかなつ》の役《えき》のことである。その時、まだ若輩《じやくはい》の九右衞門は武藝《ぶげい》も拙《つたな》かつたが、生命を的に奮戰《ふんせん》した甲斐もなく、背中《せなか》に深傷《ふかで》を負ふて危《あやふ》く死ぬところであつた。その傷が今だに背を醜《みにく》くしてゐる。そしてその哀《あは》れな情景《じやうけい》を想ひおこす度に、夏草《なつくさ》の茂《しげ》る上に組み敷かれて一と刺しに刺されやうとした已《おのれ》にぞつと全身《ぜんしん》に寒氣《さむけ》を感じるのである。

九右衞門にとつてこの想《おも》ひ出は、最も嫌であると同時にまた最も激動《げきどう》を伴ふ瞬間《しゆんかん》である。三十八のこの歳《とし》にいたるまで、これほどの恐《おそ》ろしい經驗《けいけん》を身に受けたことは且《かつ》てなかつたが、しかし、現在《げんざい》、その心《こゝろ》をすべて占めつくした必死の覺悟《かくご》は、はるかそれ以上《いじやう》のものであつた。

すぐ傍《そば》に重政《しげまさ》がゐ合せなかつたら、九右衞門は無慙《むざん》にも敵に討《う》たれてゐたにちがひない。いはば重政《しげまさ》は生命《いのち》の親である。

その夏の陣に後藤基次《ごとうもとつぐ》の軍を破り、敵の首級《しゆきふ》五十三を得た重政《しげまさ》は、家康《いへやす》に軍功を認《みと》められ、元和二年に肥前國高來郡に四萬石の領地《りやうち》を與へられた。それまでは大和國宇智郡《やまとのくにうちぐん》で一萬石を領《りやう》した名もない小名《せうみやう》であつた。

重政は最初《さいしよ》、高來郡の日野江《ひのえ》の城《しろ》に居を構《かま》へ、次いで同郡島原の城《しろ》に移つた。さうして十數年の歳月《さいげつ》が經過《けいくわ》した。

九右衞門にとつてその歳月《さいげつ》は、凡ゆる私の慾求行動《よくきうかうどう》を拋つて主君《しゆくん》に捧《さゝ》げつくした時の流れであつた。自分の生命《いのち》を救つてくれた一人の人間に對《たい》して、それが圖《はか》らずも主君《しゆくん》であつたことを抜きにして、そこには純粹無礙《じゆんすゐむげ》な觀念《くわんねん》から出發した美《うる》はしい獻身《けんしん》があつた。重政《しげまさ》に仕へた行爲《かうゐ》の中に、短氣《たんき》なあわて振りも、隷屬《れいぞく》の醜《みにく》さは見えなかつた。

「吉岡《よしをか》は短氣者《たんきもの》だが良い男だ。勇氣《ゆうき》はあるし、あのまつとう振りが氣に入つた」

　自分にではなく、他の藩士《はんし》に向つてさう言ふ重政《しげまさ》の言葉を傳《つた》へ聞くたびに、九右衛門は感泣《かんきふ》せずにゐられなかつた。短氣をもう取り除《のぞ》き得ない氣質《きしつ》としてみとめ、そのための失策過誤《しつさくくわご》を一向に責《せ》めようとはしない重政《しげまさ》の寛容《くわんよう》を、身にひしひしと有難く思《おも》つた九右衛門であつた。大膽細心《だいたんさいしん》の名君——九右衛門は重政《しげまさ》の素質《そしつ》の中にこの輝《かがや》きを見付けた、
　その重政が、呂宋國征服《ルソンこくせいふく》を企圖《きと》した際、それに理解《りかい》と絶大の支持《しぢ》を與へたのが、九右衛門であつた。歴史《れきし》の書を繙《ひもと》けば分るやうに、その當時《たうじ》、九州一圓、特にこの肥前《ひぜん》には徳川幕府爲政《とくがはばくふゐせい》の癌《がん》となつた切支丹宗《きりしたんしう》が、火のやうに燃えひろがつて手のつけやうもなかつた。寛永《くわんえい》の年が重《かさ》なるとともに、その範圍《はんゐ》と信仰《しんかう》の深《ふか》さがますます大きくなつていつた。切支丹《きりしたん》を邪宗《じやしう》と見なし、幕政に順應《じゆんおう》した島原城主松倉重政は色々の手段《しゆだん》を用ゐて、その取締《とりしま》り、撲滅《ぼくめつ》を企てた。自分の藩領《はんりやう》である島原地方《しまばらちはう》が、特にひどかつただけ、重政《しげまさ》は躍氣《やつき》となつた。しかし上べの塗布藥《とふやく》だけでは、その皮膚病は擴《ひろ》がりこそすれ、治《なほ》りさうにはなかつた。寛永《くわんえい》六年の初め、踏繪《ふみゑ》が實施《じつし》された。聖像《せいざう》を彫つた銅板《どうばん》を踏ませて、それで邪宗徒《じやしうと》を識別《しきべつ》する方法であるが、これもそれを防ぎこそすれ、根絶《こんぜつ》するためにはなま易しかつた。流石《さすが》の重政も、これには惱《なや》み拔《ぬ》いた。

　丁度、その年、豐後府内《ぶんごふない》の城主《じやうしゆ》であつた竹中采女正重次《たけなかうねめのかみしげつぐ》が、新たに長崎奉行《ながさきぶぎやう》となつてこの地に赴任《ふにん》してきた。新奉行は前任者《ぜんにんしや》とちがひ、豪毅《がうき》一轍《てつ》で辣腕《らつわん》の聞えが高かつた。幕府《ばくふ》もそこに期待《きたい》するところがあつたらしい。

　それを喜《よろこ》んだのが、重政《しげまさ》であつた。早速、重政《しげまさ》は奉行竹中に面會し、切支丹邪宗《きりしたんじやしう》の現狀を説明《せつめい》した上、その絶滅《ぜつめつ》を訴へた。

　竹中重次《たけなかしげつぐ》は着任すると同時に、苛烈《かれつ》な刑罰《けいばつ》を以てこれに臨んだ。先づ吟味《ぎんみ》を嚴《おごそか》にするとともに轉《ころ》べば罪にしない代りに、あくまで「でうす」を信《しん》じる徒衆《としゆう》に對しては逆釣《さかつ》り、熱湯責《ねつとうぜ》め、磔刑等の迫害《はくがい》を加へた。後世《こうせい》に殘る切支丹迫害史の一頁である。そのため、あれほどに猖獗《しやうけつ》を極めた

邪宗徒《じやしうと》も、根こそぎその跡を絶《た》たれた形《かたち》になつた。「でうす」に祈《いの》る聲《こゑ》も「十字架《くるす》」に捧《さゝ》げた狂信《きやうしん》も、そのあたりに全《まつた》く影を失《うしな》つてゐた。それでもうすつかり異教《いけう》は、この土地から喪失《さうしつ》したかに思はれた。

しかし藩主《はんしゆ》や奉行《ぶぎやう》とちがつて、民情《みんじやう》によく通《つう》じた九右衞門は、それだけで「でうす」が、それを信《しん》じきつた人間《にんげん》の心から離《はな》れきるものとは信《しん》じなかつた。表面《へうめん》は轉宗《てんしゆう》した顔をしてゐても、それは奉行《ぶぎやう》に對する手段《しゆだん》であつて、根の末はまだ地中に埋《うづ》れ殘つてゐる。そこから何時《いつ》芽《め》が出るか知れない。思《おも》ひがけない時に思《おも》ひもかけない場所《ばしよ》に、親木よりももつと大きい芽が。それこそ邪宗徒《じやしうと》の反抗《はんかう》でなくてなんであらう。その反逆《はんぎやく》こそ怖《おそ》れなくてはならないものだ。九右衞門は、このことを何度《なんど》も重政《しげまさ》に向つて直言《ちよくげん》した。果してそれから七年後に起きた島原《しまばら》の亂《らん》までは豫感しなくとも、重政《しげまさ》も、奉行《ぶぎやう》竹中重次《たけなかしげつぐ》の執つた強壓手段《きやうあつしゆだん》に、最初はそれを希望《きばう》したのに、不安を感《かん》じてきた。見渡《みわた》すところ平靜にかへつたその藩領《はんりやう》の隅々《すみずみ》に、また餘燼《よじん》が殘つてゐるやうで安心《あんしん》がならない。どうかしてその餘燼《よじん》を、もう煙《けむり》も火の氣《け》もないやうに消しつぶす方法《はうはふ》はないものか。重政《しげまさ》は日夜それに腐心《ふしん》した。

最後に思《おも》ひ到《いた》つたことは、何よりも、切支丹宗《きりしたんしう》を齎《もたら》した宣教師即《すなは》ち「ばてれん」の渡來《とらい》を防ぎとどめることであつた。國内《こくない》にとどまるその全部《ぜんぶ》を放逐《はうちく》すると同時に、秘かに入國《にふこく》しようと企《くはだ》てる紅毛の輩《やから》を見張ることであつた。そのためには如何なる術策《じゆつさく》を施すべきか。見張《みは》るにしても、海岸線は廣《ひろ》く果しない。その何處《どこ》から侵入《しんにふ》して來るか、分つたものでない。それよりも最も效果《かうくわ》のあることはその「ばてれん」の巣《す》を、こちらから出向《でむ》いて行つて奪《うば》つてしまふことである。その根據地《こんきよち》は重政《しげまさ》が耳にしたところでは呂宋國《ルソンこく》といふことであつた。重政《しげまさ》は、その南《みなみ》の國を、宣教師《せんけうし》ばかりでなく土地《とち》そのものを征服《せいふく》せねばならぬといふ激《はげ》しい結論に到達《たうたつ》した。そのためには、先づ下調《したしら》べに、藩士《はんし》の誰かを派遣する必要《ひつえう》があつた。情報蒐集《じやうほうしうしふ》である。そしてその報告によつて、更《あらた》めて軍兵《ぐんぴやう》を渡海《とかい》せしめようと計つた。

そこに切支丹宗覆滅《きりしたんしうふくめつ》と、それから新領土開拓《しんりやうどかいたく》の意義を發見した重政《しげまさ》は、先づ藩士一同に諮《はか》り、次に長崎奉行竹中重次《ながさきぶぎやうたけなかしげつぐ》の同意を得た後、三次將軍家光《だいしやうぐんいへみつ》に向つて建白書《けんぱくしよ》を奉《たてまつ》つた。それには「すぺいん」の占領《せんりやう》する「るそん」をこのままに放置《はうち》することは日本國の安危《あんき》に關《くわん》すること大である。宜しくこの地を征《せい》して外夷《ぐわいゐ》を防《ふせ》ぐべきである。そのためには自分を將《しやう》として彼地に出陣《しゆつぢん》せしめられたい、と書かれ、最後に、それに要《えう》する御朱印《ごしゆいん》と十萬石の領地《りやうち》が賜《たまは》りたしと認《したゝ》めてあつた。

これは、西海《さいかい》の一藩主《はんしゆ》が企てた構想《こうさう》にしては、遠大《ゑんだい》であり野望《やばう》であつた。しかし、當の重政《しげまさ》はその可能性《かのうせい》を絶對に信じきつてゐた。それだけこの企圖《きと》に對して、その意志《いし》は強固《きやうこ》であり、熱意《ねつい》は不知火《しらぬひ》のやうに燃えひろがつてとどまるところを知らなかつた。當時、鎖國主義《さこくしゆぎ》を採《と》らうとし、その建白に遲疑逡巡《ちぎしゆんじゆん》した家光に呂宋探訪《ルソンたんばう》の決意をさせたのも、要《えう》するに重政の積極性《せききよくせい》であつた。朝に一城を陷《おと》し、夕にまた一城をほふるといつたその烈々《れつ〳〵》たる氣魄《きはく》が、すべての障礙《しやうがい》を屈服《くつぷく》せしめた。

その氣慨《きがい》に共鳴し、呂宋島征服《ルソンとうせいふく》に眞つ先に同意《どうい》したのが九右衞門であり、しかもその遠征《ゑんせい》を仰《あふ》せつかつたのが自分であつてみれば、九右衞門としてそれは一生《しやう》の本懷《ほんくわい》であつた。主君《しゆくん》の大恩に報《むく》いるはこの時だと念《ねん》じた。それだけに若し功《こう》ならずして切腹《せつぷく》しようとも、何の悔《く》いもなかつた。

船は風に帆《ほ》をふくらませ、一路南《みなみ》へと波路《なみぢ》をたどつた。來る日も來る日も、九右衞門は航海《かうかい》の安泰《あんたい》を祈《いの》つた。風波の靜《しづ》かな日を願《ねが》つた。どのやうな危難《きなん》に遭遇《さうぐう》しようとも九死に一生を得てでも、無事《ぶじ》に呂宋《ルソン》の港に著《つ》かねばならぬと、船《ふね》にすがつた。

そこには「くるす」の前に伏《ふ》して「はれるや」をこゑだかに唱《とな》へるあの邪宗徒《じやしうと》を、無慙《むざん》にも踏みにぢる荒々《あら〳〵》しい息吹があつた。そのためにはるばる渡海《とかい》し、そこに住《す》む「ばてれん」とそれから土地柄《とちがら》を隅々まで探査《たんさ》し盡《つく》さねば止まぬ熱情《ねつじやう》が、その行動《かうどう》の全てに現《あら》はれてゐた。

九右衞門は口ぐせのやうに權之丞《ごんのじやう》に向《むか》つて言ふ。

「義は泰山《たいざん》のやうに重く、身《み》は鴻毛《こうもう》に似て輕《かる》い。いやまた同じことを言ふたが、要《えう》するに俺《おれ》の言はうとするところは、どんなことがあらうと、この大役《たいやく》だけは果《はた》さなければならぬことだ。そのため、俺《おれ》が死んだら統率《とうそつ》を貴殿《きでん》にゆづる。そのうへ貴殿《きでん》に若しものことがあつたら、その時は片《かた》山兵《やまへい》九郎《くらう》に全てを委《まか》せられたい」

「いや分《わか》つた。片山《かたやま》は落ち著《つ》くやうなことは、先《ま》づ、いや絶對《ぜつたい》にあるまい。それより貴殿《きでん》こそ、海《うみ》にはまらぬやう要心されい」

二人は船上《せんじやう》に立つと　肩《かた》をくつつけるやうに竝んで、海に見入つた。もうどこにも陸地《りくち》は見えなかつた。見渡《みわた》す限り、波の姿《すがた》ばかりであつた。その波《なみ》も、一日一日とうねるが高《たか》まつてくるかに思《おも》はれた。

船《ふね》の中では何《なに》もすることとてなかつた。九右衛門にしろ權之丞《ごんのじやう》にしろ、誰もゐない船上《せんじやう》では、お互ひに呂宋《ルソン》へ著いてからの方策《ほうさく》を話し合つたが、傍《かたはら》に糸屋《いとや》の姿でも見えると急に默《だま》つた。如何に信じた糸屋《いとや》隨右衛門《ずゐゑもん》にしても、目的をすべて打ち明《あ》けるわけにゆかなかつた。それまでに、糸屋はこの渡航《とかう》を只呂宋國《ルソン》との修交《しうかう》のために取り行ふものだと知らされてあつた。

雨の日には退屈《たいくつ》した。配下《はいか》のゐる室に出向《でむ》いて雜談に耽るか、それとも艫《とも》の近くの一室に籠《こも》つて烏鷺をたたかはせるより外に　時《とき》をすごす途《みち》がなかつた。

そのやうな場合《ばあひ》、九右衛門と權之丞《ごんのじやう》とでは、權之丞の方がいつも勝つた。氣《き》の短《みじか》い九右衛門は、この勝負《しようぶ》ごとにもあせつた。

權之丞と隨右衛門《ずゐゑもん》とでは、隨右衛門が強《つよ》かつた。海に馴れた素早《すばや》い、それでゐて据《すは》つた眼がすべて機をつかむのに役立《やくだ》つた。

さうして十一月といふ月《つき》は事なく過《す》ぎた。

「この船《ふね》に乘つたら何ごとも安心《あんしん》だ。沈《しづ》むやうなことも方向《はうかう》をとりちがへるやうなことも絶對《ぜつたい》にない。この俺《おれ》の腕前を信じたがいい」

さう言ひ放つ隨右衛門《ずゐゑもん》の不敵な面魂《めんこん》に、九右衛門はすつかり安心《あんしん》してゐた。それからすぐ、不幸《ふかう》に見舞《みま》はれるとも知らず、權之丞《ごんのじやう》も、毎日樂《まいにちたの》しい船旅《ふなたび》を續けていつた。

（次號完結）

國民服の檢査に就て

國民服《こくみんふく》も生れて一ケ年の間は左程の發展《はつてん》を見るに至らなかつたが、大東亞《だいとうあ》戰爭《せんそう》が始まる樣になつてから、之が需要もめき〳〵と殖《ふ》えて來た。之れは大東亞戰爭が始まつてから敗退國の禮服たるモーニングコートやフロツクコートは着られないと云ふ精神上《せいしんじやう》の問題も大いに影響してゐるが、國民服が從來の和服《わふく》や洋服に較べて便利であり、又値段《ねだん》も安く且つ衣料切符も少くて濟《す》むと云ふことも亦需用者《じゆようしや》を激增《げきぞう》した原因であることは拒《こば》むことは出來ない。然し多くの人が着て居る國民服《こくみんふく》を見るとその着方の正しくない者が多いが、その作《つく》り方が制式に合致《がつち》せず其の上地質《ちしつ》の惡いものも非常に多い。之れでは國民服制定の趣旨《しゆし》たる軍民被服の近接は勿論國民精神の昂揚《こうやう》も圖ることも出來なく、又被服合理化《ひふくがうりか》の目的も達成すること覺束《おぼつか》ないのである。而も勅令《ちよくれい》で定められたことをその通り行《おこな》はないと云ふことは由々しき問題《もんだい》で、昨春開會せられた第七十六回帝國議會に國民服協會の檢査不要論《けんさふようろん》が提出せられたけれど、若しも國民服の造詣《ぞうけい》最も深く男子服裝《だんしふくそう》に關する本邦唯一の公益法人《こうえきはふじん》たる國民服協會が國民服の檢査《けんさ》に直接關與《くわんよ》して居たならば斯る勅令違反行爲《ちよくれいゐはんかうゐ》を餘程減少《げんせう》し得たことと思ふ。檢査不要論者《けんさふようろんしや》は「違法であらうがあるまいが罰則《ばつそく》があるわけでないし、強《あなが》ち檢査の必要はない」と云ふが、制式に合致しないものが澤山《たくさん》出來ると云ふことは勅令違反行爲《ちよくれいゐはんかうゐ》を多くせしめた上國家に不利を來たさしめたのである。それで今迄の製品は一應關係商業組合で檢《けん》査をすることになつて居るけれど、如斯結果を生ぜしめたのは檢査の方法《はうほふ》が適當《てきたう》でないからである。事實該檢査員中には當協會《たうけふかい》で國民服に就《つい》て講習を受けたことのない所謂《いはゆる》國民服に就て認識《にんしき》不十分の者が相當《さうたう》あるので、之等の者が檢査したからとて良い結果《けつくわ》を得られないのは當然である。尙勅令中には地質《ぢしつ》に就て何等の制限《せいげん》がないけれど國民服が軍民被服《ぐんみんひふく》の近接を一の目標《もくへう》として定められた以上、いざ鎌倉《かまくら》と云ふ場合、軍服としての役割《やくわり》を果さなければならないので地質《ちしつ》も確つかりしたものでなければならないのにペロ〳〵の物が多いのは　延いては國防上《こくばうじやう》にも影響する問題で、これも協會が直接《ちよくせつ》目を通して居たならば斯る不良品《ふりやうひん》の進出防止に餘程貢獻《こうけん》し得たこと〻思ふ。尙檢査不要論者は檢査をすると檢査料だけ使用者《しようしや》は高い値段を拂はなければならないと云ふことを高唱《かうしやう》して居るけれど事實《じつ》使用者中《しようしやちゆう》には檢査料（假に六十錢支拂ふとしても）とは格別《かくべつ》懸《か》け離《はな》れた高い而も何等理窟の通らない不當の料金を加算《かさん》せられた服代を拂うて居る者が尠《すくな》くないのである。今例を擧げて説明《せつめい》すると商工省指定生産品《せいさんひん》たる四號サージは最終小賣價格《さいしうこうりかかく》が一米《メートル》六圓一錢であるから、之で甲號國民服一着を注文すると、用布二米九〇糎の地質代《ちしつだい》は小賣業者の公定利得三割を含《ふく》め二十二圓六十五錢となり、之に附屬工料《ふぞくこうれう》三十圓を加算しても五十三圓を超えないのに、此の地質《ちしつ》で作つた國民服が一着八十圓內外で注文客《ちゆうもんきやく》に渡されるのがある。これも協會《けふかい》が檢査と同時に個々の値段《ねだん》決定《けつてい》にも關與することとなれば此の弊《へい》は餘程減少することが出來て、使用者は正しい國民服を着用し得るばかりでなく　莫大《ばくだい》な無法《むはふ》の金をとられなくてもすむことと思ふ。而も斯る例は決して尠《すくな》くないのである。僅かの檢査料《けんさりやう》に就て云々するが業者の不當利益防止《ふとうりとくぼうし》に就て何等言及《げんきゆう》せざる輩《やから》の心事洵《まこと》に了解に苦しむのである　國民服の檢査不要を稱へ罰則《ばつそく》がないからとて勅令に違反した不正の國民服を作製せしめて良《よ》いものだらうか。又惡德業者が不當利得行爲《ふたうりとくかうい》を放任《はうにん》して置くべきであらうか。これ實に現下に於《おい》ては殊に看過《かん》し得ざる重大問題《ぢうだいもんだい》であると思ふ。論者或は云はん法令違反行爲《はふれいゐはんかうい》に就ては國家に取締機關存在《そんざい》する以て之に委任《ゐにん》せば可ならんと。然し此等不正行爲《ふせいかうゐ》の續出する事實は決して蔽《おほ》ふことが出來ないのである。であるから國家の取締機關《とりしまりきかん》を煩《わづらは》すまでもなく、之を防止し得べき適當《てきとう》なる方法あらば之を行ふのが當然すぎる程當然《ほどたうぜん》である。現在着用者中には僅《わず》かの檢査料を支拂ふても正しく製作せられ、値段《ねだん》も不當でない國民服《こくみんふく》を安心して着れる樣な處置《しよち》を講じて貰ひたいと、當協會に要望《えうばう》して來る向も尠《すくな》くないのである。

今日本は國運を賭《と》して古今未曾有《ここんみぞう》の大戰爭をして居るのであつて、此の重大時局を乘切《のりき》り大東亞を建設するには一億一心一體となつて進まなければならないので、國內《こくない》にあつて排他《はいた》的の行爲を爲すは許《ゆる》すべからざることである。國民服の檢査《けんさ》に就ても關係者は一致團結《いちだんけつ》して正しい國民服を正當な値段《ねだん》で需用者に渡す樣に努《つと》めねばならないのである。從つて現在業者《げんざいぎやうしや》が實行して居る檢査に缺陷《けつかん》があるからとて決して之を排擊《はいげき》するものでなく業者にして協會に協力を求めらるゝならば、協會は滿腔《まんこう》の熱誠《ねつせい》を以て之に應じ得る決意《けつい》を有し、又努力を惜《おし》まぬのである。殊に大東亞戰爭開始以來《かいしいらい》國民服の需用著しく增加《ぞうか》して來たのであるから業者、協會互に相提攜《あひていけい》して國民服の檢査上にも良い結果を齎《もたら》す樣に努めなければならないし、政府當局も兩者の連繫《れんけい》を緊密《きんみつ》ならしめ檢査上は勿論價格決定上《もちろんかかくけつていじやう》にも協會を關與せしめ、使用者が安心して正しき國民服を正當の價格を以て着用することが出來る樣にしたならば、國民服制定《こくみんふくせいてい》の目的は期せずして完遂《かんすい》し得ることと思ふのである。

本會常務理事　石原通

財團法人 大日本國民服協會

役員名簿

（昭和十七年二月現在）

相談役 厚生省生活局長 川村秀文
同 陸軍省經理局長 栗橋保正
同 陸軍被服本廠長 西原貫
同 陸軍製絨廠長 古川武次
同 商工省纖維局長 梶原茂嘉
同 農林省蠶糸局長 石井英之助
同 貿易局長官 石黑武重
同 熊谷憲一
同 日本蠶糸統制會社副社長 吉田清二
同 日本原麻株式會社々長 鹿野澄
同 產業組合中央金庫理事 井川忠雄
同 陸軍主計中將 森武夫
理事長 陸軍主計中將 石川半三郎
常務理事 陸軍主計大佐 石原通
理事 厚生省生活課長 中島賢藏
同 陸軍省經理局衣糧課長 吉良五市
同 衆議院議員 龜井貫一郎
同 被服協會理事 三德德次郎
同 農林省蠶糸局絲政課長 佐野憲次
同 宮內事務官 中田虎一
同 厚生省囑託 齋藤佳三
同 熊本縣總務部長 武島一義
同 東京日日新聞地方部長 瀨口正央

監事 株式會社第三銀行常務監査役 富永靜雄
評議員 厚生事務官生活局生活課 美馬郁夫
同 滿洲海拉爾安井部隊本部 高木六郎
同 南支派遣藤井部隊本部 下川又男
同 陸軍省經理局高級課員 森口德治
同 陸軍省經理局衣糧課員 有田實
同 陸軍被服本廠技師 小川安朗
同 陸軍技師 小泉竹藏
同 日本化學機械製造工業組合 專務理事 八木靜一郎
同 商工技師 岸武八
同 商工省纖維局絹毛課長 霜島潛
同 商工省物價局總務課長 吉田悌次郎
同 商工省總務局附 淵潤正利
同 商工省纖維局綾業課長 和田太郎
同 商工事務官 今井善衞
同 農林技師 田口敏夫
同 內務事務官 丹羽喬四郎
同 東京日日新聞社編輯副主幹 西野入愛一
同 大阪每日新聞社副主幹 世川憲次郎
參與 益田友之助
同 新田義次
旣成服中央製造配給統制株式會社 社長 中谷虎司

告

本誌登載の諸廣告は從來第三者を介して募集して來ましたが、今般都合上左記料金にて本會發行係が直接取扱ふことゝなりました。

月刊「國民服」廣告登載料

	料金（税一割別）
表紙 第二面	一〇〇円〇〇
表紙 第三面	九〇・〇〇
表紙 第四面	一二〇・〇〇
目次 第一面	八〇・〇〇
目次 第三面	七〇・〇〇
目次 第四面（口繪對面）	八〇・〇〇
記事中 一頁	五〇・〇〇
記事中 二分ノ一	三〇・〇〇
記事中 三分ノ一	二〇・〇〇
記事中 四分ノ一	一五・〇〇
グラフ面 一頁	二五〇・〇〇
グラフ面 二分ノ一	一三〇・〇〇
グラフ面 四分ノ一	八〇・〇〇
グラフ面 六分ノ一	六〇・〇〇
記事中ノ挿入 二頁一色ノ場合	一四〇・〇〇
記事中ノ挿入 二頁二色ノ場合	二五〇・〇〇

後記

大東亞地域の建設が進むにつれ、文化部門の活動もまた活潑となる可き運命にある。大東亞共榮圈文化工作の一つとして服裝に關する指導も一元化し、新服裝文化を打樹てることは刻下の急務である。

その指標として日本的性格の究明は欠かすことが出來ない、ある人はこれを寂（さび）の連關に求める、武士道精神と禪の影響を得て到達した寂の境地は、たしかに日本的性格として獨自なものであらう。桂離宮が表現する精神は現代も生き生きとしてゐる。生き〳〵とさす可き運命を吾々日本人は負つてゐる。服裝の精神も同じ事である。しかし、生々發展する吾等は、寂の世界に生きながらこれから飛躍せんとしつゝある。萬古不動の國體はこれらの飛躍を抱擁して、大いなる日本を生々發展する。

木を愛し、土に親しむ日本人は、無性格な金屬を忌み嫌つた。だが、これからの日本人は金屬をも征服しなければならぬ。その場合、金屬と同じ强度をもつ新製品が現はれたら。日本人はその方を好むだらう。特にそれが有機物から成立つてゐるとしたら、日本人の自然を愛する性格にぴつたりする。生活文化部面から冷たい金屬を放逐す可きである。金屬のバックル、シガレットケース、ブローチなどは、兵器またはその他の資材となるのがよい。單に時局的要請からでなく、日本人の生活本來の姿から見てそう思ふ。金屬の持つ表面的な魅力――銳利、精徵などに囚はれた近代日本人は、今一度考へ直さなければならぬ。

× ×

本號では北方衣服の特輯を計畫したが、御執筆を御ねがひした方々の御都合が惡く、殘念乍ら次の機會にゆづつた。しかし、稻田氏の「カムチヤトカ」三上氏の「アリユーシヤン探險」は、それを補つて餘りある名文といへよう。

前號の南方衣服硏究會は、大いに反響があつた。これは今後もつづけるつもりである。

次に去る六月四日を以て、婦人服裝指導團體として、財團法人大日本婦人服協會が設立發會式を擧行した。今後、婦人標準服に關する指導は擧げて同協會が行ふ。國民服協會の姉妹團體として、讀者の御協力をお願ひする次第である。

もちろん、男子、婦人と別れてゐても兩協會は現下國民服裝の指導に關しては、厚生、陸軍兩省御監督の下に緊密な連絡を保ちつゝ使命達成に邁進するものである。

「國民服」毎月一回十五日發行 第二卷第五號

㊟定價一册四十錢（郵稅一錢五厘）

「國民服」はなる可く豫約して下さい。御希望の方は書店へ御申込下さい。定期御購讀の方は左記の前金を添へて本協會へ御申込下さい。

半年分（六册）	金二圓四十錢（郵稅とも）
一年分（十二册）	金四圓八十錢（郵稅とも）

●御註文は總て前金で願ひます。

●御送金は振替が便利です。

廣告料は本協會編輯部廣告係へ御照會下さい。

昭和十七年七月廿五日印刷納本
昭和十七年八月十五日發行

編輯兼發行人 石原通
印刷人（東京一〇六）淺野剛
東京市芝區櫻川町一一
印刷所 株式會社 金羊社
東京市芝區西久保廣町十八
發行所 財團法人 大日本國民服協會
電話芝（43）四五〇五番
振替口座東京一四四、六五五番
文協會員番號第二一六〇四三號

配給元 東京市神田區淡路町二ノ九 日本出版配給株式會社

正規國民服
中衣
制定
儀禮章
國民帽
國民服配給株式會社
東京市日本橋區橘町三番地二
電話浪花(67)五一二五、五一二六

昭和十六年十一月十五日第三種郵便物認可
昭和十七年七月二十五日印刷納本（毎月一回十五日發行）
昭和十七年八月十五日發行

定價金四十錢

『国民服』第二巻第九号　九月号

昭和十七年九月十五日発行　財団法人大日本国民服協会

新生活雜誌
國民服
九月號
昭和十七年八月二十五日印刷納本（毎月一回十五日發行）
昭和十七年九月十五日發行
成田文庫

勅令　（昭和十五年十一月二日）

朕國民服令ヲ裁可シ茲ニ之ヲ公布セシム

御名 御璽

昭和十五年十一月一日

内閣總理大臣 公爵 近衞 文麿
厚生大臣 金光 庸夫
拓務大臣 秋田 清

勅令第七百二十五號

國民服令

第一條　大日本帝國男子ノ國民服（以下國民服ト稱ス）ノ制式ハ別表第一ニ依ル

第二條　國民服ハ從來背廣服其ノ他ノ平常服ヲ著用シタル場合ニ著用スルヲ例トス

第三條　國民服禮装ハ國民服ヲ著用シ國民服儀禮章ヲ佩プルモノトス

國民服儀禮章ノ制式ハ別表第二ニ依ル

第四條　國民服禮装ハ從來燕尾服フロックコート、モーニングコート其ノ他之ニ相當スル禮服ヲ著用シタル場合ニ著用スルヲ例トス

第五條　國民服禮装ニハ佩用ニ關スル規程ニ從ヒ勳章、記章及褒章ヲ佩用スルコトヲ得

第六條　本令ノ制式ニ依ラザル服又ハ徽章若ハ飾章ハ其ノ名稱中ニ國民服又ハ國民服儀禮章ノ文字ヲ用フルコトヲ得ズ

附　則

本令ハ公布ノ日ヨリ之ヲ施行ス

（別表第一）

國民服制式表

甲號

上衣	地質	茶褐絨又ハ茶褐布
	製式 襟	立折襟式開襟（小開キ）トス
	製式 前面	裄形ヲ附シ釦五箇ヲ一行ニ附ス
	製式 袖	筒袖型トシ脇開及端袖ヲ附シ釦各一箇ニテ開閉シ得ル如クス
	製式 帯	帯形ヲ附ス
	製式 裾	左右兩裾ヲ開ク
	製式 物入	胸部物入ハ左右各一箇トシ裄線ニ沿ヒ縦型ト爲シ釦各一箇ヲ附ス腰部物入ハ左右各一箇トシ横型襞附ト爲シ蓋及釦各一箇ヲ附ス但シ釦ハ附セザルコトヲ得
中衣	地質	適宜
	製式 襟	日本襟トス上襟及附襟ヲ用フルコトヲ得但シ禮装ノ場合ニ於テハ附襟ヲ用フルモノトス
	製式 前面	上衣ニ同ジ
	製式 袖	上衣ニ同ジ附袖ヲ用フルコトヲ得
	製式 帯	分離式トシ前面二箇ノ釦ヲ以テ留ム
	製式 裾	上衣ニ同ジ
	製式 物入	上衣ニ同ジ但シ腰部物入ハ附セザルコトヲ得

袴	地質		茶褐絨又ハ茶褐布
	製式	裾	釦ヲ以テ緊收開閉スル如ク爲スコトヲ得
		物入	左右ニ各一箇ヲ附ス
帽	地質		適宜但シ禮裝ノ場合ニ於テハ茶褐絨又ハ茶褐布
	製式		適宜但シ禮裝ノ場合ニ於テハ烏帽子型トシ折返及前庇ヲ附スルモノトス
外套	地質		適宜但シ禮裝ノ場合ニ於テハ茶褐絨又ハ茶褐布
	製式		適宜但シ禮裝ノ場合ニ於テハ左ニ依ルモノトス 襟　開襟式立折襟(小開キ)トス 前面　釦三箇ヲ一行ニ附シ比翼仕立トス 袖　筒袖型トシ端袖ヲ附シ釦一箇ヲ附ス 裾　後開ヲ附シ釦二箇ヲ附シ比翼仕立トス 物入　腰部左右ニ各一箇ヲ附シ釦一箇ヲ附ス
手套			適宜但シ禮裝ノ場合ニ於テハ白色トス
靴			適宜但シ禮裝ノ場合ニ於テハ黑革短靴トシ雨雪又ハ乘馬ノトキハ黑革長靴ヲ用フルコトヲ得
乙號			
上衣	地質		茶褐絨又ハ茶褐布
	製式	襟	立折襟トス但シ開襟式立折襟(小開キ)ト爲スコトヲ得
		前面	釦五箇ヲ一行ニ附ス
		袖	筒袖型トシ脇開ヲ附シ釦一箇ニテ開閉シ得ル如クス端袖ヲ附スルコトヲ得
		裾	左右兩裾ヲ開ク
		物入	胸部物入ハ左右各一箇トシ横型ト爲シ蓋及釦各一箇ヲ附ス　腰部物入ハ左右各一箇トシ横型ト爲シ蓋ヲ附ス
中衣	地質		適宜
	製式	襟	日本襟トス附襟ヲ用フルコトヲ得但シ禮裝ノ場合ニ於テハ附襟ヲ用フルモノトス
		前面	釦四箇ヲ一行ニ附ス
		袖	筒袖型トス附袖ヲ用フルコトヲ得
		物入	胸部物入ハ左一箇トシ腰部物入ハ左右各一箇トス但シ腰部物入ハ附セザルコトヲ得
		其ノ他	背帶、背縫筥襞又ハ下脇襞ヲ附スルコトヲ得
袴			甲號ニ同ジ
帽			甲號ニ同ジ但シ禮裝ノ場合ニ於テハ製式ハ陸軍略帽型ニ依ルコトヲ得
外套			甲號ニ同ジ
手套			甲號ニ同ジ
靴			甲號ニ同ジ

備考

一　上衣、中衣、袴、帽(陸軍略帽型ヲ除ク)及外套ノ製式ノ形狀ハ圖ノ如シ

二　甲號禮裝ノ場合及開襟式立折襟(小開キ)ノ上衣ヲ用フル乙號禮裝ノ場合ニ於テハ立折襟ト爲スモノトス

三　甲號禮裝ノ場合及開襟式立折襟(小開キ)ノ上衣ヲ用フル乙號禮裝ノ場合竝ニ開襟(小開キ)ノ場合ニ於テハ中衣ヲ著用スルモノトス但シ暑熱ノ時期又ハ地方ニ在リテ上衣ニ副襟(副襟ニハ附襟ヲ附スルコトヲ得但シ禮裝ノ場合ニ於テハ附襟ヲ附スルモノトス)及附袖ヲ附シタルトキハ中衣ヲ著用セザルコトヲ得

四　禮裝ノ場合ニ於テハ附襟及附袖ハ白色トス

五　禮裝ノ場合ヲ除クノ外暑熱ノ時期又ハ地方ニ在リテハ中衣ヲ以テ上衣ニ代ヘ(此ノ場合ニ於テ中衣ハ半袖ト爲シ、襟開ヲ大ト爲シ及帶ヲ附セザルコトヲ得)又ハ袴ハ半袴ト爲スコトヲ得

六　禮裝ノ場合ニ於テハ茶褐絨又ハ茶褐布ノ長マントヲ以テ制式ニ依ル外套ニ代フルコトヲ得

七　外套ハ用ヒザルコトヲ得禮裝ノ場合ヲ除クノ外帽、手套及靴ハ用ヒザルコトヲ得

八　乙號立折襟上依ノ物入ハ當分ノ内外物入ト爲スコトヲ得

國民服・九月號目次

寄宿舍・新築完備

専門部

師範科　一ヶ年

研究科（前期　六ヶ月／後期　六ヶ月）

洋裁専科

婦人服科　六ヶ月

子供服科　六ヶ月

高女卒程度

女學部

豫科　一ヶ年

本科　二ヶ年

第二洋裁専科（夜間部）　一ヶ年

定員一千名

學則送呈

舊稱東京洋裁學園

東京服装學園

學園長　清水登美

豐島區西巣鴨二丁目

電話大塚(86)一〇八五

入學日　十月五日

教材（雛形部分　縫用布）點數特配ノ便アリ

民族の表情

昭南島

シンガポール攻略祝賀に
マレー人の旗行列

海軍省検閲済
日本映画社「マレー戦記」より

畫の時間に先生に引率されて校外寫生に出た。そこは昨日落書して叱られた家の前だつた。

（上）「ワタクシのタが少し變ですね」と先生に教はるマレーの生徒。
（下）街頭のコフラつかひ。

（上右）先生の指圖をうけながら働く生徒
（上左）日本語の献立表を見る印度人
（下右）昭南市の果物屋
（下左）美しい濃彩色のポスター繪と字を較べて日本語を覺えやうとする印度人

支那人の野菜賣。田舎から自轉車でもつて來る。

國民服

第二巻第九號

巻頭言

大東亞戰爭開始以來、早くも十ケ月にならうとしてゐる。御稜威のもと、皇軍は到る所に赫々の戰果を擧げたが、われわれはなほ幾多の困難を克服せねばならない。卽ち、われわれは武力に於てのみならず、文化に於てもあくまでも米英を擊滅せねばならぬのであつて、何よりも先づ精神内の米英擊滅の必要が痛感されるのである。多年に亙つて培養された米英的觀念を芟除せずして、文化戰、乃至は思想戰に勝利をうることは困難である。

生活に於けるアメリカニズムが蔑視され、女性の「鮪の唇」「雀の巢」等が排擊の對象となつたりしたが、この夏は酷暑の折、男子のカラー、ネクタイの服裝も相當に問題視された。ここに一層、國民服の理想が强調された譯である。然るに、國民服の必要が叫ばれる時われわれの意外とし、遺憾にも思ふのは、日本の理想を說き、生活の簡素、質實、節約、輕便等を唱ふる人士の生活にややもすれば確固たる信念の有無が疑はれることである。先頃も一新聞は「大官連は何か儀式ばつたことがあると大抵はモーニング姿で現はれ、一般人もモーニングか然かざればモーニング代用の國民服に着かへて來る」事實を指摘してゐたが、われわれは先づ當局者より、かかる惡風を積極的に一掃されることを要望してやまない。モーニングがタキシード、フロックのやうに葬り去られる明日の時代を知らずして、戀々としてゐるのは一種の戲畫となるばかりである。

（近藤光紀裝畫）

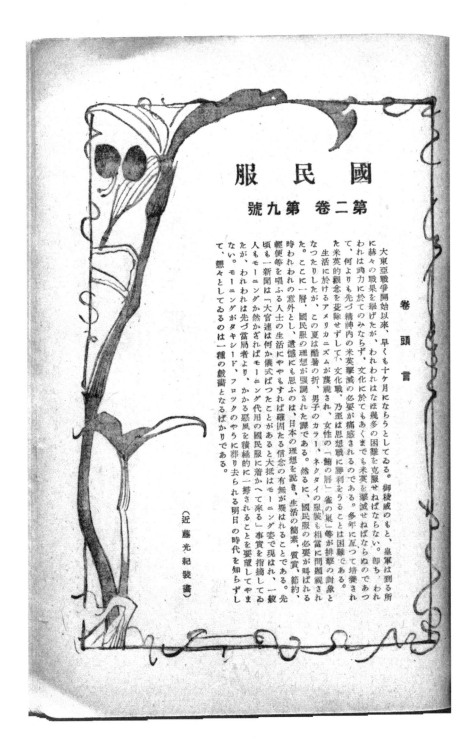

學生と服装

城戸幡太郎

衣服は身體を保護するものとして作られたのであるが、身體が仕事をする活動の力となる限り、その力を自型に發揮せしむるために衣服の様式は工夫されねばならぬのである。隨つて衣服の様式は生活を表現してゐるものと考へることができる。そしてわれらの生活形態は仕事の性質によつて規定されるのであるから、衣服の様式は仕事の性質によつて規定さるべきものといへるのである。禮服の如きものも、時代と共にその規定は變つてゐるがそれは時代と共に仕事の性質による生活の形態が變つたからである。禮は生活の秩序である。そして生活の秩序は日常の生活職域奉公の裡に保たれてゐなければならぬのである。隨つて禮は仕事を通じて國民の生活に和心協力の美徳を表現せしむるものであるから、禮服は仕事服の形式によつて示されることが望ましいのである。軍人の禮服は軍服そのものである。これと同様に勤勞者の禮服は勤勞服そのものであつて然るべきである。たゞ儀式は禮を示す特別な場合である。儀式に臨む場合の禮服は清淨であり、敬禮の意を示す儀禮章を帯びることが必要である。國民服の制定はこの精神を

表現したものであるが、學生の場合は軍人の場合と同様に、生活が訓練を目的とする規律によつて秩序づけられてゐるから、特別の制服を必要とする。生活が集團的規律によつて訓練される場合には、服装は集團生活そのものを表現する。否、むしろ服装が集團生活に規律を與へるものである。軍隊生活において服装が嚴格に點檢されるのはそのためである。

　これまでの學校教育は自由教育の方法を採用し、個性の發揮と自活の精神を尊重した。これは決して誤つた教育法であるとはいへぬが、その結果として學生には間違つた生活態度が養はれた。それは第一に禮儀を輕んじ、規律を守らず、隨つて集團生活を卑下するやうになつたことである。それが最もよく表現されたのが學生の服装であつて、制服を身につけながら、服則を亂し、破れたものは破れたまゝ汚れたものは汚れたまゝ、これを修理し、洗濯するなどは男子たるものの爲すべきことでないかのやうに考へられた。これが學生のいはゆる豪傑振りであつた。學生たるものが服装などに氣をとられるやうでは學問はできないであらう。しかし、それは氣をとられることで氣をつけることとは別である。學生には一般に制服と作業服或は教練服とが必要である。制服は學生の禮服であるから、恒に清淨なるものでなくてはならぬ。隨つて汚れやすい實習や作業をやる場合には別に作業服を持つことが必要である。たゞ制服は學校によつて特色を發揮すべきか、國民服の如きものに一定すべきかゞ問題である。資材と融通との問題から見れば、學生服は、男子の場合には國民服（乙型）に女子の場合には尠くとも標準服甲型に一定し、校章によつて學校の區別を示せばよいわけである。

　實際男子の學生服は尠くとも中等學校では漸次この傾向をとりつゝあるが、專門學校特に大學となるとやはり角帽に魅惑があるのか、この傾向への歩みはむづかしいやうである。しかし第一角帽などといふものは全く不經濟不合理な帽子である。この際大學生の制帽は戰鬪帽でも一定したらどうかと思ふ。防空作業の場合など角帽では鐵兜もかぶれない。

　學生の服装では男子よりも女子の場合が問題である。中等學校も男子の場合には國民服形式に一般化しつゝあるが、女子の場合は個性が大に發揮されてゐる。女子にとつては服装は重要な問題となる。殊に洋装の場合には個性の發揮が自由であるだけに、これを標準化することは困難である。婦人標準服が一般に採用され難いのもそのためであらうと思ふが、尠くともこれからの制服は資材と融通とを問題として考案さるべきもので、女學校の制服として廣く採用されてゐる水兵服の如きものは考へものである。殊に專門學校程度の女學校では服裝は可なり自由になつてゐるが、これらの女學生にも集團的規律による訓練が必要となつてきた現在では制服の制定は必要であらう。そして、これからの制服は學校生活を家庭から、分離せしむるための裝ひではなく學校生活と家庭生活、社會生活とを統一する學生としての訓練生活を表現する服裝でなくてはならぬのである。學生は學庭においても社會においても學生としての面目を發揮する生活態度を自からの服裝に表現することに氣をつけてゐなければならぬと思ふ。

（筆者は法政大學教授）

大學生・制服・國民服

米山桂三

一

制服の着用といふ現象の社會學的意義は、大體次の諸點に要約することが出來ようと思ふ。卽ち(一)公的身分・職業の社會的表示、(二)團體的規律の維持、(三)團體意識の昂揚、(四)團體活動に便なること、(五 禮服としての社會的承認、(六)經濟的なること等がそれである。

さて制服によつて公的身分・職業を社會的に表示するといつても、勿論封建的な身分や特權を誇示するといふ意味ではないのであつて、たゞその職務を給付するもの、公的身分・職業を明示し、職務遂行に便ならしめるために外ならないのである。例へば警察官や鐵道員が制服を着用することによつてよくその職務を遂行し得るが如きである。

しかし、制服の着用が公的身分・職業の社會的表示であるといふことは、同時にこれを着用するものゝ間で、職務上の規律を保持せしめる契機ともなるのである。何故なれば制服が着用されてゐる限り、職務遂行上の規律が嚴格に遵守されてゐることを示すと同時に、職權の濫用や制服の體面を汚す如き行爲のなきことを期待し得るからである。

ところが制服の着用によつて公的身分・職業が社會的に表示され、または職務遂行上の規律が遵守され得るとしても、制服の着用が團體意識を昂揚するといふことでないならば、その效果は半減されてしまふのである。何故なれば身分・職業・規律といふが如きは・吾々の社會生活が維持される外的條件でしかないのであるから、團體意識の昂揚による精神的支持が强化されなければ、社會生活の完成は期待され得ないからである。然るに多數の者が服裝を共通にする場合には、彼等の間に同類意識が强まり、その結果また團體意識を昂揚し得るといふ效果を伴ふのである。しかしこの場合、着用される制服が他のものよりも優れてゐるとか美しいとかいふ條件が備はつてゐることを必要とするのであつて、他よりも優れた制服を着用することによつて、彼等の自己主張本能が滿されると同時に、一層團體意識の昂揚に資するところがあるのである。

次は制服の着用が團體活動に便宜であるといふ點であるが、吾が國の如く平服が活動に不便なる場合には、特に活動に便利な制服の制定の必要が痛感されるのである。しかし制服は多數の者をして一樣に着用せしめるものであるから費用が低廉であることを必要とする。この意味に於て、一般に制服に禮服としての社會的承認が與へられてゐるのは、これを着用するものにとつて極めて便宜であらう。

二

さて以上に於ては、專ら制服の社會學的意義に就て述べたのであつたが、大學生と制服との問題は如何に取扱はるべきであらうか。

吾が國の大學生の制服着用の歴史は、極めて漠然としてゐるが、明治十八九年頃大學生の間に「洋服」着用の風が生じたといふことであるから、あるひはこれが大學生制服の起源と考へ得るかも知れない。しかし何といつても當時は未だ「洋服」を着用してゐた學生の數は極めて少く、例へば慶應大學では既に明治三十三年五月に學校當局が制服制定の問題を考慮してゐたにも拘らず、大正三年頃までは學生の大半が和服を着用してゐたとのことである。

從つて慶應大學に於て名實共に制服・制帽が整へられたのは、大正三年に制服が制定され、同時に豫科生は丸帽、本科生は角帽或は黑ソフトと決められた時からのことであるが、角帽の方はやがて姿を消してしまつた。尙、今日塾帽の名に於て全國の專門學校生や大學豫科生の間に擴まつたあの帽子の起源も一說にはフランスの軍帽を眞似たともいはれるが、確なことは全く不明であつて、恐らく普通部の生徒が豫科に進んだ時、大學部にはつきりした制服制帽のなかつたところから、一部の者が普通部時代の服裝をそのまゝ繼續し、それが次第に擴まつて行つたのではないかとも想像されるのである。

何れにしても、慶應大學に就てばかりでなく、吾が國の大學生の制服・制帽の起源或は歷史は極めて漠然としてゐるのであるが、何れの場合にも學校當局が正式にこれを制定した以前に、既に學生間に一定の型が流行してゐたといふことは共通の現象であつたやうである。

このやうに諸外國にその類例を見ざる、吾が國の大學生の制服が、學校當局の强制を受ける以前に既に强き普及力を持つてゐたのは、何といつてもこの服裝が青年を惹付ける力――流行力――があつたからである。今日問題となつてゐる國民服にも、是非これだけの流行力を持たせて、近き將來に日本の國民生活が服裝の面から一大變革を來さんことを望んでやまない。因に國民服に眞の流行力があれば將來これが東亞服ともなつて、服裝によつて東亞共榮圈確立の一翼を擔ふ日も遠くはあるまいと思ふのである。

（筆者は慶應義塾大學教授）

學生の服裝精神

吉田謙吉

一

服装が精神を支配するといふ。服装の特色が、その着用者の心持を特色づけるといふ考へ方は、最早今日のものではないか、今日の服装について私はさう考へてゐる。

服装によつて支配されるやうな精神でどうする。服装によつて包まなければならないやうな精神でどうする。精神はあくまで裸で立つてゆかれるものでなければならない。そこで、裸の精神が服装を身につけてより強くなつてゆく。そこまで考へて見ると、服装が精神を支配するといつた従來の服装に對しての感懐は、甚だ脆弱に思はれて來る。

學生の服装は、その服装としての重要な根據が學徒精神の發露にある事は云ふまでもない事だが、今日の學徒精神が服装によつて脆くも左右されるやうなものであつてはならない事もまた勿論であらう。この意味に於て學生の服装は、今日多端なる服装問題の中にあつて、極めて峻嚴に考へられねばならない事の一つであらう。

學生の服装に限らず、今日は、東亞共榮圏の指導者としての日本人の、あらゆる服装に對して、嚴肅に考へられねばならない機に直面してゐる譯だ。それには男子國民服の制定や婦人標準服の發表が契機となつてゐる事は明かだが、學生の服装は、目下の處では國民服や婦人標準服とは別途に考へられてゐるものの如くである。然し、今日の服装の意義は、如何なる服装と雖も一つの國家目的に向つて、適確なる方向を持つてゐなければならない筈であり、學生だからと云つて、その服装の意義が變へられていいといふ事はあり得てはならない譯であらう。資源經濟的にも許されない事であるし、どうしても流れを一にして、力強い奔流となつてゆかねばならない。

從來、服装による學徒精神の發露といふものは、一校一校の特色づけられた精神、ないしは一般的に校風と呼ばれて來たものと結びついて、それが更に廣義の校風ともなつてあらはれ續けて來たものの如くである。從つてそこには服装自體の變遷も特色もあつた譯だ。勿論現在でも、各學生の服装からは、各學校そのものの服装精神のあらはれを見られるのだが、今後は、資源經濟からも餘儀なくされる事は勿論、より積極的な今日の汎服装精神の建設の建前から云つて、一校一校の服装の特色といつたものは、寧ろ稀薄となつてゆき、それに代つて汎學生の服装といふものが、學徒精神を幅廣く反映して生れてゆくのではないかと考へられる。今日の日本の服装として、當然さうあつて欲しいと考へられる。

一校一校の服装の特色がなくなる、慶應も早稲田も一律になつてしまふといふ事は、少しく生やさしいが、あたら感傷がないとは云へぬであらう。然し、思へば、從來各校の特色は、その學生服装のあらはれによつてかなり色づけられて來た譯だ。新らしい學生服装精神は、一校一校の特色よりも全學生精神の集結としての特色を發揮してゆく事となり、そこで今日の服装の奔流へとそそがれてゆく事となるのだ。

二

さて、學生の服装が、從來の如く單なる校風の反映に止まらず、汎服装としての大きい意義を持つてゆく事になると、より以上團體的意義が強く裏附けられる事となる譯だが、學生の服装としての本來の意義からどういふ形態をとつてゆく事が適確であるか。これは例へば校風のそれの如く、學校の歴史的意義や地理的環境などから制定されるに非ずして、ひたすら今日に臨む學徒精神のそれが建前とされる事とならう。

服装に支配されぬ精神は、さて先づ姿勢を整へる事へと向つてゆく事が豫想される。服装によつて精神が支配されるといふ事は、服装によつてその姿勢をも支配されて來た感がある。今日の精神が服装を支配してゆくべきものとすると、その着用姿勢も亦、その精神によつて、支配されてゆく、否、當然その指導下に置くべきであるのだ。姿勢を正しくする事が、正しい精神をつくるといふ。然し、これ亦、正しい精神あつてこそ正しい姿勢を生む事が出來てゆくのだとする。

服装問題は、特にその變遷の歴史から考へて見ても、頗る他力的に考へられる樣だが、今日の日本の、否東亞共榮圈の服装問題こそは當然自力的に考へられねばならず、學生の服装精神は特に猛訓練の眞只中に立つてゆるがざる所の強いそれから發足すべきであらう。

學生の正しい服装と正しい姿勢とが、當然にらみ合されて考へられてゆかねばならない所以である。

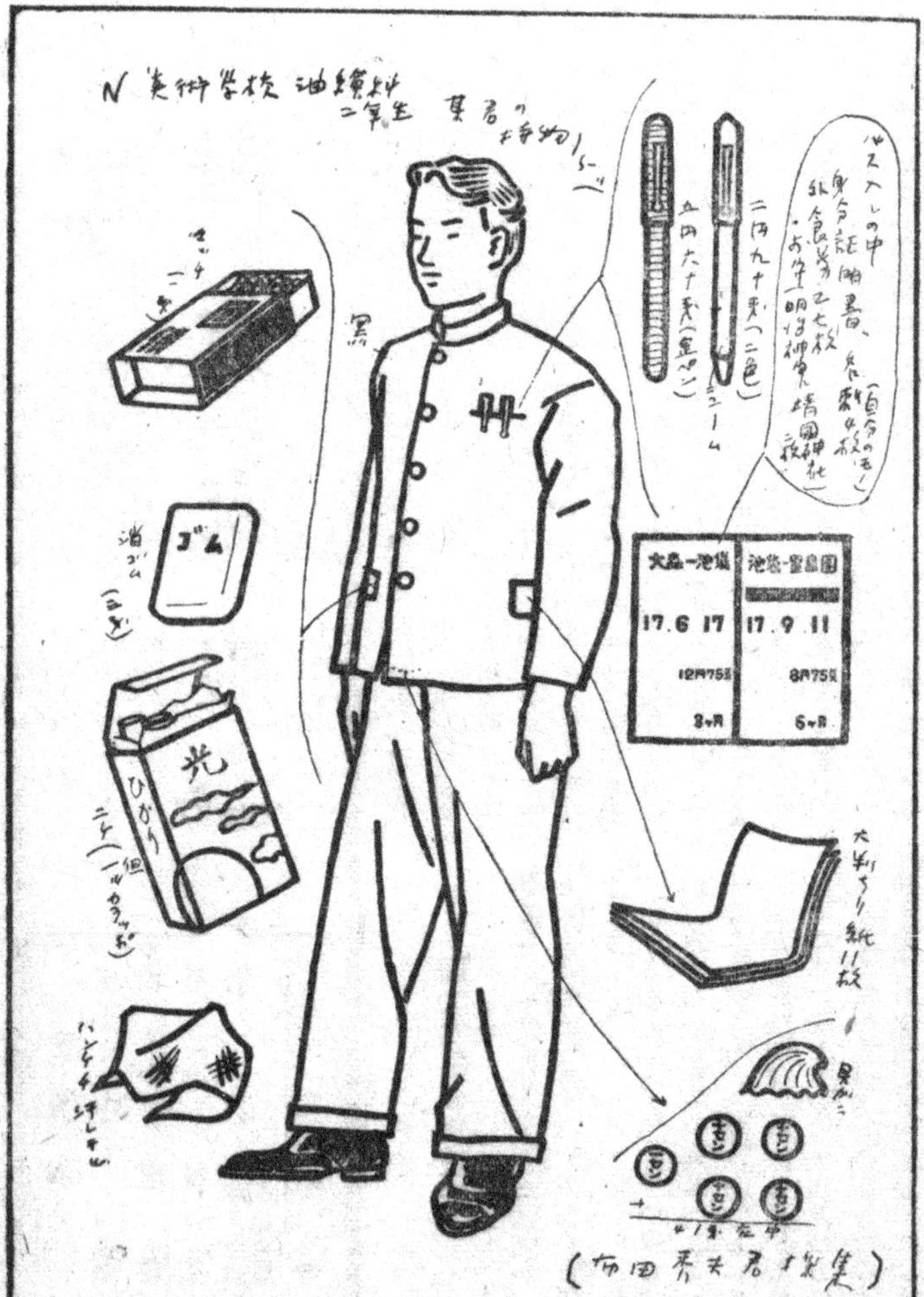

N美術学校 油絵科 二年生 某君の持物
黒
ゴム
消ゴム
光
ひかり
17.6 17
17.9 11
12円75銭
8円75銭
3ヶ月
6ヶ月
（布田秀夫君採集）

（9）

田中薫氏に訊く 南方衣服

（座談會）

出席者
田中　薫
田中俊雄
清水登美
（協會側）石原　通
本誌記者

石原　本日はお忙しいところを、またお暑いところを御出席下さいまして、有難うございました。

南方被服の研究は、各方面でいま實施せられて居るやうでございますが、當協會に於きましても、その使命に鑑みまして、研究を實施して居る次第でありまして、六月の上旬に第一回研究會を開き、各方面の權威者の方々にお集り願つていろ／＼御教示を願ひました次第でございます。實は本日さらに第二回の研究會を開催の豫定で御座いましたが、被服廠關係その他に急に差支へが生じまして、豫定の方々の御出席を得られませんでしたので甚だ殘念で御座いますが、第二回研究會は改めて開くことゝいたし、本日はわざわざ神戸から御出席いただきました田中薫氏を中心に南方衣服についていろいろ御懇談願ひ、協會の今後の研究方針の確立に資したいと思つて居ります。どうぞよろしく御願ひいたします。なほ本日は田中俊雄さんに進行をお願ひいたします。

南方衣服の地域性

田中(俊)　まづ南方衣服とは何か、といふ問題を一應考へてみたいと思ひます。

田中さんに一つ伺ひたいのですが、南方といふ場合、地域的にどの程度に限定するか。現在南方といひますと、戰爭の進む毎に移動するわけでございませうが、大體北の方はどの邊から、南の方どの邊までの地域を南方の衣服として認定してよろしいかといふことを一番先におきゝしたいのです。

田中(薫)　今まで南方圏・北方圏といふ風に使はれて居りますけれども、その境目がどうもハツキリして居りませんね。衣服のことに關すると、實質的には氣候の關係があると—思ひますけれども、その氣候でもやはり夏になれば北方圏でもずゐぶん暑いところがある。だから、氣候だけで考へると、北方圏にも南方衣服の島が出來てしまふのです。だからそれで南方・北方を分けるのもどうかと思ひます。大體私自身が經濟地理上の說明をするときの南方圏の分け方は、沖縄あたりから斜めに海南島あたりに線を引いて、あの邊に境があるものと考へて居るのですさういふ點からいふと、琉球といふものが南北兩圏の中間性をもつやうな感じがするのです。しかしそれは地理的にはあまり根據がないのですが——

田中薫氏

田中(俊)　地理的にいへば、どんな風に氣候を分けて居るのですか。

田中(薫)　それは細かくいふと、垂直分布がありますから、山などあるところに行くと、北方圏に張り出して來ますし、なかなか複雜ですね。しかし衣服の方は、たとへば南方の暑いところの山の上に行つても、全然形式の變つたといふものがありませんし、つまり氣溫の垂直分布といふものにはあまり影響を受けて居りません。だから氣候圏をそのまま受け容れるといふことはどうかと思ひますね。參考になりますが……

田中(俊)　この間、あなたの方の研究所の「彙報」のトップに、世界衣服の分布圖が出て居りましたが、あれはどうなつてゐるのですか。

田中(薫)　あれは大體材料の上の分布です。衣服資源の歷史的な分布を書いたものです。ですから、あれは氣候の關係はあまり出て居りません。その問題でしたら、私、最近考へて居ることは、被服廠あたりでは御研究になられて居るだらうと思ひますが、體感氣候といふものを如何にして着物で調節するかといふ點だけから考へましても、體感氣候の分布といふものをまづ知らなくてはならぬ。體感氣候の氣候圖といふものを拵へなければならぬのです。それでオーストラリアの氣候學者でG・テイラーといふ人があります。この人は地理學者でもありまして、白濠主義の基礎づけをやつた人です。この人のクライモ・グラフといふのがある。この間話に使つたものですから、御參考になるかと思つて持つて來ましたが、ちよつと面白いものです。こちらは各月平均濕球溫度で毎月の相對濕度をとりまして、その線を繋ぎます。つまり濕度と氣溫との兩方から考へられた氣候を體氣感氣候と考へるわけです。さうしますとロンドンはちようどこんな恰好になつて居ります（別掲の圖表を示して）。ベルリンはこんな風になつて居ります。東京は全くその反對の方向になります。それでこの隅にもつて行つて人間の一番堪へ難い氣候、濕度が高くて暑い、濕度が高くて寒い、それから非常に乾燥して暑い、非常に乾燥して寒いのをとります。ヨーロッパの氣候は　ここに集まつて居る。割合に多濕めつぽくて寒い。衣服の方からいふと、羊毛が絶對に必要な氣候になります。纖維そのものが防濕でなければならぬ。あるひは保溫的でなければならぬ。それからここに來ますと、滿洲とか支那は、あの綿入れ式の防寒・防風が主になる。結局、かういふ風にして世界中の任意の地點の體感氣候がかういふ形で出ますから、これをもう少し詳しくやつて、東亞共榮圏の、たとへば海南島なら海南島、フィリッピンならフィリッピンでやれば相當面白い材料が得られると思ひます。さうしてそれを繋げてみますと、着物の對策に必要な氣候の分布圖が出來るのではないかと考へて居るのです。これはもう少し氣象學者にきいてみないとわかりませんが……。日本は冬になると乾燥しますから、濕度の低いここの部分になるわけです。夏は高いここまで上つて來て、この間を往來して居るわけです。ヨーロッパはこれと反對に、夏乾燥して、冬になると濕度が高くなつて居ります。これは簡單に氣溫と衣服との關係を説明するのに利用して居るのですが、これで見ると、日本では羊毛が要らないといふことになるのです。汗をいかに處理するかといふことだけを考へればよいことになります。

記者　結局、木綿物で間に合ふわけですな。

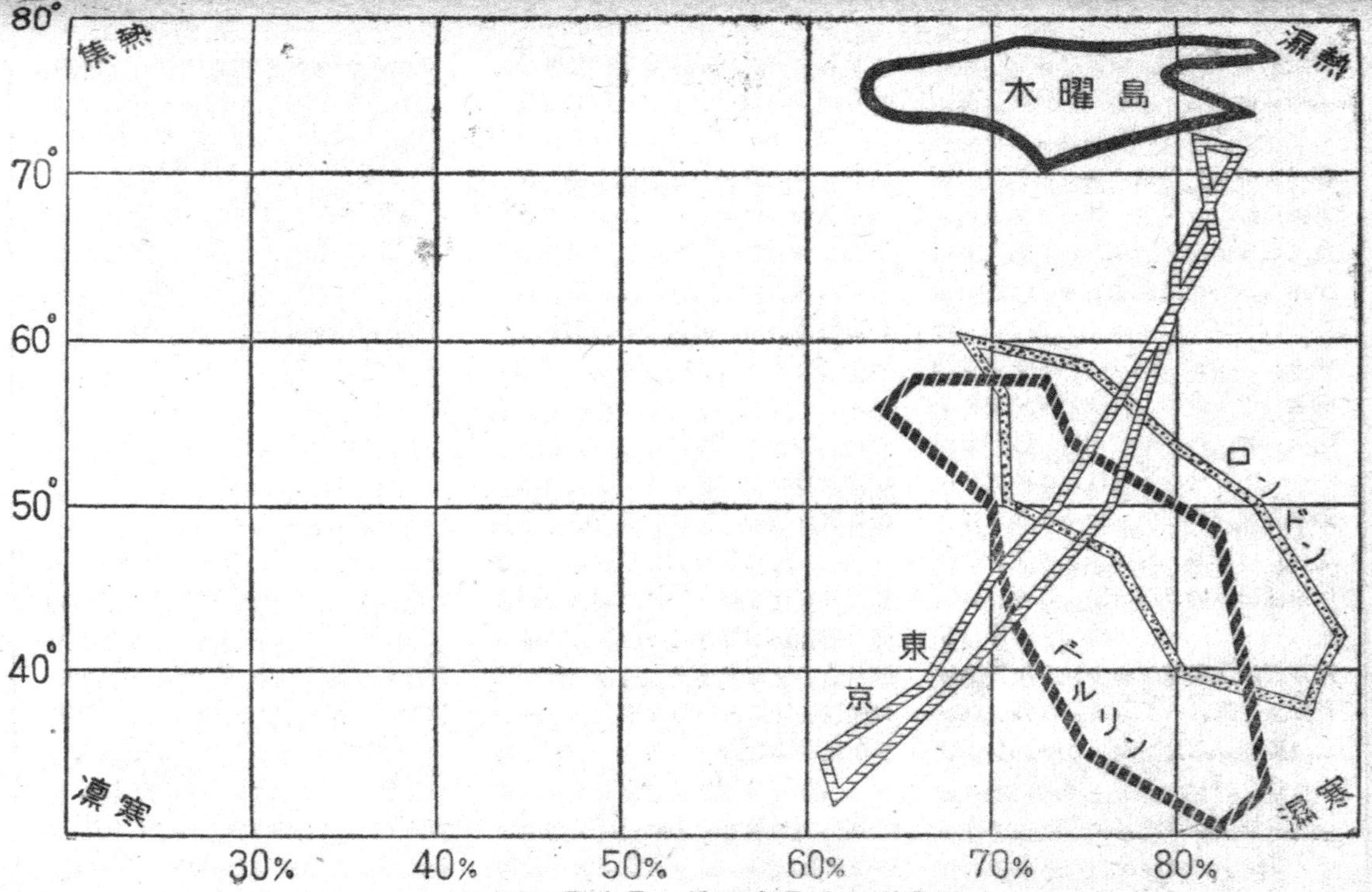

G・テイラー氏のクライモグラフ

田中(薫) 木綿でも絹でも……。もし滿洲に行く場合でしたら、綿入れにすれば、羊毛なしでもよいわけです。

記者 滿人の着てゐるやうな綿入れのもくもくしたものが一番いいわけですね。

田中(薫) といふよりも、羊毛がなくてもすむのぢやないでせうか。しかしヨーロッパでは羊毛なしでは絶對にすまないだらうと思ひます。

田中(俊) さうすると、南方衣服といふものをきめる場合に、大東亞各地點のかういふやうな體感氣候の分布を描いてみないと、氣候的には嚴格にきめられないわけですね。

田中(薫) 今ある氣候の分布圖といふものは、着物の方には利用出來ないと思ひます。氣象學者が作つて居りますけれども、この體感氣候に近いものに直して考へないといけないのぢやないかと思ふのです。

清水登美氏

田中(俊) 清水さん、形態的にはどうでございませうか。南方の衣服といふ場合に形の上できめられるものがありませうか。

清水 下衣ですね。サロン、あゝいふ風なものは殆んど共通的のもののやうですね。さうして二部にわけて居るといふことですね。かういふやうなざつとした形態ですと、或る程度まできめられるのぢやないでせうか。

田中(俊) しかし二部式のものでサロンといつただけでは、ヨーロッパ人のスカートなどもさういへるでせう。もつと現在の南方原住民の着て居る衣服形態の上からいつて、かういふものが南方衣服の特徴だ、あるひはこれを除いては南方衣服にならぬといふやうな個性的な點はないでせうか。

清水 今の、南方そのものが歴然ときめられない場合は、絶對的にはいへないのですが、しかし大體の特徴といふものはございますね。

田中(俊) 衣服を離れて、南方圏といふやうなものは、田中さんの御專門の方ではきまつてゐるのでせうね。

田中(薫) 資源の關係ですね。地上資源は氣候に支配されますから、やはり考へますね。それは普通の氣候圖といふものを土臺にして考へて居るのです。雨量がどの位あるとか、濕度がどの位とか……。ゴムの生産地帶とか麻の生産地帶とかは相當計畫的にやりますから、さういふときは、やはり氣候が絶對に必要なんです。だからそれで着物も行きはしないかと一應考へるのですけれども、どうも着物はちよつと普通の氣候の問題ではさうは行かぬのぢやないかと思ふのです。

記者 やはり氣候的な分布からはじめて行かなければならぬわけですね。

田中(薫) ところが、さういふデータはあまりないですね。

田中(俊) 動物・植物の分布と衣服の分布とは、どの程度に相似形をもつものですか、あまりにもないですか。

田中(薫) それはかなりありませうね。たゞ同じ暑さでも、人間は濕度が高ければ非常に蒸し暑くて堪へ難いですが、植物はさういふ風に感じるかどうか、濕度が高ければ却つて喜ぶのぢやないか、そこのところが非常にちがふのぢやないかと思ひますね。ゴムなんか年中雨が降つてもよいのですが、人間はそれが一番閉口なんですからね。それを調節する道具が結局着物ですから、そこにちがひがあるわけです。生産物を取扱ふ場合の基礎になる氣候と、着物の分布圖を拵へる場合の基礎になる氣候とはちがひがあるのぢやないかと思ひます。

田中俊雄氏

國民服の適應性

田中(俊) かういふ風な(圖表を示して)線を木曜島のやうに描けば、衣服の量や種類なんか非常にすくなくてすむわけですね。

田中(薫) しかし横に長いですからね。温度からいひますと、こんなにちがひますからね。だからヨーロッパに比べたら種類が要るわけです。ヨーロッパでは贅澤をするから澤山種類をもつて居るわけですが……

記者 日本のやうに細長くとも衣服の種類が多くなるのですね。さうすると合着なんか要るのは贅澤ぢやないといふことになりますね。國民服も二種ぢや無理だといふことになる……

石原 それで國民服を研究して居るのですが、その前提としてやはり一般の被服を研究しなければならぬ。

田中(薫) ですから國民服協會あたりできめて戴きたいのですが、現在の國民服の適用範圍は、南方のどこ

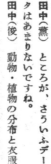

の邊までまづ普通に着られるものと認めるか、それからあとは何か改良して、出來れば他に正式のものをつくつてそれを認めてやるといふことにならぬと、結局は無理が出來るのではないかと思ひます。

石原　いま國民服の勅令の中には、暑い地方に於ては半袖の中衣を着ていい、袴は半分でいいといふことになつて居りますが、それが果して南方でいいかどうか、どこまでがそれでいいか。またそれをかへなければならぬかといふ問題は當然起きてくるわけです。

田中（俊）　石原さんにお伺ひしたいのですが、南方衣服といふ場合に、國民服のやうな制服を考へるか、あるひは日常服も併せて考へるかといふことですね。それから南方に出掛けて行く日本人のものを考へるか、原住民のものをこの研究會として考へるか、そのことをちよつとおき〻したいのです。

石原　私はやはりこれは分けて考へなければならぬと思つて居るのです。まづこつちから行く人の服裝をどうするか。それからまた向ふの原住民の服裝をどうするか。それで原住民の方の服裝はやはり現地の氣候・風土に適したものにしなければならぬ。あまり急にかへるといふことは出來ないぢやないか。沖繩とジャヴァあたりとは大分ちがふでせうが、それを一緒に同じやうなものにしてしまふことは、却つて工合が惡いと思ひます。こつちから行く人の服裝は或る程度まではきめられると思ふのですが――。これは私も淸水さんにお伺ひしてみようと思つて居つたのですが、たとへば婦人の服裝あたりは、今度出來ました婦人標準服の甲號のやうなものにしたら、南方にでも或る程度まではこつちから行く人は差支へないのぢやないかと思ひます。

淸水　こちらから行く人と原住民との間をどういふ風に國家で考へて居られるか、私どもとしては今おつしやつたやうに、一樣にすることは出來にくいだらうと思ふのです。

石原　向ふに行つて居る軍の樣子を聽きましても、海軍と陸軍とは大分ちがふやうです。海軍は艦内生活をして居りますから、袖もズボンも半分ですますことが出來ますが、陸上に居るものは、蟲やなにかの關係、あるひはまた氣候の關係で、どうしてもそれではいかぬ。あけつぱなしの服裝ではいかぬといふことを、最近向ふに行つた人から聽いて居るのです。無論、船と陸上とはちがひますが、陸上に於きましても、その生活狀態、それから室内で暮すときと外に出ますときとはやはりかへなければならぬと思ふのです。私は向ふに行つたことがありませんからわかりませんけれども、どうしてもさういふ風にしなければならぬぢやないかと思ふのです。

田中(薫) 私もさういふ考へをもつて居ります。南方各地にも古くからの習慣がありますから、ちようど國民服にも襟をのこしたと同じやうに、向ふにものこしたいといふ美點が必ずある。それをのこしてやらなければいけないのぢやないかと思ふのです。たとへば上衣はどんどん西洋式が入つて居りますけれども、サロンは必ず着て居りますから、サロンはやはり愛著があつてやめられないのです。衣服も生きて居る以上は向ふのも認めてやらなければならぬと思ひます。

清水 愛著といふものは、どうにもならないものらしうございますね。

石原 あまり向ふの原住民の服装をかへると、今度は却つて日本の統治下に入ることをいやがるやうなことにもなりませうね。こつちから行く人のは或る程度まではきめられるでせうけれども……。先程申しましたやうに、勅令で暑い時は、また暑い地方では中衣なんかも袖を半分にし袴の裾を膝きりにしてもよいといふことになつてゐますが、それが果して適當かどうか。いま向ふに行つて居る陸軍は、袖も長いのを着て居りますし、ズボンも下まで來て居ります。この點はよほど考へなければならぬと思ふのです。

田中(薫) 蟲が居りますし、ジャングルなんか搔きわけて行くのには、半袖ではいけません。

石原 日本人でしたら、室內に居る時は、もつと簡單な內地の浴衣みたいなものが使へるのぢやないかといふ風にも考へられるのです。向ふに行つて居る時に、室內では國民服の中衣の半分とズボンの短かいの、外に出る時は長いのといふ風にも行かないのぢやないか、その點も考へなければならぬ。

田中(薫) その點は、統治上の立場から見ると、原住民とこつちの人間とちがふやうにする必要もあると思ふのです。

田中(俊) さうですね。それは一緒にはとても行かぬでせう。當然かへて着なければならぬでせうね。

まづ日本人の生活規格の確立が必要

田中(俊) それでは次の問題に移りますが、研究對象としては原住民の衣服といふものもいろいろ調査しなければならぬと思ひますけれども、結局現在の研究の重點は、日本人が向ふに出掛ける場合の衣服、それが當面の問題でせうね。それに就て清水さん、御意見如何ですか。

清水 私も其の方を先きにして戴き

たいと思ひます。

記者　現實に今向ふに役人になつて行く人は直ぐ奥さんでも娘さんでも連れて行かれるのですから、こちらから行く人が何を着て行くかといふことは非常に早急な問題ですね。

清水　餘り重いものは着て行かないと思ひますし、今までの洋服その儘のものでは日本人の衿が許しませんネ。

田中(俊)　今日は岸さんがお見えになれば衣服資源の話も聽きたいと思つたのですが、資源などといふものを問題にすれば、南方に住んである原住民の衣服のことが非常に大きな問題になるわけですね。形態といふことを考へればこちらから行く日本人のものが中心になりますけれども……

田中(薫)　私はその日本人の衣服の問題について　もう少し根本になりますけれども、やはり南方へ進出する日本人の生活の規格といふやうなものを確立しなければいけないと思ひます。それで經濟的に言ひましても、月給と睨み合せて、私は寧ろ月給は是だけだといふことでなくて、まづ生格の規格の方が先に決まつてからつぎに月給が決まるべきものだと思ふのです。それには衣食住全部關聯しますから、殊に住が關係しますが、一體どんな住宅に住まはせる積りか、今當分は空家へ住ふでせうけれども、何時までも空家といふ譯にも行かぬ、臺灣あたりでやつて居るやうに官舍も造らなければならぬ、どの位の程度の贅澤が許さるべきものか、唯節約をして、土着民と同じ生活をすれば土着民は喜ぶでせうが、それではこちらが滿足しないから、やはり或る程度尊敬を受けるやうな生活をしなければならぬ、それから其の爲にどれだけの纖維が要るかといふことを考へれば、玆に大きく言へば東亞共榮圏の物動計畫の中の纖維對策をどうするかといふ問題になりますし、其の纖維を何處で生産するかといふことも問題になる譯です。それから決めて行つて、向ふに於ける奏任官の月給は幾らになるべきか、家族伴れの場合は幾ら、單獨の場合は幾ら、勅任官は幾らといふことが決まつて、それから後はケチケチしないで其の範圍内で相當にチャンとやつて貰はないと困ると思ふのです。

田中(俊)　南方生活の家計の方が決まつて來れば、被服費となるべきものは自然に決まつて來ますから、さうすれば結局南方の衣服といふものも根本的にはそこから決まつて來る譯ですね。

田中(薫)　少しやかましいことを言ふやうですが、此の際南方に行く官吏は何枚ぐらゐの服を持つのが適當か、奥さんは何枚ぐらゐか、實際取換へ引換へしてサツパりして居る爲には最小限度何枚ぐらゐ要るといふことをきめてはどうですかね。今のやり方は、月給は是だけでやれといふ方針でやつて居るやうに思ふのです。國家の今の戰時狀態は節約々々で構はないのですが、是から南方へ行くといふのは建設戰だから、是から先きは、是だけは指導上どうしても必要なんだといふ生活規格から逆に決めて行くべきものぢやないかと私は思つて居るのです。

田中(俊) さうしないと、例へば勞働者なんかどういふ風なことになるか、やはり滿洲のやうに開拓士といふものを出るか出ないか分りませんけれども、制服を決めてもそれを購入出來るか出來ないか、其の着換とかといふことを考へて來ると、家計といふことが非常に問題になつてくるでせうね。

田中(黨) 國民服も南方に行つてヨレヨレになつたものを着ては外に出られない。日本だつたら、あれは儉約でよいといふことになるのですけれでも、さういふことは南方では通用しませんからね。やはりパリッとして居なければ現地の人が言ふことを聽きませんからね。

田中(俊) 今までヨーロッパ人で南方に居る人は被服費にどの位拂つたものですかね、可なりなものでせうね。

田中(黨) そこまでは調査されて居りません。割合贅澤ぢやありませんネ。皆一樣に麻か綿の白服ですね。詰襟も相當ありました。それを何時でも小ザツパリと着て居るのですから、相當持つて居るんでせう。非常によく洗濯してゐます。

記者 白服だけ三十何枚とか言つて居りました。それはオランダの上級官吏の話ですが。

衣類の最高點數を決めてはどうか

石原 私は先刻仰しやつたやうに數を決めるといふことは非常に宜いと思ふ。軍隊なんか皆數を決めて居ります。兵隊の數はチヤンと決まつて居りますが、將校もそれに準じまして、普通の人ほど雜然と無數に持つて居りません。それで南の方に行く人が率先してさういふお手本を示し、續いて內地あたりも將來衣服の所持數を決めたら宜いと思ふ。數を決めてやれば無暗と競爭を始めないだらうと思ふ。人の切符まで使つて着物を作つたりするのですね。

田中(俊) それは良い案ですね。餘計持つて居る人は獻納させてしまつてね。(笑聲)

石原 殊に南方に行く人はそんなに澤山荷物を持つて行かれませんから、今仰しやつたやうに向ふに行く人から數を決めて、逐次內地に及ぼすといふやうにしたら宜い。兵隊なんか迚も僅かな數です。それで戰もするし、儀式にも出るし、總て間に合せますから、それから考へると普通の人は餘り着物を持ち過ぎて居ると思ふ。それが爲に箪笥だ、長持だと言つて澤山の場所を要する、其の內にはそれも手入が屆き兼ねて蟲に喰はせるといふことになるのですからね。

田中(俊) 衣服所持數の最高點といふのを決めたらいゝですね。

田中(薫) しかし既得權までは侵害出來ないですけれども、南方の新しい生活をやるのだから、是は出來ますよ。

清水 着物の數といふことから考へまして、一體同ふでの生活樣式はどういふ風になりますか、それから氣溫だとか、纖維に對す害蟲、其の處理をどうするか、それから數といふものも或る程度出て來るんぢやないかといふやうなことを考へます。

記者 それから箪笥とか、さういふ容器ですね。

田中(俊) さういふことは今度はやれば計畫的に出來る譯ですね。

田中(薫) もう一つ重大な點は洗濯の方法です。南方の洗濯は實に荒いです。三十何枚と言つても、それ位は當然要るんです。私なんか旅行しても、シャツなんか一遍洗濯に出したら着れなくなる。朝鮮人がやるのと同じやうに石の上で叩いてやるのですから、纖維がたまらない。英國製の實に上等な木綿でなければ長く持たない。非常によく濯洗しますから、あの洗濯方法が枚數を決定する要素になる。

記者 スフなんか入つたな全然駄目ですね。

田中(薫) スフは一遍ですね。

石原 今日見えませんでしたけれども、被服廠の鈴木少佐などは水に合ふ石鹸を研究して居ます。日本人は水に合はぬ石鹸を使ふから着物も傷める。水の硬軟に應じてそれに合ふやうに石鹸を造つてやると、非常によく落ちて着物も傷めない。內地ではさういふことは殆どお構ひなしにやつて居る。

田中(俊) 硬水の所と軟水の所とは全く違ひますからね。

石原 洗濯屋あたりは洗ひブラシで擦つて剝ぎ取つてしまふのですからひどいものですね。

南方衣服研究の現狀は――

田中(俊) それでは次に研究現狀といふ問題に移りますが、田中さんの關係して居られる方は如何でせう？

田中(薫) 實は僕の方が伺ひたいと思つて參つたのですが、私の方でやつて居りますことを申せば、一つは現狀調査です。現在土着民がどんな物を着て居るか、大體私の方の起りが貿易振興といふことから大阪を背景にして貿易品の參考になるものを集めることに始まつて居りますから、自然それを一番先きに着手したのです。今貿易振興の問題はなくなりましたけれども續けてやつて居るのです。

田中(俊)　阪大では餘りやつて居ないですか。

田中(薫)　あそこはやはり纖維の形に於ける調査が主ですね。結局着物の形になつてからの調査をこちらは引受けた譯です。あそこでやつた人が病氣になつたりして今の所餘り進行して居ないのです。

田中(俊)　南の方で今までイギリス人とかオランダ人とかがやつた、さういふ衣服に關するデータはないんですか。

田中(薫)　どうも私寡聞で知りません。隨分人にも聽くのですが、知つて居る人はないやうです。だから結局ないんでせうね。

田中(俊)　僕等の關係して居る所では、土俗學關係の方で原住民の衣服や何かに觸れて居るものは可なりありますね。併し衣服だけを一つやつたナンといふやうなものはまだないやうですね。

田中(薫)　世界中にないでせうね。

田中(俊)　向ふの博物館などにはさういふものはいろいろ集まつて居ますか。

田中(薫)　ありますけれどもね、やはり土俗的、藝術的といつた立場ですね。

記者　實際に研究現狀といふのは案外ないんぢやないですかね。

田中(薫)　ないやうですね。

田中(俊)　さういふやうな部門を扱つた研究所のやうなものは、南の方でアメリカ人などやつて居なかつた、のでかね。

田中(薫)　旅行中にさういふことを知つて居る人にはいろいろ會つたのですが、どうも耳に入らなかつたんです。なかつたんぢやないかと思ひますね。纖維の研究まではありますけれども、それから先きのものはありませんね。

田中(俊)　日本の大學なんかでやつて居るのは大抵纖維の研究ですね。衞生學の教室なんかでは南方までは及んで居ないんぢやないでせうか。

田中(薫)　阪大の梶原三郎さん、あそこの衞生學で私共の研究所のものが行つて協同でやつて居るのですが、衣服の形になつて行つたものでの試驗方法といふものが確立して居ないのです。是は金が掛かるんです。一つの室內で同じ濕度を保つたり、溫度を調節して高溫、低溫、いろいろ拵へてやらないと出來ないものですから、金のある所でやつて貰はないと、吾々の所では一寸出來ないんです。

田中(俊) 新潟の醫大なんかああいふものはどうしてやつて居ますかね。さういふ設備を持つてやつて居るんですかね。

田中(薫) 兎に角北大なんか、ああいふ所を借りればいいんですよ。衣服研究だけ特に持たなくてもさういふ設備のある所を借りてやればいいんですよ。

田中(俊) 詰り纖維の研究は何處でもあるのですが、衣服の形態の方から言ふと少ないですね。各地の衣服の分布なんかをチヤンと寫眞などで整理されてあると便利なんですがね。

記者 私の方の雜誌でも郷土研究といふので、翼贊會關係の文化聯盟とか文化協會とかを通じて各地方の勞働者の現狀を調べて貰ひつつあるのですが、專門的にさういふ研究調査をやつてゐる人は極く少ないですね。

田中(俊) 日本の方がまだ實際研究ができてないのですから、まだ日本の方から各地でどんな衣服生活をして居るかといふ根本調査をやるべきですね。

田中(薫) オランダの統治方針として、土着民の生活には手を觸れずに品物を供給して居たのですからね。必要がなかつた。日本の立場と違ひますからね。

記者 今後は必要なわけですね。今までは搾取形態だから……。

今後の具體的研究方法は――

田中(俊) 非常に驅足ですけれども最後の具體的研究方法、是は目的に依つていろいろ違つて來ると思ひますが、田中さんなんかおやりになるとどんな具體的研究の方法をお採りになりますか。

田中(薫) 一度調査團を派遣することが是非必要だと思ひますね。それは統治上の相當重要な問題だと思ふのです。所がいろいろな人に話を聽いても、統治上最重要なのは食糧問題だ、南方は暑いから裸で居つても濟むのだといふ常識論が非常に多い。溫帶あたりでは今までですと人口も多いし、生活程度も高いし、食が絶對です。米がなければ大變です所が南方へ行きますと、食の心配は昔からないのです。米がなくても食糧はいろいろありますから間に合ふ。だから南方の人は食よりも衣の方が大事なんです。衣生活の高さがこちらの食生活に匹敵するくらゐ高いのです。だから衣生活といふもので相當慰安を與へてやらないと、米なんか供給してやつても別に有難くないのです。着物を與へてやることが統治上非常に效果があるのです。だから之を此の儘にしてはいけないと思ふのです。慰安を與へてやるといふ意味で、木綿がなくて廻せなければスフでも何でもよいからやつて之を喜ばせてやることがよいのです。私の豫想では今から五年計畫なんかで方々に棉を作つたり或は羊を飼つて、木綿が出廻つて來るまでには相當の年月が掛かると思ふ。それでそれまでの間スフで以て相當風靡しはしないかと思ふのです。南方の人は相當おしやれですから、直ぐ飛びつきます。だからさういつた一種の流行心理を摑むとかいつたことで、あるひは綿でないと解決つかないと思つて居たのが案外さうでなくて其の他のもので解決つくかも知れない。兎に角さういつた方面を考へてやらないと、食物さへやつて置けばよいのだといふ考は一寸修正を要する。だから調査團を派遣するには金が掛かるでせうが、是が重要だと思ふんです。

田中(俊)　さうですね。何しろ南方では社會性を保つのが食生活でなくて衣の生活がきわめて重要性を持つて來る譯ですからね。

石原　原住民はどういふ纖維を喜びますか。

田中(薫)　それは綿です。着た儘ドンドン水浴しますしね。それから何遍も何遍も水潜らして手觸りがよくなるのは綿ですね。其の肌に觸れる觸感といふものを非常に味ひますから、それの出るやうな質の良いものを欲しいのです。

田中(薫)　こちらで考へてやるのは上着ですね。サロンは其の儘穿いて上着はこつちに協力するやうな恰好になれといふんですね。併し南方といつても一括して言はれません。ビルマあたりの涼しい所に行くと絹が相當いいらしいのです。あの邊の話では絹で十分間に合ふといふのですね。

清水　特に上層階級は絹を喜びます

田中(薫)　さうですね。

田中(俊)　タイなんか、現在のユワチヨシ、ユワナリといふやうな運動がズツと伸びて行つたらサロンなんかはかなくなるんぢやないかな。

清水　パヌンに簡單に上衣を標準服から取つて造つたら、日本から持つて行つたものが早速着せられるんぢやないかと思ふんです。

田中(俊)　さうすると今までの所結局南方の衣服については非常に研究が少い、今後やるとすれば日本から具體的に調査團を送るといふことが今日の話の結論になる譯ですね。あとは今日出席ならなかつた方に補つて戴くことにしまして、本日は一應これで終りたいと思ひます。

石原　それでは今回は此の邊で……どうも色々有難うございました。

世界衣服分布圖

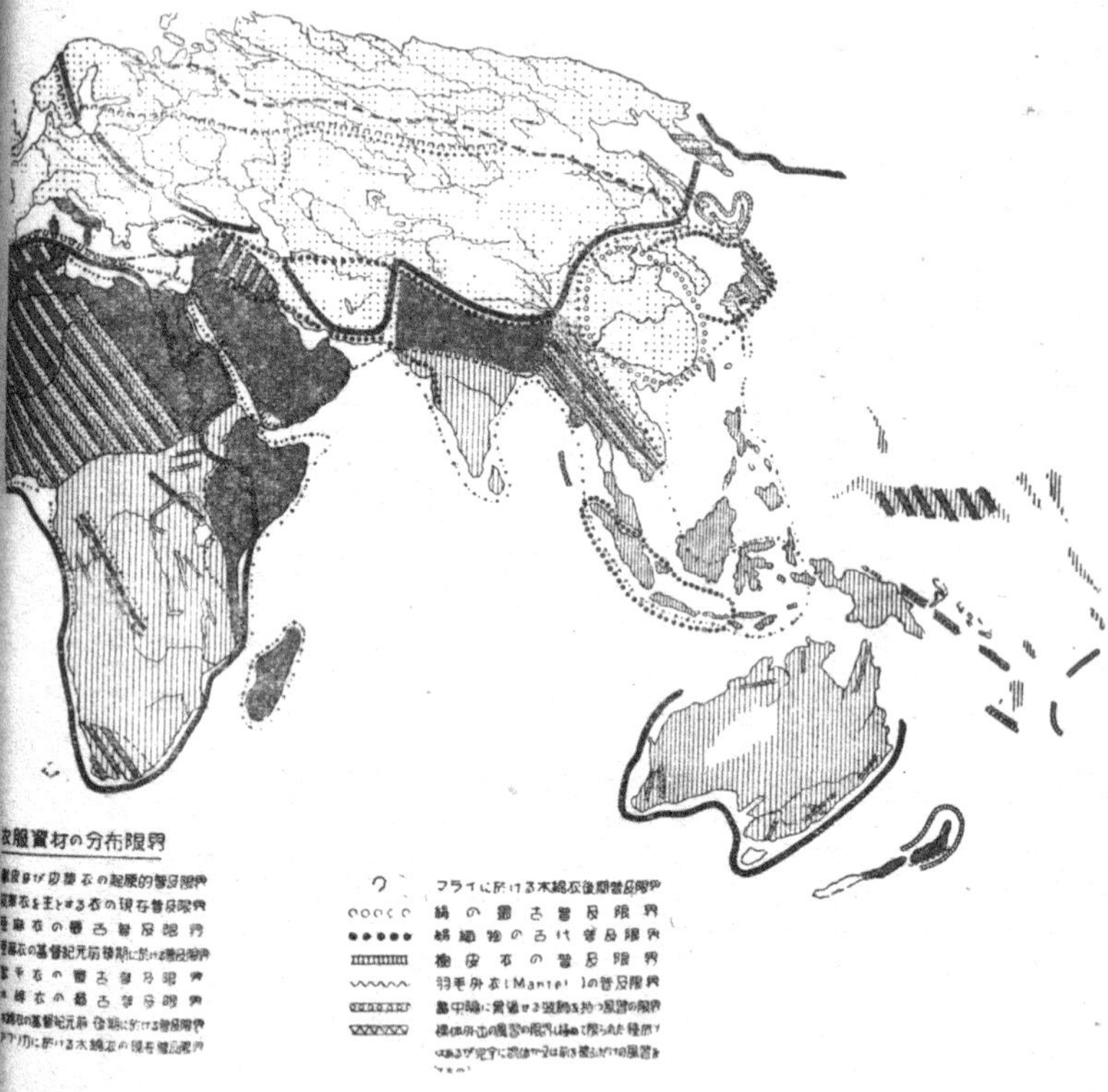
衣服資材の分布限界
絹の最古普及限界
絹織物の古代普及限界
樹皮衣の普及限界
羽毛外衣（Mantel）の普及限界

ベルグハウス

I 衣服様式
凡例
温帯(北方)衣地帯 (Boreale Tracht)
亜熱帯衣服地帯
熱帯衣服地帯
メキシコ.中米型 亜熱帯的様装地帯
ペルー型 (Subtropische Bekleidungsweise)
亜熱帯.温帯様装混淆地帯 (Mischgebiete)
熱帯.亜熱帯衣混淆地帯
亜熱帯.熱帯.温帯衣混淆地帯
冬季温帯.夏季熱帯衣様装地帯 (Im winter Boreale, Im Sommer Tropische Bekleidung)
II

風俗時評

森口多里

和服の美

わが國に來朝した歐米人の口を揃へて語る印象なるものは、風景の美と日本婦人の和服の美とであつた。そして日本の婦人の洋裝が多くなつて和服の美しさが段々と影を消してゆくのを慨くのであつた。

觀光客といふものは珍らしいものを見てまはるのが道樂であるから、遠く日本までやつてきて洋裝の婦人ばかり目につくやうでは興がさめるにちがひない。さういふ心理がある から、半ば觀光の性質を帶びた英米の何々使節を招いた席には、ふだん洋裝でばかり外出してゐた若夫人や令孃達も、この日に限つてお人形のやうな和服姿で出席されたのであらう。

觀光客の心理は理解してやつてもよいが、それのためにわが國の風俗の自然の進化を阻まれてはならない。或ひは邪推かもしれないが、英米人が和服を禮讃して洋裝に浸蝕されるのを口を極めて惜しんだのは、日本婦人を永久に非活動的な和服に釘づけして昔ながらに社會の退嬰的存在のまゝにしておかうといふ、第五列的策略だつたかもしれないのである。

これが邪推であつても、なくても外人の傳統美禮讃にわけもなく呼應して保守的思想を固執することは、遂にわが國の文化の自然の進化を阻んで、結果に於て第五列的策略の成功と同じことになるのであるから、用心しなければならない。

これは服裝問題に限つたことではなく、尺貫法の問題でも、振假名の問題でも、この點をよく考慮する必要がある。「南方の國語問題」の座談會で、陸軍省報道部の秋山中佐は「これからの國語といふものについては、絕對動かすべからざるもの、變化もしないものといふ閉鎖的な考へを捨てゝ、もう一ぺん考へ直して戴くことが必要と思ふ、つまり絕えず將來を考へ、日本語の進展をどうしなければならぬかといふことを硏究してゐなければならぬ 國體とい

ふ言葉に隠れて保守的な殻に閉籠つてはいけない」と云はれた。（東日昭和十七年七月二十九日）

「國體尊重の精神は日本國民にとつて絶對にして永久なものでなければならないが、國體に結びつけて保守的思想を固執するのは却つて國運を妨げる結果となることが往々ある。

一體和服といふものはそんなに美しいものであらうか。明治初年には婦人の洋裝は極めて少數の上流階級に限られて、殆んどすべての日本婦人は傳統的な和服をきこなしてゐたわけであるが、明治時代の雜誌の口繪に出てゐる當時の名流婦人の肖像寫眞をいま見ると、何々侯爵夫人の洋裝姿は勿論をかしいが、美貌をもつて聞えた何々夫人の和服姿と雖も少しも美しいとは感じられず、厚ぼつたい着物に押し包まれて身も心も卑屈になつてゐるやうに見えて、ちつともすつきりしたところがない。

場合によつては和服は醜くさへもある。私はシンガポールの日本人街の白晝の街上を歩いてゐた若い日本の女性の姿を忘れることが出來ない。島田に結つて中形の浴衣を着てちやんと帶をしめてゐたが、その姿に感じたものは寧ろ醜であつた。

しかしまた、着る人によつては、和服は實に美しく魅力的である。だが、わたし共が美しいと感じる和服婦人の標準は、もはや、煙草屋の店先に坐つてゐた看板娘や御座敷に置物のやうに坐つてゐる或種の女性たちではない。坐つて居るところを見れば美しいが、立つて白晝の街上を歩かせれば何となくギコチなくて安定を缺く、と云つたやうな和服婦人ではない。

日本の禮法と和服

和服に伴うてゐた禮法――立居振舞の訓練――は、白晝の街上や公的の會場から遊離してゐた。私はパリ滯在の間に一度日本の若い女性と一緒に大劇場に行つたことがある。そのお孃さんはその夜は特に和服を着て行つて、その姿は相當美しいものであつたが、幕間に廊下に出てみると、もう日本の禮法は活用されることが出來ない。常には中々元氣な女性であるに拘らず、廊下の壁に脊なかをくつつけたきりで動けない。動いたと思ふと、こつちの壁際から向ふの壁際まで鼠のやうにチョコチョコと急ぎ足に移るのである。しかるに日本の羽織を上衣のやうに着たアングロ・サクソン娘などは、廊下の眞中を堂々と漫歩してゐるのである。

この日本のお孃さんも、故國の劇場に於ては、こんなことはないにちがひない。そしてそれから十數年經つてゐる現在の日本の多くの若い女性は、たとへ和服のときでも、安定と活氣とをもつて白晝の街上を濶歩してゐる。そこには曾ての和服婦人には感じられなかつたところの清新なる美しさがある。内足で歩くのが日本婦人の傳統的な美だなどといふ美意識はこゝには通用しない。

和服婦人に於けるこの清新な美がどこから生れたかと云へば、女學生服を含めての廣義の意味の洋裝からである。それも裾が短くなつた洋裝からである。裾の長い洋裝の時代には和服の場合の傳統的なしとやかさを持つ歩き方に近いものでよかつたが、裾が短くなつてからは、それでは調和しなくなつた。加ふるに女學生時代の運動服による四肢の動きの訓練が、その手や脚の動きを、從來の卑屈な或は退嬰的な擧動、つまり御座敷本位の立居振舞から解放して、裾の短い洋裝に調和するものにしたのである。そしてこれが更に和服の場合にも反映して、日本の婦人の美をば、室内の靜的生活に於ける和服婦人の美から、街上や集會場に於ける動的生活に於ける和服婦人の美にまで押し進めたのである。

こゝに於て、現代の若い日本女性は、和服でも洋裝でも、室内でも街上でも、明治大正時代には見られなかつた颯爽たる美しさを發揮しつゝある。この美しさを助長するためには、和服の改良にしろ、洋裝の改良にしろ、或ひは新婦人服の創案にしろ、つねに新時代の活動的な生活に卽應した「態育」（體育とは異ふ）を件はなければならない。

英語と漢字

文部省當局の英斷で、新學期から女學校の英語の學修時間が減り、且つ隨意課目になつた。

英語の學習の效果の一面を暗示するやうな一場面を私は曾て品川驛で目擊したことがある。陸橋の階段の中途で、鞄をさげた一外人が少年驛夫にキップを示しながら、苛立つた聲で「トウキョウ？　トウキョウ？」と叫んでゐる。それに對して少年驛夫は當惑した顔で、たゞ「イツト・イズ……イツト・イズ……」と繰返してゐる。

少年驛夫はなまじつか少しばかり英語を習つたばかりに「イツト・イズ」と云つたゞけであとが續かないのに「イツト・イズ」を繰返して外人客を益々苛立たせてゐる。先方が日本語が分らぬなら、キップを見て手眞似でなんとか意志を通ずる方法があつた筈である。默つてプラットフォームに連れて行つて、こゝで待つて居るがいゝといふことを手眞似でやつても通ずる筈である。しかるに少年は相變らず「イツト・イズ」だけを繰返すのである。

　私の娘は今年女學校に入學した。特に英語を得意とする學校なので、入學の初めから私自身英語の復習を見てやり、娘もまた英語に興味を持ち、習ひ覺えたばかりの言葉を幼い弟に聞かせたりする。そんなときにふと私は、これは敵國の言葉ぢやないか、と考へてどうも割り切れない氣持になるのであつた。

　さて父兄會の日がきて、私自身出頭した。父なり母なりが一人々々受持の先生の前に出て娘の成績に就て注意を受けるのである。娘が惡い點をとるとすれば代數か幾何だらう、と斯う考へながら私は順番のまはつてくるのを待つてゐた。

　さて愈々その時になつてみると、娘が落第點をとつたのは、意外にも國語の書取りであつた。これは全く豫想外のことで、油斷大敵の諺通りであつた。娘の書いた答案を見ると間違つた字は一つか二つで、他は正しい漢字を書いてはゐるが使用箇所を間違つてゐるのであつた。

　私は歸る途々、漢字を書くことのむづかしいことを、つくづく考へた私自身原稿を書くときには隨分「言苑」の厄介になるのである

　英語の時間の減縮も結構であるが、漢字の學習に就ても更に考慮する必要がありはしないか。しかし私は極端な漢字制限を唱へる者ではない。讀み方を覺えなければならない漢字はいくらあつても構はないと思ふ。日本人の傳統的な智能とでも云ふのか、漢字の讀み方を覺えるのは、日本人にとつて案外安易ではないかと思ふ。しかし、それを書くことを覺えるとなると、これほど厄介なものはない。また一定限度以上に覺えなくても一般の日本人の活動と教養とにとつて格別の影響もないのである。日本人は今まで餘りにむづかしい漢字を書き過ぎた。

　曾て私は百貨店で贈答品のシャボン配達を頼むにあたつて、指定の紙に「シャボン」と書いた。しかるに店員はわざわざそれを消して、「石鹼」といふむづかしい字を書いた。シャボンはフランス語のサヴォンから來た言葉であるが、既に日本語化した以上、石鹼などといふ漢語や漢字を使ふ必要もないであらう。それを使はなければ氣がすまないのは、明治文化の名殘りのせいである。

　英語で勞力を餘分に費すのが無駄であるのと同じ程度に於て、漢字の書取りで勞力を餘分に費すことは無駄であるから、この方も英語と共に適當に考慮する必要があると思ふ。

南の捕虜

繪と文　鶴田吾郎

私は此度歸る早々、五十號に「イギリス東亞據點に於ける彼等」といふ繪を描いて見た。

それは前方に九人の英人捕虜が一人の日本兵の監督の下に働いてゐるところで、バックは倉庫の様にした。そして遠方にはマレー人が後向きで歩いて行くところだ。

シンガポールの捕虜は全體で八萬人ゐたといふ、之等がいま昭南島で嘗ての攻防戰で破壞された建物のあと片附けや、昭南神社の建設に對する土工的仕事に立ち働いてゐる。

何れもショート・パンツの一つだけで殆んど上下裸體ともいつていい位、炎熱の下で毎日働いてゐるのだから皮膚の色は實によくやけて、恰度うで蛸の様になつてゐる。而しこうした勞働が彼等にとつて最も健康的で自然であつたことを發見する様になり、いまでは喜んで毎日の仕事に隊を組んで出掛けて行く。

彼等の表情には憂欝感は少しも見へない。

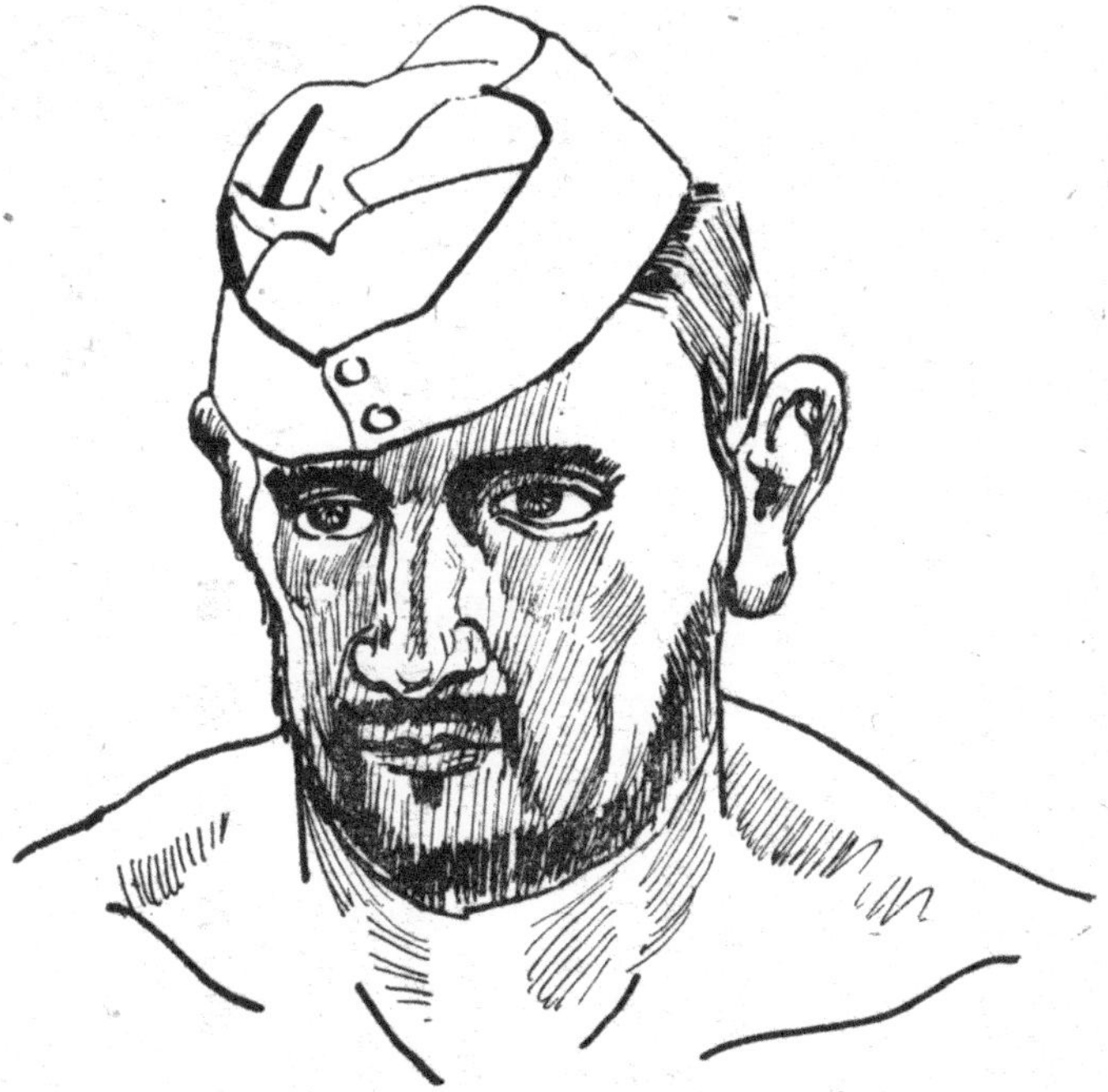

規律的で快活な動作の下に行動する。だから監督すべき日本兵でも支那の捕虜に對するのとは別な立場に於てなし、銃劍などは餘り持たない。放つて置いても彼等自身、與へられた仕事を着々とやつてゐるからだ。

たゞ愉快なことは、こうした原始に戻つた様な彼等の生活だが、髪の手入れと髭を剃ることだけは綺麗にやつてゐる。自分に對する誇りだけは有つてゐるのだ。

私がイギリスの捕虜を描いたといふことは、此繪だけでも、一面に於てこの大東亞戰爭の意味を示すつもりであつた。嘗てマレーの住民を虐使したのが、日本軍に敗けて捕虜となり、いまではマレー人とは反對な立場となつて了つた。東亞據點に於ける彼等はいま捕虜の姿となつて只殘されてゐるのだ。

防暑服に就いて

高橋邦太郎

○

夏の國民服の論がしきりに新聞雜誌に行はれる。まことに時宜を得たものである。殊に南方進出と相俟つてこの問題は最も迅速に且合理的に解決されねばなるまい。

私は陸海外三省の囑託として昨年から本年に掛けて南方に在つたものであるが、國民服着用の方々が暑熱の地方にあつて種々不便を感ぜられるのを屢々目のあたり見た。

佛印資源調査團の幹部として河内にあつた某省の中堅官吏某氏も、最初の意氣込みでは佛印滯在中はどこまでも國民服をもつて押し通さうとされたのであつたが、しかもなほ數日ならずして日中の酷暑時間中だけは半袖、半袴といふいでたちになつた。

かうした例は他にいくらもあつて、親任官であられ、軍政顧問として來られた某氏も、內地から飛行機で現地に到着された時は國民服を着てをられたが、到着翌日には開襟、半袖、半袴でホテルの露臺に凉をとつてをられるのをお見受けするに至つた。

かうした例を數多見るにつけ、酷暑の地方及び夏期に着用すべき國民服乃至準國民服の必要を深く感ぜざるを得ない。

勿論、今日までの通念としては、ネクタイ無しのワイシャツの袖をまくり上げ、半袴といふ恰好で人に接することは失禮とされてゐる。その證據に最も米英思想の形引的方面の殘存してゐる銀行の窓口に於いて明かに見られるのである。

だが、これは倫敦の如く、わが北海道にも比すべき低溫地方に於いては當然のことであるが、日本及び南方に於いてはかゝる北方の服裝習慣を墨守する必要は毛頭ない筈である。

然らば夏期に於ける國民服、乃至準國民服はいかなるものでなければならないかの問題を解決するには、ネクタイを結び、長袖のワイシャツを着、長袴を穿つことをもつて紳士的禮讓とするこの舊觀念から打破せねばならぬ。

しかし、ネクタイを結び、長袖のワイシヤツを着、長袴を穿つべき服裝をしながらこれをみたすことの不可はいふ迄もない。

そこで問題はネクタイを結ばぬ開襟長袖のワイシヤツを着ぬ、長袴を穿たぬ服裝に改ためねば、いたづらに服裝をみだすのみで實功のあがる筈はない。

○

では酷暑の地方及び內地の夏期に着用すべき國民服乃至準國民服はいかなるものたるべきか。私は餘暇にまづ原住民の服裝を調べてみたが、私はタイのパヌン、佛印の安南服等々はいづれも適應性と特有性は持つてゐるが、これらを我々が採ることは到底出來ぬ。

その上、日本としては纖維資材の節約を重視せねばならぬ關係もあり、傍々、最少材料をもつて、禮を失せざるしかも經濟的であり調製に簡易なものでなければならない。

とすると、結局、開襟、半袖のシヤツ、半袴の上下が最も適してゐるのではないかとの結論に到達した。

この點、海軍では早くも酷暑地方に於ける作業服として開襟、半袖、半袴を採用してゐるので、その先見に服せざるを得ない。これは見るからに溌溂、まことに凛々しい、そして、甲斐々々しいものである。(八月三日東朝夕刊寫眞參照)

その上、陸軍の酷暑地方で採用してゐる軍服、及びその服地を參考として、專門家の研究が望ましい。

今日の國民服が生れる迄にもいろいろと研究が爲された。夏の國民服乃至準國民服が生れる迄にも愼重且合理的な研究が爲されねばなるまい。

たゞ一つ、問題となるのは、半袴の場合靴下であらうかと思はれる。出來れば膝節下までの靴下に越したことはないが、これまた纖維資材の關係からして短靴下を採るべきであらう。

なるべく空氣に觸れる面の多いことが耐暑には必要とすればこれまた據所ないところである。

更に肉體が空氣に觸れる面の增加により貧弱な肉體を恥づる氣輪が湧くならば、勤勞により、乃至運動により愈々肉體を發達させ、一層たくましく、一層健康に導くよすがともならう。

要するに、制定を希望するのは衞生的であり、禮儀にかなひしかも力強いそして經濟的な日本精神を發揮したものたることが肝心なのである。

機を織る街にて

城 夏子

つひこの間まで名も聞いたことのない、越後十日町といふ様な機を織る土地へ、私を躊躇もなく旅立たせたのは、ただ一言の美しい言葉といふよりも一商人の高い信念であつた。彼は既に六十歳を越した織物問屋である。その言葉——

「近頃のやうに限られた原料——それも不足勝ちな中で仕事をし、限られた價格で賣らねばならぬ。そして、品物さへあれば賣れないといふ事はないのですから、業者の中には事變樣々で、粗雜な仕事をしてゐる者も少くはないやうです。粗雜でないまでも、昔のやうに魂を打ち込んでやつてゆくといふ者は、段々少くなつてゆくのです。だがそれは恐ろしい。今、このやうな時に、念を入れた仕事をしたのと、粗雜な仕事をした者とでは、數年の後になつて、大した差がついて來ませう。そりやあ、いい加減な仕事をしとけば、金は儲かるでせう。だが、ある仕事によつて、名を得るには十年と思つたが、二十年はたつぷりかかります。まことに、名を得るは十年にし難く名を落すは一朝にして易い。たとへ家を失ひ、身一つになつても、齒をくひしばつても、わたしは名を惜しみたいのです。」

越後のYといへば業界では誰もがあゝあのとうなづく一流の織物問屋として、三十年の年月を、ただ織物界のために誠心をつくして歩んで來たこのY老人も、昨年の統合によつて、由緒ある個人としての店は閉鎖しなければならなくなつたのである。そして、老人は三十年の歴史を惜しみつつも今は新しく生れた協會の理事長として、尚、生產者側を勵ましつつ、よい織物を作るといふことに、生きる愉しさを求めてゐる。

繪と陶器の好きなこの老人は、ふとした緣から私の家へ訪ねて來られ、色々な話の末に、右のやうな述懷を漏らしたのであつた。私はその言葉を聞くと、急にその越後の織物工場を見せてもらひたくなり、一度ぜひいらつしやいといはれたのをよいことに、ある大きな野心を持つて初めての上越線に乘つたのであつた。

越後川口驛から十日町線に乘り換へれば終點がその町だし、又、例の「をぢや縮はどこやらが……」といふ越後獅子の唄で親しい小千谷町から信濃川に沿つて、バスで一時間ほど、青田と、明るい河原と、桐畑や杉林の中とを走つてゆくのも、まことに愉しい旅である。

　十日町は山にかこまれた、細長い小さな町である。山狹の町にしては中々賑やかな中央街路を持ち、そこをバスが走つてゐる。町がこんなにひらけてゐるのは、やはり工場地だからであらう。街路の兩側、都會でいふなら歩道になる位の幅だけづつひさしが作つてあつて、支柱が並木のやうに並んでゐる。ちよつと、ヴエランダのやうである。これは雪の深い土地の設備であることがうなづかれた。

　中央の道路から南北に幾本かある小徑をゆくと、大ていどこの家からも撚糸車の音が聞える。役場、銀行警察署、工業組合事務所、郵便局、などの公共建物をはじめ、あらゆる商店はみな中央の一本の街路に並んでしまひ、道を曲ればもう花や野菜の生々した農家で、その農家の窓々に、水車のやうな撚糸車がまはつてゐるのがのぞかれる。

　睦《むつみ》といふ工場は十日町もずーと外れの、小高い丘陵の中腹にあつて、轟々と機械の音のざわめく工場の窓から、手をさしのべれば染まるやうな淺染の竹林と杉林が見える。

　前の日見せてもらつた瀧文といふ工場と共に、ここは、Y老人の店の息のかかつた、町でも一流の工場だといふ。

　十日町はお召と明石の特殊な産地として知られてゐるが、初めて「縮まぬ明石」の加工に成功してそれを賣り出したのは、この睦社だといふことである。わくに卷かれた精製された絹糸の色彩の美しさ。紅も紫も黄も綠も、それぞれ品のよい絹獨特の光澤を持ち、その色は深く、生々しい感じなど少しもない。こんな美しい糸が、布になるとどうして巷の飾り窓にあるやうな俗惡なものになるのかと、不思議な氣がする。

　千年の昔から、この十日町地方の女たちは、自らの手で、美しく糸を染め、自らの工夫で、をさに向つて色どりよい絣を織ることに餘念もなかつたといふ。その子孫である昭和の娘たちは、白いブラウスに黑いスキイパンツのやうに格好のよいズボンといふ、感じのよい服裝で、フランスの絹の町、リヨンから輸入したといふジヤガドー樣のたくましいうなりの前に終日立ちつくして、巧みな紋様を織つたり蜘蛛の糸より細い生糸を巧みにアヤをとりつつ、ヅツク(糸まきの一種)からくりのべたりしてゐる。私とYの奥さんとが傍を通ると、禮儀正しくお辭儀をする素朴さである。

事變以來、男工は晴れのお召に應じたり、徴用令に採用されたりして今は專ら女の織り工さんたちが多いといふ。糸を染めたり、機械の修繕をしたりするのは、どうしても男工でないとむづかしいが、仕事によつては却つて女手の方が成績がよくなつてゐますと、主任さんが話してゐた。人手が少くなつて、却つて織り工たちは大へん緊張して來ましたとも言はれた。織工の娘さんたちはみな寄宿舍にゐる。

「仕事にかかる前後は、機械に感謝といふ意味で機械にお辭儀をさせてゐます。食事の時も、やはりお米に感謝のお辭儀をする習慣になつてゐるのです」

といふ主任さんの言葉を、私はうれしいものに聞いた。織り工さんたちの趣味や娯樂については、本をよんだりするよりも、ピンポンをしたり、畑を作つたりすることが喜ばれるとのことであつた。

染色釜から引き上げられたばかりの、もやもや湯氣を立てた糸の束や、かと思ふと二三間離れた部屋には、紋紙を作る圖案係が、算盤と方眼紙とにらめつこで、机に向つてゐる。隣の部屋では縱糸を揃へるために、一間半ほどもあらうか　その長さのわくのはしからはしまで、指先きに生糸を卷きつけては、トントントントン　と、四足位に力を入れて往復をくり返してゐる。これは絣によつて、そのわくの兩端になる部分を絞つて染めなければならないので、一體まあこの織り工さんは、ああして一日に何キロ歩くことかと、足の裏の痛む思ひであつた。けれども、さほど疲れたやうな顔つきもしてゐなかつたのには却つてすまないやうな氣がするのであつた。このやうに部分部分の工程を見て、さて、別室で眼のさめるやうな反物の山を見ると、何か狐につままれたやうな氣がするのである。

この睦工場にせよ、瀧文にせよ、その製品を見せてもらうと、どうも私達が日頃百貨店などであまり多くは見られないやうな、趣味のよい絣や紋様ばかりであつたが、一體このやうなよいお召は、どこへ賣られてゆくのだらう。一方、私たちがよく眼にする俗つぽい、十圓位つけてくれてもほしくないやうな反物でも、やつぱり一反織り上げるには、今日見たやうな原料と人手とに近いものを要するであらうに、見す見すいやなものを作るとは、何と勿體ないことであらうか。と考へると、ふと私の腦裡にはY老人の名を得るは十年にして難くといふ言葉が思ひ浮ぶのであつた。部屋の窓からは、杉林と青く晴れた夏空とが、すがすがしくさしのぞかれる、寄宿舍の部屋々々を見せてもらひながら、私は倘Y老人の高い理想について　默々と考へずにはゐられなかつた。

各人各說

國民服へ希む（二）

（ハガキ回答）

池部　鈞

一、持つて居ません。在來作つた洋服が相當あるので必要を認めない。

二、勞働服（仕事着）としてあゝ云ふ風なものは適切で、但し色彩及型は感心しない。此非常時用としてなら止むを得いが、將來の日本人の着物としたら考へものである。

石　黒　敬　七

一、目下註文中です。

二、儀禮章紐の色はカーキ色に對し現在の紫は似合はず、赤と白（日の丸の色）が宜しいと思ひます。

丸　山　義　二

一、もつてゐます。そして、愛用してゐます。

二、夏は少々暑い感じです。汗が襟のあたりへにじみ出て。

林　二　九　太

一、持參、衣裳哲學で、着用してゐるとなんとなく正義感が旺盛になる。

二、大臣を初め官吏諸君がもつとドシドシ着用す可きである。

成　澤　玲　川

一、まだ作りません。

二、いまだ着て見ないのですから彼是れいふ資格はありませんが、着用者の經驗は色々と聽いてゐます。總體的に申せば色合がも少し何とかならないものかといふこと位です。こゝまで普及されたのに對して敬意を表します。私も次の機會には作つて見たいと思つてゐます。

古　谷　綱　武

一、國民服はもつてゐます。もう少しポケットがほしいと思ひます。

二、夏には思ひきつて夏向きのものができないでせうか。

新　居　格

一、國民服はもつてゐません。國民服を着る必要のある仕事に從事してゐないのと、殆ど家居してゐますので、有合せの服ですませるからです。尤もいざといふときは、古洋服で身をかためます。日常國民服でも着用して働くやうなことになればわたしとても早速着用するでせう。

二、仕方がないのでせうが、今の國民服の色合はすきではありません。あれが黒でもいゝものなら、一着ごしらへようかと思つたりします。但し人さまが着てゐなさるのはあれでいゝと思ふのです。わたしの好みから黒であればと思ふだけです。國民服のポケットについてはあれでいゝものかと時々考へます。

朝鮮服の美しさ

秋田雨雀

から衣すそにとりつき泣く子
らを　置きてぞ　きぬや
おか(母)なしにして

と、勅命をかしこんで、可愛い子をあとに邊境防備のために召されて行く防人《さきもり》の歌（萬葉防人歌）は、今から一千二百年の昔にうたはれたものですが、この歌の「から衣」は韓衣であつて、この頃のわが國・軍人の服裝は、大陸とほぼ共通なものであつたことは容易に想像されます。またこの事は武藏地方から出土した埴輪人形などでも證明されます。

私は朝鮮を旅行する度に、その服裝の美しさに心を打たれるものです。殊に女性の服裝の美しく、且つ高雅であるのに心ひかれます。私はいつか、前朝鮮總督府の南大將が、朝鮮女性の服裝を讃美した言葉を讀んだことがあります。またドイツの學者が朝鮮に旅行して、朝鮮女性の服裝が、「世界の女性の服裝の中で一番美しい」ものだと讃美したといふことを人にきかされたことがあります。

勿論朝鮮男性の服裝も立派でないこともありません。例へば老年の朝鮮の男性が、長い上着の「ツルマキ」をつけ、下をくゝつたズボンのやうな「バチ」をはき、上品な絹靴をはき、頭に冠の「カツ」をかぶつた容姿は何んともいへない高雅感じを與へます。

朝鮮男性の服裝

私はいつか、京城で逢つた宋錫夏といふ朝鮮民族學者が始終洋服姿で私たちに接してゐたのに、私たちが京城を去る日、朝鮮服に着替へて來られたので、その人を見ちがえるほどでした。勿論その人は「冠」

はかぶつてゐませんでしたが、全體の感じはいかにも歴史的な感じを與へるものでした。しかし、朝鮮男性の服裝は立派には立派だが、何か近代的でないやうな感じがされます。しかも、その男性のズボン、即ちパチは内地のパッチ即ち股引と同じものであつたと、江馬務さんたちに證明されて見ると、朝鮮男性の服裝をもう一度見直す必要があると思ひます。男女を通じて朝鮮の服裝は、一見内地のそれと餘りにもかけ離れてゐるやうな感じがしますが、一層注意深く吟味して見ると、何處かに共通なものを發見することが出來ます。殊に女性の服裝に於てその事を強く感じさせられます。私たちは約一千二三百年以前に、日本、支那、朝鮮三國の女性たちが、ほゞ同じやうな服裝をして生活してゐたことを考へて見ると、何ともいへないなつかしさを感じさせられます。

朝鮮女性の服裝

朝鮮女性の服裝は内地でもよく見かけますが、朝鮮に旅行してその集團生活を見たり、それぞれの職業や階層に從つていろいろちがつた點を見せられると、その美しさは一層はつきりして來ます。

　女性の服裝を一々吟味する便利は與へられませんが、大體うすい股引のやうなものの上に腰卷のやうな「フリテイ」(腰卷)を卷きつけ、その上にスカートのやうな「チマ」をはき、上着にはあの美しい「チョゴリ」を着るのです。「チョゴリ」の色は、年齢や職業などによつて相違してゐますが、「チョゴリ」の兩側に紐が下つてそれを胸の上で輕く結んで、その先を垂れ下げて居ります。私は朝鮮の學校を參觀した時、この紐の美しいのと、毛髪と一緒に編んだリボンの色の美しさに驚かされたことがあります。この「チョゴリ」についた紐を「チョコロム」といふやうにきゝました。私たちは埴輪人形の胸に紐が結ばれてゐるのを見ることがありますが、私たちの祖先もまた上代には「チョコロム」と同じやうな紐を胸で結んでゐたのではないかと思ひます。そして、この美しい服裝は何うして朝鮮にだけ現在まで保存されてゐたのか不思議な

感じがします。

「チョコリ」と「チョゴロム」

朝鮮女性の「チョゴリ」や「チョコロム」の色の美しいことを私は今迄述べましたが、やや中年に近い婦人は、色物を用ひないで白に近い卵色の「チョゴリ」や「チマ」を着るやうです。この單色の服裝はまた實に高尙な感じを與へます。例へば、中流以上の家庭の女主人公、官吏の妻、女敎師などは多くこの白色或は卵色の服裝を着けてゐます。

私たちはある冬の中頃に、大邱地方で半月夜村といふ歷史的な村から出た自信愛（ペク・シン・エー）といふ女作家に逢つたことがありますが、この人は三十四五歲で、才能のある人で、いつも純白に近い絹の着物をつけて居りました。この人は白い「チマ」を風になびかせながら、大邱名物の林檎の籠を持つて私たちの一行を見送つて吳れたのを今でもはつきり思ひ出されます。（この女作家は不幸にしてその翌年病氣で三十餘年の短い生涯を終へてしまひました。）私たちは自信愛のことを思ひ出す度に、あの上品な純白の「チマ」と「チョゴリ」の美しさを思ひ出します。（一七、八、一一）

國民服に希む（三）（ハガキ回答）

今村太平

一、殘念乍らまだ持つてゐません。

二、國民服そのものは安價實用的で結構だと思ひますが、今のところでは、大ていは背廣を常用してゐて、何か特別の時に國民服を着るといふのが大部分なので、これでは餘計な服を一つ新らしく作る感がありますがどうでせう。

大山功

一、今のところ持つてゐませんが、是非つくりたいと思つてゐます。

二、みんなが揃つて國民服を着ることは大變結構なことゝ存じます。たゞこれは單なる私見にすぎませんが、國民服は實用的なばかりでなく、審美的でもありたいと思ひます。かういふ點で今の國民服にはまだ〳〵批判の餘地があるのではないでせうか。

新田潤

一、持つてをりません。

二、恰好がどうも中途半端で、間が抜けた感じです。凛とした所が少しもありません。もつと工夫して引き締つたものにして貰ひたいと思ひます。

ネクタイ物語

増田抱村

一、普佛戰爭とネクタイ

　普佛戰爭はわが國の年次で云へば、明治三年七月十九日に佛蘭西が普國に宣戰を布告し、九月二日セダンの陥落でナポレオン三世の降伏によつて佛蘭西と獨逸の戰爭も僅か三ケ月足らずでけりがついた。まつたくあつけない戰爭であつたが、しかし、これが後にまで禍して獨佛の關係が犬猿もたゞならぬ宿命となつた。その當時の獨佛の關係は、外交工作さへうまくやつて行つたなら佛蘭西があんなみじめな目に會はずに濟んだらうにと他國のことながら今更痛感する次第だ。それは、佛蘭西がもしあのときビスマルクの手にひつかゝらずに自重して外交上開戰の理由を與へずにゐて、國內の充實を圖つて十九世紀も無事に終つてゐたなら、一九一四年の第一次大戰も或は勃發せずにゐたかも知れない。それほど主要國の行動といふものが世界の大勢を支配するものであることは、今更いふまでもない。

　ところで、十九世紀末葉より現世紀初葉に關聯を持つ歐洲を中心とした世界の大勢、これを變動せしめたものが然らばいつたい何かといふに、わたくしはそれは外交家があまりにネクタイにこだはつて樽俎の大本を沒却したからだと云ひ度い。

　それは實は春秋の筆法になるのだが、あのときからの世界の動きを見てゐると、獨逸の勃興と之を邪魔立てする英吉利だが、これは普佛戰爭に由來することは獨逸史家ランケを待つまでもないことだ。そこで、佛蘭西があつけなく敗けたといふこと、それが敗ける戰爭なら引込んでゐる方がよいが、そこはあのときほど佛蘭西に人物のなかつた時代も珍らしいほどで、尤もチエールといふ人はあつたが、それもたいしたものでなかつた。戰爭の當の責任當局はオリヴィエー内閣で、この時の外務大臣のグラモン、これが最も責任を負ふべきだと思ふ。グラモンは外相として腦味噌の少し足りない男であつたといふのは、この時の佛蘭西閣僚中での最も強硬な開戰論者であつたからだ。それがビスマルクとして、開戰の絲を蔭で引いてゐたゞけ、待つてましたといはぬばかりひとりほくそゑんだ次第であつたのだ。それだけグラモンなる男は、一國の外相として少しおばかさんであつたに違ひない。といふのは、彼は官廳に出席する前に公館の鏡の間で、それはそれはたんねんに鏡に自分の首を寫して眺める習慣があつた。それ位のことは、外交家達のよくやることで、敢て詮議立てするに及ばぬのだが。この外務大臣は、そんなら何を見つめるのかといへば、自分のしめたネクタイに見入るのだ。一本のネクタイを取出して、自分でそれをしめてみて鏡にうつす。勿論この鏡の間には、マダム・ド・グラモンを入れない。自分がたゞひとり切りで、鏡の中の自分の襟許をたんねんに見つめるのである。氣に入らなければ、ネクタイは早速取去られることはいふまでもない。だが、こゝで斷つておくことは、グラモン閣下の用ひたといふネクタイは、いづれも蝶結び用のもので、それも圖抜けて巾廣のもので、色は好んで小豆色か、さもなければ綠系統のものであつたと彼に近侍してゐた某マダムが六十八歳のとき、それは一八九八年三月十四日夜九時、巴里での或サロンに於ける思ひ出ばなしである。

　このグラモンといふ男は眉目秀麗で色白な、巴里の女共のよく話題の中心を爲したほどの好男子であつたことは、それだけでもあつぱれ外相の貫碌があつた筈であるが、好男子は兎角思慮が足りないのたとへに漏れず、彼は今日の英吉利外相のイーデンと同じやうに實力を考へず、盛んに主戰論を主張して世論を引ずつて行つたことは如何にも意氣壯とすべきものがあつたが、好漢惜しむべしそれがビスマルクの思ふつぼとは知らなかつたのだ。國際間の謀略は、彼が趣味を感じるほどネクタイの色彩のやうな簡明にして鮮なものではないのだが、彼は凡てはネクタイの紋樣や色彩の如く樽俎の事がそれほど簡單に萬事自分の思ふように行けるものと考へてゐた。しかも彼はネクタイの紋樣や色彩が外交上の談合に少からず好影響を與ふる效用のあるものと考へてゐたことだ。だが、それは普佛戰爭勃發の當の責任者としてグラモン外相の單純さを笑ふはなしの種にこそなれ、ネクタイなるものゝ效用が男女間の戀愛を成立せしむる見え坊の手段以外には、それに何等文化價値を認めるわけに行かないのだ。

　グラモンは、その直前の普墺戰役に於けるプロシアの時局收拾の事情を全く看過してゐた。一國を背負つて立つてゐた外務大臣として、凡そこれほどの不注意なことがない。プロシアが墺太利を破つて、一八六六年六月より同年八月に至る僅か三ヶ月にして名譽ある條約を締結して伯林に凱旋すると、普王ウイリアム一世は八月五日新議會に臨み親しく上下兩院議員の面前に鄭重なる演說をしたものだ。彼はこういふことを議員等に感激を以て聞かせた。豫算確定には議會の協賛を要することは云ふまでもないが、余はこの二三年來成來の手續を採らずに軍備を擴張して來たが、これは實に國際間の情勢に鑑みわが國家の生存上已むを得ない必要に迫られたためであつた。が、この軍備擴張が行はれたればこそ丁抹や墺太利の兩戰役に獨逸として未曾有の大捷を獲たのである。これを思はゞ豫算確定上に憲法上些少の過失あつても此の戰役のの偉勳に免じて諒承して貰ひ度いとそれは戰勝國王として武威にほこることなく、却つてまれに見る謙遜の演說であつたものであるから、その席に連つてゐた議員たちは一種異樣の感に打たれて中には感あまつて號泣するものさへあつた。豫算確定上の從來の手續の不備を問ふどころか、却つて兩戰役に偉功を樹てた大人物に議會より賞金を贈らうといふことになつて、ビスマルク宰相には五十七萬二千圓、ローン陸軍大臣に四十三萬圓、モルトケ將軍には二十八萬六千圓の邦貨換算額に該當するターレル恩賞金を贈與したものだ。

獨佛葛藤の生じたときの佛蘭西外務大臣グラモク閣下は、四年以前の普國議會のこのときの出來事を全く忘却してしまつてゐたのだ。これは何んでもないやうに思はれるが、普國議會が當時として大金であるそのやうな巨額の賞金をビスマルクやモルトケに贈呈した裏面についてよく洞察して見ねばならぬ筈であつたのだ。ビスマルクやモルトケがかくも莫大な賞金を贈呈されたについては、それが單に丁抹や墺太利戰役に普國が勝つたといふだけではないのであつて、實にこれらの人物の勞苦には、如何に普國の陸軍を整備するに至つたかに問題が懸つてゐたのである。普國陸軍のかゝる强化精銳は、當時佛蘭西人の感情惡化の如何に拘らずそれは國としての實力を形成した。それが一八六七年二月の二十二州人口二千九百萬の北獨逸聯邦を組織し、また普王をして南獨四邦の兵力を使用するの國勢强化を見るに至つた。この實力を佛蘭西の爲政家は正直に觀察することが出來なかつた。そこに佛蘭西の悲劇が伏在してゐたが、それは佛蘭西の外務大臣が自分のネクタイ趣味に捉はれてゐたからだ。

世界政治史におけるグラモン外相の地位は、今日英吉利のイーデン外相と同樣に、自國の實力を知らないシンプル・エレメンタリーの主戰論者といふ以外に批判性がないわけであるが、猶之につけ加ふべき事はネクタイ趣味者だつたといふこと、それが災厄して政治的意識を混濁させ、指導精神を痲痺させるに役立つ以外の何者でもない。

グラモンは、さういふくだらない男

であつたので、彼を外相としてその指揮の許に駐獨大使だつたベネデッチも、外交家として腦味噌の少し足りない部類に於てグラモンと同種族に屬するものであつたに違ひない。

　彼等はナポレオン三世の臣下であつたが、當時の佛蘭西の國是といふものは歐洲國力平均說にあつたので、一八六九年六月二十日、普王家レオポルトが西班牙王位の繼承を承諾したことに佛蘭西が反對した。そこに此の時の戰爭の發端があつたのは、グラモン外務大臣は再三獨逸にそれに反對して抗議したものだ。一八七〇年七月七日、伯林駐劄佛大使ベネデッチに彼は訓令を發し、エムスに急行し普國王に拜謁して、「王が命令を下して從弟レオポルトをして西班牙王位候補を辭退せしむるにあらざれば、遂に重大な危機を招來するに足らん」との進言を命じた。

　ベネデッチ大使はグラモン外務大臣の訓電に基き、十三日早朝、エムス温泉場郊外散策中の國王に謁し強硬にグラモンの主張を傳達したところ、普國王は勃然として怒り、余はかゝる佛蘭西の不當な要求に斷然應ずることが出來ないと言ひ放つて、面を背けて歩を轉じ、再び散歩をつゞけた。この情報が伯林のビスマルクの許に達すると早速之に多少の工作を加へて所謂エムス電報事件として中外に宣傳し、普佛戰爭勃發の導火線に火を點じたわけである。

　エムスでの普王と會見した佛大使の用ひたネクタイは、桔梗紫色に小さい星を白く拔いたものであつたが、この早朝ベネデッチ大使は數本のネクタイをあれでもない、これでもないと選りに選んで最後にそれにしたと聞いた。彼は國王との拜謁に莊重と謹嚴を期するためにその色彩のネクタイを選んだのであるが、佛蘭西大使は自國の外務大臣グラモンと同樣にネクタイの色彩といふものが外交折衝に少からず心理的影響を與ふるものであると信じてゐたからである。

たが、ネクタイの色を氣になやむ前に、彼は一八七〇年七月十三日早朝、自分の主張せんとすること自體が獨佛間に如何なる渦紋を波及するであらうかをなぜもつとよく考へなかつたであらうか。危機が目前に迫つてゐて、それが自分が口外に發する言葉によつて招來せらるゝわけであるが、それを悟らずに自分の用ふるネクタイが相手の印象を少しでも緩和する上に效果あるなどとくだらぬことに注意を拂つて、それよりも極めて重要案件の謀略的向背を悟ることが出來なかつたとは、ネクタイ愛好家の悲劇でなければならぬ。

　そこで、これほどまで近代外交家のおしやれの用具となり、それがまた外交折衝上の意識を混濁ならしめたネクタイなるものが、抑もいつ頃から世に現はれたものであらうか。この問題は起原論だけに終始することが許されぬのは、現實の問題としてネクタイの生產と資材の關係、從つて之が生產を他の實用衣類への轉換についても考へねばならぬ。

歐洲軍裝史考（一）

木下吉夫

上代ヨーロッパの軍裝

こゝに、戰爭を誘因とする風俗の變遷でなく、戰鬪の狀態に從ふ服裝に就て一の考察を下して見たいと思ふ。

古い昔より、戰ふ服裝はいはゆる軍裝なる種類を以て服裝上特別な地位を占めて來てゐる。有名なる國民服カラシリスを着用した古代エジプト人もこの上に簡單なる鎧冑を着用してゐた。また歐洲文明の發祥地と呼ばれるユーフラテス河の上流地方に住んだチエリ族はエプロンの樣な布地を身體に卷きつけた衣服を着用してゐたが、この儘の服裝に弓矢を持つて交戰に從事してゐた。前者は西洋紀元前一千年、後者も殆んど同時代の事である。

考ふるに、青銅器時代が終りを告げた古エヂプト期以降、鐵器時代へ移行し、武器また鋭利の度を高めるに從つて、戰鬪用の服裝にも變化が來たのは止むを得ぬ所であつた。

特に尙武の氣に富んだ民族にその顯著な例を見る事が出來る。西紀前千三百年代に强力國家として榮えたアツシリア人は次の如き服裝をなしてゐた。卽ち、固くしつくりした短い袖のついたシャツを主體とする。これはエジプトのカラシリスに酷似してゐて、其身丈は長短いろいろあり、その上に帶紐を締めるもの、または帶紐を全く用ひない事もあつた。

この短袖シャツがアツシリア服裝の基調をなしてゐた。此衣服の初期の型は西部アジア地方に住んでゐた諸民族の貴族が原始時代から着用してゐた肩掛に似たもので、いろいろの模樣や色合の長楕圓形の大きな布地で出來てゐたのである。時代が移るにつれて、此外袍はますます綺麗になり立派になり、其緣は緣飾りと美麗な總とで飾られる樣になつた。

一見半袖の輕快な服裝で男子の戰鬪員は膝までの短かさ、脚はサンダルを長靴式に編み上げ、十字形をした刀帶を以て刀を後ろに背負つて、槍と楯を持つた。一種の鎖かたびらの如きものもこの時代に見られ、裾長の衣服ながら弓矢を持つ女子の勇ましい姿も物の本に殘されてゐる。この時代になると原始民族の遺風である狩獵服裝の範圍を脱却して、平服と戰鬪服、卽ち軍服との區別がはつきりして來たと思はれる。

ギリシヤ武人の服裝

さて、西洋の例を辿つて行くと、どうしても西洋文明の代表とも言ふ可きギリシヤに觸れないわけに行かない。

銅器時代に屬するギリシヤ人はクリート人に依つて代表されるのであるが此時代の男子は着物らしい着物は着てゐなかつた樣である。ずつと後になつて、腰の廻りにきつちりつけた派手な色模樣の腰布を主體とする樣になつた。これはインドネシヤ民族のサロンに相當するが、地理的に言つても、陽光に惠まれ事る多いギリシヤであつて見れば、南洋地方の如き熱帶式系統衣から始まるのも不思議ではないと思ふ。餘談であるが、今日殘存する壁畫其他の資料から判斷すると、クリート人はコルセツトの役目をする金屬製の管を腰にはめてゐたものと思はれ、特に細い腰線の所有者である。今日ギリシヤ文明の流れを汲むと言ふ西歐文化の中にコルセツトを加へる事の善惡は筆者の小論の目的ではない。

さて、ギリシヤ武人の服裝を說くに當つて、無視することの出來ないものがある。他でもないカイトンである。カイトン又の名キトンはギリシヤの國民服であつて、簡單至極な服裝でありながら、後世の複雜極まる服飾に見られない優美高雅な特長を持つてゐる。この事はギリシヤ彫刻のいくつかを知られる諸氏には說明不要であると思ふが、キトンにはドリア式とイオニア式との二種類があつて、何れも肌に直かに着るものである。

ドリア式は大抵羊毛製で、長方形の布から出來ており、長さは着る人の丈より少し長く上端は少し折り返し幅は恐らく兩手を廣げて指の先に届く位の長さの二倍位であつて、これを二つに折り、折目を左脇にし、前身と後身とのつながりはブローチで留め、腰には帶紐を締める。これだけの簡單な着裝であるがいかにも上品である。

イオニア式は普通リネンで出來てをり、後年アレキサンダー大王がギリシヤを征服してから良質の木綿で作つた布も用ひられたが、ドニア式と異なるのは、ドリア式がブローチを用ひるに反し、イオニア式は縫目があり、また袖もついてゐた。

男物のキトンには、胸の下部に帶紐を用ひたが、此帶紐は背へ廻して十文字にし、肩へ持つて來て又兩脇から再び背へ廻して締め、たすきをかけた恰好になると自然兩袖が出來る。此兩袖の部分は布地を上部で縫合せ又は平紐で縛つてある。

ギリシヤ武士の服裝はこのキトンの上に金屬製の鎧冑を着るわけであつてその場合キトンの肩は殆んど袖無しであるから腕は露出し、長さは腿の邊りで裁ち切つてある。

ギリシヤの或る時代の司令長官を見ると、隆々たる肉體美の上に着た鎧の下から純白のキトンが現れ、膝から下に鐵の脚絆をはいてゐる。この姿でアテネやスパルタの兵士達は、ペルシヤ百萬の大軍を迎へ撃ち、マラトンの野を馳せ、テルモピレーを血に染めたのであつた。

この時代になると、同じ國民服なるものがあつても、武裝の時には裾を切つたりして、簡略にする樣になつた。

かのオリムピア競技が國防競技であつた事は今日考へて見て甚だ興味ある事だがギリシヤの戰鬪服裝はギリシヤ人個人の美しさと合體して獨特の服裝美を殘したものと言へよう。

ローマ人の國民服トーガ

さて次にローマ時代を略述して上代ヨーロッパを終りたいと思ふ。

一般服裝史から見てもローマ時代を以て上代ヨーロッパと中古時代との境目と見てゐる向きがあるが戰鬪服裝から見ても同樣の事が言へる。一言にして言へば、所謂軍服の制度も此處に確立したとも言へよう。

ローマ人の代表的服裝はトーガである。トーガはローマの國民服で、初めは男女共用であつたが、後に婦人はパーラと言ふのを用ひる樣になり、トーガは男子專用のものとなつた。この外ローマ時代になつて初めてチユーニツクが現はれた。勿論現今のチユーニツクの概念とはいさゝか離れて、むしろシヤツ系統であるが、二枚の布を脇と肩で縫合せ、それに短い袖をつけ、腰を帶紐で締める。長さは脛の半ばに達するのもあれば、膝頭に屆かない位短いのもある。尤も共和政時代の末期には踵に達するくらひの長さのものが流行した。チユーニツクの素材は大體羊の毛で織つた布か亞麻であつた。

前述のトーガであるが、これはローマ人特有の外袍で非常に大きな毛織物から出來てゐる。餘談であるがトーガが國民服としての威嚴を保つてゐた事は次の事で分る。

トーガを着る事はローマ市民に限られた特權であつて、大ローマ帝國屬領人民や外國人などローマ市民たる資格無き者は着る事を許されなかつた。しかもトーガ自身にも嚴たる階級があつた。一般市民用は白地である。

紫の緣取りをしたものは裁判官、神官、都市又は殖民地の高級官吏等の着用するものであり、全部紫地で金糸の緣取りを施したものは、皇帝や凱旋將軍に限られてゐた。

―トーガは同じ大さの二枚の大なる半圓形の布地で出來てゐたもので、その半圓形の底部直線の處で繼ぎ合せたものらしい。其外にも裁ち方はあつたであらう。此衣服の特色は滅法に大きい事で、其長さは着用者の身長の約三倍、幅は二倍程あり、凡そ衣服の常識を超越してゐる。勿論この寸法は必ずしも一定不變のものではないが、斯く法外に大きいと言ふ事は、當時の材質の處理法が粗雜であると言ふ外はない。

トーガの着用法は中部の邊で縦に襞をこしらへて着用し、其襞を束にして左肩にかける。さうすると全長の三分の一位は前部で短縮する。それから尚餘つてゐる部分は右腕の下から背に廻し、斜に左肩から前の方へかける。この樣に前後に廻し肩にかける動作をくりかへすので、卑近な例で言へば身體へ大きなゲートルを卷くのである。

さてローマの軍服であるが、それを述べる前にローマの兵制に就て語らなければならない。周知の如くローマはその宏大な版圖を守護する爲にローマ人(即ち現今のイタリヤ人)のみを以てするには不足する事は、明瞭でもあり、一方征服したる諸國を威壓する爲の強大な軍備を必要とした。そこで傭兵を大量に常備し、むしろ軍隊の主力とした。これがローマ帝國衰亡の一原因ともなつたものだが、これら傭兵の姿は簡素極まるもので、ギリシヤ時代の兵士と幾ばくの相違もなく、金屬性の甲冑のみいかめしく、質實剛健惡く言へば粗野なところが見えた。一方、ローマの將軍連は金絲縫込のトーガを着用し將軍ともなれば元帥杖を持ち威風大いに擧がつてゐた。勿論トーガも裾を短かくして實戰に備へるだけの用意はあつたが、傭兵の姿に比べると徳川時代の奴と大名位の違ひがあつた。

時移つて、大ローマ帝國分裂し、コンスタンノープルに東ローマ帝國が建てられると、東方風俗が移入されて、北方からはヅボンがもたらされて來た。ローマ人は北方民族が獸皮を縫合せたヅボンをはいてゐるのを見て、非常に感心した。東ローマ帝國ロビザンチン時代には、ヅボンと長靴が初めて南方先進國で用ひられる事となり、軍裝にも一轉期が到來した。

古典研究

「たすき」に就いて

加藤君江

一、上代より中古

今や大決戰下、婦人の活動能率増進を圖るために厚生省を中心として長期に亙る審議を經て、今回愈々婦人標準服が發表され、大々的に普及宣傳にのり出されんとしてゐるのは喜ばしいことである。標準服の審議に當り、和服の短所の一つとして問題になつたのは長い袂である。今日の日本では不經濟非活動的なものとして新しい日本婦人に適當でないとされる様になつたが、しかし、その優美さは大いに愛惜され婦人の美しい姿を特徴づけてゐたのである。

最近の様にエプロンが普及されてゐなかつた時代には活動時にはこの長い袂をどうしてゐたかといへば、これは「たすき」をもつて袖を擧げて用を足してゐたのである。

たゞ一本の紐ではあるが、從來の婦人に、大きな役割を勤めて來た「たすき」を調べることは、此の際誠に意義あることと思はれる。

起源

たすきの起源について調査すると意外にもたすきは、今日用ひられてゐる様に袖を擧げる必要より起つたものでなく、遠い神代の風習より出たものであり、その語源については大體二説ある。その一つはたすきは布を引ちがへ手を通して身に纏つた衣であるから手透といふのであるといふ説と、今一つは、たすきはたすくより起つた語で、尊き神に幣を奉る時、神代の例として神がそれを御手にとり給ふまでは何時までも捧持してゐなければならなかつたので、長く捧げ持つ手の力を助くるといふ意味より起り、これが早くより轉じて幣を持たぬ時も神に祈るには禮服としてたすきをかけることになり、又天皇に御膳を奉る時も神に幣を奉るのと同じ精神でたすきをかけるならひになつてゐたといふ説である。

形　狀

たすきの形狀については先づ埴輪によりて古代には現在の形と略々同じく背に引交へ、肩にかけて居り兩腋下で各別に結束した事が明らかにされる。書紀允恭卷の大物主神を祭るところに「太玉命弱肩に太手繦とりかけて」とあるのや、通證に「手繦は祭神時掛レ肩之物」と見えてゐること、又皇大神宮儀式張に「左右肩仁木綿多須岐懸氐太玉串四板云々」とあることなどで肩にかける事が證明される。(万葉集三)に「竹玉《タカタマ》乎《ヲ》間《マ》無《ナク》貫《ヌキ》垂《タレ》木綿《ユフ》手次《タスキ》可《カ》比《ヒ》奈《ナ》爾《ニ》懸《カケ》而《テ》」とあり、腕にかけた事が證明されてゐる。

又、上代衣服の千早《チハヤ》がたすきに類似してゐたらしく、(名義抄)に襴をも襌をも共にチハヤ、タスキといふ、とあつて混同されてゐる。この千早は(上代衣服考)によると「一條の布の中間を裂いて裂目より頭を出し、その兩端を結束する」とあり、後世の書ではあるが、(御當代裝束抄)にも千早の代りに略儀として木綿たすきをかける事が記され、なほ「木綿たすきは白き八つ手にして、とんぼう結びにして下さるなり」とあるからこれからなも、たすきは大體見當をつける事が出來る。卽ち本來のたすきは脊で交叉し、腋下で結び、それを腕にかけ、手の力を助けたのであらう。これがたゞの禮服として用ひられる様になつてからは　わざわざ背で引交へないで項《ウナジ》からかけたりした事もあるらしく、畝火之山の祈詞として万葉集に出てくる玉たすきはうなじにかけるからうないのうなかうねびのうねに通ずるといふので枕詞になつたらしい。

京都大德寺にある唐畫の五百羅漢の幅の中にたすきをかけた人物を畫いてゐる。それは首に紐をかけ、紐の兩端は輪にしてそこへ腕を通して手の力をたすけてゐるが、これはやはり唐のことであつて、我が國のたすきは前に述べたやうなものであると思はれるのである。

種　類

古來たすきに用ひたものには色々の物があり、又たすきと呼ばれたものも色々ある。

蘿《ヒカゲ》手繦、(日本書紀)によると「以ニ天香久山之眞坂樹一爲レ鬘以レ爲ニ手繦一」とあり、天照大神が天磐戸に籠り給ひしは、鈿女命が蘿のかつらを以てたすきとなし舞をなされたことが見えてゐる。文獻に見えたたすきではこれが最も古いものである。

木綿《ユフ》手繦　(日本書紀允恭の卷)に盟《ク》神探湯《ガタチ》(熱湯に手を浸すことによつて家格の正、不正をたしかめる占ひ)の場合にかけたことがあり(住吉大神宮諸事之次第記錄)に木綿手すきが出て來り（內宮臨時假殿遷宮記）に「皆明衣著木綿襷褌懸」とある通り神事に用ひられ（新撰姓氏錄）に星川律彥宿禰が木綿襷をかけて御膳を掌つたことがあり（大殿祭の祝詞）に「皇御孫命朝御膳夕御膳仕奉留比禮懸伴緒襁懸伴緒」とあり神の御膳に仕へ奉る女は領布をかけ御食を造る男は木綿襷をかけると記されてゐる。その他（延喜式）に神事の際用ひられたことや膳人の服裝に關し襷のことが多く出てゐる。

木綿手繦とはどんなものかといふと（神道名目類聚抄神官版）に木綿手繦とは、木綿の糸を以て、四組或は八組にして是を作り又、布一筋を結んで用ひたこともあり、又布を撚り合せても用ふとある。（木綿とは麻布や楮布のことである）なほ同書に太多須岐といふものも見えて居り、布一筋を以てしたとある。即ち書紀神代卷に大物主神を祭るところに「太玉命弱肩に太手繦とりかけて」とあるのがこれである。玉たすき、玉たすきの形は前に述べた樣に畝火山の枕詞から考へれば首からかけたものらしいが玉の出所について調べて見ると、

八木氏考古學に依れば玉たすきは珠玉を用ひたものでこの珠玉を通し連ねてたすきにしたのではなくて、中間若しくは上下の留に用ひたものらしいといふのである。しかし單なる美稱とも考へられる。

蒲の手繦（日本書紀）に、膳臣の遠祖である磐鹿六雁《イワガムツカリ》が蒲を以て手繦になし、白蛤を膾に爲し之を進めたといふ事が出てゐる。（蒲は柳皮の類である）

藤かつらの手繦（賀茂大神宮手中神事略次第）に藤かつらの皮で以てたすきにしたことが出てゐる。

注連繩の手繦　吉野の花供懺法には注連繩を襷にして餅をつく風習がある。鎌倉時代以來のことである。

茜手繦（香取志上）に後世大御田祭のある四月五日に茜手繦を賣つたことが見え茜手繦は田植の故實によると、田を植える者は必ず茜手繦を掛けるといふとある。

小兒のたすき（万葉集十六）の「たすきかくはふ兒か身には……」と詠まれてゐるものは小兒のたすきであり、これは匍ふ時に袖が妨げとならぬ樣にたすきなるものを付け置いて、それを結ぶと袖が縮まつて便なる樣にしたものらしい。

（枕草子八）にあまにそふたる兒の目に髮のおほひたるをかきはやらなうちかたふきて物などみるいとうつくし、たすきかけにゆひたるこしのかみのしろうおかしげなるも見るにうつくしとあり。又同段にいみじうこえたる兒の二つばかりなるが、白ううつくしきが二あゐのうすものどきぬなかくてたすきあげたるがはひ出てくるもいとうつくしきと記してゐる。

又「源氏物語十九薄雲卷」にひめぎみのたすきひきゆひたまへるむねつき

ぞうつくしげにさそひて見へ給へると書かれてゐる。（和名抄）に「むかしはをさなき人、小袖をば着ずたすきといふものを着たるなり」と記されてゐる。更に（藻鹽草十八巻）に「たすき、舊例、男女ともに著袴の時は小袖をば着ず襷をば用ふる也、一條院の御袴ぎより初めて御小袖を著し給へるなり、繦は白練のあや、小あふひ、裏白手絹なり、三巾、懸緒のひろ三寸帖ㇾ之、大略如二打敷一云云、治承四年宮（安德）御著袴の時、著御の樣存知の人なきによりて沙汰ありて用意せられたれども著御はなかりしなり」と見えてゐる。つまり藻鹽草に出てゐる樣に小兒の衣にたすきをつけておいたがそれが轉じてたすきのついた衣服をゞ襷といふ樣になつたのであつて、たすきを引き結んだ姿は可愛いゝものであつたらしい。

この外にまたたすきと稱したものがある。

名義抄に繦褓をムツキ、タスキと讀んであるが繦褓は後世の半臂からきぬなどの如く、手を通して胴を纒つたものである。

又新撰字鏡に繦負ㇾ兒帶也、須支。繦束二小兒背一帶須支。とあり、須支といふものは帶紐の類であつて兒を負ふ時かけてしばるものであると記されて居り、この兒を負ふ帶を須支といふのをもとにして袖をかゝぐる帶をも手よりかけるものであるから手須支といふのであらうといふことが見えてゐる。

變遷

たすきは最初神事の際の禮服として用ひられて居り、鈿女命が蘿のかづらを用ひられた故事により、たすきにかづらを多く用ひてゐたらしい。後に木綿を用ひる樣になり、天皇に御膳を奉る時神に幣を奉るのと同じ精神で、膳人は必ずたすきをかけて御食を司つてゐた。

そして後には衣服の袖が大きくなつたのでたすきで以て袖を擧げてゐたがいつしか禮の意味は失はれてしまひ、一般の人も何事をなすにも袖の差し障るのを卷き擧げるためにたすきをかけるやうになつて行つたのである。

袖を擧げるためのものとなつてから襷といふ字が出來たのであらう。それまでは手次、手須支、手繦、手繦などが用ひられてゐた。そして前に述べた樣な色々のたすきによつて襷とか襷とか色んな字が用ひられる樣になつた。

さて後の世に掛帶といふものが出て來るが、これは何から生れたものかといふと比禮（領布）より變化したものであるといふ說もあるが、又たすきが遷つて行つたのであるといふ說もあるのである。

（口訣）に被二太手繦一者。着二小忌一如ㇾ繦とあり、版祭の小忌衣卽ち古代の繦のなごりなり」と記されてゐる。

二、中世以後の「たすき」

中世以後のたすきは神事に用ひられる「ゆふたすき」と業をする時に袖を擧げるたすきとして傳へられて來た。

この「ゆふたすき」について今少し詳しく述べると、ゆふとは木綿と書くが今言ふもめんのことではなく、上古から木綿《ユフ》といふのは楮《アフチ》の皮で、紙にすくものであつて、楮と麻とは通用するので、神宮では「ゆふたすき」は麻を用ひてゐたのである。中臣、祓瑞穗鈔や、一擧博覽等にもこのことが述べられてゐる。又伊勢貞丈の神道獨語に、「和名抄本類に、陶隱居木草注云杜中一名木緜（社音度和名波比末由美《ヘヒマユミ》）折之多白緜也とあり緜と綿と同字也、はひまゆみといふ。葉も花も、まゆみの木に似て蔓あり、その麁皮を剝げばあま皮あり白くして裂けば麻糸の如し上古の風俗は簡易質素なれば、花美を用ひず木綿を裂き結びて頭髮の粧をなすゆふかづらこれなり。又物の飭にもこれを總にて垂る。これゆふしでなりまたこれを縄になひてたすきとす、是れゆふたすきなり」とあり、神樂歌に「木綿《ユフ》作る志名《シナ》の原にや朝たづね、朝尋ね、朝尋ねや……」といふのがある屠龍士隨筆には、にはゆふ四手ゆふつけ鳥しらゆふなどといふ樣に神に奉るものはに　ゆふをつけたのであらうと記されてゐる。

神代卷藻鹽草に「今禪體の遷座又は神供を獻る時袂袖の觸るゝことを恐れて手繦《タスキ》を掛く、是れを木綿《ユフ》手繦といふ。木綿《ユフ》は湯也、忌也清淨の義、綿花糸にて組みたる手繦にはあらず」とある。

この木綿たすきは、神事の際の禮服として用ひられて來てゐたが、何時の頃からか一部の神道者が神道傳受のたすきといふものを始め出した。このたすきは木綿《ユフ》で以て組み、房がつけてあつて、これを首に掛けることによつて諸々の不淨を去り病難を逃れるといひ、足など觸れば之を戴き疊の上に置く時には扉を開いて置いたりするのである。

吉田家の名法要集といふ書に「木綿襷を掛けざるものは天に日月無きが如く、地に萬物を載せざる如し」とありそして唯一の神道一と事を受けるものは一筋を用ひ、二た事受けるものは四組を用ひ、三事受けるものは八組を用ひ、此の緒を挂けぬものは神に向ひ奉ることはならぬといふ樣なことが記されてゐる。

この樣な神道傳受のたすきが方々に廣められ、掛けるものも相當あつたがこれに對する批判として「神武權衡錄」「神道獨語」「俗神道大意」「靑栗園隨筆」「辨正衣服考」等がある。

中でも平田篤胤の俗神道大意には痛烈に批難してある。神道傳受のたすきは吉田家のつくりごとであるとし、世の神職等がこれに欺かれて掛けてゐるのであるが、これは多年致し馴れて來てゐることであるから急にやめられないだらうが、古の正しい事に從ふのと從はぬのとはその人に任すからただ自分は古の道を有の儘に言ふのである。といつて「ゆふたすきをかけざるものは天に日月なきが如く、地に萬物を載せざるが如しとは何等の書物にあることか正史實錄に於て曾て見たことのない神託で、若しこれが實に神託ならば其の神は御國の事を不案内な神故、いづれにもこの國の神でない。天竺の佛が化けて出て、かの糞掃衣たる袈裟の眞似をさせ、此の國の神職をば冠裝束をした出家にせうとの結構とみゆる。兎角吉田家では綸旨ぢやの神託ぢやのと言ふを造りて愚人とおどしたがる代々の家風で、そりや皆その下心に一つきたないものがあつて致さる〻ことで一々には甚だ申し難いことばかりぢや。既にこの神宜といふに怖れて木綿たすきを願ふものは、これを許し禮謝をとられる。これは今では吉田殿の知つて致さることでもあるまいか、なれども其の雜掌後の輩が致すことでも吉田家の瑕となることぢや。まづ唯一神道一事受くるものは一筋を用ひ、二事受くるものは四組を用ひ、三事受くるものは八組を用ふるといふこと何れの御世に仰せ出されたる御令なるか、正史實錄合格式の本文、その外に正しき書に於て見當らぬことで、これ全く吉田家の遺言に相違なく彼品級を分つて一事、二事 三事と三段にして一筋四組、八組とたすきの品を分けたのも吉見幸が申した通り度々に謝禮を多く貪らむとするの下心と察せらる〻やうぢや云々」と書かれてゐる。

　大ていの書には「ゆふたすき」を掛けるのは祭禮を司る官人等が、或は神饌を捧げ持ち、或は幣帛を執り、或は祭の器物を取扱ふのに袍、狩衣などの袖が廣く、長く、手を使ふ時に妨げになる故たすきをかけるのであるから、禮の意味は全く無いと說いてゐるが、これ等の說も太古よりのたすきの推移を知らぬものといはねばならない。即ち木綿たすきは禮と實用を兼ねたもので、その實用といふのが太古は手を助けるもの、後になつて衣服の袖が大きくなつたので袖を舉げるものとなつたのである。

　諸國里人談にこんな例が出てゐる。

「備中國吉備津宮に釜殿といふあり。是に大なる釜あり、祈願の人吉凶を伺ふに、社人玉襷をして一つの幣を釜中にうつし法を修すれば釜鳴動す、そのひゞき數十町に聞ゆ、これを動ずるといふなり、その音によつて成就、不成就、病人全快、不全快を考ふることなり」

　又神樂とたすきは非常に關係深いものがある。神樂に於ては湯立ちなどするところから、清淨を意味して湯だすきと呼ばれてゐる樣であるが本來はやはりゆふたすきが本當であらう。各地方に廣く行はれて居り、祭の種類によつてそのたすきの形もかけ方もそれぞれ特徴がある。

たとへば遠山祭りに於ては細い紐で一見珠數の樣にかけるが、花祭りの鬼舞や青少年の舞等は紅木綿、更紗等の長いものを以て複雜なかけ方をする。

（神樂研究三七四・五頁の圖）

神樂歌にこんなのがある。

「三島木綿《ユフ》、肩にとりかけ、肩にとりかけ、我れ韓《カラ》神は枯荻せむや〳〵」

「我子《アコ》の袖破れて侍り帯《ヘムベ》にやせむ、襷にやせむいざせむ〳〵、鷹の緒にせむ」

「神々へおとづる巫女は帯もせずたすきもかけず、前はほどなる」等

「本三島木綿《ミシマユフ》肩にとりかけたかにとりかけ誰《タ》が世にか北の御門《ミカド》と祝ひそめけむ」

一般の人が用ひるたすきは手の業をするに袖の差し障るのを防ぐためのものである。

文獻に現はれたものとして、古今著聞集に「白河院の御時天下殺生禁斷せられければ國土に魚鳥の類絶にけり、其頃貧しかりける僧の年老たる母をもちたる有けり其母魚なければ物を食はざりけり、たま〳〵求め得たるものも食はずしてやゝ日數經るまゝに、老の力いよ〳〵弱りて今は頼むかたなく見えけり、僧悲しみの心深くして尋ね求むれども得難し、思ひ餘つてつゆ〳〵魚とるすべも知らねども、みづから川の邊にのぞみて衣にたまたすきして魚をうかがひてはえといふちいさき魚を一つ二つ取つてもちたりけり」

源平盛衰記の北條上洛尋ニ手孫一附髑髏尼御前事に「……內より五、六才許なる少人の……練貫の小袖を打ち著せて地白の直垂に玉だすき上て下腹卷に烏帽子かけして太刀計帶なる男の肩にのせて大路に出で空を指して走る」とある。

又日本永代藏に「町はづれに小橋の利助とて、妻子も持たず口ひとつをその日過しにして才覺男、荷ひ茶屋しほらしく拵へ、その身は玉たすきをあげてくくり……」

その他、安齋隨筆、倭訓栞、北邊隨筆に見られる繪に現はれたものものでは扇面古寫經に見るだけである。後の浮世繪にはたすきをかけた繪が隨分多く見られる。仕事をする時にかけるのは男女共に主に中流以下の人が多いやうである。上流の婦人は殆どかけてゐない。といふのは上流の人は日常袖を邪魔に感ずる樣な動きのある動作はしなかつたといふわけである。

然し武藝の心得のある人が男女共急の場合に紐の一端を口に銜へ、左手で引張つて、右手を通し右手にもちかへ左手を通し右肩でむすぶ早わざを早襷といひ、武士は刀の下緒を用ひたが無刀の人は手頃の打紐を用意し、片端をひけばすぐとける樣に色々の形に手際

よく結んで持つのを嗜みとしたものである。役者繪に或は刀を或は薙刀を持つたものがたすきがけで勝負をしてゐるものが見られる。これらのたすきは舞臺のことゝて強調するためか、非常に太いものを掛けてゐる。辨正衣服考にたすきをかけた姿は大そうめざましいものであるが、襷がけのまゝ貴人の前に出ることを憚るのはたすきをかけるのがいやしいのではなくて建び競つた形であるから、貴人の前に向ふのが無禮であるからであると論じてある。

　どんな生地でしたかといふと、ありあはせの布でもしたが、やはりすべりのよいものが喜ばれ、日常家内の立働きには栃木縣地方名物の眞綿製の襷が滑りがよく着物がいたまず肩が凝らないと昔から言はれてゐる。

　色合は若い人には赤又はとき色の無地が多く、又縞のたすきが粋だとして喜ばれたものである。

　珍らしいたすきとしては甲子夜話に金鎖の襷がある「……商家の藏とて豊太閤の金の鎖あり、鎖の粒は三分ばかりの梅花形なり、觀者皆手を拍ちてその金の位の貴き細工の精きとを褒めたり。總目方百五十匁、價金二百五十兩と申したりとなん未聞の珍物なり」

　現在に於ては都會では洋服の人が多く、又和服を着てもエプロンを着用する人が殆どであるからたすきに自分の趣味をこらすといふ樣な人は殆どなく大てい腰紐兼たすきといふ樣な狀態である。

地方のたすき

　特色あるものとして伊豆諸島のたすきを第一に擧げる。女子が男子以上に勞働をするといはれる伊豆諸島に於てはたすきは鉢卷等と共に服飾として重要な役目をつとめてゐる。

　大島ではたすきを平常着用と晴着用といふ風に區別する。

　平常着用は茶と紺木綿の晝夜や、木綿眞田、メリンス、毛繻子類を用ひる。以前は晴着用は、紋付を着るといふ樣な場合には、反禪縮緬や觀光繻子等の赤紫、紅黑を配合よくつき合せ其兩端には黄と淺黄の絹糸をまぜた房を下げたものである。たすきは勞働する時と否とに拘らず、又祝儀、不祝儀に拘はらず之をかけて人前に出るのが作法とされてゐる。

　婚姻の風俗として、花嫁が足入れといふことをなし、その夜は里に歸つて泊り、翌朝になると又早く起きて何時もの如く、水桶に水を汲み頭にさゝげて山坂路を新しい隱居所と新郎の家と仲人の宅へと運んでゆくが、この時、昔は新しい木綿の五つ紋付に新しい襷をかけた。之も我が古俗の一つであつた。

　新島に於ても祝言の時はたすきをかける。新島、神津、三宅等では今、多く木綿眞田が用ひられる。たすきのかけ方にも島夫々の工夫と流行があつて同じ十字に綾どるにしても、例へば大島では十字に重ねるだけであるが、新島では双方を組合せて前で結ぶ。

又その巾も新島では幅の廣いのを喜ぶが神津島では巾狭のものを粋だとしてゐる。たすきの數を多く持つてゐるほど彼女等の誇りであつて、多きは百本も持つものがあるとのことである。神津島大島、八丈島では手すきをもつて缺くべからざる装飾品となし、嫁入道具の第一に數ふる風習がある。

島の若衆たちは娘から贈られたたすきの數の多いのを自慢にする。

又新島の盆踊は男子が黒紋付に褄折笠を冠り其の縁に中幅の布を垂れて顔を蔽ひ、幅五分の萠黄色のたすきをかけ、これに木綿糸を五色に染めた長總を下げて踊り狂ふのである。

攝津住吉神社の御田植式の後植女《ウエメ》が苗を植え、白手拭の姉さんかぶりの赤たすきの老女達が拾つて植える。直に横笛に小笏鼓拍子のお田植樂が奏せられて、白衣に緋袴、赤き襷をかけ、扇をもち、杜若を挿した笠の八乙女の田舞と四季の舞があるといふのである。

長門見島では田掻きの日に、白又は赤靑の布で五、六寸おきに節を入れたたすきをば、女から男にくけて贈るのが例となつてゐる。

岐阜縣大野郡飛驒國白川村の婦人が畑仕事をする時盛裝した姿として、振袖を着て高くからげ袴引を着し、たすきをかけて苗を持つのである。大原女のたすきは平常は染分けを用ひた、若い人は桃色を多く用ひる。

享保二十年出版の續江戸砂子に十二・三才以下の小女が腰帶やうのものを襟にかけてたすきとし、團扇太鼓等にて拍子をとり、歌ひ踊ることが記されてゐる。又正保頃の繪卷物に、七夕踊の圖を載せてあるが、その踊のさまは詞書に「どんすのはちまき、ぬめ綸子の襷、髪は頭の辻にたてかけ、繻珍の着物に緋綸子の下着をほのめかせ、もうるの帶に、紫縮緬の抱へ帶、紫足袋にしきれを見せ……」とある。この襷は女の帶を二つ折りにして左の肩より右の脇下へ大様に結び下げたのである。當時の女帶は巾三寸、長さ六尺五寸、或は七尺五六寸であつた。

これら地方色豊かなたすきも時勢の移り變りによつてその範圍も次第に狭められて來てゐる。最近には女子服装の合理化が叫ばれ、最近發表された標準服の袖も長袖でなく、薙刀袖となつてたすきの必要度が減じてはゐるが、短かい筒袖のやうにならぬ限りやはり袖を邪魔に感ずることもしばしばあり襷や、エプロンの必要もあらう。

ともかく、紐といふものは色んな役をなすものであり、思ひがけぬ役に立つものである。私達は昔の人がした様にたすきをばすぐ解ける様にして何時も持つ様にしてはどうであらうか。

讀書

日本ガラ紡史話

中村精著

日本が、イギリスを壓倒して、世界第一位の綿業輸出國となつたとなつたのは、ごく近年、昭和八年の出來事である。

「日本ガラ紡史話」は、この輝やかしい綿業發達史の上に特異な側面を描くガラ紡の發達とその消長を述べたもので、發明家臥雲辰致の苦心とガラ紡が今日再び重要な役割を背負つて、登場して來た所以について物語つてゐる。

今日僅に三河地方と天龍河畔をその中心地として殘存してゐるガラ紡は、我が綿業の黎明時代、即ち幕末の開港以來、滔々として我國に流入してきた綿製品に對抗して、臥雲式又は和式と呼ばれ、各地方で盛んに使用された紡績機械のことであつて、僧侶あがりの臥雲辰致がこれを發明したものである。ガラ紡とは、機械を廻すとガラ〳〵音を立てるので、いつの間にかそう呼ばれるやうになつたと書かれてゐるが、操作が簡單であるのと、設備が容易であつたゝめ、機械の發明直後は各地で行はれ、明治二十年頃にはその頂點を築いてゐたと云はれる。

然し、このガラ紡機は、細い糸を紡ぐことが出來ない缺點のため、洋式による紡績工場が勃興するに從ひ、次第に衰退を示した。そこでガラ紡は、紡績糸と競爭することをやめて、この頃から專ら落綿や綿織物の屑、果ては襤褸を用ひるやうになり、それ迄國內に產する地綿を以て行つてゐた作業を廢品更生へ一轉させた。不況のどん底に陷つたガラ紡は、明治四十年頃からこのやうにして支那事變の勃發直前迄その餘喘を保つて來た。

支那事變以來、軍隊の被服を始め、火藥、醫療用品の原料として、棉花の輸入は激增し、綿製品の國內消費を規正せざるを得なくなつた。そこでリンク制度が設けられると綿製品が自由に國內に流布することは完全に喰ひ止められたが、物資の愛護、資源の回收は重要問題として我々の生活上に現はれて來た。歷史的存在として、一時はこのまゝ滅びるのではないかと思はれたガラ紡は、これを轉機として更生したのであつた。ガラ紡はいま叫ばれてゐる廢品の回收を旣に明治の末年から實踐してきた。

ガラ紡はその永い歷史に於て今日はじめて、そのなすべき地位に正しく置かれたのである。直ちにガラ紡工業の再編成が行はれると、現存するガラ紡百六十萬錘が、屑纖維を原料とする製糸製造に一層拍車をかけ、戰時下重要な役割を果してゐるといふのがその要領である。

このやうにガラ紡は、極く規模の小さい獨特のものでその過去に果した役割も、我綿業史からみると極めて微々たるものであるが、發明家臥雲辰致の苦心や、發明の意義並びに現在の使命が歷史的關聯を以てゐる處に、今日ガラ紡を取上げた意味が含まれてゐるであらう。材料が面白い割に、記述が整理されてゐな

い難があるが、この小さな歴史の中にも獨特の日本人的性格が躍如と示されてゐて面白い。（廣告出版社販定價一圓八十錢）

出版文化協會推薦

言葉の躾《しつけ》

西原慶一郎著

正しい日本語
美しい日本語

今日の文化運動で最も切實に要求されてゐるのは言葉の問題である。

「言葉の躾」はこれに應じて書かれたものである。その目的は子供の言葉の錬成にある。

この書は長年教育に從事して、子供にふれて來た著者が、その經驗を基として、學校と家庭と社會とが一體となつて、子供の言葉遣ひの醇正を、個人的、團體的に躾ける方法を述べたものである。

この本の特色は、その自序の中にある如く

一、ふだんに使ふ國語のなかに、國民精神の十分な顯現のあることを自覺させやうとした。

二、日常の挨拶をはじめ、話すこと、作ること、讀むこと、行ふことの實相を觀察し、その基本となる力を見いだし、その力を修練する方法を考へた。

三、教室內の教授技術に屬することはこれを省略し、學校と家庭と社會の協力による躾け方を、個人的團體的に考へやうとした。

四、子どもの日常生活をとりまく世のなかの文化的動勢をつねに考慮に置き、現實の事態の中で、道德的な全生活を躾けるといふ根柢に注意を拂つた。

五、特に高度國防國家體制下にある國の子どもといふ考へを、いつの場合にも自覺させようとした。

この五大特色によつて貫かれてゐる。

最初の「子供の生活と言葉」は、言葉は先づ素直な心から發せられた素直な言葉でなければならない。又、言葉は抽象的な說明によつて教へないで、日常の生活の中で會得させ、言葉を身につけさせるやうにしなければならない、といふ事を日常の會話や子供の綴方等の例をとつて說いてゐる。

「ありがたい」「かたじけない」「もつたいない」等の最も日本的な性格をもつ言葉が、國民歌謠などを通して歌ひ覺え、しらずしらずの中にその本來の深い意義を會得して、やがては子供の魂の糧になる、そこに言葉のもつ重大な意義があり、生活と言葉の重要な關聯があるのを指適してゐる。次いで實際に躾けるための方法が、年齡の順によつて具體的に示されてゐる。

物を言はぬ子の躾け方、叱る言葉と叱られる態度とその返事の仕方等々、卑近な例をあげてよき參考となる。

「表現の日常性」では、その資料を主に綴り方に置いてその表現法の良否を比較してゐるが、材料の豐富なこと、著者の研究のゆき亘つてゐる點本書中主も面白い。

最後に「讀み方と讀ませ方」があり、殊にラヂオ、課外讀み物等について、子供と社會との密接な關係を述べ、公の施設に對して、教育者の立場から檢討と要求を出してゐる點注目に價する。（厚生閣販定價二圓五十錢）

社會時評

日本醫療團の誕生

國民に、醫療の惠みを、あまねくさしのべて、體力の向上を積極的に圖らうとする國民醫療法は現行の醫師法及齒科醫師法を統合規定して春の第七十九議會を通過した。この立法の實踐機關として日本醫療團が誕生した（七月一日）醫療團は第一年度一億圓の政府補助金と五億圓の醫療債劵をもつて東京と大阪に中央綜合病院を、府縣廳所在地に地方的の中央病院を、その下に郡立ともいふべき中間的の地方綜合病院を作る。そして部落には診療所を置く、これが一般醫療の骨組みである。だが醫療團が、さし迫つての問題として力こぶを入れる仕事は、無醫村の解消と結核療養の二方向である。日本醫學の發達は、世界一だといふ。しかし醫療普及の側からいへば、まつたく心細い、といふのは全國一萬二千の町村のうち、醫者もゐないし、來ることもない村が二千五百九十一ケ處である。それに隣接の町村から、やつと出張診療をうけてゐる村が九百廿九であるから無醫村は、つまり醫者の緊急配置を必要とする村は三千五百二十となる。全國町村の四分の一以上が醫者に見放されてゐる勘定だ。何しろ醫者一人につき三千三百餘名もの日本國民が、生命をあづけてゐる統計は有難くない。そこで夏休みに醫學生達がわれも〳〵と田舍に出かけて、脈をとつて大いに喜ばれるといふ妙な光景が出來上るのである。世界一に發達したといふ日本醫學を一日も早く研究室のモルモット相手から家庭と結びついた人間相手のものに切り換へることは日本醫療團の大仕事である。

まづ醫療費の輕減

無醫村といつても、この頃の無醫村はその性格が變つてきた、村で、無い金を工面して診療所は建てた。一通りの器具類も揃へた。ところが御本尊の醫者が、なか〳〵來てくれないでは底のない盃よりも値打ちが出ない。來てくれるようにするには、金がかかりすぎる。なんとかしてくれと岩手縣の澁民村みたいに厚生省に陳情してくる村が多くなつた。厚生省は、そこで總動員法の發動による醫師の徵發範圍を擴大する腹を持ち出したといふ。昔から醫は仁術なりといはれる。仁は本來金に緣がない、だから醫者は納稅の點でも特典を持つてゐる。しかし醫者が仁術を心得へるまでには、他のいづれの文化的職業に從事する者よりも多額の身錢を切る。切つた身錢の埋め合せまでも欲しがるなと求めるのは、坊主に髮を結へといふ如く、猿に演說せよと所望するが如く無茶であることを今日の敎育の仕組みが宣言する。仁は金に緣ない上に强要して成り立つものでない、しかも醫者は床屋や占ひ婆さんではない、だから無理に引つ張つてくるわけにゆかぬ。むかッ腹で脈をとられたんでは劍呑だ、といつて醫者配置が、今のまゝで都市に集中することは許されない。そこで醫者の適正配置をやるには、これ／＼の條件づきの納得づくで醫術修得費を國庫なり、公共團體なりが負擔する、そして義務年限をつけて欲するところに配置するのが手取り早い。農村は單に食糧を生產する企業地でなく人口の貯水池、日本精神の道場也と、しば／＼要路者から持ち上げられてゐる。であれば夥しい農村を醫者から見離され放しにしてをくことは話の筋が通らぬ。銃後鐵壁の固めは何事につけ筋を通すのが何よりだ。田舍の迷信は根强く深刻だ　この迷信を簡單に笑ひ去るわけにはゆかぬ。といふのは田舍の迷信の大部分は病氣治療と結びついてゐるからだ。醫者に診せるが一等結構であることは村人と雖も御承知だ。醫者がゐない、たま／＼ゐても金がかゝりすぎる。そこでお稲荷さんや占ひ婆さんを拜むことに相成る。醫療費は一ケ月一人當り七圓五十錢見當である。醫療をあまねくするためには、醫療費の輕減が問題だ。醫療團は輕減の水先案内の役目をして貰ひたい。

八万床の療養所

今年から五ケ年間に必要の場所に八万床の療養所を作るといふ肺結核對策も大切であるが、肺病にならぬような方策がより大切だ、この方策の實施はあらゆる社會政策と關係を持つ大仕事であるが、とにかく豫防醫學にもつと／＼本腰を入れることを醫療團に望みたい。

醫師會規則によると醫療團に從事する者も醫師會員で從つて醫師會の統制をうけることになつてをり、醫療團と醫師會は二本建ての趣向で醫療を普及させることになつてゐる。だが醫療團は既存の醫療機關を統合する腹だから買收、借受け現物出資の談合やらで開業醫との折り合ひが、うまく行かぬ場合も相當あらうと思はれる、醫療團と醫師會が喧嘩するのは、さまで心痛するにあたらぬ、心配になるのは醫療團の診療が、規則づくめの事務的になつて不親切になりはせぬかといふことである、よく官公立の大病院にあるように、土曜に入院したら責任の醫者が歸宅後で日曜は休み、月曜に手術したら手遲れで死んだなどのことがあつては政府の補助金一億圓の手前も惡からうといふわけだ。

國民醫療法によれば醫師、齒科醫師、保健婦、助產婦、看護婦等は、とき／＼自分の技能について再教育を受けねばならぬし、醫師會とか齒科醫師會といふ既存の傳統强き團體に就いても相當思ひ切つた改正を行つて國民療養を正しく廣く普及させることになつてゐるので國民醫療法の申し子である日本醫療團の役割は實に大きいのである。だから指先きや目先きの診療といふ個々の仕事も、仕事であるがより大事なことは春の議會で劃期的な大改正をやつた國民健康保險法をはじめ一切の社會保險制度と、がつちり結びついて民族全體の綜合的體位向上を圖るといふ高い立場にまで育成する義務がある。

江口榮治

郷土研究（2）

女子勞働着に就いて

山形の巻（上）

結城健三

カット・平田松堂

本縣に於ける、女子の勞働着は全縣的に觀るとき、必ず一定ではない。概觀するならば、その形に於て略々似通つてはゐるけれども、農村と山村のそれは違ふし、漁村に於てもまた然りである。甚だしいのは、隣村の服裝とさへ違つてゐるのも、珍らしいことではないのである。尤も、それは大同小異といふ程度のものであり、本縣の勞働着を觀察してゆく上に、支障を來すとも考へられない。それを細かに調査してゆくには、相當の時日も要するし、煩瑣も伴ふので、本縣の四市十一郡を更に地區別に分けて、調べて見たいと思ふ。

　その地區別とは、米澤藩（上杉茂憲）たる米澤市を中心とした南、西、東置賜の一市三郡を總稱して、置賜地方と言ひ、山形藩（水野忠弘）五萬石を筆頭とし、上ノ山藩（松平信安）天童藩（織田信敏）長瀞藩（米津政敏）の外六つの分領があつた山形市を中心とした、南、東、西、北村山郡の一市四郡を、村山地方と言ひ、新庄藩（戸澤正實）たる最上郡を最上地方と言ふのであるが、私は、之を便宜上、村山地方に加へることにする。次ぎに庄內藩（酒井忠寶）松嶺藩（酒井忠匡）たる、鶴岡、酒田市を中心としたる、東、西田川と飽海の二市三郡を一括して、庄內地方と呼んでゐる。

　斯くの如く、置賜、村山、庄內と大きく分けて、女子勞働着を觀察して見ると、差異が判然とするのである。よし、形に於て同じであつても、その地方によつて名稱が違つてゐる場合もあるので、重複する面も尠からずあらうと思はれるが、却つて地方色が窺はれて面白いとも考へ、强ひてその重複を避けぬこととした。また、文章も興味本位ではなく、飽迄實質的に記述し、その實體を摑んでもらう爲めに平易に綴り、圖解も多く挿入して見たいと思ふ。

先づ、地方別に四季を通じての服裝を表示し、その一つ一つについての説明を後に加へることにする。

置賜地方の娘たちの野良着

置賜地方

田・畑の仕事の服裝

種別＼季	春	夏秋	冬
冠物	蓙ニゾ 麥稈帽 經木帽 だるま笠	春と同じ	角帽子 オコソ （シタカムリ）
履物	草履 草鞋 はんばき	春と同じ	甚兵衛 オソフキ 草鞋
着物	仕事着 立付 股引 胸前掛 簑	春と同じ	普段着の上に仕事着をつける。

村山地方

種別＼季	春	夏	秋
冠物	手拭 ナタギリ 萬壽笠	春に同じ	春に同じ
履物	藁草履 地下足袋 草鞋	素足 但し耕地に到るまでは藁草履、草鞋を使用する。	夏に同じ 但し降雨の際は長ゴム靴
着物	袷半纏、單衣半切、着物、モンペイ、脚袢、手甲、簑、ゴザ	半切 單衣物 モンペイ 脚袢 手甲 作業着 （エプロン）	春に同じ

種別＼季	冬
冠物	手拭 ナタギリ オコソ 三角布
履物	ゴム長靴 ゴム短靴 藁靴 ボッコ草鞋
着物	綿入半纏 胴着 モンペイ （袷）單衣モンペイに裏をつけたもの

庄内地方

種別＼季	春	夏	秋	冬
冠物	三角 スワン 加賀帽子	すげ笠	夏に同じ	春に同じ
履物	地下足袋 草鞋 あしだか	春に同じ	夏に同じ	地下足袋 長ゴム靴
着物	ジバン みぢか 半袖にして、袷に刺してあるもの。 サナダ帯 （半巾）前掛 モンペ 脚袢 小手 袷じんばん	單衣じんばん 外は春に同じ	袷じんばん 外は春に同じ	綿入じんばん 外は春に同じ

農家の藝術的手工品ニゾとミヌ
—置賜地方—

同上

置賜地方

置賜地方の冠物に、ゴザニゾといふのがある。之は、蓑と共に農家の藝術的手工品で、冬期の農閑期に作るものである。賓子（藁の芯）か藺草で作り、女子用のものは前頭部に黒木綿で縁をとり、後頭部に長さ三十糎位の並巾の布を縫ひ付けてある。男子用のものは前頭部を緣の變りに、簀子と布で編んで飾りとなし、後頭部には女子のものと同じに、絣とか縞木綿の布を縫ひ付けてある。ニゾはカンゼン、山刀切などとも呼んでゐる外、地方に依つてはミゾとかゴザズンボと呼んでゐるところもある。此のゴザニゾは降雨の時に蓑と共に着るが、冠る時には手拭で頬冠をした上に冠るやうである。

又、冠物に「だるま」といふのがある。之は「おこそ」ともいひ、風呂敷のやうな大きさのもので、頭部に裏を付け、両脇に耳に懸る程の輪をつけたもので、多くは防寒用として冠るものである。この「おこそ」は、置賜地方だけでなしに、全縣的に使用されてゐるし、勞働する時の冠物ではなく、一般の婦女子も着用してゐる。最近、都市の若い婦女子は餘り冠らぬやうであるが、四十位の婦人には縮緬とか、錦紗で作つたのを冠つてゐるのを、時折見かけるが、仲々に粋なもので、明治時代の面影がある。殊に、丸髷に「おこそ」を冠つた姿は酔なものだ。

履物に「はんばき」がある。之は、脚絆の一種で、簀子とか蒲で編んだもので、山とか畑に仕事に出る時に使用する。これなども農家の手藝品の一つで色々の布と簀子で編み合はしたものもあるが、仲々丈夫であるらしい。又、簀子の穂先を下部に揃へて編んだのもある

山に青物採りに出かける娘の服装　——置賜地方——

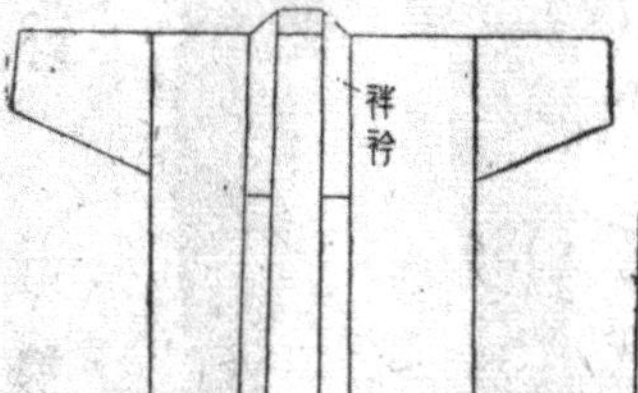

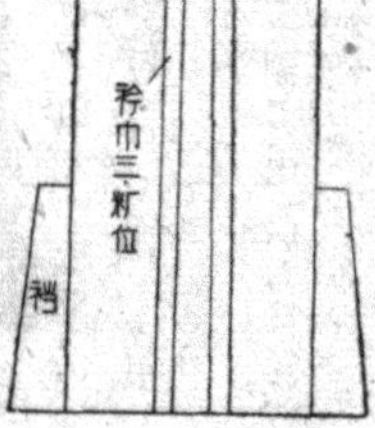

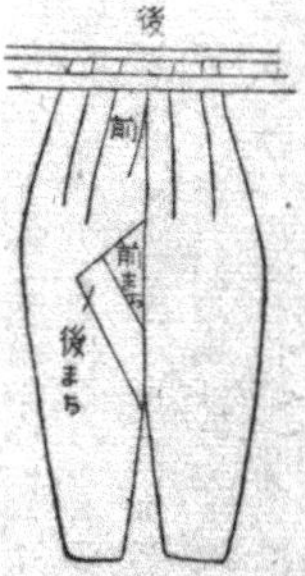

（左）置賜地方の袷袢纏
（中）綿入袖無
（右）立附（もんぺ）

が、これは足首のところがそのために大變工合がいゝとのことである。

水田に入る時は素足であるが、野良に出る時は「あしだか」といふ鼻緒のところに、胡桃大の瘤のついた藁草履か、地下足袋である。尤も降雪冬季は女子の野良仕事は尠い。冬期になると、男子でも外稼ぎはやらないが、春が近づいて田圃に肥料を運んだり、秋のうちに伐採して置いた薪木を、殘雪の山から里に下ろす時に、女子も出て働くが、背が痛くないやうに荷背負嚢（ニセヲヒミノ）をつける。この頃の履物は、足駄の爪のやうに草鞋の先に藁で編んだものを付けた「おそふき草鞋」を履くか、ゴム長靴のやうな、藁で作つた雪靴（フカグツともいふ）を履くか、または短靴のやうに編んだジンベイを履くのである。

冬の夜、大きい爐に榾火をあか〳〵と燃やして、夕餉を濟ましたやからが、世間話に花を咲かせ、灰に堅餅を燒乍ら長い冬の夜を更かす農民たちである。その爐の火棚には、いち日の外仕事で濡れた、雪靴が乘せてあつたり、おそふき草靴が吊り下げてあつて、火氣に乾く雪靴の藁の匂ひが、やからの疲勞を醫やしてくれるのである。

仕事着であるが、上衣はワダコ（綿衣）で、主に縞の地質の丈夫な古布で作り、袖口に縁をつけ、刺し繼ぎして働き易いやうにつくり、夏は餘り刺し

置賜地方の作業服裝

纖ぎをせぬ薄いもので作つてある。寒い時には下着の上に之を着用するのである。下衣は「かなまる立付」といつて、普通のモンペと異り、膝から下は股引のやうに仕立て、上の方は立付のやうに作つたもので、腰の方はゆつたりして動作に便利である。この立付の脇明は紐付より二十糎明けられ、着位地の色は大體紺に一定してゐるやうである。この「かなまる立付」は田仕事時に着けるもので、畑仕事の場合は普通のモンペを使用してゐる。

この外に、置賜地方の全部ではないが、胸前掛といふものを着用してゐる。この地質の多くは木綿縞か絣で、形は胸當と下部は前掛となつてをり、並巾二枚の前掛で作り下部を十五糎程明けてある。紐は前掛としての紐と、首にかける紐とがある。これは、着物の汚れを除くのと、氣持を引き締めるために着用するのだとされてゐる。手甲には半甲と長甲がある。半甲は畑の草取り等に使用し、長甲は田の草取りの時に用ひるが、除草の際の陽除けと虫除けのため、四季を通じて着用してゐるのである。

庄内地方の畑仕事の服装

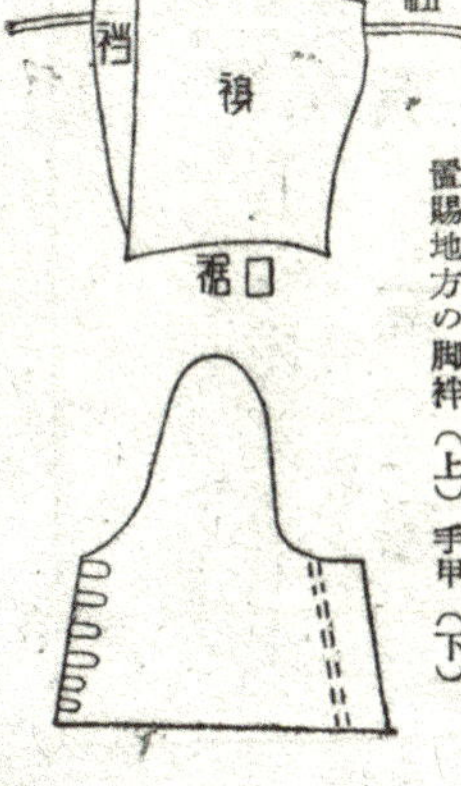

置賜地方の脚袢（上）手甲（下）

アンコールの印象

荻須高徳

カンボジヤの野の奥から泰の國境にかけてはてしなくひろがるジャングルの中に點在するアンコールの遺蹟の廣大は實に想像以上であつた。有名なアンコールワツトを第一として、アンコールトム、プラカン、ネアツクペアンそれからベンテイケデイ、タケオ、タプロンと案内にも大巡り、小巡りと二つに分けて見物する樣にしてゐるが、その極く大體を見學するだけでも、餘分の道を車で飛ばしてなほ二日はかゝると思つた。

最も完備した姿を見られるアンコールワツト、それから一里のところにある彫刻の面白いアンコールトムは最も有名であるが、ずつと奥に發見當時の樣子を見せる爲か、殆んど修復しないで密林の中に存在するタプロンは又一番すご味があつて印象的であつた。暗い森の苔むした石の建物の上に乳白色の巨木が岩を掴める大蛸の足の如く根を張つて、幹は高く天にのびあがつてる樣は本當に生きたものの樣で甚だ不氣味である。

美しい彫刻を探して石の廻廊に潜り込めば突然怪しげな聲をたてて飛びかふのは大型の蝙蝠で、彼等の巣窟の悪臭は息づまるばかりである。くづれた石柱の陰に畫架を立てて描いてゐるうちに薄暮が迫つた。深閑とした大森林の中といひたいところだが、實はジヤングルの夕方のさわがしさにはあきれた。名も知らない無數の鳥の鳴き叫ぶ中に、タタタ……と機關銃の樣な音を立てるのは木啄《キツツキ》であらう。猫の樣な鳴き聲を出す鳥がゐるが何れも姿は見せない。一番騒々しいのは猿で、何處から集つて來るのかすぐ頭の上の枝にまで來て、キャツキャツぶらさがつてゐる。しかも色々變つた種類のがゐる。

目をぎよろつかせた素足の瘠せた男が弓矢をもつてあらはれ木立に向つて狙ひ打ちして見せる。氣味の悪い野郎だと思つたが、にこにこして土産にその弓を賣らうとする住民であつた。

シベリアとアメリカ

―シベリア出兵の一考察―

竹尾　弌

鼻持ちならぬ國

世に鼻持ちならぬ人間といふのがあるやうに、國にも鼻持ちならぬ國がある。アメリカなども、確かにそのうちの一つであらう。こんな勝手な横柄な國も世界に稀らしいが、そこを圖々しく道德の假面で包み、他國に「道德」を强ひながら、自分だけは侵略を逞しくしてきたと云ふのが、今日のアメリカである。

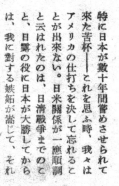

彼の侵略主義のために東亞の諸民族はどれだけ苦しんできたことか。特に日本が數十年間嘗めさせられて來た苦杯――これを思ふ時、我々はアメリカの仕打ちを決して忘れることが出來ない。日米關係が一應順調と云はれたのは、日清戰爭までのこと、日露の役に日本が大勝してからは、我に對する嫉妬が嵩じて、それ以後といふもの米國の對日態度には常に恐怖と疑惑がともなつてゐた。アメリカの傳統的な東亞政策は、如何にすれば日本の大陸進出を阻止し東亞に帝國主義的侵略をとげ得るかに基調がおかれてゐた。

日露戰爭媾和のポーツマス條約で米國が仲介に立つたとは云へ、媾和條件は決して我に有利なものではなかつた。その後日本が第一次世界大戰に參戰し、山東を領有したときなど、米國は日本がにくいあまり、山東の支那への還附を策し、シベリア出兵では我を妨害するなど、凡ゆる機會をとらへ日本の進出を抑へる策を取つてきた。滿洲事變、支那事變の勃發とともに米英の東亞侵略政策は頗る露骨となつてきたが、米國の侵略的意圖は、旣にシベリア出兵の時露骨に現はれてゐた。大東亞戰が戰はれてゐる今日、シベリア出兵當時をもう一度見直して見ることも無駄ではない。それは鼻持ちならぬ米國の假面をひんむくためにも必要なことである。

シベリア出兵の動機

今更シベリア出兵とは何かと說明するのもおかしな話だが、我が國でも、案外この事件に無關心な者が多いやうである。だが、シベリア出兵の經緯を明かにせねば、米國の東亞に延ばした毒牙の如何に恐るべきものであるかがわからない。シベリア出兵が龍頭蛇尾の結果に終つたやうな印象を我々に與へるのは、出兵そのものの複雜性にもよることであるが、出兵をめぐる米國の對日干渉が、事件を益々複雜ならしめたことも亦事實である。

シベリア出兵の內容を一言で定義することはなか／＼難しい。第一次世界大戰當時の聯合國が、シベリアに出兵したことにまちがひはないにしても、各國各々の出兵の動機を異にしてゐた。

ロシアでは一九一七年三月、ロジヤンコ、グチコフ、ケレンスキーらの指導勢力による所謂三月革命が起り、臨時政府は、聯合各國との協調の下に戰爭繼續を主張したが、續いてその年に起つた十月革命によるレーニンらのボリシエヴイキは、新ソヴイエト政權と聯合國との協調を不可能にし、ブレスト・リトヴフスクにおいてドイツと單獨講和を結んでしまつた。

これに驚いたのは英、佛兩國である。一九一七年末頃から、西部において敗戰を傳へられた英、佛は西部戰線立直しの必要に迫られてゐた。そのため、ロシヤ內に殘存する白軍をまとめ、東部戰線を更新し、對獨抗戰を續けさせるとともに、當時ロシヤに在つた多量の聯合國軍需品がドイツ軍の手に押へられぬため歐露のムルマンスクとシベリアのウラジオストツク方面から二つの遠征軍を送るやう編成計畫が立てられてゐた。英佛の遠征軍の目的は、東部戰線の更新とロシア內にある自國軍需品の保全にあつたわけである。英佛兩政府、特に英國政府の腹は 聯合國がシベリア鐵道と東支鐵道との占領を日本に委任したいといふにあつたらしかつた。

ところが米國の腹はさうではない米國は英佛兩國と遠征軍の派遣に就て、相談に加はつてはゐたが、むしろ消極的であつた。ムルマンスクへの遠征には反對しなかつたにしてもシベリア出兵には最初は反對であつた。最後になつて日本に出兵を提議したといふのは、米國の本心ではない。歐露に對する米國の目的は、ロシアに在る聯合國軍需品を保護し、對獨戰を續けんとしてゐたロシア軍一派を援助するにあつたけれど、東亞における目的が、日本の北滿、シベリアへの進出阻止するにあつたことは明かであつた。シベリア出兵に就ては、最初から各國の足並みがそろつてゐなかつた。最初出兵を提議したのは、イギリスであつたとも見られるが、アメリカは萬幅の同意を英國に表したわけではない。シベリア出兵の動機、目的は日、英、佛、米とも各々の所見を異にしてゐた。

米の對日挑戰

ウイルソン米大統領は、シベリア出兵に就て徹頭徹尾、日本を疑ひ、己の野望を充さんとしてゐたことは前述の通りである。十月革命は、米國の疑心暗鬼に益々油をかける結果となつた。それはまた東亞政局の現狀に一大轉換を齎すこととなつてゐる。米國は北滿におけるロシヤの支配力が急減したことを以て、日本の進出の新分野がひらけたと見　日本を理由もなく侵略主義者と呼ぶに至つた。米國の一大錯誤はここにあつたと云はねばならぬ。

日本は、以前から人口過剩等の結果、東亞大陸への平和的、自然的な發展を期し、東亞諸民族の相互的繁榮のために努力するところがあつたことは勿論であるが、斯かる正義の意圖をも米國は曲解し、却つて米國自身の東亞侵略に就ては、自らこれを反省するところがなかつた。一九一八年一月、駐日米國大使モリスは東京からワシントンに「日本は必要とあらば單獨にウラジオストツクを占領し、東支および黑龍兩鐵道を管理する意圖を有してゐる」などとあることないことを報告し、盛んに對日挑戰を煽り立ててゐた。

米國が東支鐵道を乘取りたいとはかつたのはその時に始つたことではない。しかし、何とか口實を設けてこの機會に北滿、沿海州方面を侵略したいと企んでゐた時であるから、あべこべに日本を侵略者呼ばりしながら、己の策謀を進めてゐた。だから「日本にシベリア鐵道と東支鐵道の占領を委任」せんとした英國案には極力反對し、もし必要とあらば、斯かる事は「國際的協調」によつて行ふべきであると主張した。

一體米國の外交が、極めて露骨な對日攻勢に轉じたのは一九一七年以後のことであるが、これはウイルソン大統領が計畫した史上空前の對日挑戰の開始であつたと云へやう。彼は新四國借款團を組織し、日本の單獨對支投資を拘束することを以て挑戰の一大原則の一つに擧げてゐた。アメリカとしては、我が滿洲、蒙古の既得權をも否認せんとするにあつた。民族の生存權を奪はんとする米の非道に至つてはまことに言語に絶するものがある。對支投資の新借款團は、支那に既に有してをり、また今後有すべき優先權や特權を共有にすることを對支投資の一條件としてゐたが、この見解は明かに日本が東亞において得た經濟的既得權を經濟的手段によつて覆へさんとする米國の意圖を表現してゐるものにほかならなかつた。

支那における日本の既得權は、一應、一九一七年十一月成立の石井ランシング協定で認められたのであるけれど、新四國借款團は、この協定成立の直後に組織され、協定を事實上無効にするための畫策がめぐらされた。米國が對日挑戰のために取つた數々の具體案は、一九二一—二二年のワシントン會議によつて達成され、日本が涙をのんで、米國の東亞侵略政策に甘んぜざるを得なかつたのは周知の事實である。

シベリア出兵と米の驚駭

シベリア出兵問題が持ち出された時、米國は、日本だけに出兵を依賴しやうといふ英佛案には極力反對した。そしてこれが同意を澁つてゐたことは云ふまでもない。ところが一九一八年六月になると、シベリアにおいてボリシエヴイキと戰つてゐたセシヨノフ軍が散々に敗け、シベリアから以前の基地である滿洲に歸つて來た。日本はボリシエヴイキがセミヨノフ軍を攻擊する危險とボリシエヴイズムの慘禍が滿洲、支那より印度にまで及ぼすべきを憂いて、先に締結された日支軍事條約に基き、北滿の警備を堅めるに至つた。日本の意圖は全く東亞の將來を憂いた正義觀に出たものであつたが、米國はまたこれを以て、日本の滿洲に對する軍事的占領の一步であると我に挑戰し、己の東支鐵道單獨支配の實現に腐心した。斯くして遂に一九一九年一月、聯合國管理の名の下に、シベリア派遣米國鐵道團長F・ステイヴンスを東支鐵道主席顧問に就任せしめるに成功した。これこそ日本を誣ふるも甚だしき米國の侵略行爲と評するのほかはない。

北滿において侵略の一端を達した米國は、なほシベリア出兵には難色を示してゐた。一九一七年から英佛は米に向ひ、熱心にシベリア出兵を說いたが、一方日本も實は同年末まで出兵に重大な考慮を拂つてゐなかつた。同年の十二月十四日、駐日英國大使は、ロンドンからの特別訓令で我が外務省に出兵問題を提議してきたが、その時は我が方の腹は何れとも決つてゐなかつた。

しかし斯うした提案を受けた日本としては、愼重考慮を重ねた結果、一九一八年一月中旬先づ、モリス駐日米大使に出兵計畫に同意する旨を通達した。ところが、この報告を受けたワシントンの衝撃は非常なものであつたらしい。英佛が日本に斯かる提案をした眞意が了解出來ないと盛んに毒づいた。アメリカ國務省の恐怖は、日本が出兵を轉じて、シベリア沿海諸州を永久に占領しはすまいかといふにあつたやうである。

だがここに、共同出兵反對のウイルソン大統領の決意を鈍らせる一つの事件が持ちあがつてきた。それはロシアから解放されたチエツコ兵の捕虜とオーストリー軍から逃亡したチエツコ兵から成る五萬のチエツコ軍は、西部戰線の急を救ふため、はるばるシベリアを迂回し、途中ボリシエヴイキと戰ひながら、ウラジオストツク方面に向ひつつあるといふことであつた。當時西部戰線は勢ひを盛り返したドイツ軍のために破れて、一九一八年春の西部戰線は甚だしき危險にさらされてゐた。聯合軍は、この危機を救はねば最後の勝利に對する確信が頗る薄いやうな狀態になつてゐた。たとへ五萬のチエツコ軍でも、この際一刻も早く西部戰線に增派する必要があつた。そのためチエツコ軍のシベリア通過を容易ならしむるといふ必要が、シベリア出兵の大きな理由となつてきた。

さすが頑強のウイルソンも、これには反對すべき理由を見出すことが出來ず、遂に屈服して一九一八年七月七日、シベリア出兵に同意した。八月三日、英國分遣隊がウラジオストツクに上陸したのを手始めに、フランスの安南軍、續いて日本軍が上陸、八月十五、十六の兩日には米國の二聯隊がフイリツピンから派遣され、九月一日にはサンフランシスコを出發したグレーヴス將軍揮下の一隊がこれに加はつた。斯うして聯合國のシベリア出兵は幾度の經緯を經て漸く實現を見るに至つた。

シベリア出兵の經過

米國が出兵に同意したのは單にチエツコ軍を援助し、彼らのシベリア通過を容易ならしむるにあつた。そして特にロシアの內政には一切干涉しないといふ態度を取つた。なぜ米國が內政不干涉を特に强調したかといふ理由は、日本がシベリアに干涉するであらうといふ疑惑を彼が强く抱いたことによるは明かであつた。しかも、日本は八月三日、ロシヤの領土保全の尊重と內政不干涉に關する政策を堂々と聲明し、却つて米國の鼻をあかした。

だがボリシエヴイスの慘禍から東亞を救ひ、そこに東亞永遠の平和を確立するは我が國不動の方針であつたから、ボリシエヴイズム打倒には全力を盡し、シベリア赤軍の殲滅のため我は兵力を增强して各地に轉戰自己の責務を果す決意を堅めた。米國政府はこれに反對で、內政不干渉を理由にシベリアの赤色化を放任しシベリアが混亂に陥り、日本の苦しむことをむしろ喜ぶといふ態度を取つた。米國が日本軍の增援に極力反對したのも明かである。だが、英國はボリシエヴイズムが支那を經て印度に延びるのを憂慮して、ボリシエヴイズム打倒には、英國も日本と一致の步調を取つた。從つて、この點においては英國と米國との見解は鋭く對立し、英國派遣軍司令官ノツクス將軍は、米國政府へ向つて米派遣軍司令官クレーヴス將軍の召還を要求するまでになつた。

　チエツコ軍の西部戰線派遣は時遲れとなり、彼らはシベリアにおいてボリシエヴイキと戰ひながら一九二〇年の夏、聯合國の經費で本國に歸還した。米國は各國のシベリア派遣軍撤退の意向を公表し、日本にもこれに同意すべき旨の要求を持ち出してきた。それは、チエツコ軍が本國に歸る以上、派遣軍のシベリア駐屯は無意味だといふのが表面の理由ではあつたが、實は日本が北滿およびシベリアに勢力を得るのを非常に恐れてゐたがためであつた。

　日本としては自衞上、一衣帶水のシベリアに赤色勢力の浸潤することは最も警戒せねばならぬことでありシベリアの赤色化を豫め防ぐため、遽かな撤兵には當然反對せねばならぬ立場にあつた。一九二〇年四月、米國派遣軍はシベリアより最後の撤退を了したけれど、日本軍は獨自の立場から、シベリア白系軍の將領コルチヤツク、セミヨーノフ、カルムイコク、ロザーノフ等を或ひは援助し、或ひはこれらと協力し、專らシベリア治安の維持に自ら任ずるところあつた。

　だがこれは決して、シベリア內政の干渉を意味するものではなく、ロシア領土の保全を否認するものでもなかつた。日本軍は忠實に聯合國との協定條項を守り、莫大なる犧牲を忍んで朔北の地に約五年間駐屯の義務を果した。日本が出兵を機に、ロシア領土を犯さんとする意圖の寸毫もなかつたことは、シベリア出兵の結果が何ものよりも雄辯にこれを語つてゐる。

　ただ、日本は飽くまでも赤色化勢力の東漸を防ぎ、これと戰はんとしたのであつたけれど、その目的を完全に達成することが出來ず、一九二二年十一月、中道にしてシベリアより軍を撤したことは返すがへすも遺憾なことと云はねばなるまい。

撤兵と米の野望達成

　日本は、シベリア出兵期間四年四ケ月の間に師團の派遣を行ふこと約十個師、軍費の費消約九億圓、人命の死傷數千、斯く相當莫大の犧牲を拂つたが、結局米英のために忠實に義務を履行したといふ結果になり、その得るところは何ものもなかつた勿論、日本は何かを得んとして出兵に同意したのではない。チエッコ軍の歸還により中途より出兵目的が變り、しかもボリシエヴイズムの慘禍を豫想したため、或は專らその撲滅をはかつて、長期駐兵をも覺悟したのであつたが、これが却つて米國に逆宣傳の材料を提供する結果となり米は東亞に得た我が既得權をも否認せんとして、この機會に凡ゆる手段を以て日本壓迫に乘り出してきた。

我が方は、これに抗して、東亞における我が立場を明かにし、東亞永遠の平和のためにはかるべきであつた。また中には米國に斷乎、毅然たる態度を示し、大東亞政策の斷行を主張した具眼の士もあつたが、シベリア出兵に就ては我が國内にも贊否兩論が起り、議會では與黨、野黨互に相たたかひ、議論囂々として歸一するところを知らなかつた。これが却つてアメリカに乘ぜられる結果となつたことは云ふまでもない。

ヴエルサイユ平和條約では、アメリカの死物狂ひの活躍があつたに拘らず、その結果は米國の滿足し得るていのものではなかつた。ウイルソン大統領は、ヴエルサイユの失敗をワシントン會議で取り戾さんと、日本牽制のため凡ゆる策を準備した。アメリカ代表として暗躍したヒューズ國務長官は、會議では軍備制限條項のみならず、廣く東亞問題をも議すべきことを提案し、我が代表の强硬なる反對があつたに拘らず、シベリア出兵問題を含む東亞問題も議題にのぼされることになつた。

ヒューズはここぞとばかり、日本にシベリア派遣軍の撤兵を迫り、我が幣原代表は、この會議において、日本軍は直ちにシベリアおよび北樺太から撤兵するであらうと聲明せざるを得なくなつた。この聲明は、明かに米國の壓力によつてなされたと云はねばならぬ。斯うしてシベリアからの撤兵は、幣原聲明に從ひ、一九二二年十一月までに完了したのであつた。ワシントン會議によつて受けた打擊はそれのみではない。日本はこの結果山東を完全に支那に返し石井ランシング條約は無效とされ斯くして血によつて支那に得た既得權の悉くが危險にさらされるに至つた。

我が軍のシベリア撤兵の結果、直ちに赤軍は沿海州に殺到し、ウラジオストックを取り、ハバロフスクを略し、東亞の一角より我を脅威するが如き態勢を取つた。續いて我が方の最も恐れた赤色化勢力は遂ひに滿洲、蒙古、支那の全體を犯すに至つたのである。もしシベリア出兵により、ボリシエヴイズムを完全に東方より驅逐するを得たならば斯くの如き事態とはならなかつたであらう。この時日本は結局九億の國帑と數千の人命を犠牲にして、只赤化を得たといふことになつた。日本を斯かる事態に追ひ込んだ仇敵は勿論アメリカである。

日本は東亞の日に混亂に陥るのをこのまゝ座視するに忍びなかつた。その後臥薪嘗膽の幾年を經、滿洲事變が起り、續いてこれは支那事變となり、更に今次の大東亞戰にまで發展擴大した。これは積年の仇敵、米國膺懲のための當然の成行であるがシベリア出兵當時米國が旣に對日攻勢に積極的に乘り出してゐたことは以上の説明によりて略々明かであらう。要するにシベリア出兵は、米國の積極的對日攻勢を語る劃期的事件であり、それ故にまた我々の斷じて忘れてはならぬ事件である。思へば日本と米國との宿怨も相當長いものであつた。(完)

家庭の科學

炭の効能

木炭は燃料として、我々日本人になくてならぬ有難いものだが、効能はそればかりではない。腹痛を起した時に呑む炭素、粉や錠劑になつてゐるカーボンもいつてみれば炭に過ぎない。カーボンは中毒にも胃腸の炎症にも確かによく効く。しかし、これは他の藥品のやうな化學的作用ではなく、炭がよくものを吸收する力があるのが、主な理由である。炭は胃腸の中に入つて、まづ發生する有毒ガスを吸ふ。有毒物質もどし〳〵吸收する。從つてそれらの有害物が全身に害を及ぼすことを、直ちに食ひとめるのである。素人向の救急藥として、安全且有効なものとして覺えておいて損はない。

物を吸收する性質を利用した裝置として、廣く知られてゐるのは、水の濾過裝置である。有機質を含んだ水、鐵分で濁つた水、或ひは細菌の危險のある水などは、濾して使ふのが一番手つとり早いのであるが、この裝置にもなくてならないのが炭である。試みに木炭を擂鉢で擂りこれを漏斗に入れて、鐵分や有機性物質を含み、變な色のついた水を濾して見ると、鐵や有機物はもとより、色までも脱けて見ちがへるやうにきれいな水が得られる。つまり炭は脱色劑の役目も果すのである。この頃防空井戸を掘ることが一般に行はれてゐるが よい水が得られない場合は、どうしても、炭のお蔭を蒙るほかはない。勿論、いくら吸收力が強いからといつて百パーセント吸ひ込んでしまへば役に立たなくなるから、時々取りかへることを忘れてはならない。しかし鐵分は中に入らないから、また乾かせば元通りに使へる。

炭が濕氣を吸ひ易いことも、誰でも經驗ずみである。この性質は燃料とする場合には、濕氣の爲に熱効力を減じて、あまり感心しないので、よく乾して使ふ方がよいのだが、吸濕性に富むことは、また別に、炭に吸濕劑としての用途を加へることになる。罐に入れておいても濕り易い海苔、その他の乾物、簞笥の引出しの中で濕氣の爲に黴の其易い衣服などに、わざ〳〵アドソールなどといふ吸濕用藥品を買ひ需めるまでもなく、炭で充分である。消炭を、古い鍋か何かでカラ〳〵になるまで炒つたものを使ふのがよい。

呂宋《ルソン》島探訪記

佐藤虎男

2

その頃、海は北東の季節風《きせつふう》であつた。

満帆《まんぱん》にその風を受けながら、船は東支那海《ひがししなかい》をますます南へと、陽を追ふて進んでいつた。波が日増《ま》しに荒れ狂つた。水平線の彼方《かなた》から押し寄せるうねりが、大きな白い飛沫《ひまつ》とともに、船を木の葉のやうにゆすりつづけた。

吉岡《よしおか》九右衛門にして、木村權之丞《きむらごんのじやう》にしろ、またその配下《はいか》として乗り組んだ二十名の者にしろ、藩主松倉重政《まつくらしげまさ》が選《よ》りに選つた俊逸《しゆんいつ》な藩臣であつたが、海には一向に馴《な》れてゐなかつた。激しい船の動揺《どうよう》につれて、酔ふ者が續けさまにあらはれた。半數《はんすう》以上の者がそれに倒《たふ》れた。最初の間がひどかつた。

船に乗つてから三日目かに、部下の一人が、折角《せつかく》食つた糧食《しよくりやう》をもどして苦しむのを見た九右衛門《ゑもん》は、それでもその背《せ》をさすつてやりながら

「何といふざまぢや。しつかりせい」と叱《しか》るやうに励《はげま》した。それもその筈、隨右衛門《ずゐゑもん》の手下《てした》には一人も、そのやうな見苦しさを見せる者がない。皆、か

いがひしく船仕事《ふなしごと》に立ち働らいてゐる。九右衞門《くゑもん》はその手前にも、さう叱責《しつせき》せずにはゐられなかつた。

　しかし五日目には、その九右衞門《くゑもん》が船醉ひにまゐいてゐた。つぎつぎに部下の者が反吐《へど》をし、苦しみ始めたのを見るに見かねた九右衞門は、ぢつとしてゐられず船の胴《どう》の間を介抱《かいほう》に驅《か》けまはつた。それまではよかつたが、いざ自分が眩暈と同時に醉ひつぶれてしまふと、それはふか酒のあくる朝の二日醉ひと同じに、もう起きてなどゐられなかつた。

　靜かに横に臥《ふ》して氣を鎭《しづ》めようと、努めればつとめるほど胃《ゐ》がむかつき、呼吸《こきふ》がつまつてくる。胃は昨夜から空つぽなのに、重苦しくて仕方がない。それに、全身に膏汗《あぶらあせ》がねつとりと吹き出て、自分ながら

「何といふ恥《はじ》さらしだ。しつかりせい」と、前に何度も部下に叫んだ言葉を、吐《は》き出さずにはゐられない苛立《いらだ》たしさを感じた。齒《は》を食ひしばつて無理に起きようとすると、氣の遠くなりさうな眩暈《めまい》が襲つてくる。さうなると顎《あご》がふるへて、物も言へなかつた。

「なあ、貴殿は氣短《きみぢか》かでいかん。ぢつとかうして寢てゐれば安全ぢや。あせるのが一番の禁物《きんもつ》ぢや」

　すぐ横で、權之丞《ごんのじやう》のさう靜かに喋《しやべ》る聲がする。眼を開けることも出來ないので、九右衞門《くゑもん》は、ただそれが聞えたといふ證に

「うん」とかすかに頷《うなづ》くだけである。そのあとでは、なるほどなと、不意に主君松倉重政《まつくらしげまさ》を想ひ出し、この渡航《とかう》にあたつて「何でも腹の立つことがあつたら先づ某《それがし》の顏をおもひ起せ」と仰《あふ》せられた一言に胸先きを小突《こづ》かれてしまふ。

　九右衞門《くゑもん》とちがひ、權之丞《ごんのじやう》は船頭隨右衞門《ずゐゑもん》の言ひつけをよく守つて、醉《よ》ひが來さうに思はれると、必ず船底《ふなぞこ》に平たく臥《ふ》してゐた。船の動搖《どうえう》から身を護るには、何もかもを投げ出して、その搖《ゆ》れに身を任せるが一番だ、とさう言ふ隨右衞門に從つてゐた。九右衞門のやうに、あわてふためいて部下の間を走《は》りまはつたりしなかつた。そのために權之丞は胸のむかつく氣持惡さは絶《た》えず感じたが、醉ひまでには到らなかつた。

「吉岡氏《よしおかうじ》、どうぢや酒を吞《の》んでは。酒に醉つて船醉ひの方を追つぱらつては。さう苦んでまで誓《ちか》ひを守らなくともよからう」

「うん」

九右衛門《ゑもん》は、酒ぎらひの權之丞《ごんのじやう》から酒と聞いて眉根《まゆね》を寄せる。返事も元氣がない。すると横から隨右衛門《ずいゑもん》が、せきたてるやうに
「吉岡殿《よしおかどの》は、まるで邪宗徒《じやしゆうと》のやうに頑固ぢや。船醉ひで死ぬやうなことはないが、なにをそのやうに苦しむ必要がありますかい。さあ、轉《ころ》んだ氣持で藥酒《やくしゆ》を一ぱいぎゆうつと——よう利《き》きますぜ」と大きい聲をあげた。

「うん」

九右衛門《ゑもん》のその返事には、さうしようかといつた響《ひゞき》が含まれてきた。元來、九右衛門《ゑもん》は酒好きで、毎晩夕飯前に一二本の德利《とくり》を缺《か》かしたことがなかつた。三年前にその妻が喪《な》くなつてから、特にその量《りやう》がふえてきた。時には、夜つぴて呑んで、朝起きてもまだ赭《あか》い顏をしてゐることがあつた。しかし、この度の大役を仰せつかつた途端《とたん》に、九右衛門はその好きな飲酒《いんしゆ》をきつぱりと斷《た》つた。酒呑みは、とかくその酒のために失敗《しつぱい》を招きがちである、何かの機會があつたらその癖を除《のぞ》かうと考へてきた觀念を、一度に實行に移《うつ》したのであつた。船に乘つてからも、一度も盃《さかづき》を手にしなかつた。すぐ横で、隨右衛門が南蠻酒《なんばんしゆ》とか呼ぶ強い匂ひの酒をたしなんでゐる時でも、九右衛門《ゑもん》は笑つて見てゐた。

長崎の商人糸屋《いとや》隨右衛門《ずいゑもん》は、それまでに商販《しやうはん》のため、二十四回呂宋《ルソン》に渡航《とかう》した。だから今回は實に二十五回目の往航である。同じ土地に二十數回通へば、海流《かいりう》、風の方向、天文はもう手にとるやうに熟知《じゆくち》してゐるのが當然《たうぜん》である。その當時、長崎《ながさき》はおろか九州一圓にこのやうに練達した船頭はゐなかつた。その部下にしても同じであつた。だから今度の渡海《とかい》にあたつて、長崎奉行竹中重次《たけなかしげつぐ》が、この糸屋を松倉重政に推擧《すいきよ》したのも、なるほどと頷《うなづ》かれるところである。

これほどの隨右衛門であるから、船醉《ふなよ》ひくらゐ疾病の中に加へてゐなかつた。反吐《へど》に、死ぬほど苦しんでも、二日醉ひと同じで、その時期《じき》が過ぎればけろりと治《な》る。すぐ横で九右衛門《ゑもん》が、呼吸もたえだえに背をのけぞらせて、それでも吐き氣《け》を押へようと努めてゐるのを見ながら、手を貸さうともせず平然としてゐた。その代り、酒をのめ呑めと、そればかりを勸《すゝ》めるのである。

隨右衛門は、このこともあらうと豫想《よさう》して、かなりの日本酒を用意してゐた。船底の一番冷える個所にその幾樽《いくたる》かを、蓄《たくは》へてゐた。その日本酒に鹽を混《こん》じて、醉ひが來る頃を見はからつては絶えず呑《の》ませる。飯は幾日食はなくともよい。さうすれば、むかつく胃《ゐ》も自づと鎮《しづ》まり、第一、酒の醉《よ》ひのため波のうねりを身體に感じなくなるのだ。

「惡いことは言はぬ。この糸屋に騙《だま》されたと思つて、たつた一杯《ぱい》だけ呑んでみさつしやれ。船に乘つたら、船頭の言ふことは聞くものぢや」

さう言ふ隨右衛門は、ちやんと鹽加減《しほかげん》を調合した酒と盃を用意して、九右衛門の枕元《まくらもと》に竝べてゐる。それが權之丞にも、もどかしくて見てゐられない。

「酒だと思ふからいかん。藥《くすり》だと思へば何でもない。好きな藥を呑んで、それで氣が樂《らく》になればこんな極樂《ごくらく》はないがのう。殿《との》は貴殿《きでん》に酒まで止せとは仰せられなかつたぞ」

「うん、それもさうだが」

「俺は貴殿の目附役《めつけやく》だ。目附役の言ふことを聞いてもらへぬやうでは、この俺はもう島原《しまばら》へ歸るより外はない」

窪《くぼ》んだ眼をいつそうへこませて、悲痛《ひつう》な表情のまま、權之丞の氣持をさぐつてゐた九右衛門は、ふうつと溜息を吐くと同時に

「ぢや藥をのまう。盃《さかづき》などでは面倒くさい。德利のまま俺の口に流しこんでくれ」さう、隨右衛門に命じた。

その時、九右衛門は二本を空《から》にした。匂ひを嗅《か》ぐだけでむかつく胸元《むなもと》に我慢《がまん》して、續けさまに呑んだ。

隨右衛門が保證《ほしやう》したやうに、九右衛門は見る間に元氣になつた。さほどまで丸一日、もがき苦しんだ吐氣《はけ》も何處へ消えたのか、酒の醉《よ》ひに、もう、盛んに搖れる船も感じなくなつた。ゆらりゆらりと大きい隆起《りうき》をなして寄せる波が、まるで凹凸《あうとつ》の激しい路に見える。歩けば素足《すあし》で歩けさうだ。

船上で、潮風《しほかぜ》に吹かれながら、九右衛門はその廣い額《ひたい》を面白さうに叩《たた》き

「よく利《き》く藥ぢやのう。こりや呂宋《ルソン》に著くまで呑《の》みつづけるとしよう。酒呑みが酒をよすと、かくも天罰覿面《てきめん》ぢや。はつはつは」と笑つた。急に、何の障礙《しやうがい》も蹴とばしてしまふほどの、激しいそれでゐておほらかな氣持が、果しない海面を見つめるその眼からぐつと足先きへ充《み》ち擴《ひろ》がつた。

九右衛門は、よろけるやうにして船舷《ふなべり》から船室へ駈けおりた。そこには、まだ幾人かの部下が酸《す》つぱい臭氣《しうき》の中に倒れて、呻《うめ》いてゐた。中には、死人のやうに蒼《あを》ざめて、口を開いたまま寢てゐる者があつた。

「これは何たるざまぢや。愚圖《ぐづ》々々してゐる場合でない。俺が今によい氣附け藥を呑ませるから、待て。そのやうぢやたうてい呂宋《ルソン》までは覺束《おつか》ないぞ」

さう叫んだ九右衛門は、すぐ足元《あしもと》に伏さつてゐる片山兵九郎の肩に手をかけて、無理に引き起した。そして、平手で強くその背を撲《たた》りつけた。そこから汗にしめつた大きい音が船室にひびいた。片山《かたやま》は、もう二日、そこに寢つづけてゐた。九右衛門《くゑもん》は、糸屋の部下に、すぐ徳利《とくり》を持つてくるやう早口《はやくち》に命じた。

「酒は眞つ平ぢや。御容赦《ごようしや》ねがひたい」

片山は兩手《りやうて》を合はせるやうにして頼む。

「酒だといつ言つた。藥ぢや藥ぢや」

九右衛門はさう言つて、そこへ持つてきた徳利《とくり》を受取ると、片山の口を無理《むり》に押し開いて流しこんだ。そして片山が終ると、つぎつぎに倒《たふ》れてゐる部下を引き起しては、呑ませていつた。

このやうな騒《さわ》ぎが、船の中で起きてゐた。しかし、船それ自體《じたい》は何ごともないかのやうに、白い帆《ほ》をふくらませて、一路南へと波をすべつて走《はし》つてゐた。あひ變らず大きいうねりが、幾丈もの起伏《きふく》を見せ、舷側《げんそく》にぶつつかつては、輝く陽に虹《にじ》のやうな飛沫《ひまつ》をたてつづけた。

藥酒のため再び平靜にかへつた船室には、呻《うめ》きごゑや吐きごゑの代りに、笑ひさざめきと航海《かうかい》の安全を祈る文句が充ち滿ちた。故國《ここく》の話と、まだ見ぬ呂宋《ルソン》の物語に夜は明け日が暮れていつた。

一日一日、渡海は平穩《へいおん》であつた。激しい雨に襲《おそ》はれたことがあつた　猛烈《まうれつ》な波の日があつた。それでも船は無事に進んでいつた。

その代り一日增《ま》しに暑さが加はれていつた。出發の時の冬仕度が、だんだん夏物に變つていつた。强い潮風《しほかぜ》に吹かれてゐながら、腋《わき》の下や背中から―滴《した》るやうに汗が流れはじめた。

「こりや暑い。まるで雲仙《うんぜん》の地獄の中にでも飛びこんだやうぢや。ざつと一雨こぬかのう」

九右衛門《ゑもん》は、額にたまる汗を性急《せつかち》にぬぐひながら、苦しさうだ。傍で煙管《きせる》に煙草をつめてゐた隨右衛門は、流石《さすが》に馴《な》れたもので、汗一つ流さない。

「なんの、これくらゐの暑さはまだ暑さの中にはいらん。呂宋《ルソン》へ著いてみさつしやい、それこそ骨《ほね》が汗をかくからなあ」

うんさうだ、暑さぐらゐにへこたれてはならぬこの身だと、九右衛門は歯を食ひしばつた。無事に呂宋《ルソン》へ著かねばならぬ、呂宋《ルソン》では主君の命《めい》による命《いのち》がけの仕事を果さねばならぬのだ。故郷《こきやう》の島原で主君は、その報告を一日千秋《しう》の思ひで待たれてゐるにちがひない。

九右衛門は來る日來る日に、航海の安泰《あんたい》と部下の健康《けんかう》を祈つた。自分の身に代へても、船が安全であることを願ひつづけた。

しかし、月が霜月《しつき》から師走《しはす》へまはらうとする頃、權之丞が激しい疫病《えやみ》にとりつかれてしまつた。何を食つたのが原因か、みな同じ物を食つた後とて、權之丞《ごんのじやう》がひとりだけ、ひどい下痢に倒れたのが不思議《ふしぎ》でならなかつた。多分、身體がそれだけ衰弱《すいじやく》してゐたためであらう。下痢は、糸屋の煎じる藥も利《き》かず、毎日つづいた。その上、呻《うめ》きを發するほどの熱が襲《おそ》つた。

「こりやひどい痢病《りびやう》ぢや。なかなか止まらぬ。このうへ食はしては、生命《いのち》にかかはるかも知れん」

艫《ろ》に近い船室の、權之丞の枕元《まくらもと》で、隨右衛門は、さう言ひながら首をかしげた。

「なんの、大したことはない。うんと食へばすぐに治《なほ》る。あまり船に搖《ゆ》られたので、身體《からだ》がひだるくなつたのぢや。もう一ぺん飯《めし》を食はしたら、どうかな」

九右衛門《ゑもん》は一日も早く權之丞《ごんのじやう》をもとの身體にしてやりたくて、ぢつとしてゐられない。「ちぶす」の狀態《じやうたい》にゐる權之丞に、隨右衛門《ずゑもん》にかくしてでも飯《めし》をとらせようと試みる。しかし隨右隨門は、船頭《せんどう》のながい經驗《けいけん》から、この痢病は食はずにぢつと我慢《がまん》してゐさへすれば治《なほ》ることを心得てゐる。前に何度も、船夫をその危險《きけん》から救つたことがある。水も與へてはならない。

同じ寢床《ねどこ》に寢たきりの權之丞は、日數の經つにつれ、だんだん憔悴《せうすい》にその身を蒼《あほ》ざめさしてきた　船の搖れが、その病狀を左右した。

やがて、その眼《め》の色から光が消えうせた。吐《は》く息も、落ちくぼんだ頬《ほゝ》の下で苦しさうであつた。あひかはらず熱だけが高かつた。隨右衞門は、これは駄目《だめ》かなと思つた。しかし九右衞門は、あくまでその回復《くわいふく》を信じた。今の場合、さう信ぜずにはゐられなかつた。

「助かつてくれ、さうでなければ俺は殿《との》に會はせる顔がない。それから貴殿の妻女《さいじよ》に會はせる顔もないぞ」

枕元《まくらもと》に坐りながら、九右衞門は流れおちる汗《あせ》の下で、一心にさう祈願《きぐわん》した。

師走《しはす》の日々が一日一日と過《す》ぎ去つた。

その間《ま》に、九右衞門があれほど待ちつくした高砂國《たかさご》（臺灣）の近くを、船は何時の間にか通過《つうくわ》してゐた。一度も、波の上にその姿《すがた》を見ずに、はるか荒《あら》い波の上を、南へと南支那海へはいつてゐた。

そして糸屋の操《やつ》るこの船は、一路呂宋《ルソン》へと近づきつつあつた。前よりもいつそう荒だつ波に、その帆《ほ》を濡《ぬ》らし覆るほどの傾《かたむ》きを見せたまま走つてゐた。輝く陽の下に遠くから眺《なが》めると、それは九右衞門の意志《いし》そのまま、主君の命に必死になつて馳《か》ける人間の姿《すがた》に似てゐた。

しかしその時、當の松倉重政《まつくらしげまさ》はこの世にはゐなかつた。この船が長崎の港《みなと》を出發してから五日目の十一月十六日に、急病のため歿し、あとを長子長門守勝家《ながとのかみかついへ》が相續してゐた。

それを九右衞門一同は知る由もなかつた。日頃からあれほど壯健《さうけん》であつた重政《しげまさ》が、死ぬなどとは夢にも思はなかつたのだ。若し九右衞門が何かの方法でその死を知つたとしたら、きつと殉死《じゆんし》をしたであらう。生前に受けた鴻恩《こうおん》に報いるためには、その生命《せいめい》を斷つこと以外に手段《しゆだん》がなかつた。ところが九右衞門は、呂宋探訪《ルソンたんぱう》を果して翌る年の八月六日、無事にその身と部下だけで長崎《ながさき》に歸り著き、それを始めて知つた。

船はその運命に、ますます逆《さから》ふ勢《いきほ》ひで南へと下つてゐた。また船の中では、一切が主君《しゆくん》のために爲される行動であつた。そこには盡忠《ちう》以外の何も見出《いだ》されなかつた。

權之丞《ごんのじやう》の病状が惡化《あくくわ》するにつけ、九右衞門は激しい惱みに身を嚙《か》まれた。大役を果して再び長崎に歸り著くまでは、どうあつても生かしておかねばならない。若しそれが駄目なら、呂宋《ルソン》まででも、そこの土地を一と眼見るまででも生命をながびかせねばならぬ。

　日頃から色白の顔を、見る影もなく憔悴《せうすい》させて、苦しさうに肩で呼吸《こきふ》してゐる權之丞《ごんのじやう》にすがりつくやうにした九右衛門は、それまでに何度も吐いた言葉をまた繰《く》りかへす。

「なあ、飯《めし》を食へ。食はぬから元氣がないのだ。糸屋《いとや》の言ひつけを聞く必要はない。

　傍に糸屋がゐない時を見はからつてさう勸《すゝ》めるのであるが、權之丞は、かすかに頷《うな》づくだけで、もう眼を開けることも大儀《たいぎ》さうだ。

「いやなのか。さうか。それぢや呂宋《ルソン》に著くまでいのちがもてないぞ。しつかりしてくれ。貴殿《きでん》がかうやつて渡海するのも、なにもみなこの俺のためだ。若しものことがあつてみろ、この俺は――」

　額《ひたい》から首根《くびね》から汗びたりになつて九右衛門は、もう言葉が續かない。生死の境を彷徨《さうこう》してゐる一個の生命《せいめい》を前にして、ふかい悔悟《かいご》に首垂《うな》れるばかりである。第一、故郷《こきやう》へ歸つて、このことを重政《しげまさ》にどういつて詫《わ》びてよいのか。詫びの仕樣《しやう》もない。それに餘計に苦《くる》しいことは權之丞の家内に、面《めん》と向つて告《つ》げる言葉のないことである。その妻にすれば、武士《ぶし》の妻らしく取り亂《みだ》したりしないことは日常の交際で分つてゐても、内心《ないしん》自分を恨《うら》みに思ふことは想像が出來た。また歳《とし》もゆかないその二人の子供が可哀《かあい》さうでならなかつた。出發の時に、頭《あたま》を撫《な》でて別れを惜《を》しんだが、その姿がまだ眼底にすがつてならない。何より、權之丞との仲が親《した》しいだけに、いつそう結果はよくない。九右衛門は、ぢつと病んだ友を眺《なが》めながら、胸元《むなもと》にこみあげる熱いものをおぼえた。

「これは、俺《おれ》のいのちを捨《す》てても、助けねばならぬ。俺はこの身ひとつの自由さだが、木村は、あとに三人の係累《けいるい》をもつてゐる。何かよい考へはないものか」

　その時考へついたのは　この痢病《りびやう》に直ちに利《き》く藥のことであつた。權之丞《ごんのじやう》が寢ついて、糸屋は何度も煎《せん》じ藥をこさへて呑《の》ませた。しかし一向に利《き》き目《め》は見えなかつた。若し今、船醉ひにあればどよく利いた鹽酒《しほざけ》のやうなのがあれば、權之丞も苦《くる》しまなくて治《なほ》るにきまつてゐる。鹽酒はあれからも、毎日呑むためか、一人として船に醉ふ者が出なくなつた。その效果《かうくわ》は大したものである。それを思へば思ふほど、船にない痢病《びやう》の藥がなさけない。

九右衛門は心配顔《しんぱいがほ》に、隨右衛門に訊いた。

「もう高砂《たかさご》の島はとつくに過ぎたのか」

「三日前かに過ぎた

「ぢや、呂宋《ルソン》へ行くよりは近いのだな」

「そりやずつと近いが、一體《たい》なんで――」と隨右衛門は、その陽《ひ》やけのした顏に訝《いぶか》りの色をたたへた。

「いや何でもないが」と九右衛門は一寸《ちよつと》言葉を落《おと》して「木村氏のことで相談をしようと思つたのだが、あれはこのままではどうにも危《あぶな》い。それで高砂《たかさご》の何處かへでもこの船を著けてもらつて、手當《てあて》を加へたらどうかと考へたのだ。どうかな。さうすればあそこにはよく利く藥もあらうと思ふが」

「それは駄目ぢや。もうひつ返すわけにはいかんでな。なにしろかなり通《と》りすぎてゐることだし、若し萬一、そこへ船を返したことで、この病氣に利く藥はありやしません。食はんで我慢《がまん》するのが何よりの藥でして、それよりも一刻も早く呂宋《ルソン》に著く算段《さんだん》をなさつたがよい」

「このまま辿《たど》れば、そりや呂宋《ルソン》には著くだらう。それでは情《なさけ》けない。のう、何とか船を返してはくれまいか。俺のはじめての願ひだが、聞きとどけてはくれまいか」

隨右衛門《ずゐゑもん》は相手のさうした懇願《こんがん》に、ちらつと當惑《たうわく》の眼つきを見せたが、きつぱり言ひ放《はな》つた。

「やつぱり駄目《だめ》なことぢや。あきらめなさつたがよい。このまま進むより外に道《みち》はありませんなあ」

九右衛門はこの船頭が頑固《がんこ》で、人の言《げん》に左右《さいう》されない男であることを知つてゐる。呂宋《ルソン》へ二十回も渡航《とかう》してゐながら、それでゐて一回も難破《たんぱ》したり漂流《へうりう》したりしなかつたのも、勿論運《うん》も手傳《てつだ》つたにはちがひないが、そのすぐれた勘《かん》が危機を救つたといへる。その勘で得た信念を強氣《がうき》で押し切つて、よく成功《せいかう》したといへる。だから今回も、九右衛門がどう懇願し、哀願《あいぐわん》さへしても、隨右衛門はその眼で睨《にら》んだとほり、一路呂宋《ルソン》へと船を走らせることを意圖《いと》した。

その隨右衛門の意志《いし》をよく辨《わきま》へてゐながら、九右衛門はなぜだが腹《はら》の蟲がおさまりかねた。自分の申し出を頭《あたま》ごなしに否定《ひてい》してかかる相手の强情《がうじやう》さに、少々腹が立つた。少しぐらゐ自分の氣持を容れてくれる寛大《かんだい》さが欲しいものだと、九右衛門はそのまま隨右衛門の傍《かたは》を離れながら、暫らくは暑さも忘れてゐた。

しかし船の中で相爭《あひあらそ》つてみたところではじまらないと考へ直《なほ》した九右衞門も、また權之丞の枕元《まくらもと》へかへり、その蒼ざめきつた顏を見るにつけ、一刻《こく》も早く土を踏《ふ》ませてみたい念ひに捉《とら》はれる。このやうな蒸《む》し暑い船の胴《どう》で搖られどほしでゐることが、病氣にどれほど惡《わる》いかは隨右衞門にも分りさうなものだと考へると、ぢつと坐つてゐられない焦《いら》だたしさを感じてくる。高砂島《たかさごじま》に上陸して、どこか民家《みんか》にゆつくり休ませて治療《ちりやう》させれば、すぐに治《なほ》りきるやうな氣がしてならない。そこには、このやうに熱《ねつ》しきつたのとちがつて、涼しい風が吹《ふ》いてゐる。その風に當るだけでも、どれだけ效果《かうくわ》があるか分らない。それを思ふと、一切短氣《たんき》ぶりを發《はつ》揮すまいと心に鞭《むち》をあててゐる九右衞門も、默《だま》つて病人を看《み》てはゐられない。

海が夜に入つて、もうどうにも思案《しあん》の仕樣がなくなつた九右衞門は、勘定役《かんぢやうやく》の片山兵九郎に相談に行つた。暗《くら》いその室《へや》の隅《すみ》で片山を捕《とら》へると、晝間の糸屋とのことを殘らず語り、良い考へはないかと問ふた。

片山にしても、呂宋《ルソン》へ直行《ちよくかう》するより、一度船を高砂《たかさご》へ戻して木村を上陸《じやうりく》させたがよいと考へた。そして若し治りきるまで船を留《と》めることが出來なければ、すぐまた呂宋《ルソン》へ出帆したがよい、とそれまで慮《か》つた。それを九右衞門に述べたあとで、兵九郎はつけ加へて言つた。

「その看護《かんご》にはこの片山が殘るとしませう。自分一人だけでも木村氏《きむらうぢ》は不自由はされますまい。そして呂宋《ルソン》からの歸りに、そこへ船を寄《よ》せてさへもらへば、殿《との》に御心配をおかけ申す節《ふし》は少しもありません。勘定役《かんぢやうやく》は誰かにまかせるとして――」

「さうか、それはよい考へだ。何にしても、俺は木村氏《きむらうぢ》を見殺《みごろ》しにすることは出來ぬからな。どんな手段をつくしてでも助《たす》けねば、この俺は面目《めんぼく》がたたぬ」

九右衞門《ゑもん》は、さう感《かん》きはまつたやうに言つて、思はず片山の兩肩先《りやうかたさき》をしつかと手でつかんでゐた。兵九郎は暗《くら》がりの中で、九右衞門の眼《め》に光《ひか》るものを見とめた。

そのあくる日の朝、氣持《きもち》の靜かな時を見はからつて九右衞門は糸屋《いとや》に相談した。前の夜、片山《かたやま》兵九郎から聞いたことをありのままに告げた。そして船頭の前に頭《あたま》を下げんばかりにして言つた。

「しつつこいやうだが、もう一ぺんだけたのむ。どうか船を返してくれ」

　いちいち頷《うなづ》きながら聞いてゐた隨右衞門《ずいゑもん》も、さう出られると、一氣《き》にその强氣《つよげ》を見せるわけにいかなかつた。汗びたりになつて一心に賴み入る相手を見てゐると、餘計にそれが出來ない。しかしそれかといつて、今更退《ひ》くことは絕對に出來なかつた。

「貴殿の御氣持はよく分る。でも前に何度も申したやうに、この船に乘つたら一切合財《さいがつさい》船頭にまかせられたい。それに申しあげたいことは、この糸屋《いとや》は貴殿《きでん》の主君の命令で呂宋へ渡航《とかう》するのではないことです。長崎奉行《ながさきぶぎやう》つまり竹中樣の命令《めいれい》によつて船を出した。松倉樣が自分に命《めい》を發せられたのなら、船を返しもいたしませうが、竹中殿《たけなかどの》の命とあれば、貴殿《きで》の言ひつけを聞くことは出來ません。まあそれにしましても、とにかく、木村氏の御意見《ごいけん》を伺はれては如何です。病人の意志《いし》をたしかめることも必要かと思はれますが――」

　それに九右衞門《ゑもん》は何と返辭《へんじ》をする言葉もなかつた。手の甲でその廣い額《ひたい》の汗をぬぐひながら、さしせまつてくる怒氣をぢつとおさへて默《だま》つてゐた。それが普通なら、短氣《たんき》にまかせて相手《あひて》が糸屋であらうと、刀を執《と》つてでも船をとつて返らせるほどの腕《うで》を見せたであらうが、場所《ばしよ》が何して船の上であつた。それに九右衞門《ゑ》は、現在背負《せお》ひきれぬほどの役目を身につけてゐる自分自身を、よく自覺《じかく》してゐた。

　その場を外《はづ》して、九右衞門は船の上へのぼつていつた。糸屋の口から發《はつ》せられたあの言葉のあと、權之丞《ごんのじやう》の傍につき添《そ》ふて、死に直面してゐるその相を見る氣が起きなかつた。權之丞にいくら勸めてみたところで、自分のために船を戾せとは言はぬ氣性《きしやう》を、九右衞門《ゑもん》はよく知つてゐる。聞くだけが愚《おろ》かである。あくまで呂宋《ルソン》に向つて走れ、ともう動かす力のない唇をふりしぼつて、さう叫《さけ》ぶにちがひない木村權之丞を、それだけに九右衞門は悲《かな》しくて見てゐられなかつた。波の水平線を蹴《け》つてさしのぼつた陽が、海いちめんを眞つ赤に染めて燃《も》えてゐた。また暑い一日が、海の底ふかくまでつづくことであらう。その中を、船は帆《ほ》を風にふくらませたまま、一散に南へと走《はし》つてゐた。

　帆柱《ほばしら》の脇に胡座《あぐら》を組んで坐つた九右衞門は、その眼に悲壯な光を見せて、ぢつと海と陽《ひ》のつづく果てを眺《なが》めた。潮の强い香に思はず息《いき》のつまるほどの苦しさをおぼえた。（完）

切抜帳

〇廣田特派大使の泰國に於て着用された純白の大禮服は、十數年前外務省が熱帶地方にゆく者の爲に特に造つた海軍式の麻白服で金モールをつけるやうになつてゐるが、あの服は〝熱帶地に限り使用することを得〟との附帶條件があつて内地では着られないことになつてゐる。(東朝)

〇宣傳班員として南方で大活躍して歸つてきた藤田氏にあちらの服裝をきくと、男は佛印では半袖、半ズボンだが、昭南島ではデング熱の豫防のために長いズボンを履いてゐる。上衣は全然着ずにシャツだけでシャツには肩章があつてその上にボタンがついてゐる。この肩章は飾りでなく、このボタンにシャツの袖口のボタン穴がかけられ、また膝のところのボタンも長ズボンの裾とつなぎ合される樣になつてゐてボタン一つさへ飾りではなく實用なのに感心した。(東朝)

〇例年にない暑い夏を迎へて各新聞の家庭面に開襟、半ズボンの説が各人各説に起きた。東朝では衞生的立場から開襟、半ズボン提唱し、東日では國民服の改善問題を、讀賣は防暑服について翼贊會の意見を書いてゐる。大體に於て開襟半ズボン説が濃厚である。只國民服の改善問題は、夏期に於ては中衣の半袖、半袴を認めてゐるからこれを用ひればよいと思はれる。(東朝・東日・讀賣)

〇女學校の裁縫の問題を文部省督學官成田順子女史にきく

これからの被服に就いては國民一般の衣の生活指導をすることが建前で、着物や洋服をつくる場合にも技術を無視するのではないが、技術の奴隷になるやうな裁縫をしてはいけない。縫ひ方だけではなく、着方、手入れの仕方、仕舞ひ方など綜合的な教育が必要である。(東朝)

〇合理的な衣の生活について自由學園教授篠遠よし枝氏は自己の經驗より裁縫の計畫化を提唱してゐる。家内中の衣類を整理し、新調、繕ひ、直しと計畫を立て、一枚の布團は何時間かゝる着物は何時間と測つてみて豫定をつくりそれに依つて生活の科學化と簡易化を提唱してゐる。(東朝)

〇伊豆下狩野村の船原でモンペを基準とした女子青年團の制服は襟のないワイシャツを上着とし、腰に伊達卷をまくそれを二寸程のぞかしてモンペをつける。服はこれだけで、帽子は陣笠風の三角帽子。全體の調子は直線的で素晴しい調和をみせ、伊達卷など女の身だしなみとしてよい。問題はモンペで、こゝのは男のズボンに近い。フランスのアダムの裁斷法はズボン裁方の最も理想的なもので、身體の各點と點とを直線にする方法であるが、知らずしてこの部落のモンペはその形である。東北の樣な風よけがないから後がモタ〳〵してゐない。都會に於ても男のズボン式モンペにすればきつと美しい服が出來よう。大谷省三寄(都)

〇婦人の衣生活の問題は、婦人國民服たるべき標準服制定以來識者間の贊否交々の説が報ぜられて正に、婦人衣服革命期にある。今月の雜誌の中より次の二座談會の内容をみると、婦人朝日の新日本女性の風俗と題する座談會に於ては、現在の女性服裝の混亂狀態にメスを入れ、傳統的な服裝の研究を、現代の服裝に結びつけ、それに美の基準、機能的な點、死藏品の活用のこと、衞生上等種々の問題に就いて討議し、制定された婦人標準服をとりあげて、簡素と健康と美とを備へ、且集團美をも持つものにすることを要望し日本獨自の服裝文化の確立の必要さをといてゐる。

出席者　上泉秀信、佐竹武美（厚生省生活局）、新居格（評論家、横山美智子（作家）、杉野芳子（洋裁家）

一方婦人日本誌上には服飾の新方向と題して、婦人標準服を中心とし、和服美の檢討から、標準服の美の問題、健康上からみた和服と洋服、生活と衣服、色・柄のこと、型や安全感について、等對立的意見の討議に依つて進められ、反物の長さ等の實用問題を早く解決することを望み、新しい服裝の基本を示す標準服に新しい美をつくることを願つてゐる。

出席者　齋藤佳三（大日本婦人服協會常務理事）、田中千代（デザイナー）、富安龍雄（大日本婦人會生活課長）、仲田菊代（洋畫家）、柳宗悅（日本民藝館長）、吉田謙吉（舞臺裝置家）、村岡花子

○婦人標準服の應用型

標準服の基本型が發表されてから次々と應用の美しいデザインが發表されて、若い人々を喜ばせてゐる。浴衣のお古で作つた單純な縞の効果の上つたもの、お婆さんのちゞみで縞を寄せて胸元を若くした型、久留米絣の更生等と實に標準服は多種多樣である。應用型の若い人達向きに作る時の要所をあげると、

1袖山は原型は低いが、少々あげるとすつきりする。
2前の合せ方を各人の好みにする。
3スカート裾幅を少々廣く。
4襟をつけてもつけなくともよい。
5袖は半袖でも着物スリーブの日本的なよさを用ひる。

杉野芳子女史談（東朝）

○衣料切符の期間が一年延長されて、再來年の一月三十一日迄使はれることになつた。家庭への注意を商工省當局にきく。

もと／＼衣料切符の期間を一年にしたのは、一年の終りにどれだけ使つたかを調らべて、あまつたのを回收しようとする計畫でつまり一般家庭人に計畫的な「衣」の消費生活をさせるのが目的である。ところが一年間になると買ひ急ぎをする人が出てくるので二年に延長したが、これで國民の衣生活の消費を打ち切ることではなく、むしろ拍車をかけるものである。その主な狙ひは、國民が戰時下に於ける生活上必要缺くことの出來ない衣料品のみを調達して不要不急なものは徹底的に節約し、又切符獻納運動も決して矛盾するものではないからどし／＼して貰ひたい。

衣料計畫も一年では無理なので、澤山切符の必要な新入學生達の爲にも都合がよい。又配給方法も必要な人にはふやす樣な方法も考へてゐる。たとへば靴下や足袋四足までは二點だが、五足六足目にはその倍になるといふ樣になるなど。（東朝）

服飾界たより

〔日本簡易服装研究會生る〕

時局と共に簡易服装化が叫ばれ、これが研究家や實踐家も可成り澤山あるやうだが、今日までこれら研究家の團體的組織を持つたものはなく、時折り新聞雜誌に發表されるものもみんな個人的な考案發表であるが、今回一流美容家を中心に一流社會人から成る「日本簡易服装研究會」が誕生した。會長は松平俊子氏で常任理事には發起人の小幡惠津子（資生堂）伊藤佳子（レート）佐藤まち子（メーゾン）千葉益子（マリールキズ）氏等が中心になり、顧問には德川義親侯、花柳章太郎、市川猿之助、伊藤深水氏等有名社會人數十名が參加しており、情報局、翼賛會、商工省あたりも應援してゐるやうだ。六月三日に發會式を擧げたばかりだが、九月頃から新聞雜誌を通じて大いに銃後國民生活の服装問題を檢討してゆこうと意氣込んでゐる。

〔大日本婦人服協會の初仕事〕

男子の「國民服」に次いで女子の「標準服」が定められ、これが普及の目的から「大日本婦人服協會」――會長、吉岡彌生女史――が六月四日誕生、その發會式を同日軍人會館で行つたが、その席上で早くも　婦人標準服の應用型」が展示されたことは驚異的スピード振りである。當日は五種の應用型の發表があつたが、何れもちよつとした部分に氣のきいた考案が施されてあつて、應用型とも思へない新型のやうな感じのするものが多かつた。これをみても「標準服」は應用が自由で各自の考案でとても素晴らしいものが今後もどし〳〵生れて來るのではなからうかと思ふ。

〔男子頭髪に翼賛型選定さる〕

……男の頭髪の刈り方にも、米英型は斷乎これを驅逐せよ……と起ち上つた大日本理容協會では、大政翼賛會とも連絡をとつて日本男子の髪型として最もふさはしい活動的で經濟的で、衞生的な「純日本式男子頭髪の型」を研究してゐたが七月廿五日これが決定をみたので早速に全國の會員理髪店にこれを通達して新型の普及に乘出すことになつた。

新らしく決つた型は三種で、その各々の特徴は次の通りである、讀者よ、よく讀み合せて自分のおつむにはどの型が最も適してゐるかを早速に決めて下さい。

△一號型――長髪で前髪は一寸乃至二寸程度、分け方は隨意とする、

△二號型――中髪は五分乃至一寸程度周閒はバリカンで刈上げる、

△三號型――短髪で總五分刈、學生未成年者はこの型が適する、

〔女子翼賛髪型選定の議起る〕

大日本淑髪聯盟では昨年末「婦人標準服」の選定されるや、直ちに　婦人標準服」に似合ふ「標準髪型」三種を選定發表したが、これは宣傳力に缺けてゐるといふのが、實踐力に乏しく、折角の「標準髪型」も街頭には出ずして今日すでに世人からは忘れられてゐるが、ときたま〳〵男子頭髪翼賛型」が過日發表されたので、淑髪聯盟の幹部の間にはまた女子「翼賛髪型」選定の議が起つてゐる。七月卅日の東京日日新聞紙上にはその第一回作品ともおぼしき「ちらし髪」の變型が二種記載されてゐた。この「ちらし髪型」は早くから關西地方では禁止されてゐるものであるから關東地方でも改革されて當然のことである。淑髪聯盟よ！今後もどし〳〵改良された「翼賛髪型」を發表されるやう希望する。

國民服着用の實際を觀て

浙泉生

一

國民服が昭和十五年十一月勅令第七百二十五號を以て制定公布せられてから最早一年十月の日子を經過した。此間國民服の普及宣傳等の任務を以て設立せられた大日本國民服協會は講演會、展覽會、雜誌、パンフレツト其の他各種の手段により一般大衆に對し、將又洋服業者に對し國民服制定の趣旨を解明し、正しき縫製法と間違ひなき着方に就ても極めて懇切に説明を爲して來られた。併し國民中には國民服制定前に所持してゐる背廣やモーニング等があるので、國家經濟上の見地から觀ても是等の洋服を差措いて徒に國民服を求むるは其の趣旨にあらず、學校を新に卒業したとかで新規に洋服を作る場合には努めて國民服を以て之に代ふ様に必要の抑止と反省とを促されたのである。之は一面國民服の地質が時局柄潤澤に供給せられない事情もあつたので可成直接必要な部面に流れることを希求せられたからである。

昨今國民服の普及狀態を觀るに統計的な正確なる數字は未だ其の資料を求め得ないので、之を別として都市街上又は集會等に於ける模様より判斷して時日の經過に從ひ非常な勢を以て漸增しつゝあることは否むことの出來ない事實である。又旣製服の賣行狀況を聽いても國民服は欲求の對象として相當な地位を占めてゐるらしい。國民服の普及を擔任してゐる者より觀れば私かに滿悅を覺ゆる次第であらう。

然らば吾等は唯此の滿悅以外に何物をも感じないかといふに左様ではない。

二

第一には地質の粗惡なものが多いのが目につく。元來國民服制定の目的の一は必要に際し其の地質を以て直に軍用に轉換し得せしめるにあるが故に、民需としてもいかがはしい様な粗惡な地質は畢竟國民服には適しないものである。併し今日の如き纎維供給狀況至難な時局下に於ては此の理想を實現することは頗る難色があるのであるが、局に當る者は常時此の目標に近接せしめる樣努力すべきは當然であり、又着用する者としても國防色でさへあればどんな物でも構はぬといふ樣な心持は取除かなければならないものと思ふ。

第二には國民服の仕立に關することであるが講習會に於ては充分會得せしめられてあるし、又規格や其の他の方法により明示されてあるに不拘、世人の着裝してゐる狀況から觀て正しき縫製によつてゐないものを散見するはお互に留意すべき事と考へらる。一番良いことは檢査制度を確立して不正規品を世の中に出さない樣にすることであるが、兎も角檢査を爲さずとも正しき製作が出來るといふことが最も望ましい事である。切に當業者の面目にかけて奮起せられんことを希望する次第である。

第三には其の着裝法であるが、中衣の存在を無視してゐる者が少くない。ワイシャツ、ネクタイ排除が制定の眼目になつてゐることは勅令に明かに示されてゐる。然るに少からぬ數の人は敢て勅令違反行爲をして顧みざる狀況を觀るは誠に遺憾の次第である。若し不用意にして氣が付かなかつたならば直に改めて頂きたい。又知つて居りながら違反をしてゐる向は反省を必要とする。殊に昨今暑氣に不拘ネクタイをして苦熱を我慢するのは如何なものであらうか。國民服の襟部は此の點に充分の注意を拂つてあるのみならず、中衣だけにても正式に認められてゐるので失禮にもならず大威張でゐて差支へないのである。

尚特に注意を要するのは國民服には勳章を吊ることが許されてゐる點である。此の點背廣服は勿論モーニングよりも格式が上であつて尊重せられてゐるのである。從つて國民服を着用する際には須らく崇高なる氣持であつて欲しい。少くとも和服の場合の紋付羽織袴を着裝した時位の氣品と態度とが望ましいものである。

以上は服裝刷新の見地から二、三の注意事項を述べたのであるが、要するに折角服裝整備の大革新が行はれたのであるから、國民均しく其の趣旨に反しない樣に實行することが最も肝要であつて、各自が正しからぬ服裝をしない樣に努めて心掛ねばならないものと信ずる次第である。

更生國民服の創作

國民服も昭和十五年十一月勅令第七百二十五號を以て制定せられてから一ケ年の間は左程の發展を見るに至らなかつたが、大東亞戰爭が始まつてから敗戰國の衣服は着られないと云ふ精神的の影響もあつたと見え近來國民服の需要が著しく殖えて來た。然し資材の關係で一々之が需要を充たすことが出來ないのは甚だ遺憾である。一方業者も地質が圓滑に配給せられない爲非常に困つて居る。そこで他の業務に轉じ得るものはまだしも身體の關係で轉業出來ない者は大いに憂慮して居る狀況である。

當協會では玆に思を致し死藏せられて居る古い洋服を更生して國民服を作ることを試みた。卽ち更生期に達した古い背廣服上下一着で國民服甲號の上衣一着を作るのである。上衣一着を作る經費は屬品及裁縫料二十一圓で別に染替料約七圓を要し倘袴を要する譯だが、之は古い背廣の袴を上衣の色に合ふ樣染替れば良いのである。然し著しく毀損して居るものは同時裏返の必要あると思ふ。それで紺、黑は別として茶や鼠であつたら著しく濃くない限り脫色しないで其の儘茶褐色に染替した方がよい。

此の方法に依るときは古い背廣服は澤山持つて居るが茶褐色の生地がない爲國民服を作ることの出來ない人々の需用を充すことが出來るし又圓滑に生地の配給を受けることが出來ない爲營業を繼續して行くことが出來ず、而も他に轉業の出來得ざる人をも救濟をすることが出來て資材活用上並に業者救濟上適當な方法で洵に現今の時局に適合した事業であると思ふ。然し新しい生地の獲得に依り闇取引をして至當の價格以上一着に付數十圓の暴利を貪る惡質業者には此の方法は喜ばれないかも知れないが眞に時局を認識し商業報國の熱意に燃ゆる純情の業者には時局適應事業の一として其意圖に合するところあると思ふ。

倘協會では其筋の承認あり次第之が普及の爲講習も行ふし堅牢染色の斡旋もする所存であるが、詳細は協會へ照會され度い。

財團法人 大日本國民服協會

財團法人 大日本國民服協會

役員名簿

（昭和十七年二月現在）

相談役 厚生省生活局長　川村秀文
同　陸軍省經理局長　栗橋保正
同　陸軍被服本廠長　西原貢
同　陸軍製絨廠長　古川武次
同　商工省纎維局長　梶原茂嘉
同　農林省蠶糸局長　石井英之助
同　貿易局長官　石黒武重
同　　熊谷憲一
同　日本蠶糸統制會社副社長　吉田清二
同　日本原麻株式會社々長　鹿野澄
同　産業組合中央金庫理事　井川忠雄
同　陸軍主計中將　森武夫
理事長　陸軍主計中將　石川半三郎
常務理事　陸軍主計大佐　石原通
理事　厚生省生活課長　中島賢藏
同　陸軍省經理局衣糧課長　吉良五市
同　衆議院議員　龜井貫一郎
同　被服協會理事　三德德次郎
同　農林省蠶糸局絲政課長　佐野憲次
同　宮内事務官　中田虎一
同　厚生省囑託　齋藤佳三
同　熊本縣總務部長　武島一義
同　東京日日新聞地方部長　瀬口正央

監事　株式會社第三銀行常務監査役　富永靜雄
評議員　厚生事務官生活局生活課　美馬郁夫
同　滿洲海拉爾安井部隊本部　高木六郎
同　南支派遣藤井部隊本部　下川又男
同　陸軍省經理局高級課員　森口德治
同　陸軍省經理局衣糧課員　有田實
同　陸軍被服本廠技師　小川安朗
同　陸軍技師　小泉竹巖
同　日本化學機械製造工業組合専務理事　八木靜一郎
同　商工技師　岸武八
同　商工省纎維局絹毛課長　霜島潛
同　商工省物價局總務課長　吉田悌次郎
同　商工省總務局附　澁淵正利
同　商工省纎維局綾業課長　和田太郎
同　商工事務官　今井善衞
同　農林技師　田口皴夫
同　内務事務官　丹羽喬四郎
同　東京日日新聞社編輯副主幹　西野入愛一
同　大阪毎日新聞社副主幹　世川憲次郎
參與　　益田友之助
同　　新田義次
旣成服中央製造配給統制株式會社社長　中谷虎司

告

本誌登載の諸廣告は從來第三者を介して募集して來ましたが、今般都合上左記料金にて本會發行係が直接取扱ふことゝなりました。

月刊「國民服」廣告登載料　料金（稅一割別）

表紙	第二面	一〇〇・〇〇円
	第三面	九〇・〇〇
	第四面	一二〇・〇〇
目次	第一面	八〇・〇〇
	第三面	七〇・〇〇
	第四面（口繪對面）	八〇・〇〇
記事中	一頁	五〇・〇〇
	二分ノ一	三〇・〇〇
	三分ノ一	二〇・〇〇
	四分ノ一	一五・〇〇
グラフ面	一頁	二五〇・〇〇
	二分ノ一	一三〇・〇〇
	四分ノ一	八〇・〇〇
	六分ノ一	六〇・〇〇
記事中ノ挿入	二頁一色ノ場合	一四〇・〇〇
	二頁二色ノ場合	二五〇・〇〇

編輯室より

○新秋九月、創刊一周年を前に本誌も一飛躍――といふより大きく脱皮すべく、「衣服研究」と改題する計畫で、目下着々準備をすすめてゐる。
○皮相に考へると、いかにも間口が狹くなるやうだが、決してさうではない。ひとつの重點を定めて、そこから放射線狀に掘りさげようといふのである。
○この夏は十何年ぶりの暑さとかで、あちこちで防暑服の問題がとりあげられたが、この防暑服の問題ひとつでも、南方衣服對策と睨み合せると決して單純ではない。
○共榮圈の或る島に官吏が家族づれで赴任するとする。まづ問題は何を着てゆくか―である。その人たちはもはや單なる移住者ではなく、指導國家の一員として、日本文化の高さを示さなければならぬ立場である。精神文化を誇示するだけでは、原住民は決してついてこない。
○武力戰には時間的にいつて或る限界があるが、文化戰は不斷につづく戰ひだ。
　本誌が特に南方衣服の問題を取上げる所以がそこにある。（尾川生）

×　×

　鬱蒼たる芝公園を下にみるわが編輯室は、蔓草も青々と茂り、初めての夏を迎へた。

　銀座街頭に久方振りに出てみると、黑の制服氏が實に大勢歩いてゐる。今年は學生諸君に夏休みが無いことを思ひつき、學生と服裝の問題に首をつゝこんでみた。帝大の學生課K主事氏に赤門制服の歷史をきくと、なんと帝大學生諸君の現在の制服は、正しい帝大の制服ではない。昭和十九年に制定されたものは未だ規定として存在してゐるが近年の流行が帝大制服を變へてしまつたのだと。目下國民服が、惡い言葉だが流行してゐるから學生服も國民服になる日も近いと、編輯子は期待してゐる。諸先生に御意見を伺はうと計畫した所九月の卒業、十月の新入學を前にし、尙且この炎暑のためか御承諾が得られなかつたが、城戶、米山、吉田の諸先生より興味深い玉稿をいたゞけたことは實に旱天の慈雨の如く思はれた。これからも學生の服裝問題は更に研究調査をしてゆくつもりである。

　グラフは、日本映畫社の記錄映畫「マレー戰記」から南方民族の建設にいそしむ寫眞を選んだ。

　本誌も十月で滿一歲、幼いながらも滿々たる理想に燃えてハリキツてゐる。どうか大方の今一層の御鞭達と御後援をいたゞき度いと思ふ。（鯨）

「國民服」毎月一回十五日發行 第二卷第五號
㊕定價一册四十錢（郵稅一錢九厘）
「國民服」はなる可く豫約にて下さい。御希望の方は書店へ御申込下さい。定期御購讀の方は左記の前金を添へて本協會へ御申込下さい。

半年分、六册	金二圓四十錢（郵稅とも）
一年分十二册	金四圓八十錢（郵稅とも）

●御註文は總て前金で願ひます。
●御送金は振替が便利です。
廣告料は本協會編輯部廣告係へ御照會下さい。

昭和十七年八月廿五日印刷納本
昭和十七年九月十五日發行
編輯發行人　石原通
印刷人（東京一〇六）　淺野剛
東京市芝區櫻川町一　印刷所　株式會社金羊社
東京市芝區西久保廣町十八　發行所　社團法人 大日本國民服協會
電話芝(43)四五〇五番　振替口座東京一四四、六七三番
文協會員番號第二一六〇四三號
元配給　東京市神田區淡路町二ノ九　日本出版配給株式會社

正規國民服
國民服配給株式會社
東京市日本橋區橘町三番地二
電話浪花(67)五一二五、五一二六
中　衣
制　定、
徽　禮　章
國　民　帽

昭和十六年十一月十五日第三種郵便物認可
昭和十七年八月二十五日印刷納本（毎月一回十五日發行）
昭和十七年九月十五日發行

定價金四十錢

国民服《こくみんふく》・衣服研究《いふくけんきゅう》　第4巻

『国民服』1942年（昭和17年）7月号～9月号

（『国民服』第2巻第7号　7月号／『国民服』第2巻第8号　8月号／
『国民服』第2巻第9号　9月号）

監修・解説　井上雅人《いのうえまさひと》

2019年10月18日　印刷
2019年10月25日　発行

発行者　鈴木一行
発行所　株式会社ゆまに書房
〒101－0047 東京都千代田区内神田2-7-6
電話 03-5296-0491（営業部）／03-5296-0492（出版部）

組版・印刷　富士リプロ株式会社
製本　東和製本株式会社

定価：本体18,000円＋税　ISBN978-4-8433-5609-8　C3321
Published by Yumani Shobou, Publisher Inc.
2019 Printed in Japan